Dome · Kirchen · Klöster

Tourist-Führer

Dome
Kirchen · Klöster
Kunstwerke aus zehn Jahrhunderten

von Hans Müller

VEB Tourist Verlag
Berlin/Leipzig

Müller, Hans:
Dome, Kirchen, Klöster: Kunstwerke aus zehn Jahrhunderten. – 3., durchges. Aufl. –
Berlin ; Leipzig : Tourist Verl., 1989. – 308 S. : 160 Farbfotogr., 55 graph. Darst., 17 Textkt.,
Kt.-Anh. – (Tourist-Führer)

ISBN 3-350-00281-1

3. Auflage 1989
© VEB Tourist Verlag, Berlin/Leipzig 1984
Lizenznummer: 1002/550/76/89; K3/64-P 38/88
LSV 5269
Lektor: Margarete Dickel
Redakteur: Claus Peter Woite
Kartographie: Folker Rhaesen
Gestaltung: Sieghard Hawemann
Printed in the German Democratic Republic
Satz: (140) Druckerei Neues Deutschland, Berlin
Repro: VEB Grafische Werke Zwickau
Druck: Militärkartographischer Dienst (VEB), Halle
Buchbinderische Verarbeitung: INTERDRUCK Graphischer Großbetrieb,
Leipzig
Bestellnummer: 596 866 4
02180

Einführung

Fast genau vor einem Jahrtausend befand sich die älteste in unserem Land erhalten gebliebene Kirche im Bau – die Stiftskirche Gernrode. Sicher gab es vorher schon Gebäude aus Holz oder auch Stein für die Ausübung christlicher gottesdienstlicher Handlungen. Doch wir wissen kaum etwas über sie, denn noch war die Region zwischen Harz und Oder, Ostsee und den Mittelgebirgen ohne schriftlich bezeugte Geschichte. Erst mit den karolingischen Kundschaftstrupps kamen fränkische und sächsische Christen in das von slawischen Stämmen dünn besiedelte Land. Noch einmal ein Jahrhundert verging, bis sich das Feudalsystem zu festigen begann und die ottonischen Kaiser und Kirchenherren an die Kolonisation, die Besiedelung und Christianisierung des Landes gingen. Die sich nun anschließenden großen gesellschaftlichen Entwicklungsetappen bis herauf an die Schwelle unserer Gegenwart überlagerte die christliche Weltanschauung als prägende kulturelle Kraft. Die Kirchenbauten wurden zu ihren Symbolen. Immer wieder paßten sie sich in ihrem Aufbau und ihren Einzelformen dem Neuen an, das menschlicher Geist und menschliche Schöpferkraft hervorbrachten. So wuchsen im Mittelalter ihre Türme bis zu hundert Metern empor, brachte innen die Renaissance formenreiche und reizvoll vielgestaltige Ausstattungen, überspannten im 18. Jh. gewaltige barocke Kuppeln und Hauben Räume und Türme. Die kirchlichen Bildwerke zeigen vom frühen Mittelalter an immer wieder den Menschen und seine Versuche zur Bekämpfung und Überwindung des ihn Bedrohenden in der von ihm selbst geschaffenen Gesellschaft. Renaissance und vor allem Barock brachten eine künstlerische Bereicherung und schließlich die grandiose Entfaltung auch kirchlichen Bauens und sakraler Bilder. Erst als sich mit der industriellen Revolution des 19. Jh. die „Kathedralen der Technik", die Fabriken und Schlote, Bahnhofshallen und Verkehrskatakomben der Millionenstädte ausbreiteten, verloren die Kirchen das, was sie einst dem Menschen bedeutet hatten: Ihren Vorrang als gesellschaftliche Zentren, ihre siedlungs- und landschaftsprägende Stellung in Städten und Dörfern.
Über ein Jahrtausend Geschichte verlebendigt sich zu einem beachtlichen Teil in den Kirchenbauten. In der großen Mehrzahl sind sie Kunstwerke, geschmückt mit den Bildzeugnissen fast aller Geschichtsepochen. Bauen und Schmücken waren im Mittelalter und auch da-

nach gottesdienstliche Handlungen, und beide Tätigkeiten dienten zugleich der menschlichen Gemeinschaft. Die großen Kirchenbauwerke stellen nicht selten auch technische Meisterleistungen dar; sie sind nicht nur Ergebnisse historischer bautechnischer Entwicklung, viel öfter noch haben sie diese vorangetrieben. Denken wir nur an die Erkenntnisse zur Fundamentierung und Statik großer Gebäude, für welche die ungenannt gebliebenen mittelalterlichen Baumeister erste Erfahrungen sammelten.

Kirchen sind also auch in diesem Sinne Denkmale, lebendige Zeugen der Vergangenheit. Kein Geringerer als der große Baumeister des 19. Jh. Karl Friedrich Schinkel bezeichnete den Magdeburger Dom als „eines der ersten und schönsten Monumente", als er dessen Bewahrung und Erneuerung empfahl.

Damit berühren wir ein wesentliches Moment kirchlichen Bauens und der Kirchenbauten: Sie sind nie vollendet. Wir nannten sie lebendige Zeugen der Vergangenheit. Wie alles Lebendige unterliegen auch sie stetem Werden und Verfall, Erneuerung und Verschleiß. So lange ein Kirchenbau von seiner Gemeinde genutzt wird, erfährt er immer wieder Veränderungen, und sei es im Detail. Neue Ausstattungsteile werden gefertigt, neue Kunstwerke kommen zu älteren. Alte Bauten werden erneuert oder auf ihre – besser zu sagen auf eine historische Zeitgestalt zurückgeführt. Die größere Zahl der Kirchen zeigt so Bau- und Gestaltungsformen aus unterschiedlichen Epochen. Wie oft sind romanische und gotische Kirchenräume im Barock völlig neu ausgestaltet worden. Wie viele gotische Türme tragen barocke Hauben. Manche der älteren Ausstattungen wurden im vorigen Jahrhundert und auch später noch entfernt und durch dem neueren Zeitgeschmack entsprechende ersetzt. Unter gotischen Gewölben stehen nebeneinander Renaissancekanzeln, romanische Taufen, barocke Altäre, klassizistisches oder neogotisch geformtes Gestühl; und Orgeln mit modernem elektrisch gesteuertem Werk bringen in historischen Kirchenräumen barocke und romantische Musik zu Gehör.

Wie jedes Land mit einer christlich geprägten Geschichte des „jüngsten" Jahrtausends zählt auch die DDR einige Tausend Kirchenbauten zu ihrem kulturhistorischen Besitz. Der Frage, wieviele Kirchen es in unserem Land gibt, weichen wir hier bewußt aus. Denn um sie beantworten zu können, würde es einer Zählaktion bedürfen. Diese müßte zugleich statistisch erheben, welche der Bauten als christliche Andachtstätten, welche von sozialen Einrichtungen, welche museal und welche für neue Zwecke genutzt werden. Viele Kirchen verloren mit dem zweiten Weltkrieg ihr gebautes Umfeld und damit ihre Gemeinden. Sind sie bau- und kunstgeschichtlich wertvoll, liegt eine neue Erschließung nahe. Die ehem. Franziskanerkirche in Frankfurt (O.) dient so nach denkmalpflegerischer Restaurierung und neuem Teilausbau als Konzerthalle. Die Marienkirche in Neubrandenburg wird gegenwärtig für

6

eine kulturelle Mehrzwecknutzung unter Bewahrung und Wiederherstellung der im Kriege zerstörten gotischen Gestalt erneuert. Die über lange Zeit ungenutzte Halle der Stralsunder Katharinen-Klosterkirche nahm mit ihren modernen Ausbauten die Sammlungen des Meereskundlichen Museums auf und blieb doch als gotischer Raum erfaßbar. Alle solche Bauwerke entstanden als Kirchen.

Lassen wir also die berühmte Kirche im Dorfe: Betrachten wir in diesem Buche eine Auswahl von Kirchen im Hinblick auf ihre baukünstlerische Wertigkeit und kunstgeschichtliche Bedeutung. Damit sei weder ein Bautenverzeichnis noch ein Kunstführer geschaffen, weder eine regional- noch kirchengeschichtliche Schrift auch nur in Ansätzen versucht. Vielleicht werden wir nicht einmal ganz dem gerecht, was manche Landschaft auszeichnet: das dichte Netz historisch und baukünstlerisch interessanter Kirchenbauten. Im Kreis Stendal verzeichnet man allein aus dem 12./13. Jh. 28 Dorfkirchen, um Salzwedel sind es gar an die 60!

Das Buch will den Touristen einfach anregen, den Blick einmal auf die schönen großen und kleinen Kirchenbauten zu richten, die Schritte einmal in die eine oder andere Kirche zu lenken. Manches wird er dann in unseren kurzen Texten erläutert finden, manches dazu entdekken. Spezielles wird ihm nur die wissenschaftliche Literatur vermitteln, auf die wir am Schluß des Buches hinweisen. Ein Stück unserer Kulturgeschichte aber wird der Besucher einer jeden Kirche kennenlernen.

Mit dem 8. Jh. begann die christliche Missionierung des Gebietes, auf dem heute die DDR liegt. 742 gründete Bonifatius in Erfurt ein Bistum. Ihm war zwar nur eine kurze Zeit des Bestehens beschieden, der Platz des Bischofssitzes aber sollte seit dem 10. Jh. seine herausragende Stellung behalten. Erfurt wurde im Mittelalter eine der bedeutendsten Großstädte. Heute ist die Industriegroßstadt zugleich katholischer Bischofssitz und mit dem bedeutenden Bestand an Bau- und Kunstdenkmalen, auch der Kirchen, ein Touristenzentrum internationalen Ranges.

Die karolingischen Herrscher trugen ihre Missionstätigkeit weit in das sächsische Gebiet hinein. Seligenstadt – das heutige kleine Städtchen Osterwieck nördlich des Harzes – bildete im ausgehenden 8. Jh. den eigentlichen Stützpunkt der Christianisierung, ehe am Beginn des 9. Jh. das Bistum Halberstadt gegründet wurde. Heinrich I. dehnte dann mit den dreißiger Jahren des 10. Jh. sein Macht- und Einflußgebiet weit nach Osten hin aus. Sein Missionsraum wurde das von slawischen Stämmen besiedelte Gebiet östlich von Saale und Elbe. 936 wurde Heinrich I. in seiner Pfalz Quedlinburg beigesetzt. Die Reste jener frühen mittelalterlichen Bauten sind noch erhalten. Einer der mächtigsten Männer neben ihm war der Markgraf Gero. Er hatte 961 den für die Entwicklung der Feudalgesellschaft in dieser Region äußerst wichtigen

Bau des Damenstifts Gernrode anlegen lassen. Reiche Schenkungen, darunter die Reliquie eines Armes des heiligen Cyriakus aus Rom, sollten die Bedeutung der fast burgenhaft erscheinenden Kirche noch unterstreichen. Unter Otto I. rückte das kaiserliche Machtzentrum an die Elbe vor. Magdeburg wurde Kaisersitz und Erzbistum. Wie schon in Quedlinburg bildeten auch hier Pfalz und Dom einen Zusammenhang. Der Kaiser war zugleich oberster Kirchenherr.

Wichtige Träger der Missions- und Kolonisationstätigkeit aber wurden die Mönchsorden, Zentren ihre Klöster. Christianisierung schloß kriegerische Mittel keineswegs aus. Immer wieder bis weit ins 12. Jh. hinein kam es so zu Aufständen der angestammten Bevölkerung gegen die neuen Herren und ihre Vorhaben. So mußte das 968 gegründete Bistum Zeitz nach 60 Jahren wieder aufgegeben und an den sicheren Ort Naumburg zurückverlegt werden. Zu stark war gerade hier in dem slawischen Kernland der Widerstand der Stämme gegen die neuen religiösen und feudalen Lebensvorstellungen.

Dennoch setzten sich allmählich die vom entwickelteren gesellschaftlichen System getragenen neuen agrarischen Produktionsweisen und Machtverhältnisse durch und veränderten Lebens- und Glaubenshaltung der missionierten Stämme. Die slawische bäuerliche Bevölkerung wurde den deutschen Siedlerzentren integriert. Dörfer bildeten sich, die Erträge der Felder begannen mehr als nur die zu ernähren, die auf ihnen arbeiteten. Ein Beleg jener kolonisatorischen Umschichtung sind die noch in vielen Orten zwischen Harz und Elbe, in Thüringen und in der Altmark vorhandenen frühromanischen Dorfkirchen und wehrhaften Teile der Klosterbauten.

Östlich der Elbe entstanden in Leitzkau und Jerichow große Klöster. Von ihrer Anlage her trugen sie bereits einen mehr kultivatorischen als burgenhaften Charakter. So strahlte auch die künstlerische Gestaltung der Klosterkirche Jerichow weit ins Umland aus. Viele Stadt- und Dorfkirchen folgten den hier gefundenen Bau- und Kunstformen. Mit Lehnin und Zinna bildeten sich im Märkischen weitere Missionszentren. Der Dombau des 12. Jh. in Havelberg glich jedoch noch immer einer Festung, wie man unschwer an dem von jenem Bau erhalten gebliebenen mächtigen Turmklotz erkennt. Auch der Bischofssitz in Brandenburg suchte die geschützte Lage auf einer Insel in der Havel.

Vom französischen Kloster Cluny und vom schwäbischen Hirsau gingen Ordensreformen aus, die sich bis in die Regelungen der Baugestalten ihrer Klosterkirchen auswirkten. Paulinzella und Thalbürgel in Thüringen oder die Klosterkirche Hamersleben, im Kreise Oschersleben gelegen, vollzogen deren Nachklang und wurden zu klassisch romanischen Bauwerken.

Im Norden trugen seit dem 12./13. Jh. die Klöster Doberan, Dargun, Eldena und Chorin die kolonisatorisch-kultivatorische Entwicklung. Mit ihren Backsteinbauten wuchs zugleich eine neue künstlerische Formensprache, die sich schon im gleichfalls aus Backstein errichteten Jerichow andeutete. Bestimmend wurde das Baumaterial. Die dem Backstein innewohnenden physikalischen Eigenschaften und seine künstlerischen Kombinationsmöglichkeiten brachten nun den Kirchengebäuden an Stelle der schweren romanischen Feldsteinmauern eine fein strukturierte Gestalt. Sie kann von der mauerhaften geschlossenen Form bis zur vielgliedrigen Dekoration führen. In der späteren Gotik entstanden schließlich jene vorhanghaft aufgelösten Giebelfassaden aus Backsteinen, die wir noch heute an den großen Kirchen in Prenzlau oder Neubrandenburg bewundern.

Die Domkirchen von Naumburg, Magdeburg, Halberstadt, Erfurt und Meißen vollzogen den Wandel vom mauerhaft Kubischen der Romanik zum gotisch gegliederten Bau, dessen Wand in ein Gerüst aus Stein- und großen Glasfensterflächen, Stütz- und Strebearchitekturen aufgelöst wurde. In ihnen gewann auch die Bildkunst der Gotik ihre Ausprägung, die mit den Plastiken des Naumburger Meisters eine frühe klassische Kunstleistung erlebte.

Seit der Romanik läßt sich ein steter Prozeß der Verlebendigung der Bildkunst verfolgen. Er beginnt mit den großartigen Stuckreliefs aus dem späten 12. Jh. an den Chorschranken der Halberstädter Liebfrauenkirche und führt über die Plastiken des Freiberger Doms und des Wechselburger Lettners innerhalb eines halben Jahrhunderts zur Wirklichkeitsnähe der Naumburger Bildwerke. Den jüngsten Forschungen verdanken wir nicht nur die Sicherung der noch überkommenen Reste farbiger Fassungen jener mittelalterlichen Bildwerke. Es konnten ebenso wertvolle Erkenntnisse über die Farbigkeit so bekannter Bau- und plastischen Werke gewonnen werden wie über die „Goldene Pforte" am Freiberger Dom. Sie trägt ihren Namen in der Tat nach der ursprünglichen Farbenpracht.

Mit dem 12. Jh. bildeten sich in unserem Raum die Städte heraus. Der Warenaustausch hatte den eigenen Stand der Händlerschaft gefördert, der nun an den Handelsplätzen seßhaft zu werden begann und sie zu Märkten ausbaute. Mit den Kaufleuten entwickelte sich im Schoß der Feudalgesellschaft eine neue bürgerliche Kraft, die im Verlauf des 12. und 13. Jh. nun immer mehr an merkantiler Macht und damit auch an politischer Eigenständigkeit gewann. Jene Handelsmärkte wurden zu Bürgerstädten.

Besonders deutlich ist das noch heute im Bild der großen Küstenstädte, den ersten Plätzen der neuen bürgerlich-merkantilen Vereinigung der Hanse. Lübeck, bald aber auch Stralsund bildeten deren Zentren. Der Bau einer gewaltigen Stadtkirche in Lübeck wirkte wie eine Initialzündung: Nach diesem Vorbild entstanden die Marienkirchen in Rostock und Wismar sowie die Nikolaikirche in Stralsund als Symbole der städtischen Eigenständigkeit und wirtschaftlichen Vormachtstellung. Ihre riesigen Backsteinarchitekturen bildeten wiederum die Anregung weiterer städtischer Sakralbauten. Die Bischofskirchen und die Baugestalten jener „Bürgerkirchen" des 14. Jh. sind einander ebenbürtig, ja Stadtkirchen nehmen wie diese die Form der Basilika an – blicken wir auf den Schweriner Dom und im Vergleich dazu auf die Marienkirche in Stralsund oder die Nikolaikirche in Wismar. Neben der Basilika, der Baugestaltung der klassischen gotischen Kathedrale, erwuchs eine neue Raumform, die Halle. Westfälische und schwäbische Städte, vorher schon oberitalienische, hatten Kirchen dieser Gestalt errichtet. Man könnte die Hanse als einen indirekten Mittler dieser Raumform ansprechen, standen doch die hellen und weiten Kirchenräume dem Lebensgefühl jener „freien" Stadtbürger näher als die majestätische, mehr Unter- als Gleichordnung erschaffende Basilika.

Im Gebiet der Mittelgebirge und in ihrem weiten Vorland entwickelte sich unter ähnlichen gesellschaftlichen Voraussetzungen wie im Hanseraum eine eigene charakteristische Kirchenarchitektur und Bildkunst. Sie hat vergleichbare Bauten in den großen Backsteinhallen des Nordens, wie wir sie in Salzwedel, Prenzlau oder Greifswald und Stendal finden. Die thüringischen und sächsischen Dome und Stadtkirchen von Erfurt und Mühlhausen, von Freiberg, Zwickau, Annaberg, Schneeberg und Pirna, aber auch in Halle und Leipzig, bilden architekturgeschichtliche Familien. Das Entstehen der sächsischen spätgotischen Hallenkirchen hängt mit dem Reichtum unmittelbar zusammen, den jene Städte aus dem Handel, im Erzgebirge vor allem aber auch aus dem Bergbau gewannen. Im 15. Jh. hatte hier der Abbau des Edelmetalls zu einem hohen Stand der Bergbautechnik und im Zusammenhang damit auch der Weiterverarbeitung des Fördergutes geführt. Seigerhütten, Hammerwerke, Silberschmieden, „exportierten" ihre Erzeugnisse. Die Städte konnten es sich leisten, neue große Kirchen zu bauen. Sie übertrafen an Weiträumigkeit und Eleganz der Bauformen, an Reichtum der Ausstattung alles bisherige. Das erwachende Selbstbewußtsein nun auch der Handwerks- und Baumeister ließ diese ihre Kunst- und Bauwerke zeichnen, so daß uns gerade aus jener Zeit viele Meisternamen bekannt sind.

Kirchliches Bauen und sakrale Kunstwerke spiegeln also das damalige weltliche Geschehen wider – denn beides ist für jene Zeit gar nicht voneinander trennbar. Waren die Plastiken des 13. Jh., wie wir sie in Halberstadt, Magdeburg, Erfurt, Naumburg oder Meißen finden, auf dem Wege zu einer Wirklichkeitsnähe, so tragen sie doch ideale Züge: Sie sind Verkörperungen ganz bestimmter Charaktere und Wesenszüge der christlichen Religion. Sie stellen den Typ eines Herrschenden dar. Im 15. und 16. Jh. wurden dann die Bildwerke realistischer, ja geradezu naturalistisch. Figuren Konrads von Einbeck in Halle, Hans Wittens und Peter Breuers in sächsischen Kirchen belegen jenen Wandel in der Auffassung vom christlichen Menschenbild dieser Zeit. In thüringischen Altären fränkischer Prägung finden wir Bauerngestalten der Reformationszeit, die von Leid und Auflehnung gezeichnet sind – der Bauernkrieg spiegelt sich hier unmittelbar bildhaft wider. Jene revolutionären Ereignisse scheinen die Bildwerke und Plastiken der ganzen Epoche zu bewegen, ihre Gesichter aufzuwühlen und ihre Gewänder zu zerknittern. Claus Bergs Güstrower Domapostel künden auf diese Weise, Lucas Cranachs Altarbilder mit wirklichkeitsbezogenen Bildinhalten und Porträts der Reformatoren in anderen Ausdrucksformen vom großen geistigen und gesellschaftlichen Umbruch des 15./16. Jh. Seit dem Mittelalter wird Kirchenbau ein gesellschaftliches Anliegen. In den Städten wurden Kirchen wie Stadtbefestigungen gleichermaßen Zeichen wirtschaftlicher Kraft, Symbole des Gemeinsinns und der Eigenständigkeit. Noch heute setzen uns die damals geschaffenen großen Städtebilder in Erstaunen, auch da noch, wo vieles Neue neben den historischen Sakralbauten emporwächst. Die Silhouetten von Stralsund, Greifswald, Wismar und Rostock bewahren jene Darstellungskraft städtischer Macht in ihren Architekturbildern. Bei allen Veränderungen, die spätere Jahrhunderte und vor allem die Industrialisierung brachten, haben Eisleben, Mühlhausen, Schneeberg oder Stendal und selbst Großstädte wie Erfurt und Halle ebenso jene Homogenität von Stadt und Kirche bewahrt.

Etwas anders zeigten sich die mittelalterlichen Bischofsstädte. Hier nahmen die Dombezirke fast immer eine Sonderstellung im Stadt- und darüber hinaus im Landschaftsbild ein. In Magdeburg und Halberstadt überragen sie als zentrale Ensemble deutlich die benachbarten Kirchen. In Havelberg, Merseburg oder Meißen stehen die Domburgen als Kronen über der Stadt. Oder aber sie zeichnen sich als fest umrissener und befestigter Bereich neben der Bürgerstadt ab wie in Naumburg und Brandenburg. Auch hier blieben aber in jedem einzelnen Fall Rang und Anspruch der geistlichen Zentren in den architektonischen Gestalten der Städte deutlich. Ähnlich den Figurenbildern der Altäre entstand also in den Städten eine gebaute Darstellung der Gesellschaft, welche die Menschen damaliger Zeit begriffen, wie wir heute eine Bildbeschreibung verstehen. Noch fehlte ja bis zur Reformation eine einheitliche Schriftsprache, noch lebten die Menschen vom gesprochenen Wort und in der Lehre vom Symbol. Das Lesen und Schreiben, aber auch das bildhafte Bauen und Gestalten, war Sache gelehrter Mönche und Priester und baukundiger Laien in den Klöstern.

Gerade die kultivatorische Arbeit der Orden und Klöster darf nicht unterschätzt werden. Sie waren im frühen Mittelalter die eigentlichen Träger der agrarischen und baulichen Kenntnisse. Die Zisterzienser behielten diese Rolle bis zum 16. Jh. Bei ihnen sammelten sich zuerst die künstlerischen Kräfte, wie zum Beispiel in dem für die Baukunst im Harz- und Thüringer Raum formprägenden Kloster Walkenried. Den Klöstern oblag auch die leibliche Sorge um die Menschen: Krankenpflege nahm von klösterlichen Einrichtungen her ihren Ausgang. Neben diesen frühsozialen Funktionen blieben die Klöster bis weit über das späte Mittelalter hinaus aber stets geistige, ideologische Zentren. Ihre Schulen waren zunächst die einzigen Bildungsstätten, an denen nicht nur christliche Lehre allein vermittelt wurde. Zeugnisse dieser kulturell prägenden Kraft der Klöster blieben in den großartigen Bauten von Chorin wie in den Kirchen und Klostergebäuden in Erfurt oder Stralsund und an vielen anderen Orten erhalten.

Von einem dieser geistigen Zentren der spätmittelalterlichen Kirche ging die Reformation aus. Martin Luther war in Erfurt Augustinermönch und kam als Lehrer an die theologische Fakultät der Universität nach Wittenberg. Für ihn stand das Wort im Mittelpunkt der christlichen Lehre. Kanzel und Altar – um beide sollten sich die Gemeindemitglieder versammeln und den Gottesdienst vollziehen. Damit erwuchs seit der Reformation eine besondere eigene Kichenform in den protestantischen Landen. Kirchen des Wortes, Predigträume wurden geschaffen, in denen auf Emporen mit freiem Blick zu Kanzel und Altar alle Gemeindeangehörigen Platz fanden. Diese mehrgeschossigen Emporenräume entstanden zuerst in der Schloßkapelle von Torgau, auf Schloß Augustusburg und auf Schloß Wilhelmsburg in Schmalkalden. Große Stadtkirchen des 17. und 18. Jh. übernahmen dann die Raumgestaltung jener ersten protestantischen Kirchen. Aber auch in barocken Schloßkirchen wie Weißenfels oder Eisenberg finden wir die Emporenräume wieder. In Waltershausen oder in Großenhain erfolgte ihre späte Ausprägung. Viele, auch ältere Stadt- und Dorfkirchen der protestantischen Lande glichen nun im 17. und 18. Jh. ihre Ausstattung an: Der Kanzelaltar in ihnen ist eine protestantische Schöpfung.

Warum klingt der Kunststil der Renaissance aber in nur wenigen Bauwerken des 16./17. Jh. an, verlebendigt sich aber in einer großen Zahl kirchlicher Ausstattungen? Das Mittelalter hatte den Baubedarf an Kirchen weitgehend gedeckt. Der Epoche der Renaissance fielen also andere Bauaufgaben zu. Das Stadtbürgertum, aber auch die Höfe der Landes- und Stadtfürsten, strebten nach Verbesserung der Lebensformen. Neue prächtige Bürgerhäuser und Ratsbauten, ebenso Schlösser und Herrensitze entstanden vielerorts. Länder mit ausgeprägter Renaissancekultur wie Italien, vor allem die gesellschaftlich und wirtschaftlich führenden Niederlande übten einen besonderen Einfluß auf die deutsche Kultur aus. Das Handwerk übernahm nun an Stelle der klösterlich gebundenen Meister auch die Aufträge für Kirchenausstattungen. Und es schuf sie in riesiger Zahl nach Musterbüchern und gefaßt in lebenssprühender Farbigkeit. Die Städte veränderten ihre Plätze und Straßengesichter; Herrensitze schmückten sich in nachreformatorischer Zeit mit neuem eigenen wie vom weltumspannenden Handel importiertem Kunstgut.

Import ist so im protestantischen Land auch der Barockstil gewesen. Dresden erfuhr im 18. Jh. seinen großartigen Ausbau zur Residenz und damit zum ersten Zentrum barocken Bauens nördlich der Mittelgebirge. Der Italiener Gaetano Chiaveri wurde an den Hof des sächsischen Kurfürsten gerufen. Er sollte inmitten des protestantischen Landes eine prachtvolle katholische Hofkirche bauen. Aus machtpolitischen Gründen hatte August der Starke den katholischen Glauben wieder angenommen, um nun auch die polnische Königskrone tragen zu können. Diese „außenpolitische" Rolle sollte vor allem die Hofkirche veranschaulichen. Chiaveri plante und begann zu bauen. Den sächsischen Barock aber vollendeten dann Johann Christoph Knöffel mit der Fertigstellung von Chiaveris Werk, George Bähr mit seinem gewaltigen Kuppelbau der Dresdner Frauenkirche, Matthäus Daniel Pöppelmann mit dem Zwinger, Balthasar Permoser in seinen Bildwerken und Gottfried Silbermann in der Klangfülle seiner Orgel-Kunstwerke.

In den thüringischen Residenzen, vor allem aber in denen der Hohenzollern von Berlin und Potsdam, entstanden gleichfalls barocke Kirchenbauten. Jean Laurent Legeay und Johann Boumann bildeten mit der Berliner Hedwigskathedrale das römische Pantheon in barocken Bauformen nach. Andreas Schlüter schuf die großartigen barocken Ausstattungsteile der Marienkirche und Johann Friedrich Grael baute den schön gegliederten Turm der Berliner Sophienkirche. Am Ende der Barockzeit errichtete schließlich Carl von Gontard die Kuppeln der beiden Domkirchen auf dem ehem. Gendarmenmarkt.

Eine reiche Bildsprache brachte der schlesische Hochbarock an und in die aus der späten Gotik stammende Klosterkirche in Neuzelle an der Oder. Weniger repräsentativ, aber vielleicht gerade deshalb in ihren barocken Bau- und Kunstformen so reizvoll, wirken die im Auftrag der fuldaischen Fürstäbte in den Thüringer Orten Dermbach, Zella und Schleid im 18. Jh. errichteten Kirchen. Beschwingter Barock böhmischer und schlesischer Prägung klingt in vielen Kirchen der Oberlausitz an. Ein weiteres Gebiet barocken Gestaltens von Kirchen wurden das Eichsfeld und das südwestliche Thüringen.

Der protestantische Norden blieb im 18. Jh. bei einer verhaltenen Sprache der Bau- und Kunstformen. Die noch im 17. Jh. vom Niederländer Cornelis Ryckwaert in Zerbst vollendete Trinitatiskirche ist ein protestantischer Barockbau, in Kreuzform als Predigtraum gestaltet. Schlicht in den Bauformen und eher nüchtern in der Ausstattung blieben die Barockkirchen der mecklenburgischen Residenzen Schwerin und Neustrelitz. In ihnen wie in der Ludwigsluster Stadtkirche klingt der Klassizismus auf.

Verhältnismäßig gering blieb in unseren Kunstlandschaften das Echo im Kirchenbau auf die Wiedererweckung der antiken Kunststile. Eher bescheiden sind daher auch die Beispiele klassizistischer Kirchenarchitektur, in welchen griechisch-römische Bauformen zum Tragen kommen. Die große klassizistische Nikolaikirche in Potsdam, nach dem Entwurf von Karl Friedrich Schinkel durch Ludwig Persius schließlich vollendet, besteht aus einer mächtigen Kuppelarchitektur über ihrem Riesenkubus. In dieser Gestalt lebt das Bauwerk letztendlich aus barockem einerseits und frühkubistischem Denken andererseits, wie es Baumeistern in der Epoche der französischen Revolution eigen war.

Mit der Romantik hatte sich am Beginn des 19. Jh. eine Welle neu erwachter Religiosität ausgebreitet. Sie offenbart sich in ganz besonderer Weise in der Malerei und Bildkunst, tritt uns in den heute „frömmelnd" erscheinenden Altargemälden wie in zahlreichen, mittelalterliche Glasmalereien nachempfindenden Fensterverglasungen entgegen. Für die Kunst des 19. Jh. dürften Schinkel und seine Schülerschar zu den ersten aber auch zu den bedeutendsten „Stilisten" zählen. Sie folgten der Vorstellung, daß sich besonders in der gotischen Kunst religiöses Bauen ideal versinnbildliche. So entwarf und malte der große klassizistische Baumeister phantastische gotische Domkirchen. Gebaut hat er sie nirgends. Sicher zwangen ihn die Verhältnisse seiner Epoche auch dazu, Ideales mit Möglichem zu verbinden. So blieben die auf ihn zurückgehenden zahlreichen märkischen Dorfkirchen bescheiden in Ausmaß und Gestaltung. Sein großer neogotischer Kirchenbau der Friedrich-Werderschen Kirche in Berlin ist eigentlich ein klassizistischer Baukörper mit gotischem Gewand – in der Gestalt seiner klassizistischen Nikolaikirche in Magdeburg näherstehend als dem gotischen Dom.

Um die Mitte des vorigen Jahrhunderts verstärkte sich die Nachahmung historischer Baustile. Man strebte eine Erneuerung der Kunst mit Hilfe des Rückgriffes auf Historisches an. Eben diese Besinnung auf die eigene Geschichte sollte bald aber die Begründung für nationalistische Vorstellungen, für imperiales Machtstreben und die künstlich-künstlerisch bewerkstelligte Reichstradition abgeben.
Eine Fülle historisierender Bauten auch für Kirchen war die Folge. Besonders in den rasch wachsenden Großstädten erhielten die neu emporschießenden Stadtgebiete viele Kirchen als markante Blickpunkte. Gleichzeitig setzte die Erneuerungswelle an Stadt- wie Dorfkirchen ein – teils galt ihre historische Architektur und Einrichtung als dem Zeitgeschmack nicht mehr genügend, teils war sie wirklich erneuerungsbedürftig.
Renovation und Neubau von Kirchen sind so für das spätere 19. Jh. kaum trennbare Vorhaben gewesen. Ein sprechendes Beispiel bildet die in Schwerin von Krüger vorgenommene Erneuerung des Dominneren. Zur gleichen Zeit baute der gleiche Architekt in der entstehenden Pauls-Vorstadt die neogotische Kirche. Sie entstand nach mittelalterlichen Rissen und Idealentwürfen – im Dom überzog der Meister die mittelalterliche, zugegeben unansehnlich gewordene Innenarchitektur

mit einer ebenso frei erfundenen Gotik. Man baute Mittelalterliches nach eigenen Vorstellungen von Mittelalterlichem.

Mit dem Ausklang des vorigen Jahrhunderts schwand die historienbezogene akademische und die mehr „malerische" Variante der Bauund Kunstgestaltung. Mit Hilfe historischer aber auch neuer Einzelformen suchte nun eine ganze Baumeistergeneration eigene neue Kirchen zu schaffen. Sie sollten einerseits die traditionelle Gestalt mit Haupthaus, Chor und Turm wahren und doch baukünstlerisch Zeitbezogenes darbieten. Dieses wurde in bewußtem Gegensatz zu den als häßlich empfundenen Fabrikbauten denkmalartig und inmitten neu angelegter Plätze in Städten und auch Dörfern gestaltet. Für uns spielgeln Bauwerke, wie sie dabei in der Hallenser Pauluskirche, der Bitterfelder Stadtkirche oder der Michaeliskirche in Leipzig entstanden sind, Kunstauffassungen und Geistigkeit der Zeit der Jahrhundertwende wider. Wo sich diese mit imperialem Machtanspruch verbanden, bildete das Sakrale eigentlich nur mehr eine Hülle für ganz handfeste politische Interessen. Der wilhelminische Berliner Dom ist nicht das einzige Baudenkmal mit solchem Machtanspruch. Interessanterweise griff man hier auch auf die Baukunst der absolutistischen Epoche, auf den Barock zurück. Den kaiserlichen Bauauftrag hatte Julius Raschdorff in einer riesigen Kuppelarchitektur zu verwirklichen. Mit ihr stellte er einen Bezug zum Hauptbau der Christenheit, dem Petersdom in Rom, und zugleich zum größten Repräsentationsbau des damals bedeutendsten Imperiums Großbritannien her, der St.-Pauls-Kathedrale in London. Weniger ein Denkmal religiöser Haltung als vielmehr ein Zeugnis preußisch-deutscher Reichspolitik ist also in diesem, heute allerdings seiner dafür entscheidenden Pracht entkleideten Monumentalbau zu sehen.

Die Rückbesinnung auf den Zweck eines Bauwerkes, auf die Inhaltlichkeit eines Kunstwerkes war eine logische ästhetische und auch weltanschauliche Reaktion auf solche Ansprüche und auf die zu ihrer Verwirklichung benutzten Neo-Kunststile. Eine erste Reform kündigt sich im Verwenden von naturhaften, pflanzlichen oder von geometrischen Dekorationsformen im Jugendstil der Jahrhundertwende an. Mit der Ausstattung der Salvatorkirche in Gera wurde dafür ein schönes Beispiel dieser künstlerischen Erneuerungsversuche im Kirchenbau geschaffen. Die Christuskirche in Dresden-Strehlen stellt einen ersten Versuch des Umsetzens historischer Bauvorbilder in „Zweckformen" dar.
Konsequenter vollzog schließlich die Baukunst der zwanziger und frühen dreißiger Jahre eine Hinwendung zu sachlich Funktionellem. Im Bauhaus verwirklichten Architekten und Bildkünstler ihre Vorstellungen von Materialgerechtigkeit und funktionsbezogenem Gestalten. Die

Versöhnungskirche in Leipzig-Gohlis wurde eines der wenigen Beispiele der damit entstehenden kubisch klaren und räumlich ausgewogenen Bau- und Raumformen für ein sakrales Gebäude. In eben dieser Zeit versachlicht sich auch das Verhältnis zum historischen Kunstwerk. Ernst Barlachs tief empfundene Bilder sind ohne das Erkennen und Durchdringen der Vergeistigung und doch großen Menschennähe mittelalterlicher Bildwerke kaum denkbar. Kirchliche Bauerneuerungen, Denkmalpflege, sucht seither den ursprünglichen Bestand historischer Bau- und Kunstwerke zu sichern und wo es möglich ist, wiederzuerlangen.

Einen schmerzvollen Einschnitt brachte auch hier der zweite Weltkrieg. In seinem Geschehen und in seiner Folge gingen viele Bauten von Kirchen und mit ihnen viele Bildwerke zu Grunde.

Der Wiederaufbau der großen und ebenso vieler kleiner Kirchen schon in den ersten Nachkriegsjahren ist eine der großen Leistungen unseres Jahrhunderts. Er stellt nicht nur ein wirtschaftliches Wunder in den Jahren schlimmer Entbehrungen dar, wo Steine für neue Wohnhäuser aus dem Schutt der zerstörten Städte gewonnen werden mußten. Zugleich sind damals so herausragende Bau- und Kunstwerke wie die Dome zu Magdeburg und Halberstadt, die Herderkirche in Weimar, die Hofkirche in Dresden und die Marienkirche in Berlin wiederhergestellt worden. Kulturgeschichtliche Taten im umfassenden Sinne wurden in den fünfziger Jahren vollbracht. Noch sind nicht alle Wunden verheilt, die dieser Krieg hinterließ. In Prenzlau und Schneeberg, am Berliner Platz der Akademie und an den großen Rostocker Stadtkirchen wird noch gebaut. Ruinen blieben die grandiosen Bauwerke der Georgenkirche in Wismar oder der Dresdner Frauenkirche, kunstgeschichtlich wertvolle Bauwerke wie die Friedrich-Werdersche Kirche in Berlin, die Dresdner Kreuzkirche bedürfen noch der Wiedervollendung.

Wie viele große und kleine Kirchen sind aber in den letzten dreieinhalb Jahrzehnten erneuert und restauriert worden! Die Dome von Magdeburg, Halberstadt, Erfurt, Meißen bilden fast ständige denkmalpflegerische Baustellen. An ihnen wie an vielen Baudenkmalen nagen Zeit und Umweltschäden in den letzten Jahren in steigendem Maße. Im verhaltenen und im strahlenden Glanz ihrer Erneuerung zeigen sich die Domkirchen von Naumburg und Merseburg. Im Schweriner Dom und in der Klosterkirche Doberan stehen Wälder von Baugerüsten, um hier die mittelalterlichen Raumfassungen zurückgewinnen zu können. Die Silbermannorgeln erfüllen nach der Restaurierung mit ihrem hellen Klang die großen Räume des Freiberger Doms und der Dresdner Hofkirche, der Kirchen in Rötha oder Großhartmannsdorf. Die Mühlhäuser Stadtkirchen vermitteln nach ihrer denkmalpflegerischen Erneuerung wieder Eindrücke jener Zeit, zu der die revolutionären Auseinandersetzungen zwischen Bauern und Feudaladel dramatische Zeichen auch in unserer Kirchengeschichte setzten. Zeit und Ideen der Reformation verlebendigen sich in den kirchlichen Baudenkmalen von Erfurt, Wittenberg, Eisleben und Torgau. Und die Vielzahl kleinerer und größerer Stadt- und Dorfkirchen? Viele von ihnen nennt unser Buch. Nicht jedes Bauwerk, nicht jedes Bild, nicht jede Erneuerung aber können verzeichnet werden. Manches mag der aufmerksame Leser vermissen, dafür wird er anderes entdecken. So ist das Buch auch dem ähnlich, was es zum Inhalt hat. Wie die Kirchen kann es nie komplett vollendet sein. Es will Eindrücke vermitteln und Daten zu einigen geschichtlichen Fakten geben. Und es läßt Platz für das „Aha" des Entdeckers, der anderes und mehr findet, als der Autor auf knappem Raum verzeichnen konnte.

Kirchen in Städten und Dörfern aufzufinden, dürfte in der Regel unproblematisch sein. Ihre Dächer und Türme überragen vielfach die anderen Baulichkeiten. Die mittelalterlichen Bauordnungen der Städte bestimmten, daß keines der städtischen Gebäude die Kirche an Höhe übertreffen dürfe! Dies änderte sich freilich in späteren Jahrhunderten, als Rathaus- und Stadttürme, Schloßkuppeln und -türme und schließlich die Schornsteine der Fabriken, Silos und ersten Hochhäuser des Industriezeitalters die Stadtbilder zu verändern begannen. Dennoch sind eine große Zahl von Kirchen in historischen Stadt- und Dorfkernen geblieben. In ihnen versinnbildlicht sich die Geschichte ihres jeweiligen Ortes, viele von ihnen zählen zu den Bau- und Kunstdenkmalen. Die Zentrale Denkmalliste der DDR verzeichnet allein 56 städtebauliche und andere baukünstlerische Ensembles, in denen Kirchen eine dominierende Rolle spielen, denken wir an die historischen Stadtkerne von Stralsund, Quedlinburg, Görlitz, Wittenberg oder auch so schwer kriegszerstörter Städte wie Frankfurt (Oder) und Neubrandenburg. Weitere 45 sakrale Bauwerke sind in diesem Verzeichnis der Denkmale von besonderer nationaler und internationaler Bedeutung aufgeführt. Sie haben, ihrer historischen Funktion und städtebaulich-architektonischen Gestaltung entsprechend, auch in den heutigen Städten und in vielen Dörfern kaum etwas von der baukünstlerischen Dominanz verloren. Sie waren und bleiben Symbole – wie Dom und Severikirche in Erfurt, Dom und Schloß in Merseburg oder Albrechtsburg und Dom in Meißen, der Stiftsberg in Quedlinburg oder die Dome in Naumburg und Magdeburg. Diese Orte sind heute Zentren des Tourismus. Und als solche bieten Städte wie Stralsund, Greifswald, Rostock, Wismar, Schwerin, Stendal – ebenso Berlin, Leipzig, Dresden – mit und in den Kirchenbauten auch den Besuchern ohne christliches Engagement beeindruckende ästhetische und historische Erlebnisse. In manchem Dorf lohnt der Besuch der Kirche, denn wie reizvoll sind oft ihre Bauten, Räume und Ausstattungen. Wer ahnt, daß die unscheinbare Backsteinkirche von Waase auf Ummanz einen der schönsten norddeutschen Flügelaltäre birgt? Wer vermutet in Möhra eine so phantastische illusionistische Ausmalung der Kirche? Und welchen ästhetischen Zugewinn bringen die gotischen Kirchenräume den Konzertbesuchern der ehem. Franziskanerkirche in Frankfurt (Oder), der Ulrichskirche in Halle, der Klosterkirche Unser Lieben Frauen von Magdeburg! Diese Kirchen bergen heute Konzerträume ganz neuer Qualität. Die Besucher der Museen in Stralsund, Saalfeld und Zittau, in Schmalkalden oder Augustusburg erleben um die Ausstellungen herum zugleich Architektur und Räume mittelalterlicher Klöster und großer Renaissanceschlösser. Wer in Neubrandenburg den Bund der Ehe eingeht, betritt dazu das Standesamt, welches im denkmalpflegerisch restaurierten gotischen Backsteinbau des alten Franziskanerklosters eingerichtet worden ist.

Allein aus dieser kleinen Aufzählung großer Kirchen, kleiner Dorfkirchen, neu erschlossener und genutzter Sakralbauten verdeutlicht sich für den Besucher und Touristen die Frage, wie und wann man Kirchen und einst kirchliche Bauwerke besichtigen kann. Katholische Kirchen sind in der Regel ständig geöffnet, so daß ihr Besuch fast immer möglich ist. Während der gottesdienstlichen Handlungen sollte der Tourist allerdings Zurückhaltung und Verständnis für die Einschränkung seiner Wünsche aufbringen. Dies gilt auch in den evangelischen Kirchen. Entgegen den katholischen sind sie jedoch fast immer verschlossen und nur zu den Gottesdiensten geöffnet. Meist aber befinden sich in unmittelbarer Nähe die Wohnung des Küsters oder das Pfarramt. Hier wird man dem Besucher gern den Kirchenraum öffnen. Er sollte indes in keiner Kirche „auf eigene Faust" sich mit den Ausstattungsstücken und Kunstwerken „befassen". Die Kirchen sind zwar ihrem Status nach keine Museen – abgesehen von den großen kirchlichen Kunstsammlungen in Halberstadt, Brandenburg, Quedlinburg –, ihre Kunstwerke stehen aber unter kirchlichem und staatlichem Denkmalschutz. Denkmal bezeichnet dabei den Wert, Schutz die Notwendigkeit, die Dinge zu bewahren. Die Berührung vieler Hände würde die originalen oder auch restaurierten Fassungen von Plastiken, die Oberfläche von Altargemälden über Gebühr belasten.

In den großen Baudenkmalen, im Naumburger und Meißener Dom, in Erfurt, Magdeburg, Halberstadt, Doberan und an vielen anderen Orten finden täglich eine Anzahl von Führungen für Besucher statt. Ihnen sollte sich der Tourist anschließen. Nicht nur, weil er dort manches Interessante aus der Geschichte dieser Kirchen erfährt, sondern weil er auch zu Kunstwerken und in Räume gelangt, die sonst nicht immer allgemein zugänglich sind.

Und des Touristen liebstes Kind – das Andenkenfoto? Grundsätzlich ist das Fotografieren zu nicht gewerblichen Zwecken an und in den Kirchen gestattet. Dabei kann es örtlich Sonderregelungen hinsichtlich der Benutzung künstlicher Lichtquellen geben, die im Interesse der denkmalpflegerischen Erhaltung der Raumausmalungen, der Kunstwerke oder einzelner Ausstattungsteile vorgegeben sind. Fotografische Aufnahmen zu gewerblichen Zwecken bedürfen immer einer Genehmigung durch den Rechtsträger, in diesem Fall die jeweilige kirchliche Behörde.

Mit ∗∗ sind Denkmale von besonderer nationaler und internationaler Bedeutung, mit ∗ besonders sehenswerte Kirchen gekennzeichnet.

Berlin, Französischer Dom

Abbendorf

Kr. Salzwedel, Bez. Magdeburg
Die große spätgotische Dorfkirche ist durch die im 19. Jh. vorgenommene Erneuerung der Backsteinarchitektur geprägt. Im Inneren sind Schnitzfiguren einer Pieta und eines Christophorus vom Anfang des 16. Jh. besonders bemerkenswert; der Schnitzaltar stammt vom Ende des 15. Jh.

Adersleben (Ortsteil von Wegeleben)

Kr. Halberstadt, Bez. Magdeburg
Die Zisterzienser-Nonnenkirche wurde nach 1750 in barocken Formen neu erbaut und besitzt eine Ausstattung in spätbarock-frühklassizistischen Formen. Die Klosterbauten entstammen gleichfalls dem 18. Jh.

Adorf

Kr. Oelsnitz, Bez. Karl-Marx-Stadt
Die Stadtkirche St. Michaelis ist ein Neubau von 1904—06 an Stelle eines spätgotischen Vorgängerbaus; ebenso die Begräbniskirche St. Johannis, die jedoch schon 1858 errichtet wurde und Reste barocker Ausstattung bewahrt hat.

Ahrenshoop, Ostseebad

Kr. Ribnitz-Damgarten, Bez. Rostock
Die kleine, 1951 nach dem Plan des Architekten Hart Hämer errichtete Holzkirche erinnert an Schiffsbau-Formen und fügt sich mit ihrem Rohrdach der Küstenlandschaft harmonisch ein.

Aken

Kr. Köthen, Bez. Halle
Die Pfarrkirche St. Marien ist eine spätgotische Basilika aus dem letzten Drittel des 15. Jh. über romanischen Grundmauern. Auf dem massigen Westbau sind nach dem Vorbild der Nikolaikirche die Achteckaufbauten erneuert worden. Im flach gedeckten Innenraum ist der Flügelaltar aus der Zeit um 1500 besonders bemerkenswert.

Die Pfarrkirche St. Nikolai, eine spätromanische Basilika vom Anfang des 13. Jh., wurde nach einem Brand 1485 spätgotisch erneuert. Über dem wuchtigen älteren Westbau stehen kurze Achteckaufbauten und ein Mittelgiebelbau. Die Ausstattung stammt aus dem 19. Jh.

Allstedt

Kr. Sangerhausen, Bez. Halle
Von der ältesten Kirche der im Schutz der Burg angelegten mittelalterlichen Stadt blieb nur der „Müntzerturm" erhalten, der Westbau der im Bauernkrieg zerstörten Wigbertikirche, in welcher 1523/24 Thomas Müntzer Pfarrer war. Heute birgt der Turm aus der Zeit um 1200 die Müntzer-Gedenkstätte.

Die Stadtkirche St. Johannes entstand um 1775 in barocken Formen als Doppelemporen-Raum. Beachtlich sind der stuckierte Kanzelaltar aus der Erbauungszeit der Kirche und der Orgelprospekt.

∗ ∗ Die Kapelle der Burg Allstedt ist Bestandteil der hier eingerichteten Thomas-Müntzer-Gedenkstätte. Ihre Ausstattung stammt im wesentlichen aus dem 2. Viertel des 18. Jh. und ist durch die Galerie und die Fürstenloge geprägt. Am 13. Juli 1524 hielt hier Thomas Müntzer seine berühmte „Fürstenpredigt".

Altenburg

Kr. Altenburg, Bez. Leipzig
Die Gründung der Stadt erfolgte noch im vorigen Jahrtausend, 976 ist der Platz erstmals erwähnt, im 12. Jh. waren die Burg und die darunter gelegene Siedlung Mittelpunkt des zwischen Saale und Mulde gelegenen Teils des staufischen Reichsgebietes. Aus dieser Zeit stammen auch die ältesten Kirchen Altenburgs. Die Bartholomäikirche ist zwischen 1125 und 1137 gegründet worden.

∗ ∗ Die Weihe der Marienkirche der Augustinerchorherren erfolgte 1172; Kaiser Friedrich Barbarossa I. gehörte zu den Gönnern dieses Klosters und dürfte dessen Bau gefördert haben. Nach Auflösung und Brand des Klosters 1588 sind nur noch Teile des Schiffes der romanischen Kirche und die „Roten Spitzen", die beiden Backsteintürme des 12./13. Jh., erhalten. Ihre Größe und Eigenart geben noch etwas von der Bedeutung der kaiserlichen Architektur zu erkennen, mit dem gotischen Spitzhelm von 1570 und der barocken Haube von 1618 wurden sie zum Wahrzeichen.

Schloßkirche

Der romanischen Bauepoche entstammt auch noch der später als Kirchturm dienende Nikolaiturm, ursprünglich möglicherweise ein Wartturm auf dem südlich der Stadt gelegenen Höhenzuge, während die Nikolaikirche schon seit dem 16. Jh. verschwunden ist.

Die Kirche des Ortsteils *Rasephas* ist gleichfalls ein romanischer Bau, Veränderungen im 15. und 17. Jh. verliehen ihr den gestaffelten äußeren Aufbau und die noch vorhandenen Ausstattungsteile.

✳ ✳ Die schon erwähnte Stadtkirche St. Bartholomäi entstammt in ihren heutigen Bauformen dem ausgehenden 15. Jh., eine dreischiffige Halle mit Kreuzrippengewölben. 1669 erbaute Christoph Richter den barokken Turm an Stelle der gotischen Doppelturmfront. Die Erneuerung 1878 verlieh der spätgotischen Architektur ihr heutiges Gepräge. Vom Ursprungsbau sind Teile der Krypta aus dem 12. Jh. unter dem Südschiff erhalten.

Die das Marktbild mitprägende Brüderkirche entstand im späten 19. Jh. und ist typisch für den nach eigenen neuen Formen suchenden Kirchenbau des späten historisierenden Stils.

✳ ✳ Von besonderem Reiz ist das Innere der spätgotischen Schloßkirche, es wurde 1980 restauriert. Dem kurzen zweischiffigen Kapellenraum schließt sich der Chor mit reichem Gewölbe an, das 1444 Moyses von Altenburg einbaute. Stärker noch prägte Christoph Richter 1645-49 die Raumgestaltung durch die Einbauten der Emporen, Logen und des Altars.

Schließlich gestaltete 1735/38 Gottfried Heinrich Trost die große dreimanualige Orgel gemeinsam mit dem Oberlandbaumeister Straßburger. Sie wurde ebenfalls 1980 restauriert und auf ihr historisches Klangbild gebracht. Die Schloßkirche dient heute als vielbesuchte Konzerthalle.

Altengönna
Kr. Jena, Bez. Gera
In der Dorfkirche befindet sich ein bemerkenswerter Schnitzaltar, der in einer Jenaer Werkstatt um 1510 gearbeitet wurde.

Altenhausen
Kr. Haldensleben, Bez. Magdeburg
Von einem romanischen Kirchenbau stammen Teile des Schiffs und des Turms der Dorfkirche. 1594 erfolgte ihr Umbau und dabei die Ergänzung des halbrunden Ostabschlusses. Der Turm wurde im Barock erhöht. Ein interessantes Holzgewölbe überdeckt das Innere. Es zeigt gotisierende Rippenformen, die mit dem Gewölbemittelteil frei herabhängen und in Zapfen enden. Die ebenfalls hölzerne und farbig gefaßte Ausstattung entstand um 1660: Altar, Kanzel, Taufe mit darüber schwebendem Deckel sind reich geschnitzt. Holzemporen, Orgelprospekt und Herrschaftslogen kamen im 18. Jh. hinzu. Bemerkenswert sind weiter ein aus einem Hirschgeweih im 15. Jh. gefertigter Kronleuchter sowie Grabdenkmäler der Familie von der Schulenburg aus dem 16./17. Jh.

Altenkirchen
Kr. Rügen, Bez. Rostock
✶ Die dreischiffige gotische Backsteinbasilika ist eine der ältesten rügenschen Kirchen. Von dem noch vor 1200 errichteten Bau blieben die Ostteile, Chor mit Apsis und Ostwand der Kirche fast unverändert erhalten, während das Schiff im 14. Jh. seine heutige Gestalt erhielt. Aus der frühen Bauzeit stammt auch die Bemalung von Apsis und Triumphbogen im Inneren, die wie die übrige Kirchenausmalung 1978 restauriert wurde. Der spätromanische Taufstein ist ein „importiertes" Kunstwerk gotländischer Bildhauer, etwa 1240 geschaffen und in Altenkirchen aufgestellt. Interes-

Dorfkirche

sant auch der in die östliche Wand der Vorhalle eingemauerte slawische Grabstein, der aus dem 12. Jh. stammen dürfte.

Altentreptow
Kr. Altentreptow, Bez. Neubrandenburg
Das Bild der um 1245 gegründeten Stadt bestimmt auch heute neben modernen Agrarbauten die gotische Backstein-Hallenkirche St. Petri aus dem 14. Jh., ihr Hallenumgangschor wurde im 15. Jh. angefügt. Durch die Restaurierung ist die ursprüngliche Farbgestaltung der Backsteinarchitektur zurückgewonnen worden. Im Inneren sind der große Schnitzaltar aus der zweiten Hälfte des 15. Jh. mit den Darstellungen von Christus und Maria sowie der Passionsgeschichte und das Chorgestühl aus der ersten Hälfte des 15 Jh. beachtenswert. Der Granit-Taufstein entstammt der Spätromanik.

Altlandsberg
Kr. Strausberg, Bez. Frankfurt
Die gotische Stadtkirche kennzeichnen zwei Umbauten des frühen 16. und im 19. Jh., wo der Bau sein heutiges Aussehen erhielt, während die Barockhaube des Turmes von 1772 stammt; innen Kreuzrippengewölbe und ein spätgotischer Taufstein.
Der Saalraum der Schloßkirche wurde 1896 umgestaltet und erinnert nur in Teilen an die Bauzeit von 1670.

Alt Krüssow
Kr. Pritzwalk, Bez. Potsdam
An der Dorfkirche aus der Zeit um 1520 ist der große Staffelgiebel unter dem Eindruck der Kirchenbauten in Heiligengrabe entstanden. Im Inneren sind zwei geschnitzte Flügelaltäre ebenfalls aus dem frühen 16. Jh. bemerkenswert.

Ampfurth
Kr. Wanzleben, Bez. Magdeburg
Die Dorfkirche ist ein interessantes Bauwerk aus der Zeit um 1560. Auf Veranlassung der im benachbarten Neindorf ansässigen Herren von der Asseburg wurde sie errichtet, sie zeigt dabei eigentümliche Mischformen aus später Gotik – Vorhangbogenfenster – und Renaissancedekorationen. Der massige Nordturm kam mit dem Zwölfeckaufbau im ausgehenden 17. Jh. hinzu. Für die Ausstattung des Inneren mit einem durchgängigen dekorativen Holzgewölbe um 1670 wurde die Dachkonstruktion nötig, die rings um den schmaler als das Schiff gehaltenen Chorbau auskragt und von hölzernen Stützen getragen wird. Doppelemporen im Schiff, an das südlich der Herrensitz angebaut ist, und eine niedrige Holzempore um das Chorinnere prägen den Kirchenraum. Mit dem Ausbau entstanden im 17. Jh. auch das Altarretabel und die Kanzel. Grabdenkmäler der Familie von der Asseburg – zum Teil aufwendig und mit Freiplastiken gestaltet – blieben aus dem 16. Jh. erhalten.

Angermünde
Kr. Angermünde, Bez. Frankfurt
Die heutige Marienkirche entstand in zwei Bauphasen: Vom frühgotischen Feldsteinbau des 13. Jh. sind der mächtige Westturm und die Langhaus-Umfassungsmauern erhalten, während die dreischiffige Halle mit ihren reichen Sterngewölben im 15. Jh. hinzukam. Zugleich wurden die Marienkapelle an der Nordseite, der ebenfalls sterngewölbte Chor und die Turmgiebel angebaut. Ein bedeutendes Ausstattungsstück ist der Bronzetaufkessel mit Heiligenfiguren, von Meister Justus im 14. Jh. gearbeitet. Die gotische ehem. Franziskanerkirche aus der Mitte des 13. Jh. wurde seit 1802 wenig pfleglich behandelt. Sie ist denkmalpflegerisch gesichert. Ein dritter kleiner Kirchenbau der Stadt ist die Heiliggeistkapelle aus dem 15. Jh. mit Backsteinschmuckgiebeln und Sterngewölben.

Anklam
Kr. Anklam, Bez. Neubrandenburg
∗ Von den beiden großen mittelalterlichen Backsteinkirchen der Stadt hat nur St. Marien die schwere Zerstörung der Stadt im zweiten Weltkrieg einigermaßen gut überstanden. Die dreischiffige gotische Halle entstand in der zweiten Hälfte des 14. Jh. Vom Vorgängerbau ist das südliche Chorportal im Inneren der Kirche erhalten. Ende des 15. Jh. kamen der Chorbau und die Kapellen im südlichen Langschiff hinzu. Von der geplanten zweitürmigen Westfront wurde nur der Südturm ausgeführt, während die Marienkapelle 1488 in den Unterbau des Nordturmes eingefügt worden ist. Im Inneren der Kirche blieben Teile mittelalterlicher Wandgemälde erhalten, stilistisch denen in der Stralsunder Nikolaikirche folgend. Vom mittelalterlichen Hauptaltar stammt die Marienfigur in der Marienkapelle. Im Chor ein spätgotischer kleiner Marienschrein sowie das Chorgestühl (15. Jh.) aus der Nikolaikirche.
Die ebenfalls auf das 14. Jh. zurückgehende dreischiffige Backsteinhalle der Nikolaikirche wurde 1945 zerstört und ist als Ruine denkmalpflegerisch gesichert worden.
Die ehem. Heiliggeistkapelle aus dem 18. Jh. prägt mit ihrem Türmchen die Straßenflucht des Hospitals.

Annaberg-Buchholz
Kr. Annaberg, Bez. Karl-Marx-Stadt
Die Gründung der alten Bergbaustadt Annaberg nach dem Auffinden der Silberadern am Schreckenberg und die Errichtung der ∗ ∗ St. Annenkirche bilden einen unmittelbaren Zusammenhang. Kirche und Stadt erhielten den Namen der Schutzheiligen der Bergleute. Inmitten dieses spätmittelalterlichen Bergbaugebietes gelegen, wurde die Kirche zum bedeutendsten spätgotischen Sakralraum

Annenkirche

Sachsens ausgestaltet. 1499 begonnen, war sie bereits 1525 vollendet, eine ungewöhnlich kurze Bauzeit für eine so große Kirche. Peter von Pirna (Peter Ulrich) und Jakob Heilmann arbeiteten nach dem Plan von Conrad Pflüger. Nach Pflügers Tod schuf Jakob Heilmann die Emporen und Gewölbearchitektur, die Sakristei und den Singechor. Obersächsische und böhmische spätgotische Formen sind durchdrungen mit neuen Gestaltungselementen der Renaissance, vor allem in den Schleifenstern- und Schlingrippengewölben mit plastischen Schlußsteinen. Ebenso reich wie die Architektur ist die Ausstattung: Hans Wittens „Schöne Tür", ursprünglich für die Franziskanerkirche gearbeitet, schmückt seit 1577 das nördliche Seitenschiff; Franz Maidburg schuf in 20 Feldern 100 Steinreliefs für die Emporenbrüstungen zum Thema des Neuen Testaments, die 20 Felder stellen Allegorien der Lebensalter dar. Das Portal der Sakristei (1518), das erste bedeutende Renaissancekunstwerk in Sachsen, und die Kanzel stammen vom gleichen Meister. Christoph Walther arbeitete 1519 die Prophetenbüsten an den Seitenschiffsgewölben, und in der Augsburger Werkstatt des Adolf Daucher ist der Hauptaltar mit der Darstellung der Wurzel Jesse geschaffen

24

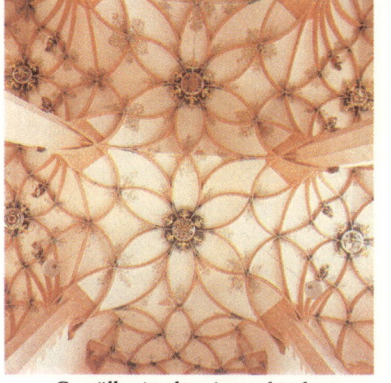

Gewölbe in der Annenkirche

Von den zahlreichen weiteren Bildwerken sind besonders beachtenswert die Schutzmantelmadonna, eine fränkische Arbeit, und die Anna selbdritt von Peter Breuer um 1500. Die seit 1970 begonnene und 1981 im wesentlichen abgeschlossene Restaurierung brachte dem Kirchenraum seinen farblichen und plastischen Reichtum wieder, so daß die Annenkirche heute erneut die weitreichende Bedeutung der Stadt und des obersächsischen Erzbergbaues im 16. Jh. versinnbildlicht.

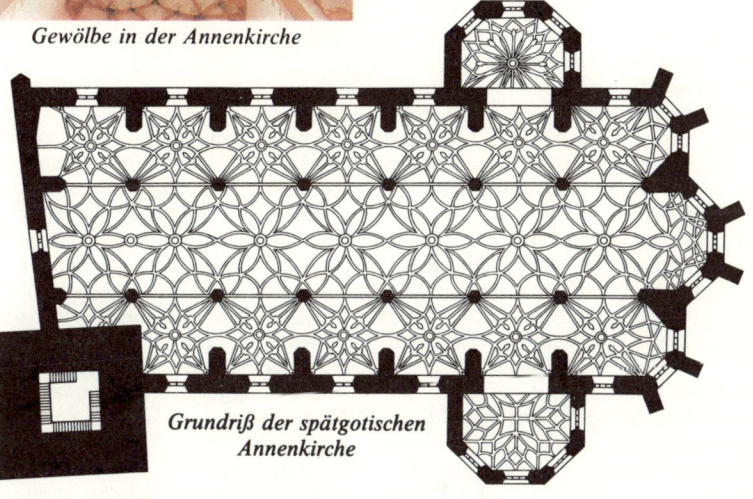

Grundriß der spätgotischen Annenkirche

und 1522 aufgestellt worden. Berühmter noch wurde der Altar der Bergknappschaft wegen der Darstellung des Bergmannslebens im Gemälde des Hans Hesse 1521 auf der Altarrückseite, eine der informativsten Schilderungen mittelalterlichen Bergbaues. Vom gleichen Maler stammen auch zwei Tafeln des neu zusammengestellten Triptychons hinter dem Hauptaltar; die Bildtafel mit der Ehebrecherin kommt aus der Cranach-Werkstatt. Der Pflocksche Altar ist ein Werk aus der Cranach-Schule. Den Münzeraltar im südlichen Nebenchor schuf 1522 Christoph Walther, der Bäckeraltar wird Hans Witten zugeschrieben. Er schuf neben anderen Bildwerken 1515 den Taufstein sowie den Gewölbeschlußstein mit der Gründungslegende von Annaberg.

Die Bergkirche entstammt in ihrer heutigen Gestalt, ihren einfachen und schweren Renaissanceformen, weitgehend dem 17. Jh.

∗ Die Katharinenkirche im Ortsteil *Buchholz* birgt in der Begräbniskapelle Tafelbilder eines sechsflügeligen Hochaltars von Hans Hesse, der um 1520 entstand. Nach der Reformation teilweise übermalt, wurden die Bilder, seit 1870 wieder im ursprünglichen Zustand, nach 1967 konserviert und restauriert. Ein weiterer Flügelaltar, 1515 von Hans Hesse geschaffen, zeigt den Ursprung des Annaberger Bergbaues. Er befindet sich ebenfalls in der Begräbniskapelle.

Aus dem Ende des 17. Jh. blieb die Hospitalkirche, ein einschiffiger Bau mit einer Freikanzel, erhalten.

Die Dorfkirche im Ortsteil *Kleinrük-*

25

kerswalde von 1780 ist im 19. Jh. durchgreifend erneuert und ergänzt worden. Sie birgt einen Schnitzaltar vom Ende des 15. Jh. und ein barockes Kruzifix.

Annaburg

Kr. Jessen, Bez. Cottbus

Der spätgotische einschiffige Bau der Stadtkirche ist im 17. Jh. neu gestaltet worden und erhielt dabei die bemalte Kassettendecke, Epitaphien und den Altaraufsatz. Der barocke Orgelprospekt entstammt dem 18. Jh.

Anrode (Ortsteil von Bickenriede)

Kr. Mühlhausen, Bez. Erfurt

Die frühgotische Kirche des ehem. Zisterzienser-Nonnenklosters ist 1590 zur einschiffigen Renaissancekirche umgebaut worden und erhielt 1670/90 eine durchgreifende Neugestaltung durch Antonio Petrini. Klosterbauten des 16./17. Jh. blieben erhalten.

Apolda

Kr. Apolda, Bez. Erfurt

Die Stadtkirche überragt mit ihrem 80 m hohen Turm die zwischen Hügeln eingebettet liegende Stadt. Der neugotische Backsteinbau ist nach dem Entwurf von Johannes Otzen 1892–94 errichtet worden und mit dem Bezug auf die Gotik des 13. Jh. ein typisches Beispiel für größere Kirchen-Neubauten des ausgehenden 19. Jh. Ein mittelbar kirchlichem Bauen verbundenes technisches Denkmal ist die Glockengießerei, 1722 begründet, heute ✳✳ VEB Apoldaer Glockengießerei und einzige Turmglocken-Gießwerkstatt der DDR. Im dortigen Glockenmuseum ist die Geschichte des Glockengießens veranschaulicht.

Arendsee

Kr. Osterburg, Bez. Magdeburg

✳✳ Vom Benediktiner-Nonnenkloster des 12. Jh. blieb die dreischiffige romanische Pfeilerbasilika erhalten. Um 1185 begonnen, dürfte ihr Bau 1210 vollendet gewesen sein. Was wir heute vor uns sehen, ist um 1850/51 erneuert worden, wobei man sich aber eng an den damals vorhandenen Kirchenbau hielt und das für die Spätromanik typische Architekturbild erschloß; an das Langhaus – mit Empo-

Klosterkirche

ren aus dem 15. Jh. – schließen sich das Querschiff mit der ausgeschiedenen Vierung und der kuppelgewölbte Chor mit der Apsis an. Außen wurden die Friese und Lisenengliederungen ergänzt. Sehenswert ist der Altar mit einer Marienkrönung von etwa 1380, ein Kruzifix aus dem zweiten Viertel des 13. Jh. und der spätromanische Taufstein. Bis 1812 diente die Kirche als Andachtsraum für das Damenstift, in seiner heutigen Form ist der Bau eine der besterhaltenen romanischen Architekturen der Altmark.

Arnstadt

Kr. Arnstadt, Bez. Erfurt

✳✳ Die Liebfrauenkirche ist wie die Domkirchen in Magdeburg, Halberstadt und Naumburg ein Bau aus der Übergangzeit vom romanischen zum gotischen Stil. Entsprechend vielgestaltig sind auch die künstlerischen Formen, nicht minder die Baugeschichte: Gegen 1200 begann man mit einer romanischen Basilika und den Untergeschossen der Westtürme. Um die Mitte des 13. Jh. kamen neue Bauleute aus Maulbronn und Walkenried, die von dort ein Baudekorationssystem aus gewirtelten Säulen mitbrachten, wie wir sie im Langhaus an den Hochschiffswänden vorfinden und die typisch für den Mischstil aus später Romanik und früher Gotik sind. Am Außenbau wird diese Bauphase ebenso deutlich: Der Südturm, die beiden Untergeschosse des Nordturms sowie die Portale im Norden

Liebfrauenkirche

und Westen, der Glockenturm und das Querhaus begrenzten jenen Bau. Am Ende des 13. Jh. wurde dann der nun in gotischen Formen gehaltene Hallenchor hinzugefügt, und der Außenbau erhielt seine gotische Dekoration. 1813 diente die Kirche den napoleonischen Truppen als Magazin und wurde entsprechend ramponiert. Eine Erneuerung des gesamten Bauwerkes war nötig, zumal sich an den mittelal-

terlichen Türmen ernste Mängel zeigten. Die umfassende Renovation begann 1880. Von ihr erkennen wir heute noch die Neufassung von West- und Südgiebel, die Westtürme sind nach mittelalterlichem Vorbild erneuert worden, vor allem aber erhielt die Kirche auf dem Glockenturm einen hoch aufragenden Helm in neogotischer Gestalt. Dieser mußte nach 1956 abgetragen werden, weil er zu schwer

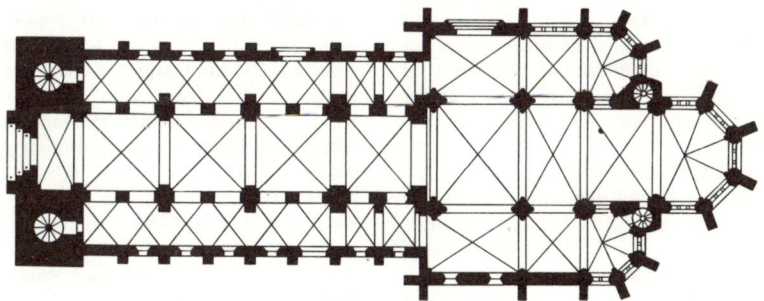

Grundriß der frühgotischen Liebfrauenkirche

war. Damit begann die dritte durchgreifende Erneuerung der Liebfrauenkirche, deren Ergebnis das heutige Äußere und Innere des Baues ist, dem man nun wieder klar die einzelnen Bauperioden ablesen kann. Von der Ausstattung sind hervorzuheben: der spätgotische Altar von 1498 mit einer Marienkrönung und den Heiligen Laurentius und Bonifatius, die Schöne Madonna von 1415, das Hochgrab des schwarzburgischen Grafen Günther XXV. und seiner Gemahlin, eine Arbeit der Prager Parler-Nachfolge aus dem endenden 14. Jh. Aus der gleichen Werkstatt kommt wohl der Grabstein für Theoderich von Witzleben.

* Die Bachkirche am Marktplatz wurde aus einem spätgotischen Kirchenbau der Mitte des 15. Jh. zwischen 1676 und 1683 neu errichtet. Sie ist ein schlichter Emporenraum. Von 1703 bis 1707 wirkte hier Johann Sebastian Bach als Organist. Mit der Sammlung von Zeugnissen dieser Tätigkeit ist die Kirche heute eine Pflegestätte Bachscher Musik.

Die ehem. Franziskaner-Klosterkirche, auch Oberkirche, ist ein langgestreckter gotischer Emporenraum, zwischen 1300 und 1350 errichtet, mit barock bekröntem spätgotischem Turm. Die Farbigkeit des Inneren mit der Holztonne prägen die Emporenmalereien von etwa 1576 und 1671, der Fürstenstand sowie Altar und Kanzel aus der ersten Hälfte des 17. Jh.

Im Ortsteil *Oberndorf* stehen Teile einer dreischiffigen romanischen Basilika aus der Zeit um 1200, heute als Chorturmkirche ausgeprägt, nachdem schon im 16. Jh. die romanischen Seitenschiffe abgebrochen worden sind. Im Turmuntergeschoß ist die frühmittelalterliche Kapelle erhalten.

Artern
Kr. Artern, Bez. Halle
Die Pfarrkirche der Stadt besteht aus romanischen, gotischen und Renaissanceformen und ist ein Beispiel für Um- und Ausbauten einer Kirche in mittelalterlicher und nachmittelalterlicher Zeit. Heute wird sie im wesentlichen durch Formen des frühen 17. Jh. geprägt, 1978 erneuert.

Die bis 1945 museal genutzte romanische Veitskirche wurde als Baudenkmal gesichert.

Aschersleben
Kr. Aschersleben, Bez. Halle
* Seit dem 7. Jh. ein befestigter Ort, erhielt Aschersleben um 827 seinen ersten christlichen Kirchenbau. Die Stephanikirche ist dessen gotischer Nachfolgebau. Als Hallenkirche wurde sie zwischen 1406 und 1507 errichtet, geringe romanische Baureste sind noch im östlichen Südseitenschiff eingebaut. Die Ausstattung ist bemerkenswert: die Orgelempore in Renaissanceformen von 1596, im Chor drei große Flügelaltäre aus dem Beginn des 16. Jh., der Marienaltar mit Malerei aus der Werkstatt Lucas Cranachs d. Ä. Von der ehemals barocken Ausstattung blieben zahlreiche Gemälde erhalten. Die Kanzel stammt von 1656.

Die Marktkirche, ein langgestreckter frühgotischer Bau, erhielt im vorigen Jh. eine neu gestaltete Westfassade. Die Ausstattung entstammt im wesentlichen dem 18. Jh.

Die Margareten- oder Neustädter Kirche entstand in ihren Bauformen nach einem Brand seit 1586 neu und wurde 1715–17 in barockem Stil erneuert. In ebensolchen Formen sind große Teile der Ausstattung erhalten.

Aue
Kr. Aue, Bez. Karl-Marx-Stadt
Die Stadtkirche ist ein Bau der Jahrhundertwende, 1895 errichtet.

Vom 1173 gegründeten Augustiner-Chorherrenstift „Klösterlein" im Ortsteil *Zelle* blieb der im Kern romanische, einschiffige kleine Kirchenbau erhalten. Die am Ostgiebel erhaltenen Putzritzzeichnungen sind jetzt im Kreuzgang des Freiberger Doms zu sehen. Das Innere ist seit 1948 neu gestaltet.

Aue am Berg
Kr. Saalfeld, Bez. Gera
In der Dorfkirche befindet sich ein romanisches Kruzifix aus der zweiten Hälfte des 12. Jh. (restauriert) und ein spätgotischer Altar von etwa 1500.

Augustusburg, Schloßkapelle

Augustusburg

Kr. Flöha, Bez. Karl-Marx-Stadt

∗∗ Im Jagdschloß der sächsischen Kurfürsten, 1567–73 von Hieronymus Lotter konzipiert und erbaut, gestaltete Erhardt van der Meer 1568–72 den Renaissance-Emporenraum der Schloßkirche nach dem Vorbild der in Torgau begründeten protestantischen Predigtkirche. Monumentale Beschlagwerkformen wirken als Deckengewölbe. Der Altar wurde 1571 in der Salzburger Werkstatt des Wolfgang Schreckenfuchs gebaut, Lucas Cranach d. J. schuf das Altarbild, auf dem sich Kurfürst August samt seiner Familie vor dem Gekreuzigten am Ölberg darstellen ließ. Vom gleichen Maler stammte auch der Bildschmuck der Kanzel. Die Orgel schuf 1758 Georg Renkewitz. Zwischen 1961 und 1972 erfolgte eine Gesamtrestaurierung des Raumes und seiner Kunstwerke.

Die Stadtkirche entstand 1840–45 in barockisierenden Formen und ist nach einem Brand 1893–96 erneuert worden.

Auma

Kr. Zeulenroda, Bez. Gera

Die Stadtkirche ist ein frühklassizistisches Bauwerk aus dem letzten Jahrzehnt des 18. Jh. mit eingebautem Turm. Doppelemporen prägen den Raum, in den Kanzelaltar sind spätgotische Bildwerke einbezogen worden.

Ballenstedt

Kr. Quedlinburg, Bez. Halle

Die Pfarrkirche St. Nikolai ist ein spätgotischer Bau mit Querturm. Vom Ende des 17. Jh. stammen Teile der Ausstattung. Grablagen aus dem 16. Jh. blieben erhalten.

Von der ehem. Klosterkirche aus der zweiten Hälfte des 12. Jh. haben sich Reste des Westbaues und die Krypta im Nordflügel des Schlosses erhalten, das aus der Klosteranlage entstand. Die Schloßkapelle wurde im 18. Jh. ausgestaltet.

Barby
Kr. Schönebeck, Bez. Magdeburg
Etwa 1280 dürfte die gotische Stadtkirche St. Marien fertiggestellt worden sein, während der große Westturm erst 1505 begonnen wurde und seine Haube 1711 erhielt. Bei einem Umbau 1682 entstanden die Seitenschiffe, die Ausstattung wurde im 16. und 18. Jh. geschaffen.
∗ ∗ Die Johanniskirche entstand Mitte der zweiten Hälfte des 13. Jh. als Franziskaner-Klosterkirche und diente bis 1715 als Begräbniskirche der Grafen von Barby, wovon die Grabplatten und Grabdenkmäler aus dem 14. bis 17. Jh. im Inneren zeugen; ein Bildwerk der Mondsichel-Madonna entstammt dem Umkreis Hans Wittens um 1510.

Barth
Kr. Ribnitz-Damgarten, Bez. Rostock
Das Bild der im 13. Jh. neu angelegten Küstenstadt prägt die Marienkirche, ein dreischiffiger Hallenbau aus dem frühen 14. Jh., begonnen mit dem Chor im 13. Jh., der Westturm entstand im 15. Jh. Sein Giebelgeschoß und den Helm erbaute Friedrich August Stüler, der 1856 die gesamte Kirche erneuerte. Die Ausmalung besorgte Gottfried Pfannschmidt, geringe Reste gotischer Malerei blieben im Südschiff erhalten. Beachtenswert sind die Bronzetaufe aus dem 14. Jh. sowie die schönen Messing-Kronenleuchter aus dem 16. und 17. Jh.

Baruth
Kr. Zossen, Bez. Potsdam
Die Pfarrkirche aus dem 14. Jh. erhielt ihre heutige Gestalt nach einem Brande 1595 und wurde 1671 erneuert. Aus dieser Zeit stammen auch der Altar, die Kanzel und die Orgelempore.

Basedow
Kr. Malchin, Bez. Neubrandenburg
Der aus Feldsteinen erbaute Chor der Dorfkirche entstammt dem 13. Jh., während das backsteinerne Langhaus ein Bau des 15. Jh. ist. Der Turm kam bei der Restaurierung der Kirche 1855–57 hinzu. Erstaunlich reich ist die Ausstattung: Der mit Beschlagwerk dekorierte Sandstein- und Marmor-Altar von 1592 nimmt die gesamte Chorbreite in Anspruch. Eine Triumphkreuzgruppe ist spätgotisch, Kanzel, Taufe und Orgelempore stammen aus dem 17. Jh., ∗ ∗ Orgel und Orgelprospekt sind 1680 datiert und von Samuel Gerke und Heinrich Herbst signiert. Einige Epitaphien entstanden in der Werkstatt des Claus Midow, der an der Renaissanceausstattung des Güstrower Schlosses mitwirkte.

Basse (Ortsteil von Lühburg)
Kr. Teterow, Bez. Neubrandenburg
Der Feldsteinchor der Dorfkirche wurde im 13. Jh. errichtet, und im 14. Jh. kam das ungewölbt gebliebene Langhaus mit Vorhalle aus Backsteinen hinzu. Altar, Kanzel und Patronatsloge stammen aus dem frühen 18. Jh., ein Renaissance-Epitaph aus der Werkstatt des Claus Midow.

∗ ∗ Bautzen
Kr. Bautzen, Bez. Dresden
Das von mittelalterlichen Wehrmauern eingefaßte städtebauliche Ensemble um den Markt und die Ortenburg krönt an höchster Stelle über dem Spreetal der ∗ ∗ Dom mit mächtigem Dach und spätgotischem Turm. Die barocke Haube schuf 1664 Martin Pötzsch. Der Chronist Thietmar von Merseburg verzeichnet 1002 Burg und Kirche als festen Grenzplatz der Markgrafen von Meißen zu den slawischen Landen. Damals stand schon ein erster Kirchenbau von 992 bis 1015 an der Stelle des heutigen Domes. Zwischen 1293 und 1303 zu einem Teil neu errichtet, wurde die Kirche 1497 in Hallengestalt vollendet. Aus der unterschiedlichen Bauzeit rührt wohl auch die Abknickung des Grundrisses her. Seit 1523 ist der Dom Simultankirche: Der Chor dient dem katholischen, das Langhaus dem evangelischen Gottesdienst. Dieses Nebeneinander beider Konfessionen

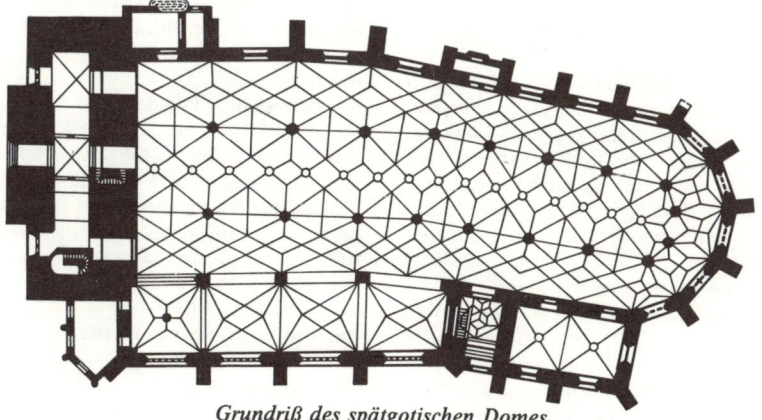

Altstadt mit Dom, Michaeliskirche und Alter Wasserkunst

hatte in vergangenen Jahrhunderten Reibungen zur Folge, und erst 1956 ist bei der Gesamtrestaurierung des Dominneren das ursprünglich 4 m hohe trennende Gitter durch den flachen Einbau ersetzt worden. Das Innere prägen die schönen Netzgewölbe über schlanken Stützen. Im 1456—63 hinzugefügten zweiten südlichen Seitenschiff sind Sterngewölbe und schöne Maßwerkfenster erhalten. Ebenso vielgestaltig und reich sind die Ausstattungen beider Kirchenteile. Den katholischen Chor beherrscht der barocke Marmoraltar von 1722, der mit Gemälden von Giovanni Antonio Pellegrini und Plastiken von Johann Benjamin Thomae ausgestattet ist. Das Chorgestühl und das Holz-Kruzifix von Balthasar Permo-

Grundriß des spätgotischen Domes

ser entstammen dem zweiten Jahrzehnt des 18. Jh. Im protestantischen Langhaus bildet die Fürstenloge von 1673 im Südschiff den Blickfang. Der Altar mit Reliefs der Kreuzigung und Auferstehung entstand 1644, die Orgel wurde 1642 eingebaut, Fritz Schumacher schuf 1908 die Emporenarchitektur und einen neuen Prospekt.

✱✱ Nördlich des Doms beherrscht die Fassade des Domstifts das Straßenbild, 1683 in barocken Formen an Stelle eines älteren Gebäudekomplexes aus dem frühen 16. Jh. errichtet.

✱✱ Zusammen mit der um die Mitte des 16. Jh. erbauten Alten Wasserkunst und der Stadtbefestigung bildet die Michaeliskirche eines der reizvollsten Ensembles im Bautzener Stadtbild. Die kleine Hallenkirche mit dem wehrganggeschmückten Turm war um 1500 vollendet und Bestandteil der Festungsanlage. 1978 erfolgte die gründliche Restaurierung. Im Inneren ein Kreuzigungs-Altar von 1693 und ein Renaissance-Taufstein von Michael Schwenke.

Außerhalb des Reichentors wurde 1523 die Tauscherkirche als Teil eines Hospitals erbaut, später mehrfach erneuert. Auf dem Taucherfriedhof befinden sich zahlreiche Grüfte aus dem 17./18. Jh. mit reicher architektonischer und plastischer Gestaltung.

An der Stadtseite des Reichentors steht die im 17. und 19. Jh. durchgreifend erneuerte Liebfrauenkirche mit mehrfach umgestaltetem Innenraum. Die Ausstattung stammt aus dem 18. Jh.

Die um 1300 begonnene Mönchskirche des einstigen Franziskaner-Klosters ist wie die spätgotische Nikolaikirche seit dem Dreißigjährigen Krieg Ruine. Die Nikolaikirche wurde wie die Michaeliskirche in die Befestigungsanlagen der Stadt einbezogen.

Beelitz
Kr. Potsdam, Bez. Potsdam
Die frühgotische Hallenkirche brannte 1562 und 1700 aus, wurde wiederaufgebaut und ist 1898–1902 erneuert worden. Die Sterngewölbe sind, wie auch in der 1370 gestifteten Blutkapel-

le, teils erneuert, teils erhalten. Die Kanzel stammt aus dem Jahre 1656.

Beeskow
Kr. Beeskow, Bez. Frankfurt
Die spätgotische Backstein-Hallenkirche des 15. Jh. wurde 1945 kriegszerstört und blieb bis auf das wiederhergestellte Südschiff Ruine. In der ebenfalls wiederaufgebauten Sakristei sind spätgotische Malereien und ein Altar vom Anfang des 16. Jh. bemerkenswert.

Beetzendorf
Kr. Klötze, Bez. Magdeburg
Die Dorfkirche ist ein barocker Zentralbau von 1735 mit Achteckturm und Walmdach, innen mit klassizistischer Altarwand, Kanzel und Orgel ausgestattet.

Belgern
Kr. Torgau, Bez. Leipzig
Die Stadtkirche, ein Backstein-Putzbau von 1509–12 mit großem Westturm, hat innen schöne Sterngewölbe, doppelte Emporen sowie einen reich gegliederten Altar aus der Zeit um 1660. Figürliche und Bildausstattungen stammen aus dem 17. und 18. Jh. Das Pfarrhaus befindet sich in einem Restbau des ehem. Klosterhofs aus den Jahren um 1258, ehemals zu Klosterbuch gehörig.

Belgershain
Kr. Grimma, Bez. Leipzig
Die Dorfkirche ist ein Saalbau mit Turm, der 1686 von Michael Beyer errichtet wurde. Die hölzernen Sterngewölbe mit Stuckrippen bemalte Johann Gottfried Lonkewitz in der zweiten Hälfte des 18. Jh., die reiche Ausstattung stammt von 1690.

Belzig
Kr. Belzig, Bez. Potsdam
Die Stadtkirche, im 13. Jh. in spätromanischen Formen erbaut, brannte mehrfach und wurde dem jeweiligen Stilempfinden entsprechend wiederhergestellt. Auf dem Feldstein-Querturm entstand ein barocker Aufsatz, der Altar wurde nach der Mitte des 17. Jh. aufgestellt.

Benthen (Ortsteil von Werder)
Kr. Lübz, Bez. Schwerin
Die Dorfkirche ist eine der besterhaltenen aus der romanischen Zeit in

Mecklenburg. Sie besteht aus dem feldsteinernen Langhaus mit eingezogenem Chor und spätgotischem Turm. Das Kirchenschiff ist flach gedeckt und durch einen Triumphbogen vom Chor abgesetzt. Fenster und Südportal stammen aus der Erbauungszeit.

Berga
Kr. Greiz, Bez. Gera
Die einschiffige Pfarrkirche mit dem von einer geschweiften Haube bedeckten Turm ist 1822–27 erbaut und mit einer schlicht klassizistischen Ausstattung versehen worden.

Berge
Kr. Gardelegen, Bez. Magdeburg
Die spätgotische Feldstein-Dorfkirche mit Fachwerkturm wurde am Beginn des 17. Jh. mit figürlichem Altar und Kanzel sowie an den Brüstungsfeldern bemalter Empore aufwendig ausgestattet. Decken- und Wandmalereien sind 1964 freigelegt und restauriert worden.

Berge
Kr. Osterburg, Bez. Magdeburg
Die Dorfkirche ist einer der ältesten Backsteinbauten in der Altmark, 1151 erstmals erwähnt. Der quadratische Turm und das Kirchenschiff haben gleiche Breite, daran schließen der eingezogene Chor und die Apsis an. Der Außenbau zeigt sorgfältige Baudekoration, das Innere ist durch die Erneuerung im 19. Jh. geprägt.

Bergen
Kr. Rügen, Bez. Rostock
✳ ✳ Neben einem slawischen Fischerdorf entstand bei dem 1193 gegründeten Zisterzienser-Nonnenkloster der ursprünglich als Kirche Jaromars I. vorgesehene Bau der Marienkirche. Von der geplanten Basilika waren Ende des 12. Jh. die Ostteile und der Westbau fertiggestellt, das Langhaus wurde erst im 14. Jh. als Halle abgeschlossen, nun in gotischen Bauformen; Gewölbe und Turmaufbau stammen aus gleicher Zeit. Sorgfältige Baudekoration und reiche Ausmalung prägen das Innere; der große Wandmalerei-Zyklus mit Szenen des Alten und Neuen Testaments entstand Anfang des 13. Jh. Wie der gesamte Bau wurde auch die Ausma-

lung 1896–1902 durch Ernst von Haselberg restauratorisch erneuert, dennoch ist sie das einzig erhaltene Beispiel einer mittelalterlichen Kirchenausmalung im Norden unseres Landes, die nach einem einheitlichen Programm erfolgte. Der dänische Einfluß ist unverkennbar: Rügen war 1168 von den Dänen erobert und unter Waldemar I. christianisiert worden. Im Inneren befinden sich Ausstattungsstücke des 18. Jh., daneben eine Granittaufe des 14. Jh., ein gestickter Wandbehang von etwa 1300 sowie zwei Kelche von 1270/80 und 1582.

Berka, Bad
Kr. Weimar, Bez. Erfurt
Die Pfarrkirche des Kurortes ist ein Barockbau von 1739 mit Emporen, Kanzelaltar und Taufgestell aus der gleichen Zeit.

Berka/Werra
Kr. Eisenach, Bez. Erfurt
Die Bauten von Chor und Langhaus der Pfarrkirche entstammen unterschiedlichen Epochen: Der Chor mit dem Turm und dem von vier Erkern eingefaßten spitzen Helm wurde seit 1439 erbaut. Das Langhaus ist ab 1616 errichtet worden, hat eine kassettierte Tonne und Emporen, Kanzel und Orgelprospekt aus dem 17. Jh. Ein Kruzifix und der Taufstein entstanden im 16. Jh.

Berlin
Die beiden Schwesternstädte Cölln, westlich der Spree, und Berlin, auf deren Ostufer, sind erstmals 1237 bzw. 1244 urkundlich genannt. Der älteste Siedlungskern liegt um die Nikolaikirche. Von 1658 an wurden beide Städte zu einer Festung ausgebaut, wobei ab 1662 westlich des alten Cölln zwischen Spreearm und der heutigen Ober- und Niederwallstraße der Stadtteil Friedrichswerder entstand. 1668 wurde mit der barocken Achse der „Linden" und nach Norden zur Spree hin die Dortheenstadt angelegt. Mit gleich regelmäßigem Straßenraster entstand zwischen 1688 und 1736 die Friedrichstadt südlich der Lindenallee. Die vier bis dahin selbständigen Städte sind 1710 zu einer Gemeinde zusammengeschlossen worden, und

Nikolaikirche

Der Wiederaufbau der bedeutendsten und rekonstruierbaren Bauwerke begann bereits 1946, der ehemals sowjetisch besetzte Sektor der Stadt ist seit 1949 Hauptstadt der DDR.

✳ ✳ Der älteste Berliner Kirchenbau ist die Nikolaikirche. Ihr backsteinerner Hallenneubau wurde in der zweiten Hälfte des 13. Jh. begonnen, aber nach einem Brand von 1380 erst gegen 1460 vollendet. Vom Vorgängerbau des 13. Jh. blieb nur der Unterbau der Westtürme bestehen. 1982 begann der Wiederaufbau der Kriegsruine mit der Rekonstruktion der Turmhelme des 19. Jh. Das mittelalterliche Raumbild entstand neu unter Einbeziehung der barocken Kapellen und Bildwerke. 1987 museal erschlossen, gehört sie zum Märkischen Museum.

✳ ✳ Pfarrkirche der Mitte des 13. Jh. angelegten Berliner Neustadt war die Marienkirche. Ihr Bau als dreischiffige Backsteinhalle begann gegen 1270 und wurde in der ersten Hälfte des 14. Jh. vollendet. Nach dem Stadtbrand von 1380 erfolgte ihre Erneuerung. Im 15. Jh. entstand die dreischiffige Westvorhalle mit dem Turm aus Bruchsteinen. Den Turmhelm, eines der frühesten und bedeutendsten neogotischen Werke, schuf 1789 Carl Gotthard Langhans d. Ä. Die Magistratsloge am Südschiff war schon 1729 angefügt worden. 1893/94 wurde die Kirche in neogotischen Formen durchgestaltet, dabei sind auch die vereinheitlichenden Giebel an der Südseite errichtet worden. Von der Ausstattung verdienen besondere Beachtung: in der Turmhalle der 22 m lange Malereifries mit der Darstellung eines Totentanzes von 1480. Geistliche und Patrizier sowie Stadtbürger bilden einen von Toten angeführten Reigen, in niederdeutschen Versen darunter die erklärenden Gespräche. Es ist die einzige erhaltene monumentale Wiedergabe des im ausgehenden Mittelalter weitverbreiteten künstlerischen Themas. 1860 wiederentdeckt und freigelegt, wurde die Malerei 1958 gesichert und muß kontinuierlich restauratorisch betreut werden.

ab 1734 fielen die Festungswerke. Die Gründung der Universität 1810 leitet die Entwicklung der Stadt des 19. Jh. ein, die von der industriellen Revolution und damit einem raschen Anwachsen der Bevölkerung und der Bautätigkeit gekennzeichnet war. Seit 1871 Reichshauptstadt, erlebte Berlin bis 1930 eine gewaltige Flächenausdehnung, zugleich aber eine ebenso hohe Überbauung der innerstädtischen Bereiche durch Mietskasernen und Industriegebiete, dazwischen wurden aber auch Gärten und Parke angelegt. Mit den Stadterweiterungen entstand am Ende des 19. Jh. eine große Zahl neuer Kirchbauten. Seit 1942 brachte der zweite Weltkrieg partielle und 1945 die totale Zerstörung der gesamten Innenstadt durch Bombardements und Kampfhandlungen.

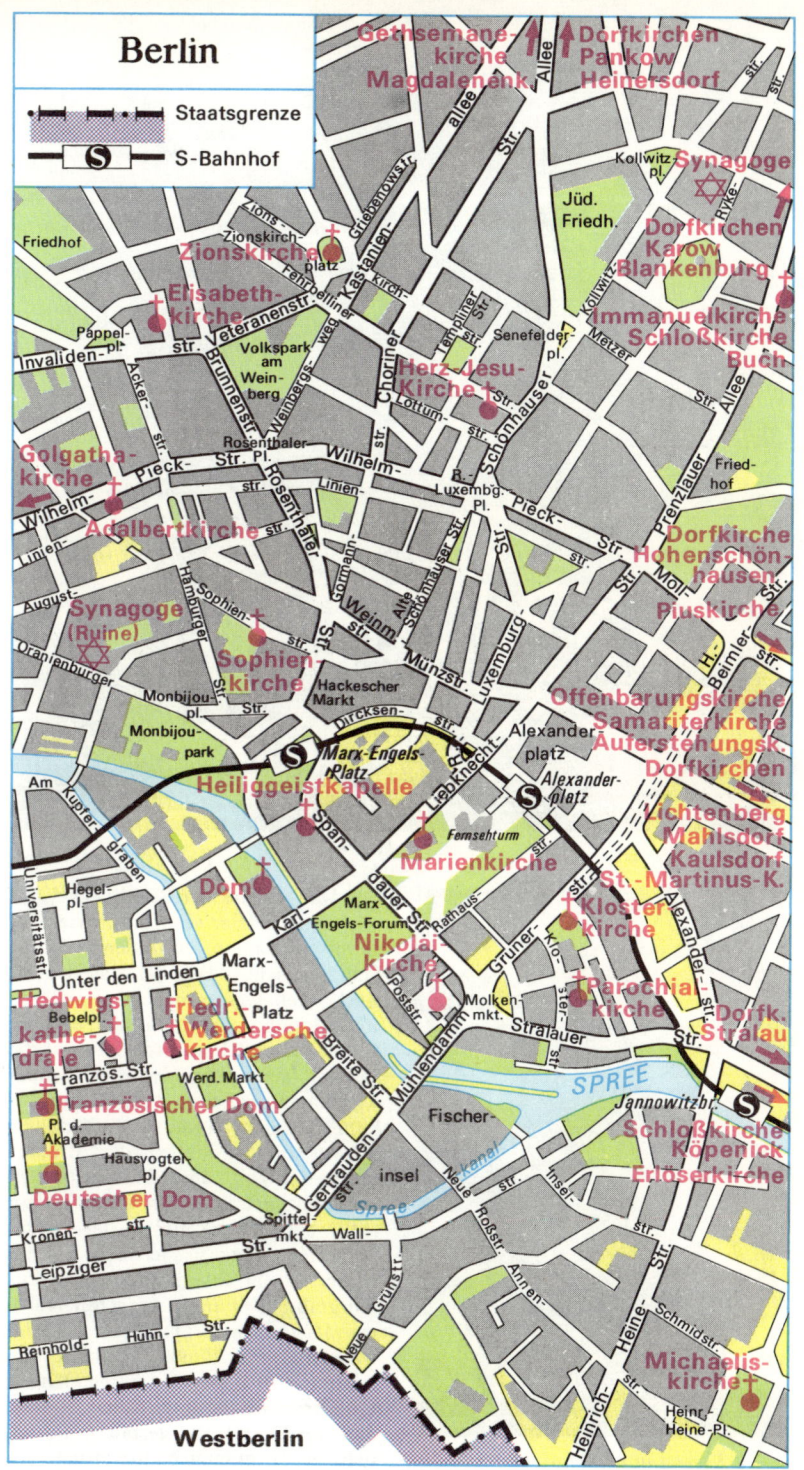

Berlin

Staatsgrenze
Ⓢ S-Bahnhof

Gethsemane-
kirche
Magdalenenk.

Dorfkirchen
Pankow
Heinersdorf

Kollwitz pl.   Synagoge

Jüd. Friedh.

Dorfkirchen
Karow
Blankenburg

Zionskirchplatz

Friedhof

Zionskirche

Elisabeth-
kirche

Pappel-pl.
Invaliden-pl.

Volkspark
am
Weinberg

Herz-Jesu-
Kirche

Senefelder-pl.

Immanuelkirche
Schloßkirche
Buch

Rosenthaler Str. Pl.

Golgatha-
kirche

Wilhelm-

Adalbertkirche

Wilhelm-

Luxembg. Pl.

Dorfkirche
Hohenschön-
hausen

Friedhof

Piuskirche

Synagoge
(Ruine)

Oranienburger

Sophien-
kirche

Hackescher
Markt

Monbijou-
pl.

Monbijou-
park

Dirksen-

Alexander-
platz

Offenbarungskirche
Samariterkirche
Auferstehungsk.
Dorfkirchen

Am Kupfergraben

Ⓢ Marx-Engels-
Platz

Heiliggeistkapelle

Ⓢ Alexander-
platz

Lichtenberg
Mahlsdorf
Kaulsdorf
St.-Martinus-K.

Universitätsstr

Hegel-pl.

Dom

Marienkirche

Fernsehturm

Marx-
Engels-Forum

Rathaus-

Kloster-
kirche

Unter den Linden

Bebelpl.

Hedwigs-
kathe-
drale

Marx-
Engels-
Platz

Friedr.-Platz
Werdersche
Kirche

Nikolai-
kirche

Molken-mkt.

Parochial-
kirche

Dorfk.
Stralau

Franzos. Str.

Französischer Dom

Werd. Markt

Pl. d. Akademie

Deutscher Dom

Hausvogtei-pl.

Kronen-
Leipziger

Spittel-mkt.

Wall-

Fischer-
insel

Spree

Neue

SPREE

Jannowitzbr. Ⓢ

Schloßkirche
Köpenick
Erlöserkirche

Reinhold-

Hühn-

Michaelis-
kirche

Heint.-Heine-Pl.

Westberlin

35

Marienkirche

Kanzel in der Marienkirche

Die Kanzel und der Schalldeckel mit reicher Engelzier sind durch vier korinthische Säulen verbunden, Andreas Schlüter schuf 1702/03 das Kunstwerk. Den Orgelprospekt gestalteten 1742 Johann Georg Glume und de Ritter. Der Altaraufsatz von 1762 stammt zusammen mit der Schauwand von Andreas Krüger und Johann Bernhard Rode. Aus mittelalterlicher Zeit verblieben der Bronzetaufkessel mit dem bildplastischen Schmuck, getragen von vier Drachen (1437 entstanden) und in der Südkapelle ein spätgotischer Schrein mit Maria im Strahlenkranz. Das Marmorgrabmal Sparr in der Chor-Nordwand schuf Artus Quellinus aus Antwerpen 1662. 1969/70 erfolgte die Restaurierung der gesamten Kirche und ihrer Ausstattung. Dabei ist auch das von Fritz Kühn gestaltete Portalblatt im Turm eingebaut worden.

Die Heiliggeistkapelle an der Spandauer Straße ist 1313 erstmals genannt, das Innere des restaurierten und von der Humboldt-Universität genutzten Baues überspannt ein spätgotisches Sterngewölbe.

✴ Die 1945 zerstörte Kirche des ehem. Franziskanerklosters an der Klosterstraße blieb als Kriegsruine und Mahnmal erhalten. Die gotische Backsteinbasilika entstand um 1300.

Die der heutigen Großstadt integrierten Dorfkerne sind noch durch ihre historische Bebauung und die meist inmitten der Angeranlage stehenden Kirchen ausgezeichnet. Noch aus dem 13. Jh. stammen die Dorfkirche *Blankenburg* und die Dorfkirche *Karow.* Aus dem späteren 13. Jh. blieb die Dorfkirche *Lichtenberg* erhalten, nach Kriegszerstörung wurde sie 1953 wiederaufgebaut. Um 1300 dürfte der giebelgeschmückte Chor der *Pankower* Dorfkirche erbaut worden sein, während das Langhaus und die Turmaufsätze 1857–59 durch Friedrich August Stüler hinzugefügt wurden. Noch ins 13. Jh. reicht auch die Geschichte der Taborkirche, der Dorfkirche von *Hohenschönhausen,* zurück, das Langhaus ist im 14./15. Jh. vollendet worden. Ein hölzerner Glockenstuhl steht neben der Kirche. Die Dorfkirche der Fischersiedlung *Stralau* aus der Mitte des 15. Jh. birgt neben Glasmalereien aus dem 16. Jh. einen etwa gleichzeitig entstandenen Flügelaltar und einen Taufstein des 15. Jh., der Turm stammt von 1823. Im 19. Jh. erhielten auch die mittelalterlichen Dorfkirchen *Mahlsdorf* und *Heinersdorf* ihre neuen Turmbauten. Der Turm der Feldsteinkirche aus dem 13./14. Jh. in *Rosenthal* entstand 1902. Die Kirche in *Kaulsdorf* ist bereits im 18. Jh. gründlich durchgebaut worden.

✴ Die Epoche barocken Kirchenbaues in Berlin leitet die Schloßkirche *Köpenick* ein. 1682–85 wurde sie nach Plänen Johann Arnold Nerings gegenüber dem fünf Jahre zuvor begonnenen Schloßneubau errichtet. Ihr kuppelgeschmückter Zentralbau nimmt die Mitte des Wirtschaftsflügels ein, mit Attika und Figuren-

schmuck hervorgehoben. Das Innere prägt reiche Stuckzier und die dekorative Kanzel an Stelle eines Altars. Die Restaurierung des gesamten Baues erfolgte 1970.

Die Parochialkirche an der Klosterstraße wurde 1695 von Johann Arnold Nering begonnen und 1703 durch Martin Grünberg vollendet. Der barocke Zentralbau mit dem ursprünglich hoch aufragenden Westturm ist im zweiten Weltkrieg schwer beschädigt und bisher nur provisorisch zur Nutzung wiederhergestellt worden.

✴✴ Seit der Wende des 17. und 18. Jh. entstand das architektonische Bild des Gendarmenmarktes, des heutigen Platzes der Akademie, der mit den beiden Dombauten und dem Schauspielhaus von Schinkel sowie der Umbauung zu den schönsten städtischen Platzräumen in Europa zählte. Die Erneuerung der Umbauung in den historischen Dimensionen zur Schließung des Platzes ist im Gange. Den im Norden gelegenen restaurierten Französischen Dom errichteten als barocken Saalbau 1701–07 Cayart und Quesnay. Sein Turmbau birgt u. a. das Hugenottenmuseum mit der

Sophienkirche

Hedwigskathedrale

Sammlung zur Geschichte der französischen Exulanten und ihrer Berliner Gemeinde. Das Pendant zu diesem Bau, den Deutschen Dom im südlichen Platzteil, schufen gleichfalls als barocken Saal 1701–08 Martin Grünberg und Giovanni Simonetti. Beiden Bauten verlieh 1780–85 Carl von Gontard mit den hohen Kuppeltürmen ihren besonderen städtebaulichen Rang.

Die Sophienkirche an der Hamburger Straße zeichnet sich vor allem durch den 1732–34 von Johann Friedrich Grael errichteten Turm mit dem zweigeschossigen Säulenaufbau und der geschweiften Haube im Stadtbild aus. Ihr im Gegensatz dazu schlichter barocker Emporensaal von 1712 erhielt 1892 die neobarocke Ausstattung.

✶✶ Die Hedwigskathedrale am ehem. Forum Fridericianum, neben der Barockachse der Linden, heute Bebelplatz, errichteten nach dem Vorbild des Pantheon in Rom 1747–73 die Baumeister Jean Laurent Legeay, Johann Gottfried Büring und Johann Boumann d. Ä. als kreisrunden Zentralbau mit einem Säulenportikus und einer ihm gegenüberliegenden Rundkapelle. Das im zweiten Weltkrieg bis auf die Umfassungsmauern zerstörte Kirchengebäude wurde 1963 nach Plänen von Hans Schwippert im Äußeren historisch, im Inneren modern gestaltet wiederaufgebaut. Die Giebelplastik der Säulenvorhalle schuf Nicolaus Geiger 1887, die Bildwerke im Inneren stammen von Friedrich Press, Josef Hegenbarth u. a. und entstanden seit 1963.

✶ Ein beachtenswerter kleiner Barockbau ist die Schloßkirche in *Berlin-Buch.* Ihr 1736 von Friedrich Wilhelm Dietrichs vollendeter Kuppelbau wurde nach der Kriegszerstörung wiederhergestellt, blieb jedoch ohne Kuppel. Säulen- und Giebelschmuck sind restauriert. Die Kanzel stammt aus der Erbauungszeit, 1763 entstand das Epitaph Adam Otto von Vierecks.

Barock sind auch die Dorfkirchen von *Kaulsdorf, Bohnsdorf* und *Schmöckwitz,* letztere mit einer Schuke-Orgel von 1911; die *Mahlsdorfer* mittelalterliche Feldsteinkirche mit Ausstattung des 17./18. Jh.

Mit dem 19. Jh. wurde für die preußische Hauptstadt der klassizistische und bald auch der frühe Stil der Neogotik charakteristisch, wie ihn Friedrich Gilly und vor allem sein Schüler Karl Friedrich Schinkel prägten. Die Elisabethkirche an der Invalidenstraße ist ein klassizistischer Saalbau mit charakteristischer Säulenvorhalle. 1832–34 von Schinkel erbaut, seit dem zweiten Weltkrieg Ruine, ist der Wiederaufbau vorgesehen.

✳ ✳ Eines der ältesten und bedeutendsten Beispiele für die Neogotik ist die Friedrichswerdersche Kirche. 1824–30 leitete Schinkel mit ihrem Bau die breite Ausprägung des gotischen Neostils im Kirchenbau ein. Restauriert, birgt sie seit 1987 das Schinkel-Museum.

Im von der Schinkel-Schule aufgenommenen Rundbogenstil entstand 1838–40 die *Köpenicker* Laurentiuskirche. Die Michaeliskirche im Heinrich-Heine-Viertel wurde 1853 von Soller erbaut, ein Zeugnis neoromantisch-byzantinischen Bauens im 19. Jh. Erhalten nach Kriegszerstörung sind die Kuppel- und Turmbauten.

Die Bartholomäuskirche am ehem. Königstor, jetzt Hans-Beimler-Straße, entwarf Friedrich August Stüler, die Bauausführung in neogotischem Stil besorgte 1854–58 Friedrich Adler.

Ebenfalls auf einen Entwurf Stülers geht der Ziegelbau der Synagoge an der Oranienburger Straße zurück, 1859–66 durch Eduard Knoblauch in reicher byzantinisierender Backsteinarchitektur errichtet. 1938 durch die Faschisten in Brand gesteckt und im Krieg weiter beschädigt, blieb die Fassade erhalten, ihre Restaurierung wird vorbereitet.

Ein weiterer Synagogenbau ist in der Rykestraße erhalten, 1904 erbaut. Nach Profanierung durch die Faschisten wurde sie 1953 als einzige Synagoge der Hauptstadt neu geweiht.

✳ Sehenswert sind ebenso die jüdischen Friedhöfe, vor allem an der Schönhauser Allee und in *Weißensee*

Friedrichswerdersche Kirche

mit den Grabstätten bedeutender Persönlichkeiten.

✳ Die Epoche der Entwicklung Berlins zur Millionen- und damaligen Reichshauptstadt seit 1871 brachte eine Fülle neuer Kirchenbauten. Baukünstlerischen und politischen Anspruch symbolisierte am deutlichsten der Dom. 1894–1904 errichtete Julius Raschdorff an Stelle des alten Doms von Schinkel den Zentralkuppelbau mit der Fassadenausbildung am Lustgarten. Die von Kaiser Friedrich III. initiierten Pläne nahmen das Vorbild der Peterskirche in Rom auf. Der denkmalhafte Neobarockbau wurde im zweiten Weltkrieg schwer beschädigt, der Wiederaufbau in stark reduzierten Bauformen, vor allem der Kuppeln, erfolgte bis 1983. Die Rekonstruktion der historischen Ausstattung der Trau- und Taufkirche wurde 1980 abgeschlossen. Das hier befindliche und restaurierte Altargemälde mit der Ausgießung des Heiligen Geistes, 1820 von Carl Begas d. Ä., stammt vom Hauptaltar des Schinkelschen

Dom

Dombaues. – In der Domgruft stehen die 90 Sarkophage der Hohenzollern, darunter Prunkstücke der Barockkunst wie die von Andreas Schlüter 1705 für Königin Sophie Charlotte und 1713 für Friedrich I. geschaffenen reich figurierten Bronzesärge.

✳ Die Kirchenbauten der Jahrhundertwende kennzeichnen fast durchweg neogotische, aber auch byzantinisch-romanische Bau- und Kunstformen; weniger tritt die Neorenaissance in Erscheinung. Eines der frühesten Zeugnisse dafür ist die Zionskirche (Zionskirchplatz), zwischen 1866 und 1873 nach Entwürfen der Architekten Möller und August Orth im romanisierenden Stil geschaffen. Neogotische Erneuerungen der Dorfkirchen in *Pankow* und *Niederschönhausen* oder der Neubau der *Marzahner* Kirche durch Stüler wurden kennzeichnend für die Zeit um 1860–70. Mit den neunziger Jahren kam es dann zu einer weit umfangreicheren Neogotikwelle im Berliner Kirchenbau.

Die Gethsemanekirche an der Stargarder Straße mit dem zentralisierenden Hallenbau schuf August Orth. Die Mauritiuskirche im Wohngebiet Frankfurter Allee Süd zeigt reiche Neogotik, erbaut von Max Hasak, der auch die Piuskirche an der Palisadenstraße und das Friedhofsportal an der Prenzlauer Allee schuf. Die Herz-Jesu-Kirche an der Fehrbelliner Straße erbaute Christoph Hehl, die Samariterkirche von 1894/95 in der Bänschstraße ist ein Werk des mit Sakralbauten vielfach hervorgetretenen Georg Ludwig Möckel. Max Spitta gestaltete die Erlöserkirche an der Nöldnerstraße, die Golgathakirche an der Borsigstraße und Johannis-Evangelist in der Auguststraße. Die gleichfalls gotisierende Immanuelkirche an der Prenzlauer Allee errichtete Bernhard Kühn. Die St.-Josephs-Kirche in der Behaimstraße entwarf die Architektenfirma Moritz & Welz, von der gleichfalls Weißenseer Bethanienkirche verblieb nach Kriegszerstörung nur der neogotische Turm.

Auch nach der Jahrhundertwende blieb die Neogotik bestimmend im Berliner Kirchenbau, sichtbar in großen Bauten wie der Segenskirche an der Schönhauser Allee, der Eliaskirche an der Senefelderstraße, der Pfingstkirche am Petersburger Platz, der Zwinglikirche an der Danneckerstraße und der Galiläakirche an der Rigaer Straße, auch der Christophoruskirche in *Friedrichshagen* oder der St.-Antonius-Kirche in *Oberschöneweide*.

Gotische Nachklänge und sichtbaren Bezug auf die märkische Ziegelbau-Tradition zeigen Kirchen wie die 1909/10 in *Karlshorst* entstandene Kirche Zur frohen Botschaft mit dem spitzhohen Turm, von Jürgensen & Bachmann errichtet. In ihrem Inneren befindet sich die 1753 von Peter Migendt geschaffene Orgel aus der alten Schloßkirche, eines der wertvollsten Instrumente in Berlin.

Barockisierende und neoklassizistische Baugestalt tragen die Hoffnungskirche von 1912/13 in *Pankow*, Architekt Walter Köppen, oder die Kirche Zum Vaterhaus von Reinhardt & Süssenguth 1910/11 in *Baumschulenweg*, jeweils durch Turm und Zweiturmfront akzentuiert.

Der versachlichende Baustil und expressionistisch-kubistische Kunsthaltung verbanden sich in den zwanziger Jahren zu einer eigenwilligen Formensprache. Bemerkenswerte Beispiele dafür sind die Adalbertkirche in der Linienstraße, 1933 von Clemens Holzmeister, oder die von wuchtig-expressiven Turmbauten geprägten Kirchen Zur Heiligen Familie in der Wichertstraße, 1928–30 von Felix Sturm errichtet, sowie die Maria-Magdalenen-Kirche in *Niederschönhausen* und die Christus-König-Kirche in *Adlershof*, beide in eben diesen Jahren von Carl Kühn geschaffen. Ebenfalls 1929/30 gestalteten Josef Bachen in *Kausldorf* die St.-Martinius-Kirche mit dem sich anschließenden Gemeindezentrum und die Architekten Schrumpp und Kremmer die ebenso der Ziegelbau-Tradition folgende Friedenskirche in *Niederschöneweide*. Ein monumentaler Baustil, der sich bereits in der Taborkirche von 1910 in *Wilhelmshagen* andeutet, von Jürgensen & Bachmann geschaffen, kommt 1930 in der Bekenntniskirche zu *Treptow* in einer breit emporsteigenden und die Anbauten einschließenden Fassade zum Ausdruck. Er verdeutlicht sich schließlich noch im fast burghaft-monumentalen Bruchsteinmauerwerk der St.-Marien-Kirche in *Karlshorst*, welche Clemens Lohmer 1935–37 erbaute. In der Kirche Bildwerke des 15. bis 18. Jh.
1948/49 entstand nach Otto Bartnings Notkirchen-Modell die Offenbarungskirche mit Gemeindezentrum an der Simplonstraße. In den letzten Jahren sind neue Gemeindezentren und Kirchengebäude in den Wohngebieten am Fennpfuhl, im Dorfkern von *Marzahn* und in *Hohenschönhausen* am Malchower Weg erbaut worden, bei moderner Zweckbezogenheit der Backsteintradition verbunden.

Bernau
Kr. Bernau, Bez. Frankfurt
✳ ✳ Die spätgotische Backsteinhalle der Pfarrkirche St. Marien wurde im letzten Viertel des 15. Jh. erbaut, die Wölbung jedoch erst gegen 1520 fertiggestellt. Ihre Sternformen und die

reiche Ausstattung prägen das Innere: der Altar mit sechs Flügeln und der Darstellung einer Marienkrönung aus der Cranach-Schule um 1520, etwa gleichzeitig entstand die Triumphkreuzgruppe. Aus dem Anfang des 15. Jh. stammt ein Ölbergrelief, Taufe und Kanzel sind Werke des 17. Jh. Ein kleiner Backsteinbau aus dem 15. Jh. ist die Spitalkapelle St. Georg mit einem Blendengiebel und Dachreiter.
Die katholische Kirche entstand im ausgehenden 19. Jh. und wurde innen modern umgestaltet.

Bernburg
Kr. Bernburg, Bez. Halle
Die Stadt ging aus mehreren mittelalterlichen Siedlungskernen am Saaleübergang hervor. Ihre heutige Hauptpfarrkirche ist die Ägidienkirche, zwischen Schloß und Bergstadt gelegen. Sie entstand als barocker Bau 1752 aus der romanischen Kirche der Bergstadt. Deren erhalten gebliebene Teile sind 1625 als Gruftkirche der bernburgischen Askanier eingerichtet worden, denn der Bau diente zugleich als Schloßkirche. Der Innenraum wurde 1885 umgebaut und vereinfacht.
✳ Die Marienkirche ist Pfarrkirche der Altstadt, eine dreischiffige spätgotische Halle mit abgerückt stehendem Turm, dessen Unterbau aus dem 13. Jh. stammt. Besonders reich ist die architektonische Dekoration des Chorbaues außen und innen, vergleichbar der Moritzkirche in Halle, als deren Baumeister Konrad von Einbeck gilt. Die Kirche wurde jedoch im Mittelalter nicht vollendet, sie erhielt eine barocke Holztonnendeckung und im 19. Jh. die neue Ausgestaltung; seit 1972 fanden Restaurierungen statt.
Auch die Pfarrkirche der Neustadt, St. Nikolai, blieb im Mittelalter unvollendet. Um 1240 begonnen, wurde sie mit dem frühen 15. Jh. umgebaut, ohne daß eine Wölbung erfolgte. Vom doppeltürmig geplanten Westbau des 13. Jh. ist nur der Südturm im 14. Jh. fertiggestellt worden. Seit 1965 modernisierte die katholische Gemeinde das gesamte Kircheninnere unter Bewahrung mittelalterlicher Teile.

Die Klosterkirche der „Marien-knechte" ist als Ruine gesichert.

✳ Die Dorfkirche des eingemeinde-ten Ortes *Waldau* wurde als Parochie von Gernrode um die Mitte des 10. Jh. gegründet, heute ist sie ein spätroma-nischer einschiffiger Bau des 12. Jh. mit Querturm, Chor und Apsis. Im **Stadtteil** *Dröbel* baute J. A. Bunge 1827–29 eine kreuzförmige Kirche mit einem Zentralturm und Kuppel-haube; der Bau wurde restauriert.

Bernsdorf
Kr. Hohenstein-Ernstthal, Bez. Karl-Marx-Stadt
Die ursprünglich romanische Dorfkir-che wurde im 19. und frühen 20. Jh. umgestaltet. Sie birgt neben dem Al-taraufsatz aus dem 18. Jh. einen gro-ßen Holzkruzifix von Peter Breuer, 1515–20.

Bernstadt
Kr. Löbau, Bez. Dresden
Die Pfarrkirche St. Marien wirkt in ih-rem äußeren Erscheinungsbild ba-rock, der Turm von 1706 und das große Walmdach, nach dem Brand von 1686 errichtet, lassen nicht so-gleich erkennen, daß darunter ein Bau des 13. Jh. steckt, dessen kreuzförmige Anlage 1519 gotische Netz-, Stern- und Kreuzgewölbe erhielt. 1988 wurde das Innere restauriert.

Bertsdorf
Kr. Zittau, Bez. Dresden
Die einschiffige barocke Dorfkirche errichtete 1672–76 der Dresdner Andreas Klengel, der haubenge-schmückte Westturm ist in das Bau-werk halb eingezogen. Die Ausstat-tung des Emporenraumes erfolgte Ende des 17. Jh., die Orgel stammt von 1751.

Beuren
Kr. Worbis, Bez. Erfurt
In der Dorfkirche befindet sich ein bemerkenswerter spätgotischer Flügel-altar mit einer Passionsdarstellung, um 1400 geschaffen.
Das ehem. Zisterzienser-Nonnenklo-ster wird jetzt als Feierabendheim ge-nutzt, die romanische Kirche aus der zweiten Hälfte des 12. Jh. ist 1672 nach Plänen von Antonio Petrini ba-rock umgestaltet worden.

Beuster
Kr. Osterburg, Bez. Magdeburg
Die spätromanische Pfeilerbasilika aus der zweiten Hälfte des 12. Jh. ist die Kirche des ehem. Augustiner-Kol-legiatsstiftes. Im 14. Jh. kam der blen-dengeschmückte Westturm hinzu, und die gotischen Kreuzrippengewölbe entstanden neu. 1885 erfolgte die bau-liche Erneuerung mit neuen Einbau-ten.

Beyernaumburg
Kr. Sangerhausen, Bez. Halle
Unter der seit der späten Karolinger-zeit bestehenden Burg wurde in der ersten Hälfte des 13. Jh. die spätroma-nische Kirche erbaut, markant der Vierungsturm. Im 1965 restaurierten, flach gedeckten Innenraum befinden sich ein spätgotischer Schnitzaltar mit Maria im Strahlenkranz von 1500 und eine Sandsteintaufe aus der Erbau-ungszeit der Kirche.

Bibra
Kr. Meiningen, Bez. Suhl
Die ✳✳ Ausstattung der spätgoti-schen Dorfkirche, 1492–1503 erbaut, gehört zu den sehenswerten Kunst-werken in Thüringen. Die Bildwerke aus der Zeit um 1500 entstammen der Riemenschneider-Werkstatt und ih-rem engeren Umkreis: drei Altäre, eine Schnitzfigur, den heiligen Kilian darstellend, Konsolfiguren im Chor sowie Grabstein Hans von Bibra. Steinkanzel, Taufe und Sakraments-haus entstanden ebenfalls während der Erbauungszeit der Kirche. Seit 1975 sind die gotischen Wandmale-reien gesichert, das Innere erneuert und Bildwerke restauriert worden. Das Dach erhielt 1979 wieder seine historische Form.

Bischofswerda
Kr. Bischofswerda, Bez. Dresden
Die ursprünglich spätgotische Hallen-kirche der Stadt, jetzt Christuskirche, wurde nach einem Brand 1815–16 durch Gottlieb Friedrich Thormeyer klassizistisch erneuert und erhielt da-bei die stilentsprechende Neuausstat-tung.
Die Kreuzkirche ist ein später Re-naissancebau von 1650, 1814 erneuert. Im Inneren sind Ausstattungsteile aus

dem 16. Jh. und barocke Grabdenkmäler erhalten, beachtenswert ist das
große Kruzifix aus der Zeit um 1535.

Bismark
Kr. Kalbe, Bez. Magdeburg
Die Pfarrkirche ist eine spätromanische Basilika aus der ersten Hälfte des
13. Jh. Das Langhaus erhielt im
14. Jh. seine heutige Gestalt. Der im
18. und 19. Jh. umgestaltete Bau
wurde 1969 restauriert.

Bitterfeld
Kr. Bitterfeld, Bez. Halle
Die Stadtkirche der Industriestadt ist
ein großer Backsteinbau in neogotischen Formen, 1905–10 an Stelle eines kleineren mittelalterlichen Kirchengebäudes erbaut, von dem eine
Kapelle erhalten blieb. Innen befindet
sich ein großer spätgotischer Schnitzaltar von 1499 mit bemalten Flügeln,
der 1975 restauriert wurde. Ein zweiter vierflügeliger Schnitzaltar vom Anfang des 16. Jh. sowie die Kanzel sind
aus der Dorfkirche Niemegk (Abbruch wegen Bergbau) hier neu aufgestellt. Interessant sind auch weitere
Bildwerke des 15./16. Jh. Die Baurestaurierung erfolgte 1975.

Blankenburg
Kr. Wernigerode, Bez. Magdeburg
∗ Die Pfarrkirche St. Bartholomäus
der kleinen Residenzstadt ist aus einem romanischen Kirchenbau hervorgegangen, der Anfang des 13. Jh. errichtet wurde. Davon sind am Turm
und im Langhaus Bauteile erhalten.
Der Chor des späteren 13. Jh. entstand beim Umbau für eine Nonnenkirche, während in der gotischen Zeit
das Langhaus zur Halle ausgebaut
worden ist. Seit der Reformation wieder Pfarrkirche, erhielt der Bau
1581–86 Holzgewölbe, 1891 war eine
Restaurierung abgeschlossen, 1964
wurde wiederum restauriert. Zeitlich
unterschiedlich entstand auch die
Ausstattung: die Stifterfiguren aus
Stuck im Chor etwa 1270, Kanzel, Plastiken und Grabmäler im 16., die Altarwand im 18. Jh., von Bastian Heidekamp geschaffen.
∗ Im Ortsteil *Michaelstein* sind große
Teile des Zisterzienser-Klosters erhalten, das 1147 gegründet wurde. In den

spätromanischen und gotischen Bauten ist heute das Georg-Philipp-Tele-
mann-Archiv untergebracht sowie die
Wirkungsstätte des Telemann-Orche-
sters. Hier finden die Musikveranstal-
tungen zur Pflege des klassischen Er-
bes statt.

Blowatz
Kr. Wismar, Bez. Rostock
Die Dorfkirche ist ein schmuckreicher
Backsteinbau aus der zweiten Hälfte
des 13. Jh. Obergeschosse und Helm
des Turms wurden im 19. Jh. erbaut.
Aus der barocken Ausstattung hebt
sich besonders der in italienisierender
Art gestaltete Altaraufbau hervor.

Bobbin
Kr. Rügen, Bez. Rostock
Der Feldsteinbau aus der Zeit um
1400 liegt landschaftsbeherrschend
auf dem Dorfhügel. Altar, Kanzel und
Patronatsloge stammen aus dem
17. Jh., das Auferstehungsbild über
dem Altar ist eine Kopie des Rubens-
Gemäldes.

Böhlitz-Ehrenberg
Kr. Leipzig, Bez. Leipzig
Die romanische Dorfkirche im Ortsteil *Gundorf* wurde 1901 völlig umgestaltet und erhielt ihre Ausstattung in
Jugendstilformen, dabei blieben Ausstattungsteile des 17. und 18. Jh. erhalten.

Boitzenburg
Kr. Templin, Bez. Neubrandenburg
Den Feldsteinbau der Pfarrkirche aus
dem 13. Jh. hebt der barocke Turm
besonders hervor. Von der Ausstattung sind beachtenswert: die Kanzel
und der Altaraufsatz mit reichem
Schnitzwerk von 1718, die gußeiserne
Taufe von 1841 sowie Grabdenkmäler
der Familie von Arnim aus dem
18. Jh.

Borna
Kr. Borna, Bez. Leipzig
Die Stadtkirche St. Katharinen ist als
spätgotische Hallenkirche an Stelle eines romanischen Vorgängerbaues
1411 begonnen und 1455 durch Moyses von Altenburg mit der Wölbung
vollendet worden. Zwischen den Gewölberippen, die im Mittelschiffs-
scheitel verschlungen sind, finden
sich Wappenmalereien. Der Westbau

blieb in romanischen Formen bestehen. Ein bedeutendes Kunstwerk ist der große ✳✳ Schnitzaltar mit Szenen der Passion und aus dem Marienleben, 1511 von Hans Witten geschaffen. Das Bildwerk wurde 1967, wie auch der Kirchenbau, denkmalpflegerisch restauriert.

✳ Die romanische Kunigundenkirche – vor 1200 möglicherweise unter Friedrich I. Herrschaft gegründet – war seit der Reformation verfallen und ist zwischen 1923 und 1933 in ihren mittelalterlichen Formen wiederhergestellt worden. Im flachgedeckten basilikalen Langraum sind dabei romanische und gotische Wandmalereien freigelegt und ergänzt worden.

Borna

Kr. Oschatz, Bez. Leipzig

Die Dorfkirche wurde im Renaissancestil 1606 erbaut. Der architektonische Altaraufbau entstand in der gleichen Zeit, vermutlich unter dem Einfluß Dresdner Meister; weitere Bildwerke aus dem 17. und 18. Jh. sind erhalten.

Brandenburg

Stadtkr. Brandenburg, Bez. Potsdam

Der befestigte slawische Herrschersitz am Havelübergang wurde 928 durch ein Heer Heinrichs I. erobert. 948 erfolgte die Gründung eines Bistums, das aber nach dem großen Slawenaufstand 983 wieder aufgegeben werden mußte und erst 1161 nach erneuter Er-

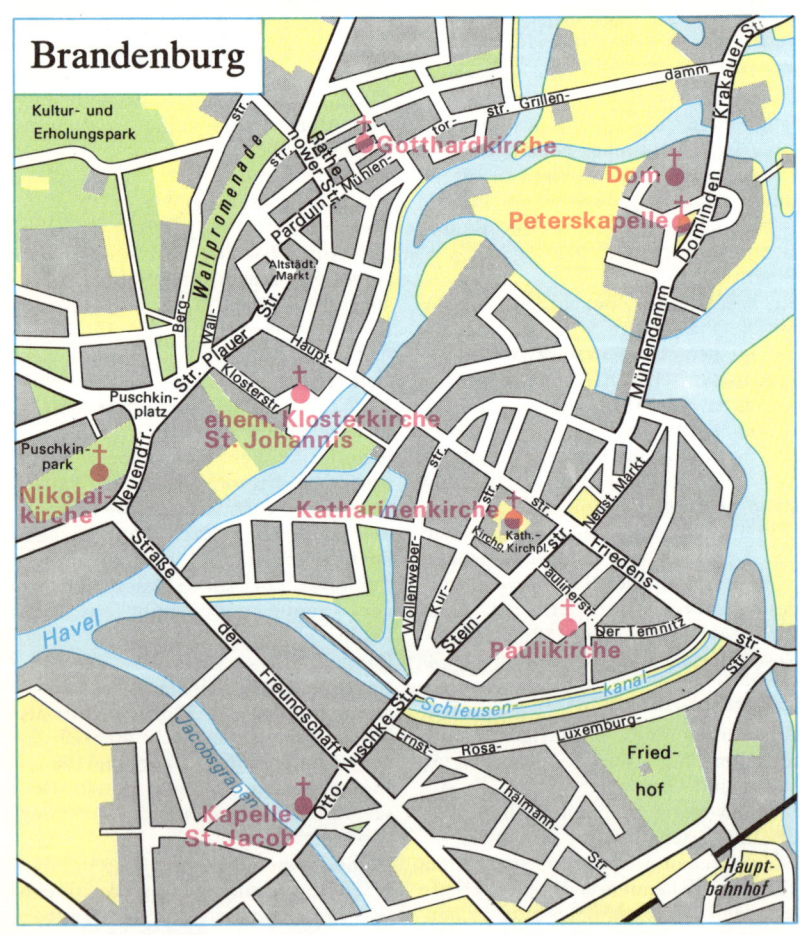

Dom

oberung des Havelübergangs durch den Askanier Albrecht den Bären wieder am Ort eingerichtet worden ist. Auf drei Inseln entstanden danach drei Siedlungskerne: Dom und Bischofssitz, altstädtische Siedlung und neustädtischer Kaufmannsplatz.

∗ Ältester Kirchenbau ist die heute mit ihrem Turmhelm barock erscheinende Gotthardkirche in der Altstadt. Von ihrem ersten Bau aus der zweiten Hälfte des 12. Jh. ist das aus mächtigen Granitquadern gemauerte Westwerk mit romanischem Portal und Rundfenster erhalten. Die heutige spätgotische Backsteinhalle entstand zwischen 1456 und 1475, die Turmhaube kam 1767 hinzu. Vom romanischen Bau stammt noch der bronzene Taufkessel mit Evangelistenfiguren und Löwenköpfen, darüber ein baldachinartiger Deckel von 1621. Ebenfalls der Renaissance entstammt der

Altar in der mittleren Südkapelle, die von einem dekorativen Sterngewölbe überspannt ist. Hervorzuheben sind auch gotische Schnitzfiguren sowie ein Altarbehang mit der Darstellung einer Einhornjagd.

∗∗ 1165 siedelte der zum Domkapitel ernannte Prämonstratenser-Konvent aus seiner Gotthardkirche auf die Dominsel über. Erste Räume des im Bau befindlichen romanischen Doms müssen also bereits nutzbar gewesen sein. Es entstand eine Pfeilerbasilika mit einer Krypta. Diese wurde zwischen 1221 und 1241 um- und ausgebaut. Etwa gleichzeitig wurde die „Bunte Kapelle" errichtet, hier ist bis heute die reiche spätromanische Ausmalung erhalten geblieben. Der gotische Dombau ist dann ab 1377 mit dem Chor begonnen und in der ersten Hälfte des 15. Jh. mit der Langhauswölbung abgeschlossen worden. 1836

Giebel an der Katharinenkirche

entstand schließlich nach einem Schinkel-Entwurf der Turm an Stelle eines Westwerkoberbaues von 1669. Die durchgreifende Restaurierung von 1961 bis 1965 brachte dem Dom sein heutiges Raumbild zurück, in dem die romanischen und gotischen Bauphasen deutlich ablesbar sind. Die Krypta ist dabei als Gedächtnisstätte der Blutzeugen der evangelischen Kirche von 1933—45 gestaltet worden. Von der bedeutenden Ausstattung ist der spätgotische Flügelaltar, der sogenannte Böhmische Altar, im südlichen Querschiff besonders beachtenswert. Er wurde um 1380 geschaffen und 1962—74 restauriert. Vermutlich sind böhmische Bildschnitzer, die die Burg Karls IV. in Tangermünde herrichteten, seine Schöpfer. Zwei weitere Flügelaltäre mit Marienbild von 1518 und einer gemalten Marienkrönung von 1465, ein Kruzifix von 1357 und eine Triumphkreuzgruppe von 1430/40 zählen zu den bildkünstlerischen Hauptwerken. Beachtung verdient auch das Chorgestühl von 1539 sowie der Orgelprospekt von Johann Georg Glume 1725.

✳✳ Im Dommuseum, das 1979 in den ehem. Stiftsbauten eröffnet worden ist, sind die Kunstwerke aus dem Domschatz zu besichtigen: wertvolle Handschriften, Bildwerke, kirchliches Gerät, Textilien, Glasmalerei und Möbel aus dem Dom sowie anderen Kirchen.

Die Peterskapelle auf der Dominsel ist ein Backsteinbau aus der Mitte des 13. Jh. mit spätgotischen Zellengewölben und historischer Ausstattung.

Vor der mittelalterlichen Altstadt gelegen, ist die Nikolaikirche der dritte Backsteinbau aus dem 12. Jh., die Basilika wurde 1170 begonnen und war um 1230 fertiggestellt. Nach schweren Schäden im zweiten Weltkrieg konnte der Bau wiederhergestellt werden.

✳✳ Die Katharinenkirche entstand seit 1395 an Stelle eines älteren Baues als Pfarrkirche der Neustadt. Ihr Baumeister war Heinrich Brunsberg, sein Name ist zusammen mit der Jahreszahl 1401 an der Nordkapelle vermerkt. Auf ihn geht die reiche Giebeldekoration der Nord- und Südkapelle wie auch der gesamten Außenarchitektur zurück, die mit dem System aus figurenbesetzten Lisenen und farbig glasierten Steinen zu den reifsten Leistungen der Backsteingotik zählt. Nach dem Turmeinsturz errichtete Giovanni Battista de Sala aus Mailand 1585 den Turm und Balthasar Richter aus Dresden bis 1592 die Haube mit der Laterne neu. Das mit Kreuz-, Stern- und Netzgewölben überspannte Innere birgt eine interessante Ausstattung: Den großen Schnitzaltar mit reichem Gesprenge schuf 1474 Gerard Weger, auf den gemalten Flügeln wird die Geschichte der Schutzheiligen Katharina und Amalberga erzählt; Restaurierungen fanden nach 1945 statt. Ein zweiter Schnitzaltar mit dem heiligen Hedwig entstand Ende des 15. Jh., Flügel und Predella sind mit der Legende der Heiligen bemalt, Restaurierung 1975. Ein Altarretabel mit fünf Heiligenfiguren stammt von 1430. Den Messing-Taufkessel schuf der Erfurter Meister D. Molner. Die Renaissancekanzel mit Figurenschmuck entstand 1668. Bemerkenswert sind die zahlreichen Renaissance- und barocken Grabdenkmale, davon sind besonders hervorzuheben die Epitaphien der Familie von der Schulenburg von 1601 mit zahlreichen vollplastischen Figuren, die Epitaphien Blell von 1715 und 1753 sowie Würtze von 1752. Die Westseite des Mittelschiffs beherrscht der große Orgelprospekt, 1726 wohl von Johann Georg Glume, über der geschwungenen Orgelempore. Im Chorfenster befinden sich Verglasungen von 1340, im 19. Jh. ergänzt und 1975/80 restauriert. Gegenwärtig wird die Kirche restauriert, beginnend mit der baulichen Sicherung. Die ehem. Klosterkirche St. Johannis, um 1300 erbaut, ist seit ihrer Kriegszerstörung Ruine; ebenso die Klosterkirche St. Pauli in der Neustadt, die als Hallenkirche etwa gleichzeitig errichtet wurde und erkennbar ist am schlanken Glockenturm aus dem späten 15. Jh. Ausbauarbeiten sind im Gange. Aus der Bauzeit der Katharinenkirche stammt die Kapelle St. Jacob neben der Paulikirche, ein bescheidener einschiffiger Backsteinbau mit Blendengiebel und Glockentürmchen.

Brehna
Kr. Bitterfeld, Bez. Halle
Die Stadtkirche ging aus einer Augustiner-Nonnen-Klosterkirche hervor, die unterschiedlichen Bauzeiten sind deutlich erkennbar: Das romanische Kirchenschiff erhielt ein gotisches Seitenschiff im Norden, der gleichzeitig neu erbaute Chor trägt ein eigenes großes Satteldach mit Dachreiter. Auf dem querrechteckigen romanischen Turm ist ein gotischer Aufbau mit Zeltdach errichtet worden. Im Emporenraum des Inneren befindet sich ein großer Altaraufbau von etwa 1700, darin eingefügt ein spätgotischer Schrein; die weitere Ausstattung entstand im wesentlichen im 16. bis 18. Jh.

Breitungen/Werra
Kr. Schmalkalden, Bez. Suhl
∗ Das Benediktinerkloster Herrenbreitungen wurde erstmals 1049 genannt, die romanische Kirche 1112 geweiht. Von 1554−65 ist die gesamte Klosteranlage zum Schloß ausgebaut worden, und dabei erhielt die dreischiffige Basilika die Funktion einer

Schloßkirche. Nach einem Brand 1662 wiederhergerichtet, sind die noch erhaltenen romanischen Teile 1842 gesichert worden. 1911 konnten dann die östlichen, verfallenen Kirchenteile baulich dokumentiert werden. Der nicht kirchlich genutzte Raum bietet einen hervorragenden Eindruck der Architektur des frühen 12. Jh.
Die barocke Dorfkirche des Ortsteils *Herrenbreitungen* wurde seit 1731 erbaut und ausgestattet, der Turm stammt vom romanischen Vorgängerbau.
An der Farnbachbrücke ist die Brückenkapelle erhalten, die als Fachwerkbau 1733 über einem älteren Unterbau errichtet worden ist.
Der Renaissancebau der Pfarrkirche des Ortsteils *Frauenbreitungen* entstand 1615 aus einem romanischen Bauwerk und birgt beachtenswerte Ausstattungsstücke: Der spätgotische Schnitzaltar mit reliefierten und bemalten Flügeln entlehnt seine Darstellungen Gemälden von Albrecht Dürer und wurde 1518 in einer fränkischen Werkstatt geschaffen, Kanzel und Taufstein stammen aus dem frühen 17. Jh.

Bremen
Kr. Bad Salzungen, Bez. Suhl
∗ Die einschiffige Barockkirche wurde 1730 von dem im Dienst des Fuldaer Fürstabtes stehenden Baumeister Andreas Gallasini − auf den auch der Bau der Kirche in Dermbach zurückgeht − geschaffen und erhielt eine Schmuckfassade. Im Inneren befinden sich reiche Altäre.

Briesen
Kr. Cottbus, Bez. Cottbus
Die spätgotische Backstein-Dorfkirche aus dem 15. Jh. mit einem Staffelgiebel und Turmaufsatz birgt im 1965 umgebauten Inneren die Ausmalung aus dem 15. Jh. und einen Altaraufsatz von 1701.

Bristow
Kr. Teterow, Bez. Neubrandenburg
Im Feldstein-Renaissancebau der Dorfkirche, 1597 errichtet, befindet sich eine reiche Ausstattung aus der Erbauungszeit: Der hölzerne architek-

tonische Altaraufbau mit Durchgängen ist ornamental und figürlich geschmückt, ein erzählendes Gesamtbildwerk. Gleich formenreich sind die Kanzel und die Orgelempore mit Dekorationen überzogen.

Brüel

Kr. Sternberg, Bez. Schwerin

Die einschiffige Stadtkirche mit einem breiten Westbau entstammt dem dritten Viertel des 13. Jh. Im Chor und im Schiff wurden spätgotische Ausmalungen freigelegt, die Ausstattung stammt aus dem 17. und 18. Jh.

Brumby

Kr. Schönebeck, Bez. Magdeburg

Die Dorfkirche, ein umgebauter Bruchsteinbau aus der Mitte des 12. Jh., besitzt einen um 1665 ausgestalteten Innenraum mit reichen Bemalungen der Kassettendecke und Emporenbrüstungen und einem dreigeschossigen Altaraufsatz.

Burg

Kr. Burg, Bez. Magdeburg

∗ Drei Kirchen prägen mit ihren Türmen die Silhouette von Burg, zwei davon sind schon im 12. Jh. genannt. In den Formen des späteren 12. Jh. finden wir noch die Unterkirche St. Nikolai, eine Pfeilerbasilika mit Querschiff und einer Holztonne aus dem frühen 17. Jh. Auch die beiden Türme gehen auf die Erbauungszeit zurück. Die Ausstattung stammt aus dem 17./18. Jh.

∗ Die zweite romanische Kirche, die Oberkirche Unser Lieben Frauen, behielt ihren Westbau und dessen Turmaufsätze aus dem 13. Jh., wohl in Anlehnung an die der Unterkirche gestaltet. Der Chor wurde 1359 gotisch erneuert und erhielt 1592 seine Kassettendecke. Das Langhaus ist 1412–55 in spätgotischen Formen neu errichtet worden, wobei seine Südseite als Fassade gestaltet wurde. Die Restaurierung 1962/63 stellte die historischen Bauabschnitte weitgehend wieder her und sicherte die Bemalung der Kassettendecke und Reste spätgotischer Wandmalerei in der Turmhalle. Die wesentlichen Teile der Ausstattung entstammen dem beginnenden 17. Jh., daneben sind einige spätgotische Schnitzfiguren und Renaissanceepitaphien beachtenswert.

Die Petrikirche, ein Feldsteinbau spätromanischer Prägung, wurde 1691 erneuert und erhielt dabei den Turmaufbau des Daches, 1881 war sie wiederum dem Zeitstil entsprechend restauriert worden.

Burgk

Kr. Schleiz, Bez. Gera

∗ Reizvoll und hoch über dem engen Saalebogen liegt Schloß Burgk, seit dem frühen 15. Jh. errichtet und später immer wieder ausgebaut. Die Schloßkapelle entstand im wesentlichen 1624/25. Um die Mitte des 18. Jh. erhielt sie – wie eine ganze Reihe von Schloßräumen – ihre schöne Rokokoausstattung. Etwa gleichzeitig baute auch Gottfried Silbermann die Orgel ein – es ist die kleinste vom Meister geschaffene. Schloß und Kapelle wurden an Beginn der siebziger Jahre restauriert.

Burg Stargard

Kr. Neubrandenburg, Bez. Neubrandenburg

Die Stadtkirche aus der Mitte des 13. Jh. besteht aus einem Feldstein-Langhausbau und einem Backsteinchor. Der Turm stammt von 1894 und der Kanzelaltar von 1770. 1958 erfolgten Restaurierungsarbeiten.

Burkhardswalde

Kr. Meißen, Bez. Dresden

Der für eine Dorfkirche recht stattliche Bau der dreischiffigen Halle mit hohem Dach wurde ursprünglich als Wallfahrtskirche errichtet, eine Inschrift nennt das Jahr 1451. Der Westturm ist 1799 erneuert worden. Im Inneren sind der reich figurierte Altar von 1619 sowie ein Sakramentshaus aus Sandstein aus dem späten 15. Jh. beachtenswert.

Buttelstedt

Kr. Weimar, Bez. Erfurt

Die einschiffige spätgotische Pfarrkirche von 1486 ist im Inneren 1815 neu gestaltet worden. Ausstattungteile aus dem 17. und 18. Jh. sind erhalten geblieben.

Buttstädt

Kr. Sömmerda, Bez. Erfurt

Die spätgotische Pfarrkirche St. Michaelis brannte 1684 aus. Danach ist der Hallenraum mit hölzernen Tonnengewölben versehen und bis 1728 durch den Florentiner Maler Francesco Dominico Minetti barock ausgemalt worden.

Bützow
Kr. Bützow, Bez. Schwerin
* Die Stadtkirche ging aus einem 1248 gegründeten Kollegiatsstift hervor, wurde als Basilika begonnen, dann aber bis Anfang des 14. Jh. als Halle vollendet. Seit der Mitte des 14. Jh. kam nach dem Vorbild des Lübecker Doms der Umgangschor mit dem Kranz der drei Kapellen hinzu. Der vierflügelige Schnitzaltar mit Marienkrönung und Marientod von 1503 wurde 1951 restauriert, die Altarschranken sind teilweise erneuert, die reiche Kanzel stammt von 1617.

Calbe
Kr. Schönebeck, Bez. Magdeburg
Westbau-Untergeschosse und Chor der Stadtkirche St. Stephan gehören einer spätromanisch-frühgotischen Bauphase an, während das die heutige Gestalt bestimmende Langhaus in der zweiten Hälfte des 15. Jh. als weiter Hallenraum erbaut worden ist. Die im Barock eingebrachte Ausstattung wurde 1866 weitgehend entfernt, der Flügelaltar mit einer Anna selbdritt entstand um 1500, Kanzel und Taufstein um die Mitte des 16. Jh. Auf dem Friedhof der „Bernburger Vorstadt" steht der 1890 restaurierte spätromanische Bau der Laurentiuskapelle. Der 1965 erneut restaurierte Innenraum birgt Ausstattungsstücke des 16. und 18. Jh.

Calbitz
Kr. Oschatz, Bez. Leipzig
Von der Dorfkirche des 13. Jh. blieb der Westturm erhalten. Den übrigen Bau erneuerte 1724—27 David Schatz aus Leipzig, Baumeister des Schlosses Burgscheidungen und der Markkleeberger Lutherkirche. Der Kanzelaltar entstammt der Neubauzeit.

Camburg
Kr. Jena, Bez. Gera
Die spätgotische Pfarrkirche ist 1705—08 in barocken Formen umgestaltet worden, der alte Turm blieb dabei bestehen; die Ausstattung entstand zusammen mit dem Umbau.

Cämmerswalde
Kr. Brand-Erbisdorf, Bez. Karl-Marx-Stadt
Im ummauerten Kirchhof liegt auf einem Hügel die kleine Dorfkirche aus dem ersten Viertel des 15. Jh. Ihr Umbau 1703—08 brachte die barocke Ausstattung, während die Holzdecke noch aus dem 17. Jh. stammt, ebenso Altar und Kanzel. Die Orgel schuf Adam Gottfried Oehme 1763.

Carlsfeld
Kr. Aue, Bez. Karl-Marx-Stadt
* Die inmitten des Ortes liegende Dreifaltigkeitskirche erbaute 1684—88 Johann Georg Roth als einen der ersten Zentralbauten barocker Gestalt in Sachsen. Der Außengrundriß der kleinen Kirche ist achteckig, der Grundriß des Innenraums viereckig. Die trapezförmigen Seitenräume nehmen die Vorhalle, die Sakristei und

Dreifaltigkeitskirche

die Treppen zu den dreigeschossigen Holzemporen auf. Über dem Bau erhebt sich eine achteckige Kuppel. Den Kanzelaltar schuf Johann Heinrich Böhme 1688, Innenraum und Außenbau sind 1956 und 1960 restauriert worden.

Casekirchen
Kr. Naumburg, Bez. Halle
Die barocke Chorturmkirche ist 1721/22 erbaut worden. Sie birgt eine hufeisenförmige Doppelempore und einen Kanzelaltar aus der Erbauungszeit.

Chorin, Klosterhof

** Chorin
Kr. Eberswalde, Bez. Frankfurt

Das Zisterzienserkloster Chorin, eine für die Kolonisation der Mark Brandenburg bedeutende Tochtergründung des Klosters Lehnin, wurde 1258 auf einer Insel im Parsteiner See strategisch sicher angelegt. 1272 aber schon erfolgte die Verlegung nach dem heutigen Platz. Hier begann 1273 der Bau der frühgotischen Backsteinbasilika, im ersten Jahrzehnt des 14. Jh. dürfte sie vollendet worden sein. Auch in der heute nur noch teilerhaltenen Gestalt – nach der Reformation säkularisiert, dienten die Bauten später als Steinbruch! – sind Kirche und Klosterbauten das bedeutendste gotische Bauwerk im märkischen Backsteingebiet. Ihre klassischen Formen wirkten stilbildend für viele Nachfolgebauten. Beachtenswert ist der Kapitellschmuck. Nach der „Entdeckung" dieses architektonischen Kleinods in der Zeit der Romantik wurden seit 1828 zunächst Sicherungen und später erste Wiederherstellungsarbeiten an der Klosterruine vorgenommen, an denen Karl Friedrich Schinkel mitwirkte. Seit 1954 erfolgen planmäßige Restaurierungen. Das neu teilverglaste Kirchenschiff wird als Konzertbühne genutzt, die Kreuzgangstrakte, Refektorium und Küche sind für Besichtigungen erschlossen.

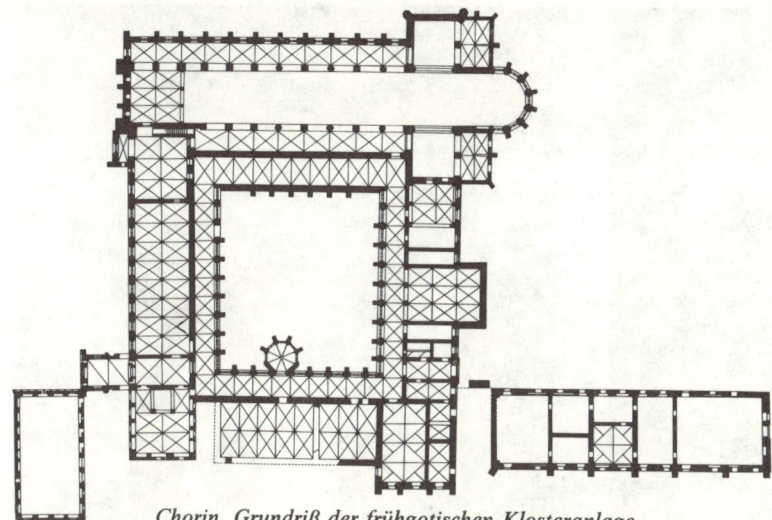

Chorin, Grundriß der frühgotischen Klosteranlage

Christes
Kr. Suhl, Bez. Suhl
Die Dorfkirche, als Wallfahrtskirche
1443 erbaut, überragt die dörflichen
Bauten des Ortes im stillen Tal des
Thüringer Waldes. Im Inneren findet
man spätgotische Wandmalereien.

Colditz
Kr. Grimma, Bez. Leipzig
Die Pfarrkirche St. Ägidien ist im
Laufe ihrer Geschichte mehrfach verändert worden. In den Bauformen der
ersten Hälfte des 15. Jh. blieb der von
einem Netzgewölbe überspannte Chor
erhalten; Altar und weitere Ausstattungsstücke stammen vom Ende des
16. Jh.
Ein schlichter einschiffiger Kirchenbau des 12. Jh. ist die Friedhofskapelle St. Nikolai.

Coswig
Kr. Meißen, Bez. Dresden
∗ Die Pfarrkirche stammt vom Ende
des 15. Jh. Sie erhielt im ausgehenden
17. und gegen die Mitte des 18. Jh. ihren emporenumzogenen Innenraum,
darin haben sich spätgotische Bildwerke erhalten.

Coswig
Kr. Roßlau, Bez. Halle
Vom spätromanischen Vorgängerbau
der heutigen Stadtkirche St. Nikolai
sind der Turmunterbau sowie Teile

von Kirchenschiff und Chor erhalten.
Die innere und äußere Baugestalt bestimmt jedoch weitgehend der barocke Umbau von 1699 bis 1708. Dabei entstanden die das Innere beherrschenden Ausstattungsteile des großen Altaraufsatzes, des Orgelprospektes und die Patronatslogen.

Cottbus
Bez. Cottbus
∗ Das mittelalterliche Cottbus wurde
im 15. Jh. durch verheerende Stadtbrände heimgesucht, danach entstanden auch die Großbauten der Kirchen
neu. Die Hauptkirche der Stadt, die
Oberkirche, erfuhr einen ersten großen Neubau seit 1468 als Hallenkirche in Backsteinbauweise. Sterngе-

Oberkirche

51

Oberkirche

wölbe und Giebel der Anbauten wurden mit dem 16. Jh. fertiggestellt. Die Plünderung der Stadt durch kaiserliche Truppen 1631 betraf auch die Kirchen. Der Altar der Oberkirche ist das Kernstück der Neuausstattung seit 1661. 1945 schwer beschädigt durch Bombardement, wurde der Bau 1947 gesichert, der Turm erhielt dabei seinen heutigen provisorischen Abschluß. 1977 ist der Innenraum wiederhergestellt und die ursprüngliche Farbigkeit des Altars erneuert worden.

Die Wendische Kirche, ehemals Franziskaner-Klosterkirche, entstammt dem 14. und 16. Jh. In ihrem Inneren befinden sich spätgotische, Renaissance- und Barock-Ausstattungsstücke.

Die Friedhofskapelle auf dem Alten Friedhof baute Kahle 1835 als dorischen Tempel nach Angaben Karl Friedrich Schinkels.

Die Schloßkirche mit ihrem neugotischen Turm entstammt der Barockzeit, sie wurde 1707–14 errichtet.

Die Dorfkirche von *Madlow* ist in der Spätgotik gebaut worden, erhielt im 19. Jh. aber eine neue Ausstattung.

Vom Ende des 19. Jh. stammt auch der Bau der Kreuzkirche, sie wurde 1965 durch Gottfried Zawadzki im Inneren modern umgestaltet.

Cranzahl

Kr. Annaberg, Bez. Karl-Marx-Stadt

Die Dorfkirche, ein Neubau von 1910, birgt in der Vorhalle einen Schnitzaltar von Peter Breuer mit einer ganzen Reihe von Heiligenfiguren, im Mittelbild Anna und Maria mit Kind, datiert 1514. Das Staffelbild mit der

Darstellung des Schweißtuches der heiligen Veronika malte Hans Hesse 1520.

Creuzburg
Kr. Eisenach, Bez. Erfurt
∗ Zwei Jahre nach Gründung der Stadt durch den thüringischen Landgrafen Hermann wurde 1215 mit dem Bau der romanischen Nikolaikirche begonnen. Zunächst entstand der architektonisch reiche Chor, während die Basilika weit einfacher vollendet worden ist. Nach einem Brand 1765 zum Saal vereinfacht, brannte 1945 die Kirche völlig aus. Seit 1968 ist sie in den denkmalpflegerisch ermittelten Formen der Ursprungsbauzeiten von Chor und Westteilen wiederaufgebaut, das Haupthaus wurde anschließend modern gestaltet.
Die romanische Gottesackerkirche erfuhr am Beginn des 18. Jh. ihre neue Gestaltung in einfachen Barockformen.
∗∗ Die Liboriuskapelle bildet den Kopfbau der Werrabrücke, eine der wenigen erhalten gebliebenen mittelalterlichen Flußbrücken, 1223 erbaut und später mehrfach gesichert, 1907 und 1978 teilerneuert. Der gotische Kapellenbau entstand 1499 an der Stelle einer älteren Wallfahrtskirche. Die 44 Darstellungen des Jüngsten Gerichts, der Passion Christi und des Lebens der heiligen Elisabeth, die im Inneren Conrad Strebel aus Rotenburg 1523 vollendete, wurden in den dreißiger Jahren freigelegt und 1979, wie der Bau selbst, restauriert.

Crimmitschau
Kr. Werdau, Bez. Karl-Marx-Stadt
Die Stadtkirche St. Laurentius, 1896 durchgreifend restauriert, ist ein Bau des 14. Jh. 1513 ist sie von Assmann Pfeffer zur Hallenkirche mit Sterngewölben erweitert worden und erhielt dabei auch die Backsteingiebel.
Die ursprünglich romanische Dorfkirche im Ortsteil *Frankenhausen* erhielt 1729 ihre Innengestalt und 1780 den achtseitigen Turm.

Crivitz
Kr. Schwerin, Bez. Schwerin
Die dreischiffige Backsteinhalle der Pfarrkirche entstammt dem 14. Jh.

Den Chor überspannen spätgotische Netzgewölbe, das Langhaus ist im 19. Jh. verändert worden. Mittelalterliche Wandmalereien im Chor wurden 1950 freigelegt, der Schnitzaltar mit einer Madonna im Strahlenkranz entstand im frühen 16. Jh.

Crossen
Kr. Zwickau, Bez. Karl-Marx-Stadt
In der 1888 erneuerten mittelalterlichen Dorfkirche befindet sich ein schöner Schnitzaltar von Leonhard Herrgott aus Zwickau, etwa 1520 geschaffen.

Cunewalde
Kr. Löbau, Bez. Dresden
∗ Mit 3000 Plätzen ist die barocke Dorfkirche der wohl größte Kirchensaal in der Oberlausitz. Sie wurde 1780–93 erbaut. Dreifache Emporen umziehen den Innenraum, in der Ausstattung befinden sich spätmittelalterliche Altarplastiken, die Taufe des 15. Jh. und die Kanzel von 1656 aus dem Vorgängerbau.

Dahlen
Kr. Oschatz, Bez. Leipzig
Die Pfarrkirche der durch die Naumburger Bischöfe im 11. Jh. gegründeten Stadt ist ein spätgotischer Hallenbau mit Sterngewölben von 1475 im Chor. Das Langhaus besitzt Stern- und Netzgewölbe aus dem späteren 16. Jh. Im Altarschrein sind Schnitzfiguren des Meisters des Döbelner Altars aus der Zeit um 1520 eingestellt, weitere Renaissance- und Barockwerke bilden die Ausstattung.

Dahme
Kr. Luckau, Bez. Cottbus
Der spätmittelalterliche Feldsteinbau der Pfarrkirche erhielt seine heutige Gestalt nach einem Brand 1666. Charakteristisch ist die geschweifte Turmhaube. Die Ausstattung entstand im wesentlichen um 1700. Ebenfalls aus dem 18. Jh. stammt die Ausstattung der ehem. Karmeliter-Klosterkirche, der Hospitalkirche.

Dambeck
Kr. Salzwedel, Bez. Magdeburg
Die aufgegebene Dorfkirche entstand im ausgehenden 12. Jh. mit dem Westturm und Schiff, anschließend der eingezogene Chor und die Apsis. Der

große um 1500 geschaffene Schnitzaltar mit Heiligenbildern und Aposteln in zwei Reihen übereinander, das Mittelbild mit Mondsichelmadonna jetzt in St. Katharinen in Salzwedel.

Das Benediktinerinnen-Kloster, südlich vom Dorf gelegen, mit dem Backsteinkirchenbau von 1242 wird jetzt durch die LPG genutzt. **Dankensen/ Ortsteil von Abbendorf**

Kr. Salzwedel, Bez. Magdeburg

Die romanische Feldsteinkirche birgt Reste mittelalterlicher Ausmalung, die in den sechziger Jahren freigelegt wurden. Zur Ausstattung gehören weiter spätgotischer Schnitzaltar, Taufstein von 1649 und barocke Kanzel.

Dargun

Kr. Malchin, Bez. Neubrandenburg

✳ ✳ Die Klosterkirche aus dem 13. und 15. Jh. sowie das während der Renaissance und des Barocks aus den Klosterbauten umgestaltete Schloß sind seit 1945 Ruine. Eine der ältesten Klostergründungen im Mecklenburgisch-Pommerschen Gebiet, 1172 durch Zisterzienser angelegt, bildete Dargun den Ausgangspunkt für die Anlage des Klosters Eldena bei Greifswald. 1209 ist es von Doberan aus neu besetzt worden. Seit 1556 residierten nach Aufhebung des Klosters hier die Güstrower Herzöge.

Die Stadtkirche, ein im 19. Jh. restaurierter und barock umgebauter Feldsteinbau aus dem 13. Jh., birgt einen spätgotischen Schnitzaltar mit einer Darstellung der Kreuzigung, eine gotische Grabplatte aus der Klosterkirche und eine Reihe von Ausstattungsteilen des 17. und 18. Jh.

Dassow

Kr. Grevesmühlen, Bez. Rostock

Die Dorfkirche, ein frühgotischer Backsteinbau aus der zweiten Hälfte des 13. Jh., wurde 1967 restauriert. Im Innern Altar, Kanzel und andere Ausstattungsstücke aus dem 17. Jh.

Dehlitz

Kr. Weißenfels, Bez. Halle

Auf einer Anhöhe liegt am Rande des Saaletals innerhalb einer alten slawischen Wallanlage die Dorfkirche aus dem 12. Jh., sie ist bereits im 9. Jh. erstmals genannt. Der romanische

Bau wurde 1970 restauriert. Im flach gedeckten Inneren wurden romanische Ornamentik und Ausmalungsreste freigelegt. Der Flügelaltar, 1520 von Stephan Hermsdorf, mit Kreuzigungs- und Passionsszenen, ist gleichfalls 1970 restauriert worden.

Delitzsch

Kr. Delitzsch, Bez. Leipzig

Die Stadtkirche St. Peter und Paul ist eine spätgotische Backstein-Hallenkirche. Ihre Netz- und Sterngewölbe stammen aus dem endenden 15. Jh. Am Chor stellen lebensgroße Figuren die Ölbergszene dar, geschaffen um 1410. Die Konsolen und Baldachine an den Chorstrebepfeilern deuten auf ursprünglich weiteren plastischen Schmuck hin. Die Ausstattung stammt aus dem 16. Jh. und von der Restaurierung 1889.

Die Pfarrkirche St. Marien, ebenfalls ein Backsteinbau von 1518, hat ein reich ausgestattetes Westportal von 1729. Im Inneren ist der Altar der Schusterinnung vom Anfang des 16. Jh. besonders wertvoll. Dargestellt sind die Schutzheiligen der Schuhmacher Crispinus und Crispinianus.

Einen vierflügeligen Schnitzaltar mit einer Mariendarstellung zwischen Heiligen, aus der Zeit um 1520, sowie einen weiteren Schnitzaltar mit einer Anna selbdritt von etwa 1500 birgt die Spitalkirche, ein mit Stern- und Netzgewölben geschmückter Bau von 1516.

Demmin

Kr. Demmin, Bez. Neubrandenburg

Das eigentlich Interessante an der Stadtkirche ist die wechselvolle Baugeschichte. In ihrer heutigen Gestalt bildet sie ein gutes Beispiel für die neogotische Restaurierung des 19. Jh. unter Leitung von Friedrich August Stüler. Schiff und Turm waren 1857 vollendet. 1734 hatte der Bau neue Gewölbe erhalten, nachdem er 1676 völlig ausgebrannt war. Die ursprüngliche spätgotische Anlage entstand im 14. Jh.

Derenburg

Kr. Wernigerode, Bez. Magdeburg

Die Pfarrkirche besteht aus zeitlich unterschiedlichen Bauteilen: Von einem romanischen Vorgängerbau aus dem zweiten Viertel des 13. Jh. stammt der doppeltürmige Westbau, während der Kirchensaal 1726 als barocker Raum erbaut und gestaltet wurde. Die Orgel aus der Mitte des 17. Jh. wurde aus der Halberstädter Martinikirche übernommen.

Dermbach

Kr. Bad Salzungen, Bez. Suhl

∗ Der Barockbau der Pfarrkirche wurde für das 1730 gegründete Kloster errichtet und entstand im Zusammenhang mit dem Schloß, das sich der fuldische Fürstabt in Dermbach erbauen ließ. Baumeister war der fürstäbtliche Bauinspektor Andreas Gallasini. 1735 vollendet, birgt die Kirche eine reiche Ausstattung mit mehreren Altären aus der Erbauungszeit. Seit Auflösung des Klosters dient sie der katholischen Gemeinde.

Die evangelische Pfarrkirche, ebenfalls ein Barockbau von 1714, hat einen noch spätgotischen Turm und im Emporenraum eine ebenfalls beachtenswerte Barockausstattung.

Dessau

Stadtkr. Dessau, Bez. Halle

Zu den im zweiten Weltkrieg von Bomben besonders schwer getroffenen Städten gehört Dessau. Am 7. 3. 1945 wurde die Innenstadt zu 85 Prozent vernichtet. Mit dem Wiederaufbau sind die historischen Kirchen – bis auf die spätgotische Schloß- und Stadtkirche – instand gesetzt worden. Die barocke Johanniskirche, 1688–93 durch Martin Grünberg erbaut und 1699 mit dem Turmbau versehen, der 1838 nochmals erhöht worden ist, war 1945 zerstört. Ihr Bau ist 1953/54 erneuert worden.

Von der ebenfalls barocken Georgen-

Dermbach, Pfarrkirche

kirche, zwischen 1712 und 1717 erbaut, blieb nach dem Bombardement nur der 1821 von Carlo Ignazio Pozzi in seine Kirchenerneuerung einbezogene Turm erhalten. Beim Wiederaufbau in den fünfziger Jahren wurde der Bau vereinfacht neu gestaltet.

Die katholische Pfarrkirche erbaute als neogotischen Backstein-Hallenraum 1854–57 Vincenz Statz.

Johannes Otzen ist der Baumeister der im Stil der Backsteingotik 1891/92 geschaffenen Pauluskirche. 1981 wurde sie umgebaut. Die katholische Kirche Heilige Dreifaltigkeit in Dessau-Süd ist ein Neubau von 1954. Die neoromanische Dorfkirche *Alten* ersetzt seit 1898 einen Barockbau. Gleichfalls neoromanisch entstand

1828–30 die Dorfkirche *Großkühnau*. ✳ Die Pfarrkirche *Mildensee*, eine Backsteinbasilika aus dem 13. Jh., erhielt 1804–06 nach Plänen Georg Christoph Hesekiels ihre heutige Gestalt. Im Inneren Gemälde von Lucas Cranach d. J. mit Reformatoren aus der Marienkirche. Gleichfalls Hesekiel baute 1780 die mittelalterliche Dorfkirche *Mosigkau* in neogotische Formen um und fügte die Türme hinzu. 1983 wurde die jetzt Martin Luthers Namen tragende Kirche restauriert. Aus der Barockzeit erhalten ist die Kanzel. Die kriegszerstörte Kirche in *Törten* aus dem 13. Jh. wurde wiederaufgebaut.

Im Dorf Jonitz – heute *Dessau Waldersee* – wurde 1722–25 eine barocke

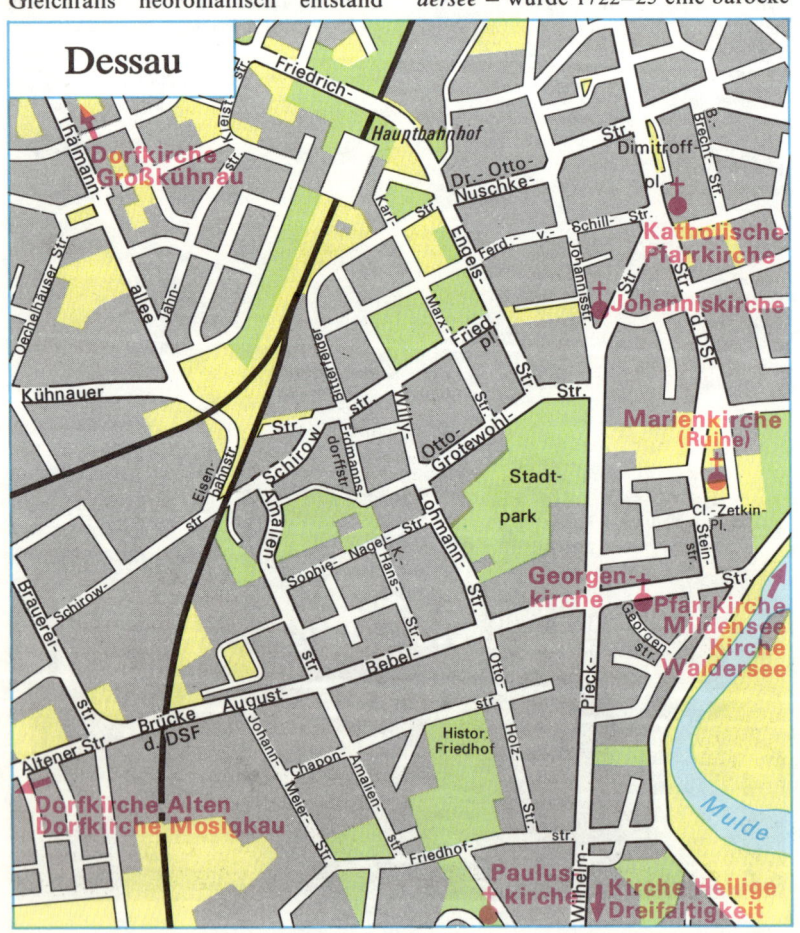

Kirche neu errichtet. Ihr Turm entstand 1817 als Mausoleum für den Fürsten Leopold Friedrich Franz von Anhalt-Dessau und seine Gemahlin.

Deutsch-Ossig

Kr. Görlitz, Bez. Dresden

* Als barocker Neubau wurde die Dorfkirche 1715–18 errichtet. Vom gotischen Vorgängerbau blieb nur der 1449 vollendete Turm bestehen. Der Saalraum mit reicher Rokokomalerei an den Gewölben ist 1951 restauriert worden. Aus der Erbauungszeit stammt der prachtvolle Kanzelaltar, den Caspar Georg von Rodewitz errichtete. In der zweiten Hälfte des 18. Jh. kamen dann die Logen und der Orgelprospekt hinzu.

Diekhof

Kr. Güstrow, Bez. Schwerin

* Die Kapelle des 1736 erbauten, heute nicht mehr vorhandenen Schlosses stammt aus dem Jahre 1768. Sie ist ein Pavillonbau mit Emporen im Inneren sowie einer vorzüglichen architektonischen und Stuckdekoration, die 1952 restauriert wurde.

Dienstädt

Kr. Rudolstadt, Bez. Gera

In der Chorturmkirche aus dem 13. Jh., dessen Langhaus im 17. Jh. umgestaltet wurde, befindet sich ein Schnitzaltar, eine Mariendarstellung mit Heiligen zeigend, von etwa 1520 aus dem Umkreis von Hans Witten.

Diesbar-Seußlitz

Kr. Riesa, Bez. Dresden

An das barocke Schloß schließt die ehem. Klosterkirche unmittelbar an. Diesen ursprünglich mittelalterlichen Bau gestaltete 1726 der Baumeister der Dresdner Frauenkirche George Bähr als Emporenraum neu. Der große Kanzelaltar und die Orgel auf der Empore prägen das Innere.

Diesdorf

Kr. Salzwedel, Bez. Magdeburg

* Die ehem. Augustiner-Chorherren- und Nonnenkirche zählt zu den besterhaltenen romanischen Backsteinbauten aus der ersten Hälfte des 13. Jh. in der Altmark. Die Basilika im gebundenen System mit Querschiff, quadratischem Chor und Apsis sowie Querschiffsapsiden und einem West-

Klosterkirche

querbau stellt eine nahezu ideale Verwirklichung romanischer Bauvorstellungen dar. Am Außenbau befindet sich eine zurückhaltende, aber wohlausgewogene Baudekoration. Das südliche Querschiffsportal ist als romanisches Stufenportal ausgeprägt. Der Turmaufbau stammt von der Restaurierung 1872. Das Innere wird durch den Wechsel von Pfeilern und Zwischenpfeilern belebt. Im Nordquerschiff befindet sich die Nonnenempore, anschließend die 1332 verzeichnete Heiliggrab-Kapelle. Von der Ausstattung sind das Heilige Grab aus dem 14. Jh. und die Kreuzigungsgruppe auf dem Triumphbalken vom Ende des 15. Jh. beachtenswert. Der Kirchenbau ist stilistisch der Klosterkirche Arendsee eng verwandt.

Klosterkirche

Dieskau
Kr. Saalkreis, Bez. Halle
Der im 15. Jh. errichtete Kirchenbau wurde Anfang des 18. Jh. barockisiert. Nach 1770 entstand als Südanbau nach einem Entwurf von Adam Friedrich Oeser aus Leipzig die Grabkapelle für Ernst Theodor Amadeus Hoffmann in klassizierendem Stil. Im Kircheninneren haben sich spätmittelalterliche und barocke Bildwerke und Ausstattungstücke erhalten.

Dingelstädt
Kr. Worbis, Bez. Erfurt
Die Kirche Maria im Busch, auch Kleine Kirche genannt, ist ein einschiffiger Barockbau von 1688 mit einem Ostturm. Bemerkenswert im Inneren ist eine spätgotische Figur, die Schmerzensmutter darstellend.
Die Franziskaner-Klosterkirche auf dem Kerbschen Berge, ein neuromanischer Bau von 1889/90, birgt im Inneren spätgotische Schnitzfiguren aus der ersten Hälfte des 16. Jh. Die 15 Stationen des Kreuzweges wurden 1752 geweiht und später ergänzt.
Der Mitte des 19. Jh. entstammt die in neogotischen Formen gestaltete und 1855 fertiggestellte Pfarrkirche St. Gertrudis.

Dippoldiswalde
Kr. Dippoldiswalde, Bez. Dresden
∗ Ältester Teil der Stadtkirche St. Marien und Laurentius ist der aus der Mitte des 13. Jh. stammende und 1934 restaurierte Turm. Die spätgotische Halle entstand in der zweiten Hälfte des 15. Jh. als Emporenraum mit Sterngewölben. 1642 baute man an Stelle der Gewölbe in den Chor eine hölzerne Kassettendecke ein, die Hans Panitz mit Apostel- und Prophetendarstellungen bemalte. 1685 schuf Wolf Caspar von Klengel den achteckigen Turmaufsatz, der auch heute das Stadtbild weithin prägt. Das Kircheninnere wurde 1975 restauriert.
Die Nikolaikirche ist eine Basilika spätromanisch-frühgotischer Prägung aus der Mitte des 13. Jh. Sie wurde am Beginn unseres Jahrhunderts restauriert. Von der ursprünglich reichen Ausmalung sind noch Reste erkennbar. Die plastischen Bildwerke stammen im wesentlichen aus dem 14. bis frühen 16. Jh.

Dobbertin
Kr. Lübz, Bez. Schwerin
∗ Am Nordufer des Dobbertiner Sees liegt die ehem. Benediktinerinnen-Klosterkirche, die um 1220 gegründet wurde. Der heute stehende Bau des 14. Jh. ist durch die Umgestaltung nach Plänen Karl Friedrich Schinkels geprägt und entstand in Anlehnung an die Friedrich-Werdersche Kirche in Berlin zwischen 1828 und 1837. Im Inneren befindet sich in den vier westlichen Jochen über einer zweischiffigen Halle die Nonnenempore, im Sakristeibau ein schönes Sterngewölbe. Kanzelaltar und Gestühl der Empore entstanden in der Mitte des 18. Jh. Der Renaissance-Taufstein stammt von 1586 und geht möglicherweise auf Philipp Brandin zurück. Der vierflügelige Kreuzgang und das Refektorium entstanden im 13. Jh. und sind 1966 denkmalpflegerisch restauriert worden.

Döbeln
Kr. Döbeln, Bez. Leipzig
Die Stadtkirche St. Nikolai erlitt seit der Gründung der Stadt in der ersten Hälfte des 13. Jh. mannigfache Schäden und Umbauten, ehe aus der begonnenen Basilika seit 1479 die spätgotische Hallenkirche entstand. Vom älteren Kirchenbau blieb nur das Westportal im Turm erhalten. Ausgestaltet wurde sie um 1370, während der mächtige Turmaufbau in seinen oberen Teilen von 1629 und 1733 stammt. Das bedeutendste Kunstwerk im Inneren ist der sechsflügelige ∗ ∗ Schnitzaltar von 1520, den der sogenannte Meister des Döbelner Altars, ein namentlich unbekannter Bildschöpfer, anfertigte: Von der Predella bis zum Gesprengekopf mißt das Bildwerk 11 m Höhe. Im Mittelschrein stehen lebensgroße Heiligenfiguren. In den Flügeln befinden sich reliefierte und gemalte Heiligenfiguren, welche die Nikolauslegende darstellen. Aufwandreiches Beiwerk und im Gesprenge nochmals neun Freifiguren bekrönen das Ganze. Die Kanzel schuf 1599 David Schatz aus Colditz,

den reliefgeschmückten Taufstein von 1603 Hans Köhler d. J. Die Kirche wurde in den siebziger Jahren restauriert.

In die Gottesackerkirche von 1857 ist eine Felderdecke mit biblischen Darstellungen eingebaut worden, die Christian Weise 1685 geschaffen hat.

Doberan, Bad
Kr. Bad Doberan, Bez. Rostock
∗ ∗ Das 1171 gegründete Zisterzienserkloster übernahm den Namen des slawischen Siedlungsplatzes Doberan, aber schon zwei Jahre später mußten sich die Mönche den aufständischen Slawen beugen. 1186 kam es zur Neugründung des Klosters am jetzigen Platze. Von dem ersten Backsteinbau, einer romanischen Basilika, sind Reste noch im südlichen Teil der Westfassade der gotischen Kirche erkennbar. Diese wurde nach dem Brand des Klosters 1291 von einem Werkmeister Heinrich begonnen. 1336 wird der Chor nach dem Vorbild der Lübecker Marienkirche mit Umgang und Kapellenkranz errichtet und als vollendet bezeichnet. 1368 erhielt dann die dreischiffige Basilika mit dem zweischiffigen Querhaus die Abschlußweihe. Entstanden war eine der schönsten Kirchen der Backsteingotik, eine ideale Verschmelzung der Vorbilder französischer Kathedralen und hanseatischer Stadtkirchen mit dem Bestreben der Zisterzienser nach schlichten, klaren und edlen Bauformen. Gegenwärtig wird das Innere der Kirche restauriert, wobei die von Georg Ludwig Möckel 1881–94 rekonstruierte Malerei zugunsten der aufgefundenen mittelalterlichen, gliedernden Wand- und Gewölbebemalung aufgegeben wird. Das Äußere der Kir-

Restaurierte mittelalterliche Ausmalung der Klosterkirche

Restaurierte mittelalterliche Ausmalung der Klosterkirche

che wurde bereits 1964–70 restauriert. Der Hochaltar entstand um 1310 und enthielt in seinem fensterartig gegliederten Mittelteil ursprünglich Reliquien, auf den Seitenflügeln in drei Reihen übereinander Figuren aus dem Leben und der Passion Christi, die unterste Figurenreihe wurde dabei 1370 hinzugefügt. Der Kreuzaltar, ein doppelseitiger Flügelaltar, ist mit dem 15 m hohen Monumentalkreuz darüber verbunden und um 1368 geschaffen worden und stellt in dieser Zu-

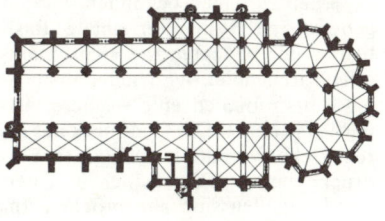

Grundriß der gotischen Klosterkirche

Moderne Orgel in der Klosterkirche

sammenbindung ein für unser Gebiet einmaliges Kunstwerk dar. Neben diesen beiden Altären gab es 13 weitere in der Kirche, die nach 1881 bis auf den Fronleichnamsaltar von 1340 und den Mühlenaltar aus der Zeit um 1400 beseitigt wurden. Um 1370 entstand das Sakramentshaus, ein 11,60 m hoher geschnitzter Fialenturm mit vielen Figuren. Der Reliquienschrank mit Resten des plastischen und farblichen Schmuckes entstand um 1270 und wurde restauriert. Die Marienleuchte, ein hängender und mit Leuchtern besetzter Baldachin von etwa 1425, trägt in der Mitte ein Madonnenbild aus der Zeit um 1290 mit einem später hinzugegebenen Strahlenkranz. Aus der ersten Hälfte des 14. Jh. stammt das schöne geschnitzte Chorgestühl. Bemerkenswert ist auch die Fensterverglasung, in der sich zwischen den Scheiben des 19. Jh. Glasmalereien vom Anfang des 14. Jh. befinden. Besonders groß ist die Zahl der reich ausgestatteten Grabdenkmäler im Kircheninneren. Über einer Gruft im Chor befindet sich das „Oktogon", ein reich dekorierter baldachinartiger Achteckbau mit Wölbung, Säulen und prächtigem Maßwerk, ein Schmuckbau aus der Zeit um 1422, der 1890 restauriert wurde. Beachtenswert sind weiter: die Bülowsche Kapelle für die Schweri-

ner Bischöfe am Nordseitenschiff von 1372, das Grabdenkmal der Margaretha von Dänemark mit dem hölzernen Porträtbildwerk aus dem ausgehenden 13. Jh., ebenfalls mit Holzplastiken das Doppelgrab vom Anfang des 15. Jh. für Albrecht von Schweden und Richardis. Ein prächtiges Bildwerk der Renaissance ist die Grabkapelle für Herzog Adolf Friedrich, 1634 von Franz Julius Döteber und Daniel Werner aus Leipzig geschaffen. 1910 entstand das Mausoleum für Johann Albrecht und Elisabeth von Sachsen-Weimar.

Auf dem Friedhof nördlich der Kirche steht der Karner, auch Beinhaus oder Totenleuchte genannt, ein achteckiger Schmuckbau aus glasierten und unglasierten Backsteinen, der vor 1250 entstanden ist, der Laternenaufbau allerdings kam mit der Restaurierung 1883 hinzu.

Von der Entstehungsgeschichte her ist die festungshafte große Ringmauer der Klosterbefestigung verständlich, die erhaltenen Mauern stammen aus dem ausgehenden 13. Jh. Von den übrigen Klosterbauten sind Reste in jüngeren Gebäuden eingebaut oder als Ruine erhalten.

In *Doberan-Althof,* dem Gründungsort des ersten Klosters, steht eine Kapelle aus dem 15. Jh., die Ludwig Möckel zusammen mit der Klosterkirche völlig erneuerte.

Doberlug-Kirchhain

Kr. Finsterwalde, Bez. Cottbus

✳ ✳ Bevor um 1665 die barocke Stadt Doberlug erbaut wurde, stand hier schon viereinhalb Jahrhunderte das Zisterzienserkloster. Um 1220 ist seine Kirche fertiggestellt worden, die Mönche hatten nach dem Slawenaufstand 1184 neu zu bauen begonnen. Die im gebundenen System errichtete Basilika – der bedeutendste spätromanische Kirchenbau der Niederlausitz – hatte ursprünglich eine reichere Ostpartie als heute. Die Chorapsis mit ihrem Dekor vermittelt noch einen Eindruck davon. Die östlichen Querschiffskapellen sind abgebrochen. Im zweiten Viertel des 13. Jh. erhöht, wurde die Kirche eingewölbt. Die Restaurierung von 1905 bis 1909 versuchte im Inneren den ursprünglichen Farbenreichtum zu rekonstruieren. Die barocke Ausstattung entstammt dem Umbau der Kirche zur Schloßkapelle 1673.

Die Pfarrkirche in *Kirchhain* ist eine spätgotische Backstein-Basilika des späteren 14. Jh. und wurde im 18. Jh. gleichfalls neu gestaltet. Vom mittelalterlichen Bau verlieben noch die doppelhelmige Turmanlage, die Zellengewölbe des Chores und eine Triumphkreuzgruppe vom Anfang des 16. Jh.

Dohna
Kr. Pirna, Bez. Dresden

Die spätgotische Halle der Stadtkirche von 1489 ist 1833—41 unter Gottfried Sempers Anleitung restauriert worden und erhielt dabei die Emporen. Der Schnitzaltar mit Mariendarstellung entstand 1518, die maß- und laubwerkgeschmückte Taufe etwa gleichzeitig.

Dommitzsch
Kr. Torgau, Bez. Leipzig

Die Stadtkirche ist eine spätgotische Backsteinhalle, die 1443—93 erbaut und nach einem Brand 1637 verändert wurde. Die Flachdecken stammen von einem weiteren Ausbau 1745, ebenfalls im 18. Jh. wurde der große Turm umgebaut. Interessant sind die Portale mit Stabwerk.

Dorf Mecklenburg
Kr. Wismar, Bez. Rostock

In der Dorfkirche des 15. Jh. — vom Vorgängerbau aus dem späteren 13. Jh. blieb der Turm erhalten — befindet sich eine reiche Ausstattung, welche die Mecklenburg-Schweriner Fürsten dem Ort ihrer Stammesburg stifteten: eine bemalte Kassettendecke, die mit Bildreliefs und Renaissance-Schnitzornamenten geschmückte Altar von 1622 sowie die ebenfalls figürlich und ornamental gestaltete Kanzel. Die Kreuzigungsgruppe stammt von 1633.

Dorndorf
Kr. Jena, Bez. Gera

Die mittelalterliche Dorfkirche wurde 1725 durch einen barocken Neubau ersetzt, erhalten blieb nur ihr Chor-turm. Der Innenraum mit Doppelemporen ist reich bemalt mit Rankenwerk und Heiligendarstellungen und geprägt durch den plastisch und ornamental gegliederten Kanzelaltar. Bei der Restaurierung 1971/72 wurde die barocke Farbigkeit wiederhergestellt.

Döringsdorf
Kr. Heiligenstadt, Bez. Erfurt

Die Wallfahrtskirche Hilfensberg wurde gegen 1370 als gotische Halle fertiggestellt, ist aber 1890 stark verändert worden. Im Inneren befindet sich das „Hülfskreuz", ein romanisches Kruzifix aus dem 12. Jh. Die barocke Bonifatiuskapelle nördlich der Kirche wurde 1903 umgebaut. In der klassizistischen Dorfkirche ist der Altaraufsatz von etwa 1700 bemerkenswert.

Dörnthal
Kr. Marienberg, Bez. Karl-Marx-Stadt

Die mittelalterliche Wehrkirche mit spätgotischem Chor birgt neben der bemalten Kassettendecke Bildwerke des 15./16. Jh.

Dresden
Bez. Dresden

Das heutige Dresden verdankt seinen Kirchenreichtum wie viele Großstädte vor allem dem vorigen Jahrhundert und Eingemeindungen umliegender Orte, aus der um den relativ kleinen Stadtkern eine urbane Struktur entstand. Aus einem alten Siedlungskern um die Frauenkirche, der 1299 ummauerten heutigen Altstadt, und der 1403 mit dem Stadtrecht versehenen Siedlung Altendresden, heute Neustadt, entstehend, blieb die Stadt relativ unbedeutend, bis sie seit 1485 Sitz der Wettiner wurde. Die Zeit Augusts des Starken leitete ab 1694 den Ausbau zur prachtvollen Barockresidenz ein. In diesem Sinne wurde Dresden immer wieder erweitert. Das anglo-amerikanische Bombardement vom 13./14. Februar 1945 führte zum nahezu totalen Verlust der innerstädtischen Bausubstanz. Neben rekonstruierten historischen Ensembles wurden mit dem Wiederaufbau große Teile Dresdens völlig neu gestaltet.

Die beiden Hauptpfarrkirchen von Dresden und Neustadt sind Ruinen: ✶ ✶ Die Frauenkirche schuf George

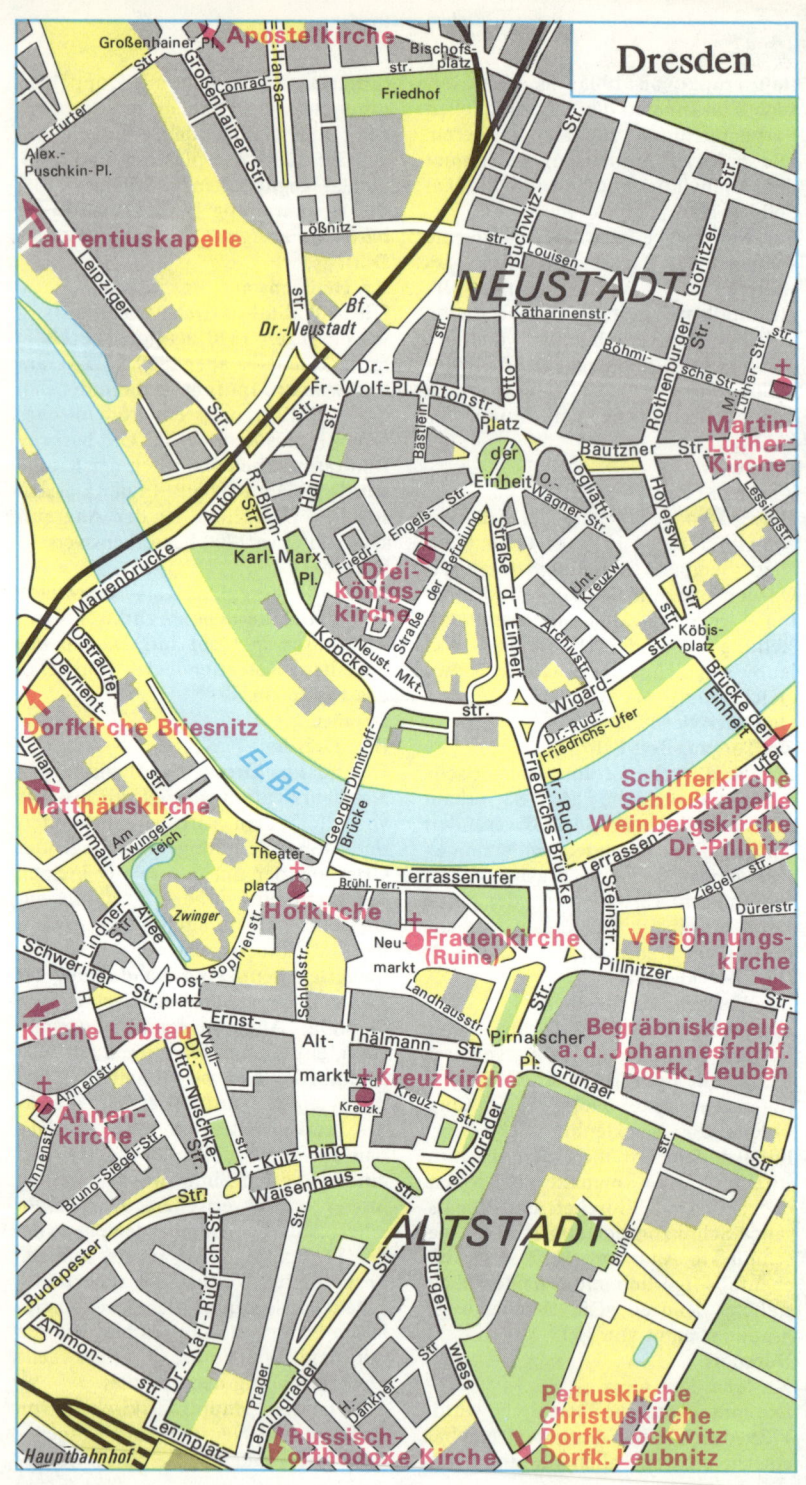

Dresden

Großenhainer Pl. **Apostelkirche** Bischofs-
str.
Großenhainer
Str.-Conrad Hansa Friedhof
Erfurter str.
Alex.-
Puschkin-Pl. lößnitz-
Laurentiuskapelle str.
Leipziger
NEUSTADT
Katharinenstr.
Böhmi-
sche Str.
Bf. Rothenburger Str.
Dr.-Neustadt
Dr.-
Fr.-Wolf-Pl. Antonstr. Bautzner **Martin-**
Platz Str. **Luther-**
der **Kirche**
Anton-
Str. Einheit Wagner Str.
Karl-Marx- Engels- Straße der Befreiung
Pl. Friedr.-
Marienbrücke **Drei-** Str. Unt.
Köpcke- **königs-** Kreuz-
kirche Neust. Mkt. Köbis-
Ostrauer Devrient- str. platz
Dorfkirche Briesnitz Wigard Brücke der
Julian- Georgi-Dimitroff- Dr.-Rud.- Einheit
Grimal- Brücke Friednchs-Ufer Ufer
Matthäuskirche ELBE
Am Friedrichs-Brücke **Schifferkirche**
Zwinger- **Schloßkapelle**
teich Theater- Terrassenufer **Weinbergskirche**
Lindner- platz Brühl. Terr. **Dr.-Pillnitz**
Allee Zwinger **Hofkirche** Ziegel- str.
Schweriner Sophienstr. Neu- **Frauenkirche** Dürerstr.
Str. markt **(Ruine)** Pillnitzer **Versöhnungs-**
Post- Schloßstr. Landhausstr. **kirche**
platz Ernst- Pirnaischer **Begräbniskapelle**
Kirche Löbtau Alt- Thälmann- Str. Pl. Grunaer **a. d. Johannesfrdhf.**
markt **Kreuzkirche** **Dorfk. Leuben**
Annenstr. Kreuz- Kreuzk.
Annen- Dr.-
kirche Otto-Nuschke-Str. Dr.-Külz-Ring Leningrader
Annenstr. Waisenhaus- str.
Bruno-Stegel-Str.
Budapester ALTSTADT
Ammon-
str. Bürger-
Leninplatz Prager wiese
Leningrader H.-Dankner- **Petruskirche**
Christuskirche
Hauptbahnhof **Russisch-** **Dorfk. Lockwitz**
orthodoxe Kirche **Dorfk. Leubnitz**

62

Bähr ab 1726 als mächtigen Kuppel-
bau mit vier Ecktürmen, nach seinem
Tode vollendete 1738 Johann Georg
Schmidt das Bauwerk. Vor der Ruine
steht das Lutherdenkmal, 1868 von
Ernst Rietschel geschaffen.

∗∗ Die Dreikönigskirche war die
Pfarrkirche der Neustadt, die wie die
Frauenkirche Nachfolgebau einer
spätmittelalterlichen Kirche, 1739
nach Plänen von Matthäus Daniel
Pöppelmann und George Bähr vollendet wurde. Den Turm erbauten
1854—57 die Architekten Karl Moritz
Haenel und Frommherz Lobegott
Marx. Der Wiederaufbau ist eingelei-
tet.

∗∗ Mit der Stadtgründung erfolgte
der Baubeginn der Kreuzkirche am
Altmarkt Anfang des 13. Jh. Nach
Brandschäden an der gotischen Kirche begann 1764 ein Neubau, in dem
sich die Auseinandersetzung zwischen

Hofkirche

Hofkirche

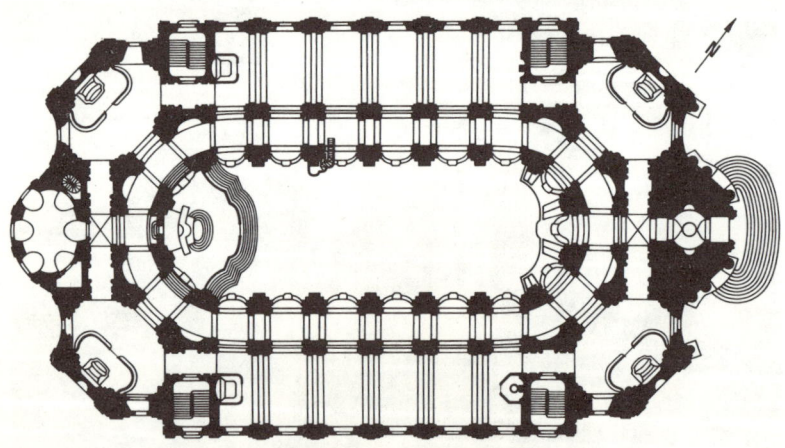

Kuppelgemälde in der Sakramentskapelle der Hofkirche

Grundriß der barocken Hofkirche

den Vertretern der barocken Dresdner Bauschule, Entwurf vom Bähr-Schüler Johann Georg Schmidt, und der damals moderneren, klassizistisch orientierten Meinung des Hofbaumeisters Friedrich August Krubsacius abzeichnen. Die von Johann Georg Schmidt zunächst erhaltene spätgotische Turmfront stürzte nach Beschädigung im Siebenjährigen Krieg 1765 zusammen, der Innenausbau ging aber nach Schmidts Plänen weiter.

Die Außengliederung schuf Christian Friedrich Exner in sehr zurückhaltenden Formen, und den Turm vollendete der Krubsacius-Schüler Gottlob August Hölzer 1788. Nach der Zerstörung 1945 ist die Außenarchitektur wiederhergestellt worden, das Innere – Heimstatt des Dresdner Kreuzchors – wurde in Formen wiederhergerichtet, die den spätbarocken Raum interpretieren sollen und eine spätere Rekonstruktion ermöglichen.

✳✳ Der kunstgeschichtlich zweifellos bedeutendste Kirchenbau Dresdens ist die Hofkirche. Der Nachfolger Augusts des Starken, August III., ging an die Verwirklichung von dessen Idee für eine besonders repräsentative katholische Kirche, die den damals europäischen Rang der Residenz unterstreichen sollte. Eigens dazu wurde der Italiener Gaetano Chiaveri aus Rom berufen. Nach seinen Bauplänen erfolgte 1739 der Baubeginn, nach vier Jahren war das Kirchenschiff überdacht. Dann aber stockte das Unternehmen, und nach dem Zerwürfnis mit dem Bauherrn verließ Chiaveri Dresden 1749. Sebastian Wetzel und Johann Christoph Knöffel setzten die Pläne des Italieners fort und vollendeten die Architektur bis 1752, wobei die von Chiaveri vorgesehene Ausmalung des Raumes unterblieb. Den Turm schließlich baute bis 1755 Julius Heinrich Schwarze, etwas höher, als ihn Chiaveri vorgesehen hatte. Nach der schweren Kriegszerstörung 1945 ist die Hofkirche seit 1979 weitgehend wiederhergestellt, Einzelrestaurierungen sind noch im Gange. Im Aufbau ist die Kirche eine dreischiffige Basilika mit einem doppelgeschossigen Prozessionsumgang und vier Eckkapellen. Diese für den katholischen Gottesdienst bestimmte Gestalt wird aus der besonderen historischen Situation im 18. Jh. in Dresden verständlich: Während die Stadt und das ganze Land protestantisch blieben, trat der Hof aus machtpolitischen Gründen wieder zum katholischen Glauben über. Die gottesdienstlichen Handlungen blieben jedoch ausschließlich auf die Hofkirche bezogen. Die Gemälde von Hauptaltar und Nebenaltären schuf Anton Raphael Mengs 1750–52, die Kanzel aus der alten Hofkapelle gestaltete Balthasar Permoser 1710 und 1723 weiter aus. Beim Einbau in die Hofkirche kam 1751 der Schalldeckel von Johann Joseph Hackli hinzu, auf den auch der Orgelprospekt zurückgeht. Das Orgelwerk schuf 1750–51 Gottfried Silbermann, das in den siebziger Jahren im historischen Klangbild wiederhergestellt worden ist. Ebenfalls rekonstruiert und restauriert sind die Kapellen: die Kreuzkapelle 1964–68 (Ausmalung von Benedikt Thiel 1787); die Bennokapelle bis 1978 (Ausmalung von Anton Maulbertsch 1770); die Sakramentskapelle 1976 (Ausmalung von Stefano Torelli 1755). Die Johann-Nepomuk-Kapelle wurde als Gedächtnisstätte für die Opfer des Krieges umgestaltet, dabei die Ausmalung von Franz Karl Palko von 1754 durch eine moderne Pieta aus Meißner Porzellan von Friedrich Press ergänzt. Von den weiteren Kunstwerken sind besonders beachtenswert: eine Marmorstatue der heiligen Magdalena von Francesco Baratta, etwa 1665 geschaffen, in der Gruft Marmorstatuen des gegeißelten Christus von Balthasar Permoser von 1718 und 1728 sowie die Prunksarkophage der Wettiner. Einige der Statuen auf den Attiken der Schiffe, die der Bildhauer Lorenzo Matielli schuf, sind beim Wiederaufbau durch Kopien ersetzt worden.

Die Hofkirche, die Frauenkirche und die Kreuzkirche prägten die in vielen Bildern festgehaltene barocke Silhouette der Elbestadt, heute sind die Hof- und die Kreuzkirche wieder in die Elbfront der erneuerten Stadt bzw. in das neu entstandene Ensemble um den Altmarkt als markante historische Bauwerke eingebunden.

Ebenfalls wiederaufgebaut ist die barocke Annenkirche, 1769 von Johann Georg Schmidt in schlichten Formen gestaltet. Der Turmabschluß wurde bisher noch nicht wieder vollendet. Im Inneren befindet sich die von Zacharias Hegewald um 1635 geschaffene Sandsteinfigur Ecce-homo aus der Frauenkirche.

In der Antonstadt erbauten die Architekten Ernst Giese und Paul Weidner 1883–87 die Martin-Luther-Kirche, einen basilikalen Kirchenbau in gotisierender Grundgestalt und neugotischer sowie romanisierender Gestaltung der Einzelformen. Der spitz und hoch aufragende Turm tritt im Stadtbild besonders markant in Erscheinung.

Die Matthäuskirche der Friedrichstadt (Friedrichstr.) geht auf einen Entwurf von Matthäus Daniel Pöppelmann zurück und wurde 1728–32 errichtet. Nach der Kriegszerstörung 1945 erfolgte ihr Wiederaufbau 1974–78, die Pöppelmanngruft ist ebenfalls restauriert.

In Anlehnung an russische Bauten des 17. Jh. entstand 1872–74 die Russisch-orthodoxe Kirche (Juri-Gagarin-Str.) südlich des Hauptbahnhofs; ein Fünfkuppelbau mit Glockenturm und einer Marmor-Ikonostas mit Ikonenbildern von James Marshall.

Die Versöhnungskirche an der Schandauer Straße gestalteten 1905–09 die Architekten Gustav Rumpel und Arthur Krutzsch innerhalb einer stilistisch einheitlichen Baugruppe aus Kirche, Gemeindehaus und einer den Hofraum umfassenden Bogenarchitektur in romanisierend-sezessionistischen Formen. Die Ausmalung schuf Otto Gußmann.

Die Dorfkirche in *Dresden-Briesnitz* ist ein stark durchgebauter mittelalterlicher Saal mit Turm und Ausstattungsteilen aus dem 16. Jh.

✶ Im Stadtteil *Hosterwitz* steht die kleine Schifferkirche Maria am Wasser, ein mittelalterlicher Bau, der 1704 vergrößert und 1774 mit der doppelgeschossigen Empore versehen wurde. Der Kanzelaltar wurde bei der Baurestaurierung 1930 aus älteren Teilen neu zusammengesetzt, 1973 wurde die denkmalpflegerische Wiederherstellung der barocken Farbigkeit abgeschlossen.

Um 1750 ist die spätmittelalterliche Laurentiuskapelle in *Dresden-Kaditz* als Dorfkirche barock umgestaltet

Christuskirche in Dresden-Strehlen

worden und erhielt 1756 den reichen Kanzelaltar mit Figuren von Gottfried Knöffler.

Im Neubau der Dorfkirche *Leuben* (1901) findet man Ausstattungsteile des älteren Baues: Glasgemälde des 16. Jh. sowie Taufe und Grabdenkmäler aus der Frauenkirche.

Die Dorfkirche *Leubnitz* entstand in der ersten Hälfte des 15. Jh., davon zeugen Westturm und Langhaus. Die Chorgewölbe stammen von 1511. Die Felderdecke im Langhaus bemalte Gottfried Lukas 1671. Der große Sandsteinaltar entstand 1730 nach einer Bauerweiterung, von der auch die Nord- und Orgelempore stammen. Die Sandsteinepitaphien des 16. und 18. Jh., u. a. für den Architekten Johann Friedrich Karcher 1726 und den Naturforscher Johann Georg Palitzsch 1788, sind bemerkenswert.

Den Neubau der Kirche in *Löbtau* schuf Otto Bartning Ende der vierziger Jahre aus geborgenem Baumaterial im Rahmen eines Typenprogramms für Notkirchen.

Der Umbau von 1670 gab der Dorfkirche *Lockwitz* ihre heutige Gestalt. Sie wurde 1952 restauriert. Holzgewölbe und Emporen und der sandsteinerne Altaraufsatz aus dem 17. Jh. prägen das Innere, ein Bild an der Patronatsloge zeigt die Kirche vor 1660.

✱✱ Die idyllisch gelegene Weinbergskirche in *Dresden-Pillnitz* entstand als Ersatz für die seinerzeit abgebrochene Schloßkapelle nach Entwürfen von Matthäus Daniel Pöppelmann 1723–27 als schlichter Barockbau. Die Ausstattung stammt aus der alten Schloßkapelle. Den Altar mit Abendmahlrelief schuf 1648 Johann Georg Kretzschmar.

✱✱ Die neue Schloßkapelle Pillnitz errichtete Christian Friedrich Schuricht im Neuen Palais des Schloßkomplexes, das nach dem Brand des Renaissanceschlosses 1818 bis 1826 in klassizistischen Formen neu entstand. Die Wand- und Deckenbilder aus dem Marienleben schuf Carl Vogel von Vogelstein. Beachtenswert ist auch die Fensterverglasung aus der Erbauungszeit. Die Restaurierung wurde 1976 abgeschlossen.

✱ Die Christuskirche in *Dresden-Strehlen* ist ein Zeugnis der modernen Entwicklung des protestantischen Kirchenbaues. 1905 wurde die zentralisierende Baugruppe mit den beiden das Stadtbild weithin prägenden Türmen durch die Architektenfirma Schilling und Gräbner geschaffen. Neue dekorative Sachlichkeit ohne Rückgriff auf historische Formen kennzeichnen den Außen- und Innenbau. Die Baudekoration stammt von Karl Groß, Arnold Kramer und Richard König, Ausmalung und Fensterbilder schuf Otto Gußmann, die Bildwerke August Hudler und Arnold Kramer.

Die Petruskirche, ebenfalls in Dresden-Strehlen, entstand in einfachen Formen der Nachkriegsarchitektur 1959/60 nach Plänen von Egon Körner. Das plastische Wandbild über dem Altar malte Max Lachnit.

✱ Das Krematorium in *Dresden-Tolkewitz* ist ein Sandsteinbau mit einer flachen Betonkuppel. Fritz Schumacher schuf die Pläne für den 1908–12 errichteten Bau, dessen Bauformen zwischen spätem Jugendstil und Monumentalstil vermitteln. Die Bauplastik stammt von Georg Wrba.

Die Begräbniskapelle auf dem Johannisfriedhof erbaute 1894 Paul Wallot. Im 1927–28 gestalteten Wohngebiet

Dresden-Trachau entstand nach einem Entwurf von Oswin Hempel 1927–29 die Apostelkirche als Abschluß und Blickpunkt der Kopernikusstraße in den für jene Epoche charakteristischen glatten Bauformen.

Droyßig
Kr. Zeitz, Bez. Halle

✱ An der später zum Schloß umgebauten mittelalterlichen Burg steht die Kapelle als eigener Renaissancebau. Sie ist 1622 begonnen, aber nicht vollendet worden; interessant der Formenreichtum der Architektur, in dem sich außen wie im unfertigen Inneren italienische Renaissancemotive mit noch spätgotischen Elementen verbinden und von niederländischen Dekorationsformen ergänzt werden. Eine Restaurierung fand 1973–74 statt.

Die Dorfkirche gehörte ursprünglich zum 1215 gegründeten Ordenshaus zum Heiligen Grab; ihr heutiger Bau entstammt aus drei Hauptbauzeiten: aus dem dritten Viertel des 13. Jh. der Chor, das Schiff wurde 1648–52 und nochmals 1859–60 verändert und erweitert. Vom Ursprungsbau blieb das romanische Nordportal. Der spätgotische Schnitzaltar wurde von Franz Geringswald 1510–20 geschaffen und ist 1969 restauriert worden. Weitere Ausstattungsstücke entstammen dem 17. und 18. Jh.

In der katholischen Marienkirche von 1909 befindet sich ein gemalter Flügelaltar von 1491, ehemals in Salsitz, Kr. Zeitz.

Drübeck
Kr. Wernigerode, Bez. Magdeburg

✱ Der wiedergewonnene Innenraum der ehem. Klosterkirche St. Viti ist das Ergebnis der denkmalpflegerischen Arbeit 1953–56. Die romanische kreuzförmige Basilika, gegen 1100 erbaut, war nach der Säkularisierung im 16. Jh. immer mehr verstümmelt worden. Lediglich der aus dem 12. Jh. stammende Westbau wurde 1860 wiederhergestellt. Mit der Restaurierung seit 1953 erfolgten die Absenkung des Fußbodens um 85 cm auf das romanische Niveau, der Neubau des Südschiffs und die Wiedereröffnung der Arkaden sowie die Instandsetzung der

Klosterkirche

Holzdecke, die durch eine Tonne verdeckt war. Der Schnitzaltar entstand um 1500, beachtenswert sind die romanischen Stuckkapitelle.

Düben, Bad
Kr. Eilenburg, Bez. Leipzig
Die Stadtkirche St. Nikolai ist ein klassizistisches Bauwerk, das 1810–19 von dem für den Dessauer Hof tätigen Carlo Ignazio Pozzi aus der Kirche des 15. Jh. umgestaltet und erweitert wurde. Das Innere ist mit seinen Emporen als protestantischer Predigtraum gestaltet. Der Turm erhielt 1887 seinen Spitzhelm.

Ebersbach
Kr. Görlitz, Bez. Dresden.
Die stattliche Dorfkirche wurde in der zweiten Hälfte des 15. Jh. erbaut, das Turmoktogon 1598 vollendet. Die Innenausstattung mit Emporen und hohem Altaraufbau ist barock und entstand um 1720–25.

Ebersbach
Kr. Löbau, Bez. Dresden
Die Pfarrkiche entstand als einschiffiger Barockbau 1682, hinzu kam 1726–33 der Ostteil über dreiviertelkreisförmigem Grundriß mit einer Kuppelwölbung aus Holz. Den gesamten Innenraum umziehen dreigeschossige Emporen. Bemerkenswert sind die reiche Innenbemalung und

Ausstattung, besonders aber der Baldachinaltar von 1787 mit Ölbergrelief und die Kanzel von 1788. Der Orgelprospekt befand sich ursprünglich in der alten Zittauer Johanniskirche und ist 1685 geschaffen worden.

Eberswalde-Finow
Kr. Eberswalde, Bez. Frankfurt
✶ Der gotische Backsteinbau der Pfarrkirche St. Maria-Magdalena entstand an Stelle eines bereits 1240 fertiggestellten Vorgängerbaues, Weihen sind 1294 und 1300 verzeichnet. Bauvorbild für diesen Neubau war die Klosterkirche Chorin. Im 18. Jh. wurde die Basilika durch Erhöhung der Seitenschiffe verändert und schließlich 1874–76 umgebaut. Gut erhalten sind die an den Kapitellbändern figurengeschmückten Portale des mittelalterlichen Baues. Innen stammen ein Taufstein aus dem späten 13. Jh., der zweigeschossige Altaraufsatz von 1606.
Im 15. Jh. entstand der gotische Backsteinbau der Spitalkapelle St. Georg, die heute als Konzertraum genutzt wird.

Egeln
Kr. Staßfurt, Bez. Magdeburg
✶ Es wird angenommen, daß schon im 9. Jh. neben der 814 genannten Burg Egeln eine Siedlung und eine Kirche bestanden. Von einem viel späteren gotischen Kirchenbau der Stadtkirche St. Spiritus ist der Turm erhalten. Der barocke Saalbau entstand 1701–03 und wurde mehrfach restauriert. In seinem Inneren befindet sich eine interessante Ausstattung mit dem Altar von Johann Georg Aberkunk (1703), reich durch Schnitzfiguren verziert, und Altarschranken; die Kanzel von 1616 zeigt ebenfalls reichen Figurenschmuck.
✶ Das ehem. Zisterzienser-Nonnenkloster Marienstuhl wurde 1259 gegründet und bestand bis 1809. Die heutige katholische Pfarrkirche ist ein barocker Saalbau von 1732–34 mit einer ungewöhnlich reichen Ausstattung. Der geschwungene Säulenaufbau des Altars mit Schnitzfiguren und Gemälden nimmt die gesamte Chorbreite ein und entstand 1737. Zwei

Egeln, Katholische Pfarrkirche

Nebenaltäre sind etwas kleiner, aber nicht minder dekorativ. Die ebenfalls figurengeschmückte Kanzel und Schalldeckel entstanden gleichzeitig. Weitere Bildwerke eines Kruzifix und einer Pieta stammen aus dem 14. und 15. Jh. Den ehem. Klosterkomplex umgibt eine 1697 errichtete Mauer.

Ehrenfriedersdorf

Kr. Zschopau, Bez. Karl-Marx-Stadt
∗ Die Stadtkirche St. Nikolai zeigt eine Baugestalt aus zwei Jahrhunderten. Der Chor mit dem mächtigen wehrhaften Turm entstammt dem 14. Jh., während im 15. Jh., einer Zeit, da die Stadt durch den Erzbergbau zu Wohlstand gelangte, das Langhaus ausgebaut wurde. Sehenswert ist vor allem der prachtvolle sechsflügelige ∗∗ Schnitzaltar von 1507 mit einer Marienkrönung im Mittelschrein. Hans Witten ist der Schöpfer des Holzbildwerks, die Gemälde mit Szenen aus der Passion Christi und der Heiligenfiguren stammen von Hans von Cöln. Im filigranen Gesprenge

69

sind weitere Passionsszenen dargestellt, Reste des alten geschnitzten
Chorgestühls stammen vom Ende des
15. Jh., ebenso ein Kruzifix. Die Kanzel entstand 1685.

Ehrenhain
Kr. Altenburg, Bez. Leipzig
Die im Kern spätgotische Dorfkirche,
barock umgebaut und 1958 restauriert, ist Mitte des 17. Jh. durch Johann Böhme aus Schneeberg ausgestaltet worden. Davon sind der Altar
und Logenprospekt erhalten, das Sakramentshaus ist 1521 datiert.

Eibau
Kr. Löbau, Bez. Dresden
Die barocke Dorfkirche wurde
1703–07 errichtet. Ihren Innenraum
prägen die umlaufenden dreifachen
Emporen und der Altar aus dem späten 18. Jh. Im Ortsbild tritt die Kirche
durch die mit einer Doppellaterne geschmückte Turmhaube hervor.

Eilenburg
Kr. Eilenburg, Bez. Leipzig
Im Schutze der durch Heinrich I. gegründeten Burg entstand die mittelalterliche Handelsstadt. Sie wurde im
zweiten Weltkrieg stark zerstört. Mit
dem Wiederaufbau ist auch die Stadtkirche St. Andreas und Nikolai zu einem Teil wiederhergestellt worden. In
ihrem Hallenchor von 1444 und 1535
ist ein spätgotischer Schnitzaltar mit
einer Mariendarstellung und Heiligen
in den Seitenflügeln bemerkenswert.
Im Südwesten der Burg steht die
Bergkirche St. Marien, die wie die
Pfarrkirche als spätgotische Backsteinhalle mit Stern- und Netzgewölben 1522 vollendet wurde. Der Altar
in Renaissanceformen entstand in der
ersten Hälfte des 16. Jh., bemerkenswert Grabdenkmäler aus dem 16. Jh.

Eimersleben
Kr. Haldensleben, Bez. Magdeburg
Die Dorfkirche ist ein barocker Putzbau von 1712–15 und hat ihr Vorbild
in der Schloßkapelle zu Wolfenbüttel.
Das Innere umzieht eine Hufeisenempore, deren Brüstungen wie das Muldengewölbe mit Stuckdekorationen
überzogen sind, geschaffen von Sebastian Perlaska. Die barocke Altarwand ist nur in Teilen erhalten.

Eisenach
Kr. Eisenach, Bez. Erfurt
Die heutige Industrie- und Automo-
bilbaustadt ist vor allem seit dem ausgehenden Mittelalter und der Reformationszeit ein für die Gesellschafts-
und Kirchengeschichte bedeutender
Ort, der eng mit den frühsozialen Taten der heilig gesprochenen Landgräfin Elisabeth, dem Wirken Martin
Luthers und dem Namen Johann Sebastian Bachs verbunden ist.
Die Hospitalkirche St. Annen, heute
im wesentlichen ein Bau der Zeit von
1634–39 mit spätgotischen Teilen, soll
laut Inschrift 1226 durch Elisabeth
von Thüringen gegründet worden
sein. 1966 wurde die einschiffige Kirche restauriert.
∗∗ Die Pfarr- und Bischofskirche
St. Georg, eine landgräfliche Gründung von 1180, stellt sich heute als
spätgotische Hallenkirche dar, die vor
allem Umbauten des 16., 17. und
18. Jh. kennzeichnen. Sie ist mit ihren
drei Emporen eine der frühesten protestantischen großen Predigtkirchen.
1899–1902 erhielt sie schließlich den
Westturm. 1978 erfolgte die Restaurierung des Inneren und der Ausstattung: Die Kanzel stammt von 1676,
der Orgelprospekt von 1719. Zu dem
Bildwerk-Schmuck gehört die barocke
Kreuzigungsgruppe, eine weitere
Kreuzigungsgruppe ist noch spätgotisch und entstand um 1500. Bemerkenswert sind auch die Landgrafen-
und andere Grabdenkmäler aus dem
14. bis 16. Jh. – Martin Luther predigte in der Georgenkirche auf der
Rückkunft von Worms und bereits unter Reichsacht stehend am 2. Mai
1521. Am 23. März 1685 ist Johann
Sebastian Bach in dieser Kirche getauft worden.
∗ Die Nikolaikirche ist eine romanische Basilika, die am Ende des 12. Jh.
am Benediktiner-Nonnenkloster erbaut, jedoch 1886–87 durch die völlige Erneuerung gemeinsam mit dem
angrenzenden Nikolaitor etwas denk-
malhaft stilisiert wurde. Innen gibt
der Bau eine Vorstellung vom Ursprünglichen. Die Restaurierung
1968–69 diente auch der Sicherung al-

Georgenkirche

ter Ausmalungsreste; der spätgotische Altar stammt vom Anfang des 16. Jh. Auf dem Platz der DSF an der Nikolaikirche steht das 1895 von Adolf Donndorf geschaffene Luther-Denkmal.

Die Predigerkirche am ehem. Dominikaner-Kloster wurde 1902 umgebaut, im Ursprung ist sie ein frühgotischer Bau noch aus dem 13. Jh. mit einer Krypta unter dem Chor. Jetzt wird sie für die Skulpturensammlung des Thüringischen Museums, insbesondere für die Ausstellung sakraler Bildwerke der thüringischen Kunstlandschaft genutzt.

Die Kreuzkirche, ein barocker Zentralbau über kreuzförmigem Grundriß und mit zentralem Dachreiter, erbaute Johann Mützel 1692—97. Im Anschluß an die Kirche schuf Clemens Wenzeslaus Coudray die klassizistische Totenhalle.

✳✳ Ein historisches Denkmal ist das Lutherhaus, das im Kern spätgotische Haus der Familie Cotta, in welchem Luther als Schüler Unterkunft fand. Das 1944 durch Bomben schwer beschädigte Stein- und Fachwerkgebäude ist wiederhergestellt und 1966 sowie 1980 restauriert worden. Innen sind „Lutherstübchen" und museale Dokumentationen zu besichtigen.

✳✳ Die Wartburg, in ihren ältesten Bauteilen aus dem 12. Jh. stammend, wurde nach allmählichem Verfall zwischen 1838 und 1890 unter der Bauleitung von Hugo von Ritgen erneuert. Seit 1966 erfolgten umfassende denkmalpflegerische Erneuerungen der gesamten Burg, dabei ist die um 1320 eingebaute Kapelle mit ihrer mittelalterlichen Ausmalung gesichert und restauriert worden. — Auf der Burg hielt sich 1521—22 Martin Luther unter kurfürstlichem Schutz auf und schuf hier die Bibelübersetzung, ein wichtiger Beitrag zur Entstehung der deutschen Schriftsprache. Die Lutherstube, 1890 symbolisch eingerichtet, wurde durch die denkmalpflegerische Restaurierung als Interpretation der geschichtlichen Gegebenheiten gestaltet. Die Ausstellung der reformatorischen Flugschriften und anderer Zeitzeugnisse sind in der Kunstsammlung der Wartburg zu besichtigen.

Eisenberg

Kr. Eisenberg, Bez. Gera

Die Markt- und Pfarrkirche St. Peter ist ein Bau aus dem endenden 15. Jh., 1585 und 1880 umgebaut. Die Restaurierung und Erneuerung der Innenausmalung war 1969 abgeschlossen. Gleichzeitig sind die Ölgemälde der Geburt Christi, der Kreuzigung, des Abendmahls und der Ausgießung des Heiligen Geistes restauriert worden.

✳✳ Besonders sehenswert ist die Schloßkapelle in dem von 1677 an er

Schloßkapelle

Eisenberg, Decke in der Schloßkapelle

bauten Schloß. Als Baumeister sind Gundermann und Johann Moritz Richter d. J. genannt. Der barocke Kapellenraum wurde 1692 geweiht: Es ist ein querrechteckiger Saal mit Galerie, im Chor dem reichen Kanzelaltar und darüber der Orgel. Die üppige Dekoration bietet in großer Fülle Stuckornamente und Bemalung, den Raum überspannt ein großes Deckenbild. Die italienischen Stukkateure Quadro, Tavilli, Caroveri und der Maler Harms waren die Gestalter. Bei der umfassenden Restaurierung des Raumes 1958 ist auch die Orgel von Johann Jacob Donat wiederhergestellt worden.

Eisenhüttenstadt

Kr. Eisenhüttenstadt, Bez. Frankfurt
Im Stadtteil Fürstenberg der seit 1951 neu erbauten ersten sozialistischen Stadt der DDR steht auf dem hohen Oderufer die Pfarrkirche St. Nikolai, eine stattliche Backsteinhalle vom Ende des 14. Jh. mit einem Turmbau von 1565. Der kriegszerstörte Bau wurde im Äußeren bis 1963 wiederhergestellt.

Eisfeld

Kr. Hildburghausen, Bez. Suhl
Die spätgotische Stadtkirche hat eine lange Baugeschichte. Ältester Teil ist der 1488 begonnene Turm, am Chor wurde 1505 gebaut, dabei entstanden

auch die spätgotischen Netzgewölbe. 1601 und 1632 brannte die Kirche aus; von der Wiederherstellung stammt die Kassettendecke. Der 1945 beschädigte Bau ist restauriert.

Eisleben, Lutherstadt
Kr. Eisleben, Bez. Halle
Mit der Nennung 994 als Markt ist Eisleben eine der ältesten beurkundeten Städte der Kulturlandschaft zwischen Harz und Elbe. Im 15./16. Jh. wurde sie mit dem Kupferschieferbergbau zur bedeutendsten Stadt im mansfeldischen Land. Das unterstreichen die noch vorhandenen vier Pfarrkirchen. Als Geburts- und Sterbeort Martin Luthers hat Eisleben besonderen reformations- und kirchenhistorischen Rang.

∗ Markt und Stadtkern beherrscht die Markt- und Pfarrkirche St. Andreas mit ihrem mächtigen Nordturm, dessen achteckiger Aufbau durch die barocke Haube bekrönt ist. Die spätgotische Halle entstand aus einem romanischen Vorgängerbau zwischen dem zweiten Viertel des 15. Jh. und etwa 1490. Über ihrem Westbau erheben sich zwei ebenfalls achteckige Turmaufbauten. Der Emporeneinbau im Innern erfolgte 1616. Der vierflügelige Schreinaltar entstand etwa 1500, der Altaraufsatz wurde bei der Restaurierung 1911 hinzugefügt. Von der „Lutherkanzel" aus dem frühen 16. Jh. predigte der Reformator. Gleichzeitig mit der Kanzel entstand der in der Kirche ausgestellte Kanzelbehang. Erhalten geblieben sind Teile des um 1520 mit Astwerk verzierten Chorgestühls. Von der reichen Ausstattung sind weiterhin bemerkenswert zwei große Kronleuchter von 1610 aus einer Nürnberger Werkstatt, die Bronzebüsten Luthers und Melanchthons, 1817 von Gottfried Schadow geschaffen, sowie die zahlreichen Grabdenkmäler aus dem 13. bis 17. Jh. Im Nordostturm führt eine doppelläufige Wendeltreppe zur Kirchenbibliothek. Restaurierungen an der Kirche und den Kunstwerken erfolgten 1965–75.

∗ St. Nikolai ist die Pfarrkirche der nördlichen mittelalterlichen Vorstadt, eine kleine spätgotische Halle, deren Chor 1426 geweiht worden ist. Der massige Westturm wurde erst 1462 begonnen. Gegenwärtig ist die Kirche ungenutzt, ihre Ausstattung gelangte im wesentlichen in die Andreaskirche.

∗ Die südliche Vorstadt besitzt gleichfalls eine eigene Pfarrkirche, St. Peter und Paul, laut Inschriften zwischen 1486 und 1513 erbaut. Der Westturm wurde 1447 bis 1474 errichtet. Die Hallenkirche schmücken im Inneren schöne Sternnetzgewölbe mit Ausmalung und einem hängenden Schlußstein im Südschiff. Die jüngste Restaurierung 1976–77 brachte unter Verzicht auf die Ausstattung des 19. Jh. den mittelalterlichen Raumeindruck zurück; der Orgelprospekt von Paul Horn von 1929 blieb bestehen. Von der ursprünglich reichen Ausstattung mit neun Altären sind der Schnitzaltar mit der Darstellung der Anna selbdritt vom Anfang des 16. Jh. sowie Plastiken des 15. und 16. Jh. erhalten. In der Kirche wurde Martin Luther getauft. – Die Kapelle befindet sich im Turmuntergeschoß. Vier Gemälde der Eltern Luthers, sein Porträt und das seiner Frau stammen aus der Mitte des 16. Jh., weitere Bilder aus dem Umkreis Lucas Cranachs d. Ä.

∗ St. Annen, Pfarrkirche der Neustadt, wurde als einschiffiger Bau in spätgotischen Formen 1511 begonnen und mit dem Langhaus und Turm 1608 fertiggestellt, die Holzkassettendecke ist reich bemalt. An der Westseite befindet sich die sterngewölbte Grabkapelle der Mansfelder Grafen. Die Ausstattung zeigt im wesentlichen spätgotische und Renaissanceformen: Der Schnitzaltar mit der Mondsichelmadonna entstand 1510, die Kanzel mit reich figurierten Reliefs alt- und neutestamentarischer Szenen 1608, das Chorgestühl 1585 von Hans Thon Uttendrup. Glasmalerein in Frührenaissanceformen entstanden 1514–19. Im Chor ist in Form eines Stuckobelisken der Stammbaum der mansfeldischen Grafen aufgestellt, der mit Wappenschilden geschmückt ist. Die Restaurierung der Kirche erfolgte 1973.

* Das Haus Nr. 16 an der Lutherstraße ist das Geburtshaus Martin Luthers, heute Museum. Vom Bau des 15. Jh. blieb jedoch nur das Erdgeschoß mit der Eingangshalle erhalten, da seit 1693 mehrfache Umbauten des Hauses vorgenommen worden sind.

* Das Sterbehaus Luthers am Andreaskirchplatz 7 ist ein spätgotischer Bau der Zeit um 1500 und im Bestand durch Restaurierungen gesichert. Es ist gleichfalls museal erschlossen.

Eixen
Kr. Ribnitz-Damgarten, Bez. Rostock
Die Dorfkirche, ein turmloser Feldstein-Backsteinbau, entstand Mitte des 13. Jh. mit dem blendengegliederten Ostgiebel. Im geputzten und flachgedeckten Inneren befinden sich ein Altartriptychon vom Ende des 17. Jh. mit Gemälden der Kreuzigung, Auferstehung und Himmelfahrt Christi, die Rahmung aus Knorpelwerk und Ohrmuscheln, ein Schnitzaltar mit der Marienkrönung aus dem zweiten Viertel des 16. Jh., restauriert 1959, sowie eine geschnitzte und reichfigurierte Kanzel von Michel Müller aus Stralsund 1744.

Elleben
Kr. Arnstadt, Bez. Erfurt
Die Dorfkirche ist 1729 in barocken Formen erbaut worden. Im Inneren befindet sich ein spätgotischer Flügelaltar, 1498 vom Saalfelder Valentin Lendenstreich geschaffen, darin Maria im Strahlenkranz. Eine Kirchenrestaurierung fand 1970 statt.

Ellrich
Kr. Nordhausen, Bez. Erfurt
Die einschiffige gotische Frauenbergkirche entstand um 1300 aus einem älteren Bau. Interessant im Chor ist das Wandwaschbecken mit einer Teufelsfratze. Die ebenfalls einschiffige romanische Hospitalkirche aus der Zeit nach 1100 wurde mehrfach erneuert. Die Wandmalerei mit der Auferstehung Christi entstand um 1598. Bemerkenswerte Ausstattungsstücke sind ein spätromanisches Kruzifix sowie der spätgotische Flügelaltar.

Elmenhorst
Kr. Grevesmühlen, Bez. Rostock
Der gedrungene Backsteinbau der Dorfkirche entstand Mitte des 13. Jh. mit quadratischem Schiff, schmalen Seitenräumen und einem ebenfalls quadratischen Chorraum sowie im Grundriß gleichfalls nahezu quadratischem Turm. Figürliche Gewölbe- und Wandmalereien entstammen dem 14. und 16. Jh. Der Schnitzaltar, im vorigen Jh. restauriert, entstand im 15. Jh., die Empore mit Wappenschmuck von 1697.

Elmenhorst
Kr. Rostock, Bez. Rostock
Die Dorfkirche im Ortsteil *Lichtenhagen* ist eine dreischiffige Feld- und Backsteinhalle mit großem Westturm. Die Gewölbemalereien im Chor entstammen dem ausgehenden 14. Jh. Sie wurden wie der Kirchenbau nach 1890 restauriert. Sakramentsschrank und Opferstock in Form eines Türmchens blieben aus dem ausgehenden 14. Jh. erhalten. Der spätromanische Taufstein mit Trägerfiguren entstand im 13. Jh., die Triumphkreuzgruppe aus Figuren des 15. und 16. Jh.

Elsterwerda
Kr. Herzberg, Bez. Cottbus
Die Pfarrkirche St. Katharinen besitzt einen spätgotischen Chor und ein barockes Haupthaus mit Turm. Der Gesamtbau wurde 1904 erneuert. Von der Ausstattung sind die spätgotischen Bildwerke des Triumphkreuzes und einer Anna selbdritt sowie der Kanzelaltar von etwa 1760 bemerkenswert.

Elstra
Kr. Kamenz, Bez. Dresden
Die Stadtkirche entstand als barocke Hallenkirche 1726 wohl auf dem Grundriß eines mittelalterlichen Baues. Von der Ausstattung sind beachtenswert der Altaraufsatz in barocken Formen mit dem Gemälde nach einem Rubens-Bild von Christian Wilhelm Ernst Dietrich sowie die figurierte Barockkanzel, die 1734 wahrscheinlich von Andreas Böhmer geschaffen wurde.

Elxleben
Kr. Erfurt, Bez. Erfurt
Die barocke Dorfkirche wurde 1722–25 erbaut und nach 1970 restauriert.

Emden
Kr. Haldensleben, Bez. Magdeburg
Der romanische Feldsteinbau der
Dorfkirche aus dem frühen 12. Jh. er-
hielt in gotischer Zeit den Turm und
wurde im 18. Jh. barock umgebaut.
Davon stammen auch die hölzerne
Ausstattung mit dem Altaraufsatz, der
Kanzel und dem Orgelprospekt, zwi-
schen 1700 und 1740 geschaffen, so-
wie Marmorepitaphien des 18. Jh.

Erfurt
Bez. Erfurt
✳ ✳ Erfurt ist die an historischen Kirchen reichste Stadt in der DDR. 741
gründete Bonifatius das Bistum Erfurt
am wichtigsten Handelsplatz mit den
slawischen Völkern. 1167 wurde die
erste Stadtsiedlung unter dem Domberg ummauert. 1392 gründete der
Rat die Universität, nach Köln die
zweite deutsche nicht kirchliche
Gründung und die viertälteste deutsche Universität überhaupt, bis 1816
bestehend, eine der bedeutendsten
mittelalterlichen und humanistischen
Bildungsstätten. Seit 1664 wurde Erfurt wichtiger Stützpunkt des mainzi-
schen Erzbischofs. Dieser ließ die Zitadelle Petersberg errichteten. Mit der
Industrialisierung seit dem 19. Jh.
wuchs Erfurt zu einer Industrie- und
Verwaltungsstadt. Die bereits mittelalterliche Großstadtstruktur ist trotz einiger Kriegszerstörungen im heutigen
Bild des historischen Stadtkerns hervorragend ablesbar.
✳ ✳ Der Dom ist im Erfurter Stadtbild gemeinsam mit der Stiftskirche
St. Severi die beherrschende mittelalterliche Baugruppe, städtisches Wahrzeichen und Denkmal von europä-
ischem Rang. Ein Monument besonderer Art sind die Kavaten, die künst-
liche Erweiterung des Dombergs nach
Osten, auf denen sich der Domchor
erhebt. Nach dem Einsturz des ersten
Kirchenbaues 1154 erfolgte der Neubau einer romanischen Kirche, von
der Teile in den unteren Turmge-
schossen der gotischen Kathedrale erhalten sind. Deren Neubau begann
1349 auf den gewaltigen, seit 1325 errichteten Substruktionen mit dem
Chor. Nach dem Einsturz des Lang-

hauses 1452 folgte dessen Wiedererrichtung als spätgotische Hallenkirche, die 1465 vollendet war. Zwischen
den Türmen verblieb am Chor das romanische Sanktuarium, unter den
Chor wurde bis 1353 in den Domberg
die zweischiffige Unterkirche eingebaut. Am nördlichen Querschiff entstand in Verbindung mit dem Chorneubau als Portalvorhalle der Triangel. An dessen reichen gotischen Figu-
renportalen stehen Plastiken der klugen und törichten Jungfrauen, der Ecclesia und Synagoge, sowie der Gnadenstuhl im Tympanon im Nordwe-
sten, am Nordostportal Maria und die
zwölf Apostel mit der Kreuzigungsgruppe im Tympanon, entstanden gegen 1340. Das Dominnere ist reich an
Bildwerken: Aus der romanischen
Epoche blieben ein Stuck-Altaraufsatz
mit thronender Madonna, um
1160 entstanden, sowie der Wolfram-
Leuchter aus der gleichen Zeit erhalten. Das Chorgestühl entstand mit
dem gotischen Chor um 1350–60, zugleich wurde in die Chorfenster der
noch heute zu den großartigsten
Zeugnissen mittelalterlicher Glasbild-
kunst zählende Fensterzyklus eingebaut, die Scheiben sind zwischen 1370
und 1420 geschaffen worden. Aus der
Mitte des 13. Jh. stammt auch das
Grabdenkmal des Grafen von Gleichen. Das Heilige Grab in der Unterkirche wurde 1420–30 errichtet. Der
spätgotische Flügelaltar mit dem Gemälde der Einhornjagd entstand 1460.
Das turmartige Sakramentshaus im
westlichen Nordschiff schuf 1594
Meister Hans Fridemann d. Ä.. Weiter bemerkenswert sind Grabdenkmäler aus der Vischer-Werkstatt in Nürnberg und von Hans Fridemann d. J.
aus dem 16. und 17. Jh. Der Hochaltar in reichen und wirkungsvollen Barockformen ist 1697 in den Chor eingebaut worden und gibt den Blick auf
die Chorfenster frei. – An der Südseite des Doms liegt das Kapitelge-
bäude mit romanischem und gotischem Kreuzgang sowie der 1455 vollendeten Clemenskapelle. – Der Domschatz birgt bedeutende Zeugnisse
mittelalterlicher Sakralkunst, so roma-

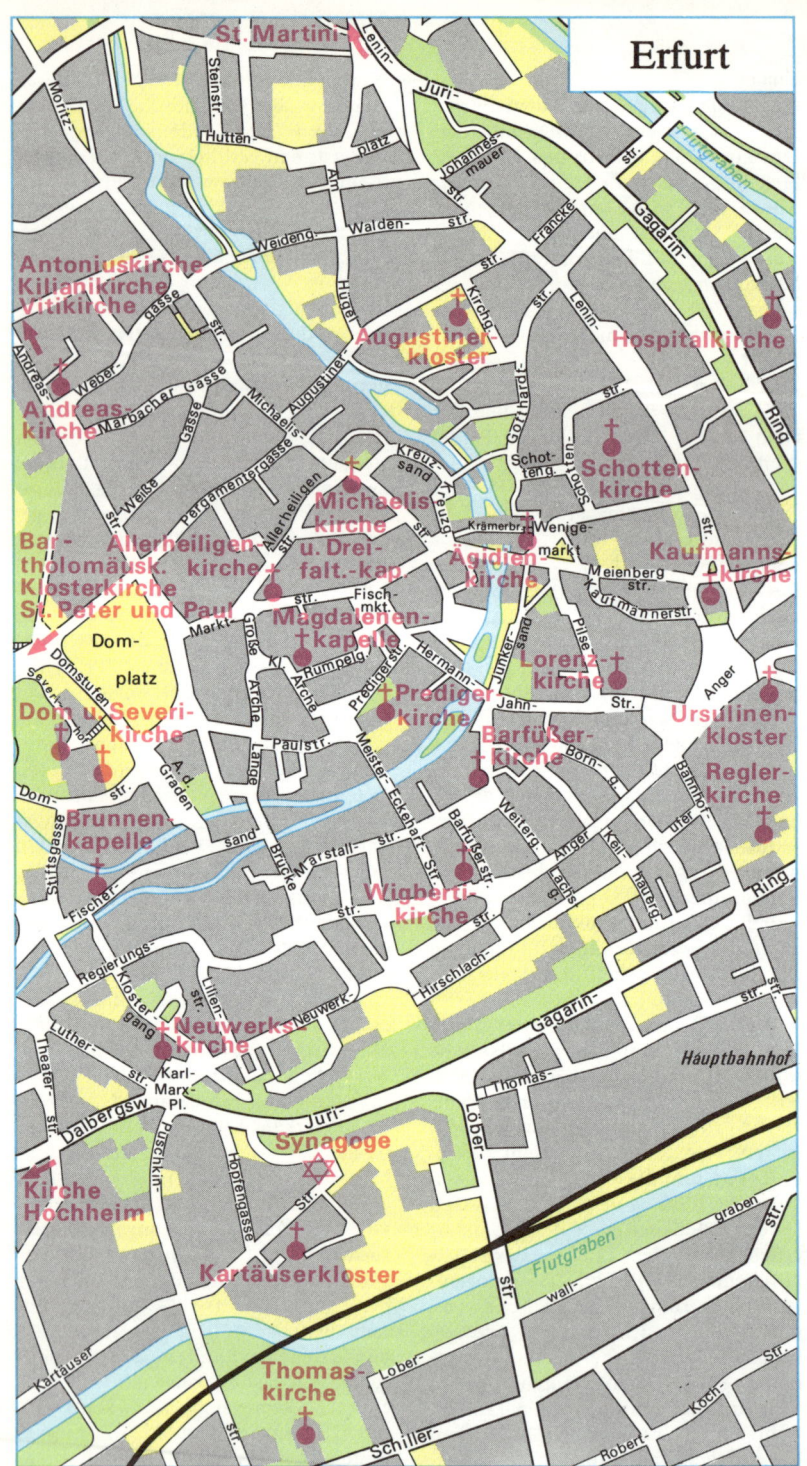

Erfurt

St. Martini-

Antoniuskirche
Kilianikirche
Vitikirche

Andreas-
kirche

Augustiner-
kloster

Hospitalkirche

Michaelis-
kirche
u. Drei-
falt.-kap.

Schotten-
kirche

Bar-
tholomäusk.
Klosterkirche
St. Peter und Paul

Allerheiligen-
kirche

Ägidien-
kirche

Kaufmanns-
kirche

Magdalenen-
kapelle

Lorenz-
kirche

Dom u. Severi-
kirche

Prediger-
kirche

Ursulinen-
kloster

Brunnen-
kapelle

Barfüßer-
kirche

Regler-
kirche

Wigberti-
kirche

Dom-
platz

Neuwerks-
kirche

Synagoge

Kirche
Hochheim

Kartäuserkloster

Thomas-
kirche

Hauptbahnhof

76

Dom und Severikirche

nische, gotische und barocke Bildwerke; sehenswert sind eine romanische Ampel, ein Kopfreliquiar aus der Zeit um 1150 sowie von den Textilien und Teppichen die Elisabethkasel vom Anfang des 14. Jh. Viele der Kunstwerke und das Dominnere sind seit 1952 systematisch restauriert worden. Von den Restaurierungsmaßnahmen tritt äußerlich die Wiederherstellung des großen Walmdaches an Stelle der im 19. Jh. aufgebrachten Dachkonstruktion besonders in Erscheinung.

✳✳ Die Stiftskirche St. Severi ist eine weite fünfschiffige Hallenkirche, um 1280 begonnen und bis in die dreißiger Jahre des 14. Jh. errichtet, aber erst um 1400 eingewölbt. Chöre befinden sich im Osten und Westen. Markanter noch als am Dom tritt die dreitürmige Ostfront mit ihren Spitzhelmen von 1495 hervor. Das Severusstift wurde 1121 gegründet, und vor dem gotischen Kirchenbau standen hier bereits zwei romanische. Wie der Dom birgt auch die Severikirche hervorragende Kunstwerke, voran zu nennen der Sarkophag für den heiligen Severus von etwa 1365. Auf der Deckplatte sind der Titularheilige mit Frau und Tochter dargestellt, auf den Seitenteilen veranschaulichen die Plasti-

ken biblische Legenden. Eine Madonna stammt aus der Mitte des 14. Jh., spätgotische Flügelaltäre von 1510 und 1520. Zu den bedeutenden spätgotischen Bildwerken zählt das Alabasterrelief mit der Darstellung des heiligen Michael als Drachentöter von 1467. Über dem gleichfalls 1467 gestifteten, von profilierten Rippen umzogenen Taufstein steht ein fast 15 m hoher Überbau aus filigranen Architekturformen. Die Kanzel entstand 1576, der barocke Hochaltar etwa 1670. Die Restaurierung der Severikirche ist noch nicht abgeschlossen. Im Nordosten des Chores wurde neben der Kirche in einen Turm der Bischofsburg aus dem 12. Jh. die Bonifatiuskapelle eingebaut, die in gotischer und barocker Zeit mehrfach umgestaltet wurde.

✳✳ Innerhalb der ehem. Zitadelle auf dem Petersberg ist ein Teil des romanischen Baues der Benediktiner-Klosterkirche St. Peter und Paul zu erkennen, an das 836 die Reliquien des heiligen Severus übergeben wurden. Das Bauwerk entstand zwischen 1103 und 1147 als langgestreckte dreischiffige Basilika, 1819 wurde die Kirche zum Militärmagazin umgewandelt und wird seither nicht mehr kirchlich genutzt.

✳✳ Gegenüber der Predigerkirche erbauten am südlichen Geraufer ab 1224 Franziskanermönche die Barfüßerkirche. Die wie die Predigerkirche langgestreckte Basilika aus dem 14. Jh. fiel 1944 Bomben zum Opfer, der einschiffige Chor von 1316 ist wiederaufgebaut und erhielt die im Kriege sichergestellten Fenster mit Scheiben aus dem zweiten Viertel des 13. Jh. wieder. Von der Ausstattung sind bemerkenswert: Der gotische Hochaltar mit einer Marienkrönung, 1445–46 geschaffen vom Bildschnitzer Hans von Schmalkalden und Jacob von Leipzig, die Gemälde schuf gemeinsam mit einem namentlich nicht genannten Meister aus Göttingen Michel Wiespach, das Gesprenge wurde im 19. Jh. hinzugefügt. Ein Kreuzigungstriptychon von 1460 ist eine Stiftung der Färberinnung; ihr Wappen zeigt ein in der Südkapelle aufbewahrter Schlußstein, worauf eine interessante Arbeitsdarstellung aus dem Färberhandwerk zu sehen ist. Beachtung verdienen die kunstgeschichtlich interessanten Grabplatten der Zinna von Vargula von etwa 1370 und des Weihbischofs Albert von Beichlingen etwa 1371.

✳✳ Die Dominikaner- oder Predigerkirche entstand, nachdem das Kloster 1229 nördlich der Gera gegründet worden war, als langgestreckte gotische Pfeilerbasilika etwa zwischen 1278 und 1380. 1410 wurde der Chor mit den Chorschranken durch den Lettnereinbau vom Langhaus abge-

teilt. Sehenswert sind an den Chorschranken das Madonnenbild von 1350 sowie der gemalte Kalvarienberg, ebenfalls 1350 entstanden. Der spätgotische Schnitzaltar mit gemalten Flügeln ist 1492 von einem Meister Linhart Koenbergk signiert. Kirche und Kunstwerke wurden seit 1960 restauriert und dabei Gewölbemalereien des 15. und 16. Jh. freigelegt. – Zwischen 1299 und 1327 war der Mystiker Meister Eckhart an der Dominikanerkirche Prediger.

✳ Im städtebaulichen Rekonstruktionsgebiet der „Arche" zwischen Markt und Domplatz befindet sich die kleine Magdalenenkapelle.

✳ Die Wigbertikirche (am Platz der DSF) ist ein einschiffiger Hallenbau mit Südostturm von 1409–75. Die barocke Ausstattung bestimmt zusammen mit dem gotischen Sterngewölbe das Kircheninnere. In der Sakristei befindet sich eine reiche Stuckdecke von 1685. 1969 wurde die Kirche restauriert.

✳✳ Die Reglerkirche (in der Bahnhofsstraße) trägt ihren Namen nach den Erbauern, den regulierten Augustiner-Chorherren. Die gotische Basilika entstand bis 1352, Südturm und Portal stammen vom Vorgängerbau aus dem 12. Jh. Bedeutendstes Kunstwerk in dem holzgewölbten Innenraum ist der große Flügelaltar mit zweifacher Wandlung, um 1465–70 unter Beteiligung verschiedener Meister entstanden: Die erste Schauseite zeigt in zweizonig angeordneter Ar-

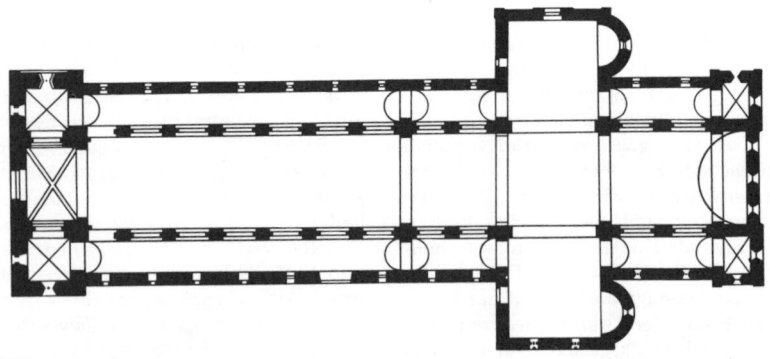

Grundriß der romanischen Peterskirche – heute nur noch teilerhalten

Predigerkirche

chitektur zwölf Heiligenfiguren, die zweite Schauseite vier Darstellungen aus der Passion und Himmelfahrt Christi, die dritte Schau- und Festtagsseite ist mit Reliefs aus dem Marienleben und der Passion Christi ausgestattet; die Predella zeigt Reliefs zur Katharinenlegende, und im Gesprenge befindet sich eine Strahlenkranzmadonna. 1970—78 erfolgte die umfassende denkmalpflegerische Restaurierung des gesamten Altars.

Das noch von Ursulinerinnen genutzte Kloster bewahrt in der einfachen Saalkirche des 13. Jh. das berühmte Vesperbild von 1320—30, eines der herausragenden Bildwerke deutscher Kunst des 14. Jh. Die Kirche ist nicht immer zugänglich.

✶✶ Die Kaufmannskirche (an der Leninstraße) steht am Platz der möglicherweise bereits durch Bonifatius gegründeten Kirche der ältesten Markt-siedlung. Die heutige gotische Basilika aus der Zeit zwischen 1291 und 1368 ist am Ende des vorigen Jahrhunderts erneutert worden. Im Inneren schuf die Bildhauerfamilie Fridemann die Ausstattung: Der Renaissance-Hochaltar, 1625 von Hans Fridemann d. J. und Paul Fridemann, ist eines der schönsten Spätrenaissance-Kunstwerke in Erfurt; die Kanzel stammt von Hans Fridemann d. Ä. (1598), vom gleichen Meister der Taufstein, 1608 geschaffen.

✶ Die Lorenzkirche (Hermann-Jahn-Straße) aus dem 13. und 14. Jh. wurde später erweitert und erhielt an der Südwand eine Schauseite. Im Inneren befinden sich zwei bedeutende Altäre: der Hochaltar aus einer Lübecker Werkstatt von 1448 und der Schreinaltar mit Darstellungen der Maria, der Heiligen Katharina und Laurentius aus der Zeit um 1430. Die Restaurie-

Kalvarienberg in der Predigerkirche

rung des Kirchenraumes 1964 brachte auch eine Veränderung der Einrichtung.

* Gegenüber der Lorenzkirche steht der Barockbau des ehem. Jesuitenkollegs von 1737 mit dem schönen Portal von 1612.

** Die Krämerbrücke ist das einzige Beispiel einer mit Wohn- und Handelshäusern bebauten mittelalterlichen Brücke nördlich der Alpen. Als Brückenkapelle entstand schon im 12. Jh. die Ägidienkirche. Aus dieser Zeit ist der Turm erhalten. Nach dem Brand der Brücke 1325 wurde auch die Kapelle neu errichtet und erhielt später den kleinen Chorerker. Der Brückenzugang führt unter der Kirche hindurch. 1827 war sie zum Wohnhaus ausgebaut worden, ist aber seit 1959 wieder als Kirche eingerichtet.

Eines der wenigen Zeugnisse der Missionstätigkeit irischer und schottischer Mönche im 11. und 12. Jh. ist die Schottenkirche (an der Schottengasse). Vom Schottenkloster St. Jacob in Regensburg aus erfolgte die Erfurter Klostergründung 1136. Die bis 1200 als kreuzförmige Basilika erbaute Kirche brannte 1472 aus und wurde Ende des 15. Jh. wiederhergestellt. Anschließend erhielt sie den gotischen Chor und neue Arkaden. Der Südwestturm wurde 1512 erbaut, die

Haube stammt von 1718. 1727 erfolgte wiederum eine völlige Erneuerung mit Fenstererweiterung, Fußbodenaufschüttung und barocker Westfassade von Maximilian von Welsch; im 19. Jh. gab es ebenfalls Erneuerungen. Nach Kriegsschäden 1945 ist bis 1966 durch die Absenkung des Fußbodens auf das romanische Niveau und weitere Restaurierungen der historische Kirchenraum zurückgewonnen worden. Die Ausstattung wurde anschließend erneuert.

* Die Michaeliskirche (Ecke Allerheiligen/Michaelisstraße) entstand 1183–1200 über einem trapezförmigen Grundriß an der Gabelung der mittelalterlichen Hauptstraßen. Ende des 13. Jh. wurde sie gotisch umgebaut, wovon der Turm zeugt. Seit Ende des 14. Jh. diente sie als Universitätskirche, 1451 wurde sie um das nördliche Schiff erweitert. Angrenzend befindet sich die Dreifaltigkeitskapelle von 1500 mit einem reich gestalteten Chorerker.

* An der Gabelung von Allerheiligen- und Marktstraße steht die Allerheiligenkirche, ein gotischer zweischiffiger Bau mit der Straßensituation entsprechendem Grundriß, im späten 13. Jh. als Neubau auf älterem Kirchengebäude begonnen. Hinter der Kirche liegt das „Haus zur Engelsburg", Wirkungsstätte und Druckerei des eng mit der Universität verbundenen Erfurter Humanistenkreises im 16. Jh.

* Die Andreaskirche (an der Andreasstraße) wurde nach einem Brand 1416 mit dem Turm an der Südwestecke wieder aufgebaut. Ein spätgotisches Relief der Beweinung von Christi stammt von 1450, Restaurierung und Neuausstattung der Kirche erfolgten 1967.

** Das Augustiner-Eremiten-Kloster (in der Augustinerstraße) ist als Wirkungsstätte Martin Luthers nach der Kriegszerstörung 1945 schrittweise wiederhergestellt und 1982 als Gedenkstätte neu erschlossen worden. 1505–12 lebte Luther hier als Student und weilte später mehrfach als Gast im Kloster, so im April 1521 während

Schottenkirche

seiner Reise zum Reichstag nach Worms. Seit 1277 wurden die Kirche als langgestreckte Basilika und bis Mitte 14. Jh. der Kreuzgang erbaut. Der Glockenturm entstand 1432–44, anschließend das Winterrefektorium 1447 sowie 1502–16 das Bibliotheksgebäude. 1840–46 erfolgte ein Umbau der Klostergebäude unter Leitung von Karl Friedrich Schinkel, 1936 wurde das Kloster wiederum restauriert. Nach der gegenwärtigen Neuerschließung befindet sich in der Kirche der Glasfensterzyklus aus der ersten Hälfte des 14. Jh. mit der Legende des heiligen Augustinus (zur Zeit in Restaurierung). Grabdenkmäler entstammen dem 14. und 15. Jh. In dem Klosterflügel wurde die sogenannte Lutherzelle symbolisch im mittelalterlichen schlichten Zustand erneuert.

* Die Hospitalkirche (am Hospitalplatz) entstand mit dem großen Martinshospital seit 1386 als einfacher Saalbau, ihr mittelalterlicher Bildschmuck befindet sich im Angermuseum. Im Volkskundemuseum, ehemals Herrenhaus des Hospitals, sind Kunstgegenstände aus thüringischen Dorfkirchen zusammengestellt.

* Die barock erneuerte gotische Brunnenkapelle (am Fischersand) birgt spätgotische Plastiken und Gemälde mit Darstellungen zur Geschichte des Bauwerkes.

* Die Neuwerkskirche (am Karl-Marx-Platz) ist ein Barockbau von 1731–35, der unter Verwendung der Mauern der vorher stehenden gotischen Kirche neu entstand, ihr Ostturm trägt einen Barockaufbau. Die reiche barocke Ausstattung mit Stukkaturen und Deckenbildern sowie ein spätgotischer Flügelaltar mit einer Anna selbdritt prägen den Raum. Die Neuwerksmadonna von 1370 ist im Angermuseum ausgestellt.

* Ebenfalls barock umgebaut wurde die gotische Kirche des Kartäuserklosters von 1375. Ihre Fassade wird Maximilian von Welsch zugeschrieben, sie entstand 1728. Die Kirche ist seit dem vorigen Jahrhundert nicht mehr gottesdienstlich genutzt.

* Die Pfarrkirche St. Martini im Brühl (Martinsgasse) von 1483 ist

1755 barock umgebaut worden und erhielt dabei den Hochaltar und die Kanzel, der Turm an der Chornordseite stammt vom gotischen Bau. Eine Restaurierung erfolgte 1968.

Die einzige neugotische Kirche aus dem 19. Jh. ist die Thomaskirche (an der Schillerstraße). Eberhard Hillebrand lieferte den Entwurf für den 1899−1902 errichteten Hallenbau mit einem 70 m hohen Turm. Kriegsschäden wurden 1950 beseitigt. Die neue Fensterverglasung schuf Karl Völker.

Die Synagoge (am Juri-Gagarin-Ring, Nähe Karl-Marx-Platz) wurde 1951−52 neu errichtet. Die alte Synagoge war in der berüchtigten „Kristallnacht" am 9. November 1938 durch die Faschisten zerstört worden.

In *Erfurt-Hochheim* wurde die barocke Kirche von 1729−31 in den Jahren 1970/71 durchgreifend erneuert und im Inneren neu gestaltet.

In *Gispersleben* stehen die Barockbauten der Vitikirche (Neustrelitzer Str.) von 1726 mit dem Turm vom gotischen Vorgängerbau sowie die Kilianikirche (Templiner Str.) von 1792. Die Antoniuskirche ist ein Neubau von 1956.

Die Martinikirche in *Erfurt-Ilversgehofen* entstand 1818−21 in klassizistischen Bauformen mit zurückhaltender Ausstattung und unter Einbeziehung des im Barock umgebauten gotischen Turms.

Ermsleben
Kr. Aschersleben, Bez. Halle

** Von der Kirche des Benediktinerklosters Konradsburg, einer dreischiffigen romanischen Basilika der Zeit um 1200, blieben die Chorpartie und darunter die fünfschiffige Krypta erhalten. Das Kloster ist 1525 im Bauerkrieg zerstört worden. Mit der reichen Baudekoration im Inneren zählt die Hallenkrypta zu den bedeutendsten Zeugnissen der romanischen Kunst im Harzraum. 1953 wurde das Bauwerk restauriert.

Die Pfarrkirche St. Sixtus besteht aus einer romanischen Turmfront mit Helm von 1730, der übrige Bau zeigt gotische und barocke Formen. Im Inneren befinden sich ein barocker Schnitzaltar von 1755−79 und spätmittelalterliche Grabsteine.

Erxleben
Kr. Haldensleben, Bez. Magdeburg

Die Dorfkirche ist ein barocker Bruchsteinbau von 1718 mit barocker Ausstattung, 1964 wurde sie restauriert.

Bedeutender ist die Schloßkapelle. 1674 wurde sie laut Inschrift in Renaissanceformen ausgebaut und anschließend reich ausgestattet: Die Altarwand mit dem reich geschnitzten Altargehege entstand 1675. Kanzel und Predigtstuhl schuf Anfang des 18. Jh. Tobias Wilhelmi aus Magdeburg. Vom gleichen Meister stammen die Sandsteintaufe und die Bildwerke des Orgelprospektes. Bemerkenswert sind zahlreiche Grabsteine und Epitaphien des 16. bis 18. Jh., u. a. von Jürgen Röttger aus Braunschweig und aus der Werkstatt Christoph Dehnes aus Magdeburg. Eine Restaurierung der Kapelle erfolgte 1964.

Eschefeld
Kr. Geithain, Bez. Leipzig

* Die Dorfkirche hat ein romanisches Schiff und einen spätgotischen Chor. Im Inneren befindet sich ein figurenreicher Schnitzaltar mit Maria und Heiligen sowie Altargemälden um 1510; die Kanzel stammt aus dem 17. Jh.

Ettersburg
Kr. Weimar, Bez. Erfurt

Die neugotische Kapelle des Jagdschlosses entstand in ihrer heutigen Gestalt 1863−65 und birgt eine ältere Ausstattung: einen spätgotischen Flügelaltar mit Marienkrönung, Ende des 15. Jh., der 1967 restauriert wurde; Kruzifix und Kanzel entstammen dem 16. Jh., der Taufstein entstand 1487. Bemerkenswert ist der Grabstein Ludwigs von Blankenhain mit Frau aus dem 14. Jh.

Eutzsch
Kr. Wittenberg, Bez. Halle

Die barocke Dorfkirche wurde in der zweiten Hälfte des 19. Jh. in neugotischen Formen umgebaut und erhielt den Turmaufsatz und Chor neu. Im Inneren entstand die Hufeisenempore, an der dann Wittenberger Fakultätswappen mit reichen Malereien angebracht wurden, sie stammen aus dem frühen 16. Jh. und von 1607.

Falken
Kr. Eisenach, Bez. Erfurt
In der barock ausgestatteten Dorfkirche befindet sich ein Tafelbild der Kreuzigung Christi aus der ersten Hälfte des 15. Jh. Eine Restaurierung erfolgte 1964−68.

Fehrbellin
Kr. Neuruppin, Bez. Potsdam
Die Stadtkirche ist ein neogotischer Backsteinbau, 1867 nach Plänen von August Stüler als dreischiffige Emporenkirche mit Chor und Turm errichtet. Ausstattung aus der Erbauungszeit. Altar und Taufe wurden 1965 restauriert.

Finsterwalde
Kr. Finsterwalde, Bez. Cottbus
Die dreischiffige spätgotische Halle der Dreifaltigkeitskirche ist 1578 begonnen worden. Ihre Fertigstellung fällt ins 17. Jh., wo bald auch der Umbau in Renaissanceformen stattfand. Innen stehen spätgotische Netzgewölbe und Renaissance-Emporen, ein Altaraufsatz von 1595 und die Kanzel von 1615 nebeneinander.

Fischbeck
Kr. Havelberg, Bez. Magdeburg
Die Dorfkirche mit breitem Westturm wurde als Backsteinbau um die Mitte des 13. Jh. errichtet. Der Chor entstand um 1500. Ende des 17. Jh. erfolgte eine Erneuerung des Kircheninneren. Der Schnitzaltar und das Kruzifix aus der Zeit um 1400 sind erhalten geblieben.

Flechtingen
Kr. Haldensleben, Bez. Magdeburg
Die gotische Dorfkirche entstand um 1580 und erhielt am Ende des 16. Jh. eine beachtenswerte Renaissanceausstattung: eine reich stuckierte Herrschaftsempore, eine figurengeschmückte Kanzel mit Rollwerkdekoration sowie den Taufstein. Erhalten sind außerdem Grabdenkmäler aus dem 16. Jh. Die Orgelempore entstand im 18. Jh.

Flecken Zechlin
Kr. Neuruppin, Bez. Potsdam
Die Dorfkirche ist ein rechteckiger Barockbau mit Dachturm, entstanden 1775. Kanzelaltar und Taufe stammen aus der Zeit um 1650. Die Kreuzigungsgruppe verblieb ebenfalls von einer älteren Kirchenausstattung von 1520−30. Das Gemälde einer Kreuzabnahme nach dem Rubensbild wurde Mitte des 19. Jh. angefertigt.

Flöha
Kr. Flöha, Bez. Karl-Marx-Stadt
Die Stadtkirche St. Georg zeigt zwei Baustile: Der Chor ist von einem Bau vom Ende des 15. Jh. erhalten, daran schließt das 1741 umgebaute Schiff an. Im Gegensatz zum sterngewölbten Chor erhielt es eine Flachdecke. Der schöne Schnitzaltar mit Maria und Heiligen entstand um 1500, seine Außenseiten sind bemalt. Die reich geschnitzte Kanzel stammt von 1676, den Taufstein schuf Michael Hegewald um 1595.

Forchheim
Kr. Marienberg, Bez. Karl-Marx-Stadt
∗ Die barocke Dorfkirche wurde 1719−26 nach Plänen von George Bähr über dem Grundriß in Form eines griechischen Kreuzes erbaut. Sie ist mit einem kreuzförmigen Walmdach gedeckt, darauf der Glockenturm. In dieser Baugestalt ähnelt die Kirche der in Schmiedeberg, Kr. Dippoldiswalde. Innen befinden sich zweigeschossige Emporen und ein Kanzelaltar von 1725, bemalt von Johann Christian Buzaeus. Die Orgel baute Gottfried Silbermann 1726, der Schnitzaltar mit Maria und Heiligen stammt aus der Mitte des 15. Jh.

Frankenhausen, Bad
Kr. Artern, Bez. Halle
An den seit dem 10. Jh. genutzten Salzquellen entstand aus mehreren mittelalterlichen Siedlungskernen die spätere Stadt Frankenhausen. Die Unterkirche wurde ursprünglich als Klosterkirche der Zisterzienser-Nonnen erbaut. Nach Abbruch der mittelalterlichen Pfarrkirche wurde sie zwischen 1691 und 1701 durch Hans Walther unter Benutzung älterer Bauteile barock neugestaltet. Ihr Inneres prägen neben den Längsemporen mit eingebauten Logen die barocke Orgel, der

stucküberzogene Altaraufsatz sowie Kanzel und Taufe aus der Neubauzeit. Grabdenkmäler sind aus dem 16. und 17. Jh. erhalten.

Die Pfarrkirche der Oberstadt, Liebfrauen, ein im Ursprung mittelalterlicher Bau, ist heute teilabgetragen. Die Baureste wurden 1968 gesichert. Der Turm mit seinem barocken Aufbau wirkt noch im Stadtbild.

Chor und Apsis der Altstädter Kirche entstammen noch der zweiten Hälfte des 12. Jh. In der Apsiskuppel sind mittelalterliche Ausmalungen erhalten. Der Fachwerk-Vorbau wurde im 18. Jh. errichtet.

Frankfurt (Oder)

Bez. Frankfurt

Das mittelalterliche Frankfurt war eine bedeutende Handelsstadt am Oderübergang. 1506 gründete Kurfürst Joachim I. hier die Universität, die bis 1811 bestand. Seit dem 17. Jh. war Frankfurt Messestadt, 1945 wurde sein historischer Stadtkern nahezu völlig zerstört. Inzwischen ist das Zentrum der Bezirksstadt weitgehend modern wiederaufgebaut.

✳✳ Die ehem. Hauptpfarrkirche, die zwischen 1400 und 1495 erbaute Marienkirche, ist als Kriegsruine erhalten, läßt aber noch die ursprünglich reiche Architekturgestaltung erkennen. Ihr äußeres südliches Seitenschiff und der Schaugiebel blieben relativ unversehrt. Wiederhergestellt für die kirchliche Nutzung wurde 1957 die Sakristei mit dem Märtyrerchor.

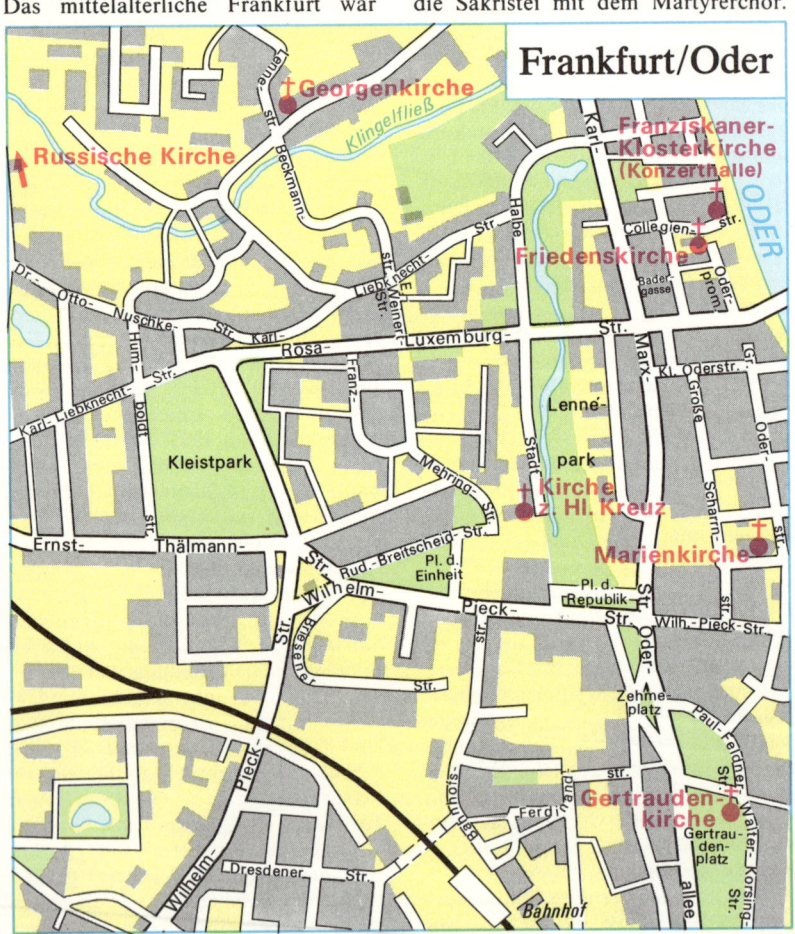

Frankfurt/Oder

Marienkirche

Die ursprünglich ebenso reiche Ausstattung ist zum Teil erhalten und nach der Restaurierung in der Gertraudenkirche aufgestellt worden. Die sechseckige Taufe mit hoher Spitzhaube, mit Reliefschmuck und vielen Einzelfiguren versehen, hat 1376 ein Meister Arnoldus geschaffen. Der Hochaltar wurde wohl 1489 vollendet, ist aber nicht mehr in ursprünglicher Form erhalten; im Mittelschrein Maria mit Heiligen, von den ursprünglichen Klappflügeln verblieben 16 Bildtafeln. Der gesamte Bildbestand wurde seit 1980 restauriert. Zahlreiche Epitaphgemälde und Bildnisse sowie kirchliches Gerät, vor allem aus dem 16. Jh., sind ebenfalls erhalten.
∗ ∗ Die Friedenskirche ist die älteste Pfarrkirche der Stadt. Ihr Hallenlanghaus entstand im späten 13. und 14. Jh., der Chor im 15. Jh. Heute wird der Bau vor allem durch die 1881—93 durch Friedrich Adler geschaffene Turmfront überragt und die gleichzeitige innere Erneuerung sowie den Sakristeianbau geprägt. Neben der Ausstattung aus dieser Zeit steht hier der plastisch reich gestaltete Bronzeleuchter von etwa 1375 aus der Marienkirche.
∗ ∗ Die nördlich davon seit 1270 erbaute Franziskaner-Klosterkirche erhielt 1516—25 das neue große Hallenlanghaus, außen mit hohen Blendengiebeln und innen mit Gewölbemalerei geschmückt. 1966—75 wurde das Bauwerk restauriert und zur Konzerthalle „Carl Philipp Emanuel Bach" umgestaltet.

Als Pfarrkirche der Gubener Vorstadt entstand an Stelle eines alten Kirchenbaues 1878 die Gertraudenkirche nach Plänen der Baumeister Christ und Kinzel, eine neugotische Basilika mit polygonaler Apsis und Westturm. Teile der Ausstattung vom Vorgängerbau sind erhalten geblieben (s. a. Marienkirche).

Die katholische Pfarrkirche erbaute 1897—99 Engelbert Seibert in guten neogotischen Formen und Proportionen als Hallenkirche mit polygonalem Chor, Nebenchören und Westturm. Das restaurierte Innere ist den gottesdienstlichen Anforderungen entsprechend modernisiert worden.

Die Georgenkirche (an der Bergstraße), ursprüngliche Spitalkapelle, ist 1926—28 von Curt Steinberg in sachlichen Bauformen als Zentralbau mit vorgelagertem Turm in Klinkerbauweise völlig neu errichtet worden. Die Ausstattung stammt zum Teil aus der alten Georgenkirche.

In der Klingetalsiedlung *Eichenweg* erbauten 1916 russische Kriegsgefangene die Russische Kirche, einen Holzbau mit Tonnenwölbung.

Franzburg

Kr. Stralsund, Bez. Rostock

Die Pfarrkirche ist in den südlichen Querschiffsarm der ehem. Zisterzienser-Klosterkirche Neuenkamp eingebaut worden. Diese gotische Backsteinbasilika wurde nach der Säkularisierung 1535 abgetragen und das Kloster zum Schloß umgebaut. Im Inneren der Pfarrkirche sind ein Kruzifix von 1720 sowie eine Mondsichelmadonna von 1430 bemerkenswerte erhaltene Stücke der alten Ausstattung.

∗ ∗ **Freiberg**

Kr. Freiberg, Bez. Karl-Marx-Stadt

Das Zentrum des mittelalterlich-sächsischen Erzbergbaues Freiberg entstand im 12. und 13. Jh. aus mehreren Siedlungskernen und der planmäßig angelegten Oberstadt. Es war eine der bedeutendsten Städte des späteren Mittelalters. Seine wirtschaftliche und zugleich künstlerische Blütezeit er-

Dom

lebte es in den Epochen der Spätgotik und Renaissance zwischen dem ausgehenden 15. und frühen 17. Jh. Der in seiner Substanz erhaltene historische Stadtkern ist eines der bedeutendsten Denkmale alter Stadtbaukunst in unserem Lande.

✳ ✳ Der kunstreichste Kirchenbau ist der Dom, als Pfarrkirche des Burglehns noch im 12. Jh. gegründet und bis ca. 1290 vollendet. 1386 erfolgte der erweiternde Umbau des Chores. Nach einem Brand schufen Johann und Bartholomäus Falkenwalt bis 1512 das spätgotische Hallenlanghaus völ-

Goldene Pforte am Dom

lig neu. Es ist der früheste Bau der Reihe der obersächsischen spätgotischen Hallenkirchen. Seit 1541 diente der Chor als Grabkirche der protestantischen Wettiner (bis 1694). Aus diesem Grunde erfolgte seine Neugestaltung 1585–1649 nach Planungen von Giovanni Maria Nosseni. In seiner heutigen Gestalt und reichen Ausstattung bildet dieser Bauteil eine Synthese von Renaissance- und Barockkunst. Vom Bau des 13. Jh. überkommener Bildschmuck ist besonders beachtenswert: Die spätromanische Triumphkreuzgruppe aus dem zweiten Viertel des 13. Jh. stellt eines der bedeutendsten Bildwerke der sächsischen Kunstlandschaft dar. Sie wurde 1965–66 restauriert. Zu den monumentalsten Zeugnissen der mittelalterlichen Bau- und Bildkunst zählt die „Goldene Pforte". Beim gotischen Neubau des Domes ist sie an ihren heutigen Standort an der Südseite versetzt worden und erhielt 1902 den Schutzbau. Sie ist das früheste Beispiel eines figurengeschmückten Archivoltenportals nach französisch-frühgotischem Vorbild in unserem Land und behandelt das Thema der Inkarnation Christi. Im 19. Jh. wurde das Portal mehrfach restauriert. Durch denkmalpflegerische Untersuchung seit den fünfziger Jahren konnte seine mittelalterliche Farbigkeit nachgewiesen werden, die Steinbildwerke wurden weitgehend gesichert. Im 1962 restaurierten Langhaus des Domes steht die Tulpenkanzel. 1508–10 von Hans Witten geschaffen, ist sie eine der phantasiereichsten Gestaltungen der spätgotischen Bildkunst und symbolisiert den Ursprung des Silberbergbaues. Daneben entstand 1638 die Bergmannskanzel: Zwei Bergknappen tragen hier Kanzelkorb und Treppe, die Bildreliefs stellen die Passion Christi dar. An den eingezogenen Strebepfeilern befindet sich ein Zyklus von 13 Aposteln, um 1500 vom sogenannten Meister der Freiberger Domapostel geschaffen; etwas später entstanden die Figuren der klugen und törichten Jungfrauen an den Schiffspfeilern. Die große Orgel baute 1711−14 Gottfried Silbermann; die Fürstenempore entstand 1726−27 nach dem Entwurf von Matthäus Daniel Pöppelmann; die kleine Orgel der Ostempore stammt ebenfalls von Silbermann. − Die Wettiner-Grablage in dem Chorraum ist geprägt durch die eingebaute Epitapharchitektur, im Erdgeschoß in Marmor mit Bronzeplastiken, im Obergeschoß als Steinarchitektur mit Stuckfiguren errichtet. Marmorartige und Bronzebemalung überziehen Architektur und Plastiken, den „Himmel" bildet die gemalte und plastisch gestaltete „Wiederkunft Christi": ein phantastisch anmutendes Raumprogramm, an dessen Realisierung viele Künstler arbeiteten. Die Raummitte nimmt der Kenotaph des Kurfürsten Moritz ein, der 1563 aufgestellt wurde. Weitere Prunkgrabmäler der Kurfürstinnen, neun Prunksärge, Kurfürsten-Rüstung und viele Bildwerke umgeben den Raum. Neben Giovanni Maria Nosseni waren Benedetto und Gabriele de Thola, Carlo de Cesare aus Florenz, Pietro Boselli aus Venedig, Balthasar Permoser, die Goldschmiede Hans Wessel aus Lübeck und Anton van Zerroen aus Antwerpen u. a. Meister am Ausbau beteiligt. 1963−75 wurden das gesamte Innere und die Renaissance-Außenarchitektur der Begräbniskapelle restauriert. − Am Kreuzhof des Domes entstand die Annenkapelle mit prachtvollem Gewölbe mit gewundenen Rippen. Das Madonnenbild schuf Franz Maidburg 1513, den großen Epitaphaltar Johann Heinrich Böhme d. Ä. 1674. In der Begräbniskapelle der Familie von Schönberg mit Stuckaturen von Johann Berthold Haller 1672 befinden sich ein Kreuzigungsbild aus Alabaster in einem Epitaph von Johann Heinrich Böhme d. Ä. und weitere Ausstattungsstücke des 17. Jh. In den Kreuzgang wurden die Putzritzzeichnungen aus Klösterlein-Zelle übertragen, die in der ersten Hälfte des 13. Jh. entstanden.

∗ ∗ Die Nikolaikirche ist Pfarrkirche der ältesten Bergmannssiedlung und wurde am Ende des 12. Jh. gegründet.

Ihr heutiger Bau stammt in den Ostteilen aus der Zeit des ausgehenden 14. bis Mitte des 15. Jh., während das Langhaus von etwa 1450 bis in den Anfang des 16. Jh. hinein entstand, 1631 wurden die Türme erhöht. Die barocke Erneuerung des Innenraumes erfolgte 1750−52 nach Plänen von Johann Christoph Knöffel und Johann Gottlieb Ohndorff. Aus dieser Zeit stammt auch der Hochaltar von Johann Gottfried Stecher mit dem Altarbild der Himmelfahrt Christi von Christian Wilhelm Ernst Dietrich, Kanzel und Taufe entstanden ebenfalls 1752. In der Sakristei befindet sich ein Abendmahlsrelief vom Meister der Freiberger Domapostel, geschaffen um 1510/20.

∗ ∗ Pfarrkirche der Oberstadt ist die Petrikirche. Unter Nutzung eines gotischen Vorgängerbaues wurde sie zwischen 1401 und 1440 neben der Erneuerung des Nordturms zur Hallenkirche ausgebaut. 1728−34 erfolgte ihr barocker Innenausbau durch die Baumeister Johann Christian Simon, Johann Georg Enderlein und Johann Christoph Stecher. Die Aufstockung des Hahnenturms am Südquerschiff nahm Johann Gottlieb Ohndorff vor, der auch die Haube des nördlichen Turmes schuf. Die Innenausstattung stammt im wesentlichen von Johann Christian Feige d. Ä., die Orgel erbaute Gottfried Silbermann 1733−35. Vor dem Peterstor liegt die Johanniskirche, als Kapelle des alten Johannishospitals 1661 neu errichtet. Ihr Saalraum ist 1958 für die katholische Gemeinde neu gestaltet worden. Der geschnitzte Flügelaltar vom Anfang des 16. Jh. aus der Werkstatt des Franz Geringswald in Altenburg wurde aus der Kirche in Oelsnitz (Erzg.) umgesetzt.

∗ Die Jacobikirche nahe dem Pulverturm, ein neugotischer Bau an Stelle der 1890 abgebrochenen alten Kirche, birgt schöne Ausstattungstücke seines Vorgängerbaues. Der reiche Schnitzaltar von 1610 stammt von Bernhard Ditterich und Sebastian Grösgen, die kelchförmige Sandsteintaufe 1555 von Hans Walter II sowie von Gottfried

Silbermann die 1716—17 gebaute Orgel; ein Alabaster-Kruzifix schuf 1710 Balthasar Permoser.

Freienwalde, Bad

Kr. Bad Freienwalde, Bez. Frankfurt
Die Pfarrkirche St. Nikolai ist in ihrem heutigen Bestand ein Backsteinbau aus der Mitte des 15. Jh., Turm und Südanbau stammen von 1518—23, Turmabschluß und Helm von 1875. Im 1970 restaurierten Innenraum sind die Netzgewölbe in ihrer ursprünglichen Farbigkeit wiederhergestellt. Der 3-Etagen-Altaraufsatz ist ein Werk von 1623, die farbig gefaßte Kanzel und das Chorgestühl entstanden in der gleichen Zeit, die hufeisenförmige Westempore und der Orgelprospekt im 18. Jh.
Der Fachwerkbau der Georgenkapelle wurde 1696 errichtet, auf dem abgewalmten Dach erhebt sich ein Dachreiter. Samuel Liebenwald schuf 1698 den Kanzelaltar mit reichem Akanthusschnitzwerk.

Freyburg

Kr. Nebra, Bez. Halle
∗ Die Stadtkirche Unser Lieben Frauen entstand unter dem Eindruck des Naumburger Dombaues im ersten Viertel des 13. Jh., ihr Äußeres prägen der spätromanische Vierungsturm und die beiden Westtürme, die dem östlichen Turmpaar des Naumburger Domes ähneln. Der Chorneubau entstand um 1400, und der Umbau des

Stadtkirche

Langhauses zur spätgotischen Halle erfolgte 1499, vor den Westtürmen entstand eine nach drei Seiten offene Paradiesvorhalle. Im Inneren sind bemerkenswert der reiche spätgotische Schnitzaltar mit einer Marienkrönung von 1510, der Taufstein mit plastischem Dekor von 1600 sowie die Kreuzigungsgruppe in der Mittelschiffswölbung.
Über der Stadt erhebt sich auf dem steilen Felssporn die Neuenburg, die seit dem 11. Jh. als Thüringer Landgrafenburg ausgebaut wurde. Im inneren Burghof steht die um 1220 erbaute ∗∗Doppelkapelle, Bauherren waren Ludwig IV. und die heilig gesprochene Landgräfin Elisabeth. Die beiden übereinanderliegenden Kapellenräume sind durch die Deckenöffnung miteinander verbunden, der untere Raum für das Gesinde ist in annähernd ursprünglicher Gestalt des 13. Jh. erhalten. Der obere Kapellenraum für die Herrschaft zeigt eine reiche spätromanische Dekoration mit viersäuliger Mittelstütze und Gewölbe-Zackenbögen rheinischer Art. Durch die späteren gotischen Fenster ist der Raumeindruck gegenüber dem des 13. Jh. verändert. Die Kapelle wurde 1959 restauriert. Der Schnitzaltar im oberen Raum entstand um 1500.

Friedland

Kr. Neubrandenburg, Bez. Neubrandenburg
Die Marienkirche wurde vom frühen 14. Jh. bis ins späte 15. Jh. nach einem einheitlichen Plan als langgestreckte Backsteinhalle errichtet. Nach einem Brand ist der östliche Bauteil 1703—14 wiederhergestellt worden, eine durchgreifende Restaurierung nahm man 1885—89 vor. Der Westquerbau in gotischen Formen stammt aus der zweiten Hälfte des 14. Jh. und hat einen erhöhten Mittelteil aus dem 15. Jh., der Helm entstand im 19. Jh. Die Ausstattung wurde nach dem Brand von 1703 erneuert. Der Altaraufsatz ist 1716, die Orgelempore und die Orgel sind 1716 und 1744 eingebaut worden. Die romanisch-gotische Nikolaikirche wurde 1945 zerstört und ist Ruine.

Friedrichroda
Kr. Gotha, Bez. Erfurt
* An Stelle des im 16. Jh. zerstörten
Benediktinerklosters entstand zunächst ein barockes Jagdschloß. Aus
diesem wurde 1827 das romantische
Schloß Reinhardsbrunn erbaut, das
heute als Hotel genutzt ist. Daneben
steht die Schloßkirche, ein neuromanischer Bau von 1857–74 mit prächtiger Ausstattung der Entstehungszeit.
Die Pfarrkirche des Kurortes ist 1770
aus einem Umbau der älteren gotischen Kirche hervorgegangen. An ihrem Barockbau blieb der spätgotische
Turm des frühen 16. Jh. erhalten.

Frohburg
Kr. Geithain, Bez. Leipzig
Die Stadtkirche entstand seit dem
zweiten Jahrzehnt des 15. Jh. in spätgotischen Formen mit Sterngewölben
in Schiff und Chor. Der Turmaufbau
mit der Haube stammt aus der zweiten Hälfte des 17. Jh. Die Ausstattung
des 17. und 18. Jh. ist gut eralten.

Frose
Kr. Aschersleben, Bez. Halle
* Die Stiftskirche, 959 bereits urkundlich verzeichnet, ist in ihrer heutigen Gestalt eine romanische Basilika
aus der zweiten Hälfte des 12. Jh. mit
im 13. Jh. verändertem Westbau und
Chor. Bei der Restaurierung im 19. Jh.
sind die Seitenschiffe und Nebenapsiden erneuert worden. Das Langhaus prägt „sächsischer Stützenwechsel" – 2 Säulen – 1 Pfeiler – 2 Säulen.
Zwischen den Türmen liegt eine Halle
mit einer Empore, die mit einer Doppelarkade zum Schiff hin geöffnet ist.
Die Ausstattung der Kirche stammt
von der Erneuerung 1892.

Fürstenberg
Kr. Gransee, Bez. Potsdam
Die Pfarrkirche wurde 1845–48 nach
einem Entwurf von Friedrich Wilhelm
Buttel aus gelben Backsteinen erbaut.
In ihrem Stile folgt sie der von Schinkel angeregten Backstein-Neogotik.
Der Grundriß zeigt Kreuzform. Der
schlanke Turm mit den seitlichen Anbauten steht beherrschend im Marktplatz. Das Innere der Kirche mit Empore und Gestühl aus der Erbauungszeit wurde 1963 neu gestaltet.

Fürstenwalde
Kr. Fürstenwalde, Bez. Frankfurt
Die Pfarrkirche St. Marien war von
1373–1555 Domkirche des Bistums
Lebus. Ihre spätgotische Backsteinhalle wurde 1446 an Stelle des zerstörten Vorgängerbaues neu errichtet und
in der zweiten Hälfte des 15. Jh. vollendet. Anbauten an das Schiff kamen
1475 und später hinzu. Nach abermaligem Ausbrennen erfolgte 1766 die
Neugestaltung des Kirchenraumes
und des Turmes bis 1771 durch Johann Boumann d. Ä. Der 1910 gotisch
erneuerte Innenraum brannte 1945
wiederum restlos aus, 1953–70 wurde
die Domkirche wiederaufgebaut. Im
Innenraum sind ein Sakramentshaus
aus Kalkstein von 1517 sowie Grabdenkmäler und kirchliches Gerät des
15. bis 18. Jh erhalten.

Gadebusch
Kr. Gadebusch, Bez. Schwerin
* Die Pfarrkirche ist ein spätromanischer Backsteinhallenbau. Sie wurde
um 1220 begonnen und zählt zusammen mit der Dorfkirche des benachbarten Vietlübbe zu den frühesten und
besterhaltenen Backsteinbauten im
Mecklenburgischen. Anfang des
14. Jh. kam der Westturm, Anfang des
15. Jh. der Chor hinzu. Der Bau des
13. Jh. zeigt sich als fast quadratische
dreijochige Halle. Ihre Bündelpfeiler,
rundbogigen Gurt-, Scheid- und
Schildbögen und die steil ansteigenden Gratgewölbe sind typisch für jene
Bauepoche. Die Westwand trägt ein

Markt mit Pfarrkirche

89

Pfarrkirche

großes Rundfenster mit in Bronzeguß ausgeführter mittelalterlicher Fensterrose. Bei der Restaurierung der Kirche 1955 wurde die ursprüngliche Ausmalung des Langhauses freigelegt, die unmittelbar nach der Fertigstellung des Baues entstand. Am Chorpfeiler ist das Wandbild eines heiligen Christophorus von etwa 1360 zu sehen. Von der mittelalterlichen Ausstattung blieben weiter erhalten: die Bronzefünte von 1450 mit reichem plastischem Bildschmuck, eines der schönster Kunstwerke dieser Art im Backsteingebiet; die Triumphkreuzgruppe vom Ende des 15. Jh., weitere spätgotische Plastiken sowie Reste spätgotischer Glasmalerei. Leuchter des 16./17. Jh. und Grabsteine aus dem 15. bis 18. Jh. sind ebenfalls bemerkenswert.

Gardelegen

Kr. Gardelegen, Bez. Magdeburg

∗ Die aus drei Siedlungskernen gewachsene mittelalterliche Stadt erstreckt sich zwischen den beiden großen Kirchenbauten und um den zentralen dreieckigen Marktplatz. Die Marienkirche im Süden der Altstadt bestand schon um 1200, ihr Hallenlanghaus erweiterte man Mitte des 13. Jh. Mit dem Chor begann im frü-

hen 14. Jh. ein Neubau, der aber nicht weitergeführt worden ist. Nach dem Turmeinsturz 1658 ist das Langhaus völlig erneuert worden, der Turmoberteil entstand bis 1691. Vom Anfang des 16. Jh. stammt die Sakristei mit Netzgewölbe und gegen Jahrhundertmitte der doppelgeschossige Logenanbau nördlich am Tor mit Sterngewölben. Im Chor sind Wandmalereien aus dem 14. Jh. erhalten. Der große vierflügelige Schnitzaltar mit doppelreihiger Bildanordnung stammt vom Anfang des 15. Jh. und ist restauriert worden.

Im Nordseitenschiff steht ein weiterer Flügelaltar vom Ende des 15. Jh. mit dem heiligen Andreas und Assistenzfiguren im Mittelschrein. Ein kleiner Schnitzaltar vom Ende des 15. Jh. mit der Madonna zwischen Heiligen ist ebenfalls beachtenswert. Aus der Nikolaikirche wurde die Triumphkreuzgruppe umgesetzt. Orgelempore und Orgelprospekt mit Figurenschmuck entstanden Ende des 17. Jh. Weitere spätgotische Plastiken, Grabmäler des 16. bis 18. Jh. sowie Gemälde befinden sich in der reichen Ausstattung und sind teilweise restauriert.

Die im Norden der Altstadt liegende Nikolaikirche, ein spätgotischer Hallenbau des 15. Jh., erlitt im Krieg schwere Schäden. Der Chor und der Turm sind wiederhergestellt. Im Inneren steht der Marienaltar von 1440, 1960–61 restauriert. Ein kleiner Schreinaltar von etwa 1500 und eine ganze Anzahl spätgotischer hölzerner Plastiken, darunter eine Mondsichelmadonna vom Ende des 15. Jh. und eine Pieta vom Anfang des 15. Jh., sind beachtenswerte Stücke.

Vor dem Salzwedeler Tor steht die Hospitalkapelle St. Georg, ein kleiner spätgotischer Backsteinbau. In ihrem Inneren befinden sich ein Schnitzaltar vom Anfang des 16. Jh. mit einer Anna selbdritt und Heiligen.

Gartz

Kr. Angermünde, Bez. Frankfurt

Von der 1945 kriegszerstörten Stadtkirche St. Stephan wurde der im frühen 15. Jh. in den reichen Bauformen der Brunsberg-Schule errichtete Chor gesichert und zum Ausbau vorbereitet. – Die ehem. Heilig-Geist-Kapelle aus dem 15. Jh. wurde 1793 als Hospital eingerichtet.

Garz
Kr. Rügen, Bez. Rostock
Der spätgotische Backsteinbau der Stadtkirche wurde Mitte des 14. Jh. begonnen, der Chor um 1500 erweitert. Der niedrige Turm stammt von 1450. 1956 fand eine Restaurierung statt. Der Altar mit Akanthus- und Rollwerkdekoration, 1724 von Elias Keßler erbaut, und die Granittaufe aus dem 13. Jh. sind beachtenswert.

Geisa
Kr. Bad Salzungen, Bez. Suhl
Die Stadtkirche, ein im späteren 19. Jh. erneuerter spätgotischer Bau aus der Zeit um 1500, bewahrt noch einen Opferstock von 1517 sowie einen spätgotischen Taufstein von etwa 1530 aus ihrer mittelalterlichen Ausstattung; um 1700 entstand die reich ausgestaltete Kanzel. Eine Restaurierung fand 1965 statt.
Auf dem Gangolfsberg steht eine einschiffige, gleichfalls spätgotische Kapelle. In der Renaissance wurde sie umgebaut, wovon die Außenkanzel stammt. Im Inneren sind spätgotische Schnitzfiguren erhalten.

Geising
Kr. Dippoldiswalde, Bez. Dresden
Die spätgotische Stadtkirche ist 1867 durchgreifend erneuert worden, der Turm behielt seine Gestalt von 1694. Im Innneren befindet sich ein Schnitzaltar von 1510, die übrige Ausstattung wurde 1930 teilweise verändert.
Die Bruder-Klaus-Kirche ist ein Neubau, der 1962–64 von Egon Körner im Wohnhausstil als Versuch der Einfügung einer neuen Kirche in das soziale und landschaftliche Milieu gestaltet wurde.

Geithain
Kr. Geithain, Bez. Leipzig
∗ Augenfällig an der Stadtkirche St. Nikolai ist der querrechteckige romanische Westbau aus dem frühen 13. Jh. mit Lisenen- und Bogenfriesgliederungen, darüber die beiden dreigeschossigen Türme. Im 14. Jh. entstand das gotische Chorpolygon. Das breite Hallenhaus mit dem mächtigen, den Gesamtbau beherrschenden Dach wurde 1504 begonnen, im Inneren jedoch nicht gotisch vollendet. An Stelle der fehlenden Gewölbe entstand 1594–95 die Felderdecke. Ihre reiche gliedernde und figürliche Bemalung schuf Andreas Schilling aus Freiberg. Der architektonische Altaraufbau, dessen Schöpfer Michael Grünberger aus Freiberg war, entstand um 1611. Ein gleichfalls Freiberger Meister, Peter Beseler, baute 1597 die reich geschnitzte Kanzel. Die Logen und die Betstube stammen aus dem 18. Jh.
Die ehem. Wallfahrtskirche St. Marien im Ortsteil *Wickershain* wurde als romanische Chorturmkirche im 12. Jh. erbaut, davon blieb jedoch nur der Turm erhalten. Im 15. Jh. erfolgte der Neubau der Kirche mit einem Sterngewölbe im Chor; zweigeschossige Emporen, Orgel und Kanzel sind im 18. Jh. eingebaut worden.

Genthin
Kr. Genthin, Bez. Magdeburg
Den Neubau der Stadtkirche schuf Georg Preußer aus Magdeburg in Form einer dreischiffigen Halle 1707–22, die geschweifte Haube des Turms entstand 1772 nach Plänen von Johann Gottfried Meinicke aus Magdeburg. Im Inneren mit der den Westteil umlaufenden Empore ist der große, reich dekorierte zweigeschossige Altaraufbau von 1720 interessant, seine Fassung erfolgte erst 1799. Kanzel, Orgel und Epitaphien stammen ebenfalls aus dem 18. Jh.

Georgenthal
Kr. Gotha, Bez. Erfurt
Vom Zisterzienserkloster des 12. Jh. blieben nur einige Ruinenteile erhalten. Seit 1968 erfolgte die schrittweise Erschließung des durch historische Forschung ermittelten romanischen Baugeländes. Das Kornhaus des Klosters ist als Museum eingerichtet. – Ebenfalls der romanischen Zeit gehörte die Dorfkirche an. Von der später mehrfach vorgenommenen Umgestaltungen stammt auch die Ausstattung mit Kanzelaltar und Orgel aus dem 18. Jh.

Gera

Bez. Gera

Die älteste der Geraer Pfarrkirchen ist die Trinitatiskirche, ein einschiffiger, im Kern gotischer Bau aus dem 14. Jh., der 1611 um die westlichen Bauteile erweitert wurde. Der Turm entstand 1899. An der Chornordseite befindet sich eine spätgotische Außenkanzel. Die Ausstattung kam im wesentlichen während des 17. und 18. Jh. neu hinzu. Das Kircheninnere wurde 1968–70 restauriert, und dabei ist die ursprüngliche Deckenmalerei rekonstruiert worden.

* Die Salvatorkirche ist ein dreischiffiger Barockbau, von David Schatz 1717–20 errichtet und nach einem Brand 1780 erneuert. Davon stammt auch der 1782 fertiggestellte Turm. Das Kircheninnere wurde 1903 neu gestaltet und erhielt dabei eine bemerkenswerte Ausstattung in vegetabilen Jugendstilformen. Bei der Restaurierung 1968–69 erfolgte die Wiederherstellung der Ausmalung von 1903.

Die Pfarrkirche St. Marien, ein einschiffiger spätgotischer Bau, stammt aus der zweiten Hälfte des 15. Jh. Ihr Turm ist mit Blendgiebeln geschmückt. Im Inneren befindet sich ein spätgotischer Altar mit Mariendarstellung und Szenen aus dem Marienleben von etwa 1500.

Die katholische Pfarrkirche St. Elisa-

Kanzel und Altar in der Salvatorkirche

beth wurde 1963–64 völlig neu und in zeitgemäß modernen Formen gestaltet.

Die Dorfkirche des Ortsteils *Langenberg* ist im Laufe der Geschichte mehrfach umgebaut worden. Vom romanischen Bau blieb noch der Chorturm erhalten, dessen Helm 1502 entstand. Das Haupthaus wurde gegen 1500 vollendet, aber später umgestaltet. Der spätgotische Altar mit Maria und den 14 Nothelfern entstand 1491, der Taufstein im 17. und der Kanzelaltar im 18. Jh.

Im Kern gleichfalls spätromanisch ist die Dorfkirche *Gera-Lusan,* die später mehrfach verändert worden ist.

Gernrode

Kr. Quedlinburg, Bez. Halle

** Die Stiftskirche des ehem. Damenstifts der Benediktiner, St. Cyriacus, ist der älteste steinerne Kirchenbau in unserem Land. 961 gegründet vom Markgrafen Gero, zählte Gernrode neben Quedlinburg, Ganders-

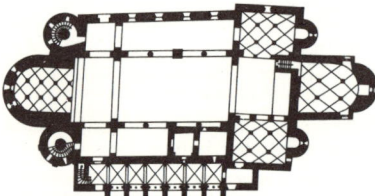

Grundriß der romanischen Stiftskirche St. Cyriakus

heim und Essen zu den bedeutendsten Stiftskirchen des 10. Jh. 965 wurde der Stifter bereits in der Kirche beigesetzt, sicher war der Bau noch im 10. Jh. fertiggestellt. Vom Gründungsbau blieben das Schiff, die Ostteile mit der Krypta und die Westtürme erhalten. Das im Tympanon des Hauptportals enthaltene Lebensbaumrelief und die Tierdarstellungen entstanden um 1000. Von einem Umbau im zweiten Viertel des 12. Jh. stammen der Westchor und die Westkrypta. Die ottonischen Türme wurden um ein Geschoß erhöht. Der Innenraum ist umgestaltet worden, und man vermauerte dabei die Längsemporen. – Von der ottonischen Ausstattung und den Kunstwerken des folgenden mittelalterlichen Zeitabschnitts ist vor allem das Heilige Grab zu nennen. Es wurde mit Vor- und Hauptkammer im dritten Viertel des 11. Jh. in die beiden Ostjoche des Südschiffs eingebaut. Es ist in unserer Region das älteste erhaltene Beispiel einer Nachbildung des Grabes Christi in Jerusalem. Zu den bedeutendsten Kunstwerken des 11. Jh. rechnet der Bildschmuck außen und im Inneren der Kammern: szenische Darstellungen des Wunders der Auferstehung, an der Außenwand die Figuren des Christus und der Maria sowie eine weibliche Figur, in der die Stifterin vermutet wird; reich verschlungene fi-

Stiftskirche

Stiftskirche

gürliche und ornamentale Reliefs rahmen die Plastiken. Beachtenswert sind auch die Reliefs über den Türen und in den Bogenfeldern aus dem 11. und 12. Jh. – Die Tumba des Kirchengründers Markgraf Gero in der Vierung entstand mit den Reliefdarstellungen erst 1519. Ein Tafelbild des Stifters der Kirche entstand 1510. Die umfassende Restaurierung der Kirche durch Ferdinand von Quast 1858–72 stellt einen der ersten denkmalpflegerischen Versuche zur Wiederherstellung des historisch gewachsenen Bauzustandes einer Kirche dar. Das heutige äußere Bild mit der kompletten Ostpartie, den Außenwänden mit den Blendarkaden wurde so von Quast geschaffen. Im Innenraum sind die Langhausemporen wieder geöffnet und die Vierungsbögen komplettiert worden. Neben anderen Veränderungen kamen auch die Balkendecken, Brüstungen sowie Orgel, Kanzel und Gestühl neu in den Raum. Der Dachreiter ist gleichfalls 1872 errichtet worden, während die Rundtürme 1910 abgetragen und neu aufgebaut wurden. Neue Restaurierungen sicherten seit 1960 u. a. die Ostkrypta und den Südflügel, die Kupferdeckung der Westpartie wurde erneuert, und ein neues Orgelwerk kam 1980 hinzu. – Vom Kloster blieb nur ein Teil des Kreuzganges südlich der Kirche erhalten, aus dem 12. Jh. stammend.

Gingst
Kr. Rügen, Bez. Rostock
Die Backsteinhalle mit Rechteckchor und Westturm entstand um 1400 aus einem älteren Bau, dessen Reste in der Nordwand zu erkennen sind. Das Innere zerstörten zwei Brände. Nach 1725 entstanden die Stuckdecken und die barocke Ausstattung.

Giesenslage
Kr. Osterburg, Bez. Magdeburg
Die Dorfkirche, im späten 12. Jh. errichtet, ist ein gut erhaltenes Beispiel für die Baugliederung und Dekoration jenes Jahrhunderts: Dem Westturm schließt sich ein langes Schiff an, es folgt der eingezogene niedrige Chor und schließlich die Apsis. Der Bau wurde 1967 restauriert.

Glauchau
Kr. Glauchau, Bez. Karl-Marx-Stadt
An Stelle einer gotischen Kirche wurde 1726–28 die barocke Stadtkirche St. Georg neu aufgeführt. Den Emporenraum mit Logeneinbauten im Chor überdeckt ein Spiegelgewölbe. Von den mittelalterlichen Ausstattungsstücken verblieb nur der gotische Flügelaltar von 1510, weitere Ausstattungsteile sind barock, die Orgel baute 1730 Gottfried Silbermann.
Im Schloß Hinterglauchau ist die Schloßkapelle erhalten, sie entstand wohl im Zusammenhang mit dem unter Einfluß Arnolds von Westfalen errichteten Schloßumbau zwischen 1460 und 1520.
Die Dorfkirche von *Glauchau-Jerisau* ist ein später mehrfach veränderter romanischer Bau, von dem die Apsis und das Westportal erhalten sind.
Die Dorfkirche im Ortsteil *Gesau* von 1741, ein Barockbau mit Empore und Kanzelaltar aus der zweiten Hälfte des 18. Jh., wurde 1959 restauriert.
Interessant ist die Anlage des Gottesackers in der Stadt, die seit 1556 entstanden ist und eine schöne Renaissancepforte hat.

Gleichamberg
Kr. Hildburghausen, Bez. Suhl
Die frühgotische Chorturmkirche liegt am Hang des Großen Gleichberges. Mehrfach umgestaltet bietet der Emporenraum heute das Bild des 17. und 18. Jh. mit reich geschnitzter Ausstattung. Bei der Restaurierung 1977–78 sind das Bildprogramm an der Empore aus dem 17. sowie die reich marmorierte Farbfassung des Raumes aus dem 18. Jh. wiederhergestellt worden.

Gnandstein
Kr. Geithain, Bez. Leipzig
Die Burg Gnandstein entstand wohl schon im 10. Jh. und wurde zum Schutz der Straße Leipzig–Prag im späteren Mittelalter ausgebaut. Die ✱ Kapelle im Nordflügel wurde Ende des 15. Jh. eingerichtet unter Nutzung eines Bollwerks für den Altarraum. Im zellengewölbten Raum stehen neben der steinernen Empore drei Altäre aus der Werkstatt Peter Breuers:

Gnandstein, Schloßkapelle

der Marienaltar mit Schnitzfiguren, der Annen- und der Bartholomäusaltar mit gemalten Innenflügeln, sämtlich um 1502−03 geschaffen, sowie ein spätgotischer Kruzifixus. Die Restaurierung der Kapelle erfolgte 1968. Die Dorfkirche ist ein spätgotischer Bau von 1518. Patronatsloge, Kanzelaltar und Grabsteine gehören zur bemerkenswerten Ausstattung.

Gnoien
Kr. Teterow, Bez. Neubrandenburg
Der Chor der Stadtkirche entstand Mitte des 13. Jh., das Langhaus im 14. und der Turm Mitte des 15. Jh. Der unter der übrigen Ausstattung herausragende Schnitzaltar mit einer Maria auf der Mondsichel und zwölf Relieftafeln mit Szenen des Marienlebens aus der Zeit kurz nach 1500 wurde 1958 restauratorisch wiederhergestellt.

Göllingen
Kr. Artern, Bez. Halle
Von der seit 1525 zerstörten romanischen Klosterkirche aus der zweiten Hälfte des 12. Jh. ist der baukünstlerisch bemerkenswerte Westturm mit Achteckaufbau über quadratischem Untergeschoß erhalten geblieben. In seinem Erdgeschoß befindet sich die gewölbte Krypta, ein Vierstützenraum aus der Erbauungszeit.

✶✶ Görlitz
Stadtkr. Görlitz, Bez. Dresden
Die um 1220 entstandene Stadt hatte ihre historische Blütezeit mit der Entwicklung der Tuchmacherei und des Handels im 15. und 16. Jh. In dieser Epoche wurden die städtischen Großbauten und die Vielzahl der Renaissancebürgerhäuser der Altstadt geschaffen, die heute ein Denkmal historischer Stadtbaukunst von internationalem Rang ist.

✶✶ Die Peter- und Paulskirche wurde im 13. Jh. errichtet, von diesem Bau blieb der zweitürmige Westbau bestehen, dessen spitze Turmhelme sind jedoch erst 1890 entstanden. Der spätgotische Neubau des mächtigen Hallenhauses begann 1423 unter der Bauleitung von Hans Knoblauch und Hans Baumgarten. Für die Vollendung des Baues, der sich über das steil abfallende Neißetalufer streckt, wurden ähnlich mächtige Substruktionen wie beim Erfurter Dombau nötig. Conrad Pflüger, Urban Laubenisch und Blasius Börer gelten als Vollender der großartigen Architektur bis 1497. Damit war eine der bis heute bedeutendsten Stadtkirchen in der sächsisch-schlesischen Kunstlandschaft entstanden. Den Innenraum zeichnen die schlanken Proportionen der Architektur und die reichen Sterngewölbe aus. Von hoher künstlerischer Wirkung sind auch die prächtigen Maßwerkfenster der Seitenschiffe. In den Chorsubstruktionen entstand – wiederum ähnlich wie in Erfurt – eine Unterkirche; die spätgotische Georgenkapelle mit einem komplizierten Gewölbeeinbau. Von der Ausstattung sind besonders beachtenswert der aus Sandstein und Stuckmarmor 1695 erbaute Altar von Georg Hermann aus Dresden. Die Sandsteinkanzel mit den vier Evangelisten, getragen von Engelfiguren, entstand 1693, ebenso

das Taufkapellengitter. Die Orgel erbaute 1703 Eugenio Casparini, den Prospekt schuf Johann Conrad Büchau. Die spätgotische Ausstattung ging mit dem Brand der Kirche 1661 fast völlig verloren, darunter über 30 Altäre! Kriegsschäden 1945 wurden bis 1953 behoben, weitere Restaurierungen erfolgten bis 1973.

✳ Die Oberkirche wurde als Franziskaner-Klosterkirche mit dem Chor 1371–81 begonnen. Das Langhaus erfuhr im 15. Jh. einen Umbau, dabei entstanden die Netzgewölbe und der Turm. Am ehem. Kreuzgang liegt die Barbarakapelle. Die Oberkirche besitzt als einzige Kirche in Görlitz noch die Bildwerke aus der spätgotischen Zeit: einen vierflügeligen Schnitzaltar

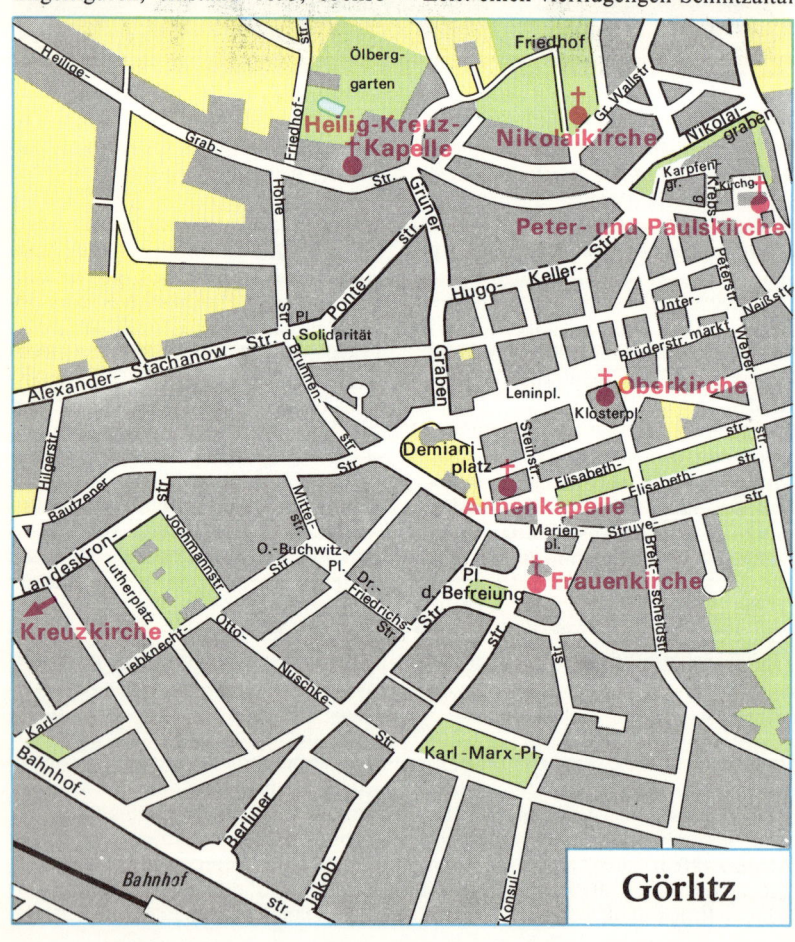

Görlitz

Peter- und Paulskirche

von 1510 mit Marienbild und szenischen Reliefs, einen Schmerzensmann von 1500, ein Tafelbild von 1524 mit einer Kreuzigung, in den Gewölbefeldern Ausmalungen von etwa Mitte des 15. Jh. Den Barockaltar schuf 1713 Caspar Georg Rodewitz.

Pfarrkirche der südlichen Vorstadt ist die Frauenkirche, ein dreischiffiger spätgotischer Hallenbau von 1449–86, mit stummelartigem Turm, dessen Barockhaube noch unter dem Dachfirst des Langhauses ansetzt. Innen sind die schönen Netzgewölbe und die mit schlankem spätgotischem Maßwerk geschmückte Orgelempore beachtenswert.

Die Nikolaikirche wurde bereits um 1100 als erste Hauptkirche der mittelalterlichen Siedlung gegründet. Der heutige Bau entstand zwischen 1452 und 1520, vollendet unter der Leitung vom Renaissance-Stadtbaumeister Wendel Roskopf d. Ä. 1925 wurde die vor 1717 ausgebrannte und dann barockisierte Kirche als Gedächtnisstätte neu gestaltet und erhielt dabei Betongewölbe.

Nahe dem ehem. Steintor entstand zwischen 1508 und 1512 die Annenkapelle, Privatkirche des Patriziers und Kaufherrn Hans Frenzel. Der Stadtbaumeister Albrecht Stieglitzer schuf den Bau mit dem reichen Netzge-

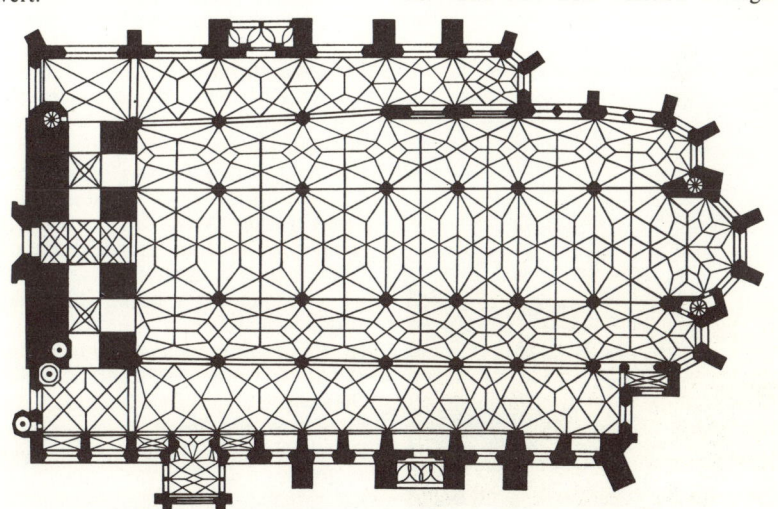

Grundriß der spätgotischen Peter- und Paulskirche

Unterkirche der Peter- und Paulskirche

wölbe. Seit 1865 nicht mehr kirchlich, sondern schulisch genutzt, wurde der Innenraum 1950 restauriert.

✳✳ Außerhalb der Nikolaivorstadt ließ 1481−1504 ein anderer Patrizier, Georg Emmerich, das Heilige Grab erbauen. Aus familienpolitischen Gründen hatte er eine Pilgerfahrt nach Jerusalem antreten müssen und nach seiner Rückkehr die in damali-

Kreuzkapelle am Heiligen Grab

ger Zeit geläufige Idee des Nachbaues von Christi Grab aufgegriffen. Inzwischen Bürgermeister, vermochte er für die Bauaufgabe die an der Peter-Pauls-Kirche tätigen Conrad Pflüger und Blasius Börer zu verpflichten. Die Anlage des Pilgerweges besteht aus der zweigeschossigen Heilig-Kreuz-Kapelle, dem Salbhäuschen mit einer Beweinungsgruppe, die 1500 Hans Ölmützer schuf, und der doppelräumigen Heilig-Grab-Kapelle mit dem orientalisierenden Kuppeltürmchen.

Die Kreuzkirche ist von den Bauten des 19. und frühen 20. Jh. die bemerkenswerteste Architektur. 1913−16 schuf der Dresdner Architekt Rudolf Bitzan den Bau in modern-monumentalen Formen unter Bezug auf mittelalterliche Kirchen.

In *Görlitz-Rauschwalde* schuf 1937/38 Otto Bartning eine seiner Kirchen.

Gorsleben

Kr. Artern, Bez. Halle

Die spätgotische Dorfkirche ist gegen 1450 erbaut worden, ihr hoher Turm mit Spitzhelm etwas danach. Das Innere prägt ein großer verglaster Logenprospekt aus dem Barock, der spätgotische Schnitzaltar mit Kreuzabnahme im architektonischen Rahmen entstand Ende des 15. Jh. Weitere interessante Ausstattungsstücke stammen aus dem 15. bis 16. Jh.

Goseck
Kr. Weißenfels, Bez. Halle

Von der romanischen Klosterkirche des 11. Jh., in landschaftsbeherrschender Lage am Nordhang des Saaletals errichtet, sind die Ostteile im 17. Jh. als Schloßkirche ausgebaut worden. Das Langhaus verfiel, der Westbau ging im Schloß auf, der Südwestturm von etwa 1220 ist teilweise erhalten. In der Kapelle befinden sich zweigeschossige Emporen aus dem 17. Jh.

Die Dorfkirche ist ein kleiner spätgotischer Bau, der im 18. Jh. umgestaltet wurde und dabei den Dachturm erhielt. Im Chor haben sich figürliche Wandbilder aus dem Anfang des 16. Jh. und im übrigen Kircheninneren Bildwerke des 16. und 17. Jh. erhalten.

Gotha
Kr. Gotha, Bez. Erfurt

Die mittelalterliche Stadt erhielt nach dem großen Brand von 1665 im wesentlichen ihre überlieferte bauliche Gestalt, gipfelnd im Frühbarockbau des Schlosses von 1643–55 und den umliegenden Gartenanlagen. Im Schloß ist die 1687–97 neu gestaltete Schloßkirche mit doppelten Emporeneinbauten und einer reich gestalteten bemalten Stuckdecke sehenswert. In der Gruft befinden sich die Prunksärge der gothaischen Herzöge.

Die Margarethenkirche am Neumarkt ist 1494 auf den Mauern einer romanischen Basilika errichtet worden. Ihr Westturm mit dem barocken Helm war damals mit 65 m Höhe auch das höchste Gebäude der Stadt. 1652 und noch einmal in barocken Formen 1725–27 umgebaut, wurde die Kirche im letzten Krieg schwer beschädigt. Bis 1952 erfolgte ihr Wiederaufbau in wesentlich vereinfachter Gestalt mit flacher Holzdecke. Barocke Ausstattungsstücke – Orgel, Kanzel, Taufbecken – sind restauriert und dem modernen Bau integriert.

Die Augustinerkirche wurde 1216 als einschiffiger Bau begonnen und war Kirche des Zisterzienser-Nonnenklosters, des späteren Augustiner-Eremiten-Klosters. Nach einem gotischen und einem Renaissanceumbau entstand schließlich 1676–80 der frühbarocke Innenraum mit zweigeschossigen Emporen und der von Holzpfeilern getragenen Kassettendecke, Fürstenloge und Kanzel. Die Klostergebäude sind später verändert worden. Seit 1515 predigte Luther mehrfach in dieser Kirche.

Das Maria-Magdalenen-Hospital, jetzt als Verwaltungsgebäude genutzt, entstand im wesentlichen zwischen 1715 und 1720 an Stelle eines um 1223 wohl von der heilig gesprochenen Landgräfin Elisabeth gegründeten Hospitalgebäudes. Mit dem stattlichen Portal und laternengeschmückter Turmkuppel ist es noch heute einer der schönsten Barockbauten in der Stadt.

Graba
Kr. Saalfeld, Bez. Gera

✳ Die Pfarrkirche aus dem 15. Jh. ist im 18. Jh. barock ausgebaut worden. Spätmittelalterlich blieb das Chorinnere mit Sterngewölbe und dem schönen Schnitzaltar, der um 1500 in einer Saalfelder Werkstatt geschaffen wurde. Sein reiches Gesprenge wurde bei der Wiederherstellung ergänzt. Das Schiff umschließt an drei Seiten die doppelgeschossige Empore mit reichem Orgelprospekt, Logen, einem Deckenbild des Saalfelder Malers Pasold von 1775.

Grabow
Kr. Belzig, Bez. Potsdam

Die Dorfkirche ist ein kleiner gestaffelter Feldsteinbau aus Schiff, eingezogenem Chor mit Apsis und über dem Westgiebel einem Fachwerkdachturm. Der im letzten Krieg beschädigte Bau wurde wiederhergestellt. Im Innenraum sind eine weibliche Schnitzfigur von etwa 1430 und die Kanzel aus dem 17. Jh. besonders beachtenswert.

Grabow
Kr. Ludwigslust, Bez. Schwerin

Die Backsteinhalle der Stadtkirche ist

in ihrer heutigen Gestalt ein Bau des 14. Jh. Der Unterbau des Westturmes entstand im 15. Jh., sein Aufbau am Anfang unseres Jahrhunderts. 1725 brannte die Kirche aus, der Einbau von Holzgewölben, Tonne und Decke sowie der Ausbau der Kirche erfolgte im 19. Jh. Ausstattungsteile aus dem 16. und 18. Jh. wurden eingefügt.

Gräfenhainichen
Kr. Gräfenhainichen, Bez. Halle
Der 1637 zerstörte mittelalterliche Kirchenbau von St. Marien ist nach der Mitte des 17. Jh. barock wiederaufgebaut worden. Davon stammt auch die Ausstattung mit Hufeisenempore, der Altaraufsatz mit Knorpelwerkdekoration und Gemälden, Chorgestühl und Patronatsloge; der Orgelprospekt ist spätbarock. Der schlanke Westturm in neugotischen Bauformen entstand 1866.

Die Paul-Gerhardt-Kapelle ist ein klassizistischer kleiner Bau mit Säulenportikus und laternengeschmücktem Walmdach. Der evangelische Kirchenlieder-Dichter Paul Gerhardt wurde am 12. März 1607 in Gräfenhainichen geboren.

Gräfenthal
Kr. Neuhaus/Rwg., Bez. Suhl
Die einschiffige barocke Pfarrkirche wurde 1724 unter Nutzung eines gotischen Baues errichtet. Aus dieser Zeit stammt auch die Schweifhaube des Turmes. Innen befinden sich dreigeschossige Emporen und ein reicher Kanzelaltar von 1726. Den Raum überspannt eine hölzerne Spiegeldecke.

Gräfentonna
Kr. Langensalza, Bez. Erfurt
* Die Pfarrkirche aus der zweiten Hälfte des 15. Jh. wurde im Barock völlig umgestaltet und erhielt eine bemerkenswerte Ausstattung: Doppelemporen, einen reichen architektonischen Altaraufsatz mit eingebauten spätgotischen Reliefs und die Kanzel, sämtlich um 1646. Aus der Zeit von 1525 bis 1601 stammen die Grabsteine der Grafen von Gleichen.

Gramzow
Kr. Prenzlau, Bez. Neubrandenburg
Die Stadtkirche ist ein Feldsteinbau aus der zweiten Hälfte des 13. Jh. Der Ausbau erfolgte 1686. Die Innenbemalung, besonders der Balkendecke, aus dieser Zeit ist restauriert, ansonsten wurde der Raum im wesentlichen im 19. Jh. ausgestattet.
Von der um die Mitte des 14. Jh. erbauten Prämonstratenser-Klosterkirche ist nach der Zerstörung 1714 nur ein Teil der Westseite erhalten geblieben.

Gransee
Kr. Gransee, Bez. Potsdam
* Die Pfarrkirche St. Marien wurde auf dem Feldsteinsockel eines Vorgängerbaues seit der zweiten Hälfte des 14. bis zum frühen 15. Jh. erbaut: eine große dreischiffige Halle mit hohem Schaugiebel über dem dreiapsidialen Chorschluß und Doppelturmfront aus der Mitte des 15. Jh. An der Südkapelle befindet sich ein schöner Blendengiebel aus dem 16. Jh. Der mittelalterliche Innenraum der Kirche wie auch die eigenwillige dekorative

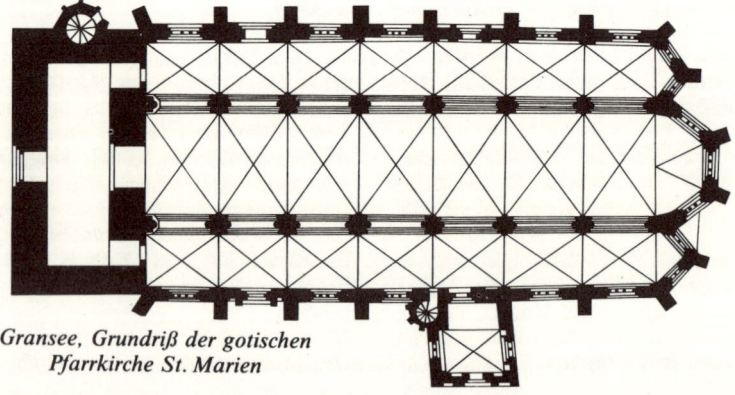

Gransee, Grundriß der gotischen Pfarrkirche St. Marien

Marienkirche

Ausmalung wurden 1961–65 wiederhergestellt. Von der Ausstattung sind besonders interessant: Der spätgotische Schnitzaltar mit Kreuzigung, um 1500 entstanden; die Triumphkreuzgruppe aus der zweiten Hälfte des 15. Jh.; ein gemalter Flügelaltar mit einer Anna selbdritt aus der ersten Hälfte des 16. Jh. Die Orgel baute 1744 Joachim Wagner. Weiteres wertvolles Kirchengerät stammt aus dem 16. bis 18. Jh.

Vom ehem. Franziskaner-Kloster sind nur die Chorwand der Kirche sowie Teile von Klausurflügel und Kreuzgang erhalten.

Die Spitalkapelle St. Spiritus, ein kleiner frühgotischer Backsteinbau aus der Zeit um 1300, ist als Kreisheimatmuseum genutzt.

∗∗ Greifswald

Kr. Greifswald, Bez. Rostock

Die mittelalterliche Stadt entstand als planmäßige Siedlung seit dem Anfang des 13. Jh. kurz nach der Gründung des Klosters Eldena. Ende des 13. Jh. war Greifswald bereits eine der führenden Hansestädte; 1456 erfolgte die Gründung der Universität. 1648 kam die Stadt nach dem Westfälischen Frieden zu Schweden. Stadtbrände 1713 und 1736 zerstörten bis auf die großen Kirchen fast den gesamten mittelalterlichen Baubestand. Gegenwärtig wird der historische Stadtkern in großen Teilen architektonisch erneuert.

∗∗ Die Pfarrkirche der Altstadt St. Marien ist eine dreischiffige Backsteinhalle mit wuchtigem Westturm. Sie wurde vor 1280 begonnen und dürfte kurz nach 1350 vollendet gewesen sein. Die Fertigstellung des Turms erfolgte in der zweiten Hälfte des 14. Jh. Die Annenkapelle an der Südseite entstand am Anfang des 15. Jh. als dekorativer spätgotischer Bau in der Art des Heinrich Brunsberg. Außenarchitektur und Inneres der Kirche sind von 1975 an restauriert worden, dabei wurde die Raumausmalung aus der Mitte des 14. Jh. unter Beibehaltung von Teilen der Dekoration des 19. Jh. rekonstruiert. Der Schmuckgiebel am Chor und das

Greifswald, Marktplatz mit Pfarrkirche St. Marien

Pfarrkirche St. Marien

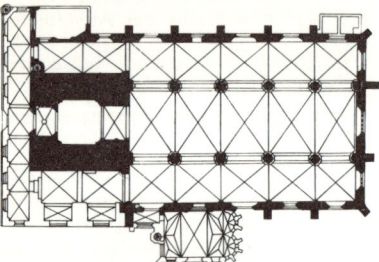

Grundriß der gotischen Pfarrkirche St. Marien

Klosterruine Eldena

Grablegung Christi, nach 1500 entstanden; die Kanzel schuf 1587 Joachim Mekelenborg aus Rostock. In den Südkapellen haben sich Reste mittelalterlicher Wandmalerei von 1411, in der Turmhalle aus dem frühen 16. Jh. erhalten. Von den Grabdenkmalen ist das des Bürgermeisters und Universitätsgründers Heinrich Rubenow besonders wertvoll.

✷✷ Gleichzeitig mit der Marienkirche begann der Bau des Doms St. Nikolai als Backsteinhalle. Zwischen 1380 und 1420 erfolgte sein Umbau zur langgestreckten Basilika unter Erweiterung nach Osten und Erhöhung des Mittelschiffs. Mit diesem Umbau entstand auch das achteckige Turmoberteil. Beim Einsturz der gotischen Turmspitze und des Ostgiebels 1650 wurden die ursprünglich wohl reichen Gewölbe zerstört und anschließend als Kreuzwölbung erneuert. Der Turm erhielt dann dreifachen Barockhelm, damit hat er eine Gesamthöhe von 99,9 m. Die neogotische Ausstattung des Inneren schuf 1824–33 der Schinkelschüler Gottlieb Giese. Spätgotische, Renaissance- und Barock-Grabdenkmäler sowie Professoren- und Pastorenbildnisse befinden sich in den Seitenschiffen und Kapellen. Die Restaurierung des Gesamtbaues ist im Gange.

✷✷ Die Pfarrkirche der Neustadt St. Jacobi entstand zur gleichen Zeit wie die beiden Hauptkirchen. Sie wurde dann um 1400 von zwei auf drei Hallenschiffe erweitert. Dabei sind auch die kräftigen Rundpfeiler in das Schiff eingebaut worden. Zugleich entstanden der Choranbau und das Turmobergeschoß. Der Vierseithelm kam nach einem Brand 1966 an Stelle eines nachmittelalterlichen Fachwerkaufbaues neu hinzu.

✷ Die Ruine Eldena ist der Rest des 1199 gegründeten Klosters. Der von den aufständischen Slawen aus Dargun vertriebene Zisterzienser-Konvent hatte sich hier neu niedergelassen. Ein Stück der Chorsüdwand der Kirche des 13. und ein Teil der Westseite ihrer Erweiterung aus dem 14. Jh. stehen noch. Ebenfalls erhal-

Blendenwerk am Turm sind ebenfalls farblich erneuert. Die ursprünglich reiche Ausstattung wurde im 19. Jh. ausgebaut, erhalten und besonders bemerkenswert sind: der Mittelschrein eines spätgotischen Schnitzaltars mit

ten gebliebene Mauerteile der Konventgebäude und des Kreuzganges bilden die seit der Romantik geschätzte reizvolle Ruinen-Anlage. Sie wurde eines der bevorzugten Bildmotive des Greifswalder Malers Caspar David Friedrich.

Grevesmühlen
Kr. Grevesmühlen, Bez. Rostock
Die Stadtkirche, ein noch frühgotischer Hallenbau mit eingezogenem Turm, wurde in der zweiten Hälfte des 13. Jh. erbaut. Der neogotische Chor ist 1870–72 hinzugefügt worden.

Griebenow
Kr. Grimmen, Bez. Rostock
∗ Die kleine Dorfkirche ist ein 1616 errichteter, 15seitiger Zentralbau aus Fachwerk mit Ziegelfüllung. Unter dem geschweiften Dach befindet sich im Inneren eine flache, von angeputzten Graten gegliederte Kuppel. Die tragenden Holzsäulen sind durch Kapitelle und Masken geschmückt. Der reich mit Schnitzwerk verzierte Altaraufbau mit Kreuzigungsgemälde, die ebenso bild- und schmuckreiche Kanzel und der Schalldeckel sowie das Sakristeigehäuse entstanden im 17. Jh. Neben der Kirche steht ein hölzerner Glockenstuhl.

Grimma
Kr. Grimma, Bez. Leipzig
∗ Die Pfarrkirche Unser Lieben Frauen ist eine frühgotische Pfeilerbasilika mit Querhaus und Rechteckchor aus der Zeit von 1230 bis 1240. Der Westbau besteht aus zwei schlanken, noch romanischen Türmen. In

Klosterruine in Nimbschen

der Ausstattung befindet sich ein Schnitzaltar von etwa 1520 mit einer Geburt Christi, vom Meister des Knauthainer Altars aus Leipzig geschaffen. Bemerkenswert sind weiter Schnitzfiguren des 16. Jh. sowie der Taufstein von 1598.
Die Augustiner-Kirche, ein im frühen 15. Jh. veränderter Saalbau, ist der Kirche der Augustiner in Gotha verwandt. An der Nordseite steht ein Treppenturm. Das Westportal und die Ausstattung stammen vom Ende des 17. Jh., Restaurierung 1960.
In der Friedhofskirche, einem 1910 erneuerten Bau aus dem 16. Jh., befindet sich ein großer sechsflügeliger Schnitzaltar von etwa 1519 mit Gemälden der Nikolauslegende. Die Figuren stammen aus einer Wittenberger Werkstatt.
Vom Zisterzienser-Nonnenkloster Marienthron im Ortsteil *Nimbschen* ist die Ruine eines der Klostergebäude erhalten geblieben.

Grimmen
Kr. Grimmen, Bez. Rostock
Die Stadtkirche St. Marien entstand in der zweiten Hälfte des 13. Jh. als frühgotische Halle mit eingebautem Turm. Der kreuzrippengewölbte Hallenchor kam im 15. Jh. hinzu. Im Inneren sind das Rats- und Zunftgestühl aus dem 16. Jh. mit geschnitzten Wangen und die ebenfalls reich geschnitzte Kanzel von 1707 erhalten.

Gröbzig
Kr. Köthen, Bez. Halle
Die Pfarrkirche St. Martin aus dem Mittelalter wurde nach der Mitte des 17. Jh. durchgreifend umgestaltet. Ihre Ausstattung entstand im 19. Jh.
∗ 1766 wurde für eine seit 1728 bestehende jüdische Gemeinde die Synagoge erbaut, ein Saalraum mit hohem Walmdach. Bis 1934 fand hier der jüdische Gottesdienst statt. In der berüchtigten „Kristallnacht" am 9. 11. 1938 konnte das Gebäude vor Zerstörung bewahrt werden. Beschädigungen von 1940 sind mit der Restaurierung 1968–69 behoben. Heute ist die Synagoge Heimatmuseum mit einer Dokumentation zur Geschichte der Juden in Sachsen-Anhalt.

Groitzsch

Kr. Borna, Bez. Leipzig
In der durch Wiprecht von Groitzsch 1073 ausgebauten Ringburg wurde in den fünfziger Jahren der Rest einer romanischen Rundkapelle gesichert. Unmittelbar neben der Burganlage liegt die Stadtkirche, ein fast völlig veränderter, ursprünglich romanischer Bau mit Turm von 1689.

Gröningen

Kr. Oschersleben, Bez. Magdeburg
∗ Am 936 gegründeten Benediktiner-Kloster begann mit dem 12. Jh. ein romanischer Kirchenneubau, der bei einer umfassenden Wiederherstellung 1890 und 1902 seine romanische Baugestalt zurückerhielt: eine Basilika mit sächsischem Stützenwechsel – 2 Säulen, 1 Pfeiler abwechselnd. Vom Westwerk blieb nur der untere Teil erhalten, darin befindet sich ein Kapelleneinbau. Äußerlich prägt der achteckige Vierungsturm aus der Erbauungszeit die Kirche. Im Inneren fallen die ornamentierten Würfelkapitelle an den Arkaden besonders auf. An der Empore über der Kapelle des Westbaues sind Stuckreliefs aus der Zeit um 1170 angebracht (Die vorhandenen Bildwerke sind Kopien, die Originale befinden sich in den Staatlichen Museen Berlin). In der Kapellenwölbung wie unterhalb der Emporenbrüstung blieben mittelalterliche Wandmalereien erhalten.
In der Pfarrkirche St. Martin, einem 1905 errichteten Neubau neben dem Turm des Vorgängerbaues von 1616, ist dessen barocke Ausstattung untergebracht worden: die bemalte Holzdecke, Emporen und Logen mit reichem Schnitzwerk, ein mehrgeschossiger geschnitzter Altaraufsatz sowie Bildwerke und Grabdenkmäler aus dem 16. bis 18. Jh.
Die Pfarrkirche St. Cyriakus von 1866 birgt einen Schnitzaltar vom Ende des 15. Jh. mit Maria zwischen Heiligen, in den Flügeln stehen doppelreihig Heiligenfiguren.

Groß Ammensleben

Kr. Wolmirstedt, Bez. Magdeburg
∗ Die Klosterkirche des Benediktiner-Konvents aus dem 12. Jh. brannte 1230 aus, anschließend erfolgte der gotische An- und Umbau der romanischen Pfeilerbasilika. In der Spätgotik kam es zu weiteren Veränderungen mit dem Anbau der Sakristei und der Marienkapelle im Norden. Der Turm erhielt seinen Spitzhelm 1616. Das Innere wurde 1965 restauriert, wobei in der Kreuzkapelle südlich des Chores der mittelalterliche glasierte Tonfliesenfußboden freigelegt worden ist. Von den Bildwerken sind in der Marienkapelle besonders zwei weibliche Heilige auf Konsolen beachtenswert. Sie wurden im frühen 14. Jh. in einer Magdeburger Werkstatt geschaffen. Weitere Plastiken stammen aus dem 16. bis 18. Jh. Der figurierte Holzsäulenaufbau des Altars mit Wechselbildern entstand 1769.
Von den Klostergebäuden sind der Pferdestall von 1600 und das Torhaus von 1797 erhalten.

Großburschla

Kr. Eisenach, Bez. Erfurt
Die Fachwerk-Dorfkirche aus dem 17. Jh. entstand unter Verwendung von Bauteilen der romanischen Kirche einer seit dem 9. Jh. bestehenden Benediktinerpropstei. Durch die denkmalpflegerische Wiederherstellung konnten im Kircheninneren die romanische Chorarkade und Chorschrankenreste freigelegt und die weitere Ausstattung des späteren Baues restauriert werden.

Großenhain

Kr. Großenhain, Bez. Dresden
∗ Die Stadtkirche St. Marien erbaute an Stelle einer abgebrannten mittelalterlichen Kirche 1744–48 der George-Bähr-Schüler J. Georg Schmidt neu über einem T-förmigen Grundriß. Am Außenbau verbinden sich gotische Bauteile mit barocker Wandgliederung. Der Turm wurde erst 1801 nach dem Entwurf Samuel Lockes von 1773 fertiggestellt. Das Innere zeigt die Anordnung des Gestühls in Form eines Amphitheaters. Der große Kanzelaltar befindet sich an der Nordwand. Über dessen Kolossalsäulen und gesprengten Giebel ist 1777 die Orgel eingebaut worden. Im Turm blieb ein Altar von 1499 mit Maria

Stadtkirche

zwischen Heiligen erhalten.

Groß Gievitz

Kr. Waren, Bez. Neubrandenburg

✳ Die frühgotische Feldsteinkirche aus dem 13. Jh. mit Backsteingiebel und Turm ist 1964 restauriert worden. Dabei konnte die durch Ritzung im Putz vorgezeichnete mittelalterliche Ausmalung des Innenraumes freigelegt und restauriert werden. Sie zeigt figürliche, vegetabile und geometrische Darstellungen sowie symbolische Tier- und Monstrenkämpfe.

Großhartmannsdorf

Kr. Brand-Erbisdorf, Bez. Karl-Marx-Stadt

Die dörfliche Saalkirche von 1738 im ummauerten Kirchhof birgt die ursprüngliche Ausstattung und die Silbermann-Orgel von 1741.

Großkmehlen

Kr. Senftenberg, Bez. Cottbus

In der barock erweiterten gotischen Dorfkirche befindet sich ein Altaraufsatz von 1620, aus zwei spätgotischen Schreinen zusammengesetzt, der untere Schrein mit der Darstellung der Georgslegende, der obere mit einer figurenreichen Kreuzigung. Die mit filigraner architektonischer Dekoration gerahmten plastischen Bildwerke stammen aus der Brüsseler Werkstatt des Jan Bormann, 1510 gearbeitet.

Beachtlich das gotische Triumphkreuz und der Orgelprospekt von 1718.

Großkochberg

Kr. Rudolstadt, Bez. Gera

Die ursprünglich spätromanische Chorturmkirche wurde spätgotisch umgestaltet und als Dorfkirche Ende des 17. Jh. mit Emporen und Kanzel sowie dem barocken Chor versehen. Der Turm erhielt eine Barockhaube. Im Chor befindet sich ein Altar aus der Zeit um 1500 mit Maria und Erzengel Michael.

Großkorbetha

Kr. Weißenfels, Bez. Halle

Die mittelalterliche Kirche überragt mit ihrem mächtigen Turm und dessen 1824 aufgebrachter Spitze das Ortsbild. Während der Chor seine Gestalt von etwa 1400 behielt, wurde das Schiff um 1700 barock ausgestaltet und von Antonio Perri stuckiert. Den Altar mit seitlichen Durchgangsbögen schuf der Weißenfelser Hofbildhauer Andreas Griebenstein 1696. Ebenfalls vom Ende des 17. Jh. stammen Kanzel und Taufe. Bemerkenswert ist auch der spätgotische Schnitzaltar mit reicher Tabernakelbekrönung.

Großlohra

Kr. Nordhausen, Bez. Erfurt

✳ Die Doppelkapelle im Ortsteil *Amt Lohra* ist einer der überkommenen Bauteile der Burg Lohra, der am weitesten westlich gelegenen Hainleite-Burgen. Ihr Bau stammt aus dem 12. Jh. Das Untergeschoß ist dreischiffig mit auf Säulen ruhendem Kreuzgratgewölbe, das Obergeschoß erhielt im 17./18. Jh. die Flachdecke.

✳ Die ehem. Zisterzienser-Nonnen-Klosterkirche im Ortsteil *Münchenlohra* ist eine spätromanische Pfeilerbasilika aus der Zeit um 1200 mit hoch aufragender Doppelturmfront im Westen. An sie schließt im Langhaus die Nonnenempore über einer zweischiffigen Halle an. Der Bau ist 1882-83 im Sinne der historisierenden „Stilreinheit" wiederhergestellt worden. Die jüngste Restaurierung erfolgte 1953–55.

Groß Mohrdorf

Kr. Stralsund, Bez. Rostock

Die Dorfkirche ist ein beachtlich

reich dekorierter Backsteinbau aus der zweiten Hälfte des 13. Jh. Ihr Turmbau wurde nicht zu Ende geführt. Im Inneren überrascht die reiche Barockausstattung mit plastisch geschmücktem Altaraufsatz und Kanzel, 1700 von Johannes Wendt geschaffen. Das Gestühl im Chor stammt aus der gleichen Zeit.

Großrückerswalde
Kr. Marienberg, Bez. Karl-Marx-Stadt

* Inmitten des Dorfes liegt auf einer Anhöhe die spätgotische Wehrkirche. Bei der Restaurierung 1927 erfolgte die Sicherung des oberen Wehrganges, der vom Kirchendach mit überdeckt ist. 1967–75 folgten weitere Sicherungsarbeiten, die sich auf die reiche Innenausstattung erstreckten. An der Westwand befindet sich ein Bild der Pestepidemie in Rückerswalde von 1583. An den beiden unteren Brüstungen der Emporen schildern volkskünstlerische Bemalungen Szenen aus dem Alten und Neuen Testament sowie aus dem Bergmannsleben. Sie entstanden im 18. Jh. Der Kanzelaltar stammt von 1649. Bemerkenswert ist auch ein spätgotisches Sakramentshäuschen. Weitere Bildwerke entstammen dem 16. bis 18. Jh.

Großrudestedt
Kr. Erfurt, Bez. Erfurt

Die romanische Dorfkirche über einem kreuzförmigen Grundriß wurde 1724–36 barock umgestaltet. Im Inneren befindet sich ein spätgotischer Schnitzaltar von 1487 mit einer Marienkrönung im Mittelschrein. In den Seitenflügeln stehen unter zierlichen Baldachinen Heiligenfiguren. Der Altar wurde in einer Erfurter Werkstatt gefertigt.

Groß Salitz
Kr. Gadebusch, Bez. Schwerin

Die frühgotische Backstein-Basilika der Dorfkirche ist ein stattlicher Bau der Zeit um 1300. Ihr Dach überdeckt die unterschiedlich hohen Schiffe. An Stelle des eingestürzten mittelalterlichen Turms wurde nach 1648 der Holzbau mit geschindeltem Dach errichtet. Dekorative Gliederung mit glasierten Ziegeln findet sich besonders am Chor. Der Altaraufsatz stammt von 1736.

Großschönau
Kr. Zittau, Bez. Dresden

Die 1705 neu erbaute Dorfkirche, ein großer Saalraum mit drei umlaufenden Emporen, wurde 1898 im ursprünglichen Sinn erneuert. Am Turm befindet sich ein großes klassizistisches Portal. In den Säulenbau des Altars ist das Auferstehungs-Gemälde von Johann Eleazar Zeissig, gen. Schenau, von 1786 eingebaut.

Grunow
Kr. Eisenhüttenstadt, Bez. Frankfurt

Die Dorfkirche ist ein schöner Fachwerkbau mit einem Dachturm aus dem 18. Jh. Sie wurde 1967 restauriert. Im Inneren befindet sich ein zum Kanzelaltar umgebauter Altaraufsatz mit Figuren aus der ersten Hälfte des 18. Jh. Die hölzerne Leuchterkrone entstand im 18. Jh.

Grumbach
Kr. Freital, Bez. Dresden

Die Renaissance-Dorfkirche von 1610 wurde mehrfach restauriert, zuletzt 1948. Die Felderdecke im Inneren bemalte 1674 Gottfried Unger mit biblischen Szenen, für den prächtigen Altaraufbau von 1688 schuf Johann Friedrich Richter die Plastiken. Die rollwerkdekorierte Sandstein-Kanzel und die Taufe aus gleichem Material entstanden 1612.

* * Güstrow
Kr. Güstrow, Bez. Schwerin

Neben einem seit dem 8. Jh. bestehenden slawischen Herrschersitz gründete der Fürst Heinrich Borwin II von Rostock 1226 ein Kollegiatsstift und verlieh dem Platz zwei Jahre später Stadtrecht. Mit der Reformation wurde das Domkapitel aufgehoben. Seit 1556 war die Stadt Residenz der Herzöge von Mecklenburg-Güstrow, 1628–29 diente das Schloß als Feldherrnsitz Wallensteins. Seit 1695 war Güstrow nur noch Nebenresidenz. Um 1800 erfolgte die klassizistische Umgestaltung der Häuser um den Markt zusammen mit dem Rathausneubau. Der historische Stadtkern ist ein bedeutendes Denkmal der Stadtbaukunst.

*Wandgrab der mecklenburgischen
Herzöge im Dom*

*„Schwebender" von Barlach und
Taufgitter im Dom*

✳✳ Mit der Gründung des Kollegiatsstiftes begann der Bau des Doms. Davon sind aus der Mitte des 13. Jh. Chor und Querschiff in heutiger Gestalt erhalten. Das Langhaus und der Turmunterbau sowie die Verlängerung des Chores stammen aus dem frühen 14. Jh. Nach der Mitte des Jahrhunderts erfolgte die Fertigstellung der Seitenschiffe und Kapellen. Der Turm erhielt seine Gestalt im 15. Jh. Überraschend für jeden Besucher ist der Reichtum des Dominneren: Um 1500 entstand der große Flügelaltar mit dem vielfigurigen Kreuzigungsbild, in den Seitenflügeln begleitet von Reihungen von Heiligen unter filigranen Baldachinen. Die Wandlungen zeigen 16 gemalte Passionsszenen. Der Altar ist ein Werk aus dem Kunstkreis des Meisters Hinrik Bornemann. Die Nordwand des Chores nimmt die Renaissance-Architektur der Wandgräber der mecklenburgischen Herzöge und ihrer Gemahlinnen ein, aus farbigem Mamor und Bildwerken seit 1585 von dem aus Utrecht gekommenen Philipp Brandin geschaffen. Ergänzende Figuren schufen seit 1596 Claus Midow und Bernd Berninger. An den Langhauspfeilern sind 12 ungefaßte Apostelfiguren aus Eichen

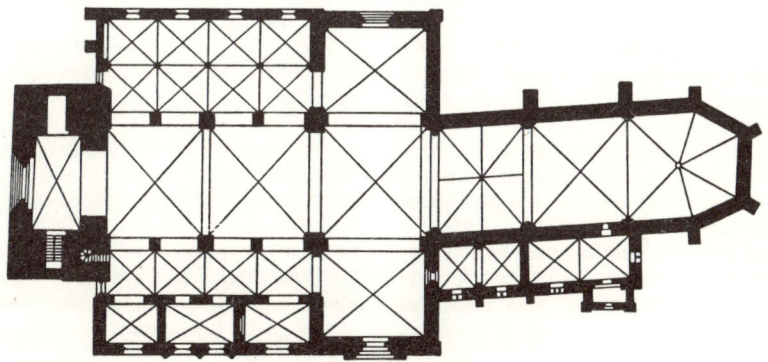

Grundriß des gotischen Domes

107

Altar der Stadtkirche

holz aufgestellt, 1530 von Claus Berg geschaffen. Sie gehören mit der reichen Bewegung und starken Plastizität zu den reifsten Bildwerken der spätgotischen Kunst. Die Figur des Apostels Johannes gilt als Werk der Riemenschneider-Schule. Wesentlich verhaltener erscheinen die Reliefs des Dreisitzes, die um 1400 entstanden, ebenso das Triumphkreuz von 1370. Die Baumeister des Renaissanceschlosses schufen auch für den Dom Ausstattungsteile: Christoph Parr die Kanzel, Claus Midow und Bernd Berninger den Taufstein, das Gitter ringsum entstand im frühen 18. Jh. Charles Philippe Dieussart schuf das Grabmal von Passow 1657 und Thomas Quellinus das Epitaph für von Gluck 1707. Ernst Barlach ist der Schöpfer des Ehrenmals für die Kriegsopfer, des sogenannten schwebenden Engels, der 1927 im Dom angebracht wurde. Von den Faschisten als „entartete Kunst" 1937 eingeschmolzen, ist nach dem Kriege vom Gipsmodell von 1918 ein Neuguß hergestellt und wieder im Dom aufgestellt worden, nach Barlachs Vorstellung mit einem Renaissance-Taufgitter zu einer Gruppe geordnet.

✱ ✱ Die Stadt- und Pfarrkirche St. Marien entstand zunächst als dreischiffige gotische Basilika, wurde aber ab 1503 zur fünfschiffigen Halle erweitert. Bei der Erneuerung 1880–83 ist sie dann wieder dreischiffig umgebaut worden. Das bedeutendste der Ausstattungsstücke ist der große spätgotische Altar, vom Brüsseler Bildschnitzer Jan Borman 1522 geschaffen. Im Mittelschrein befindet sich die vielfigurige Kreuzigungsszene, in den Seitenflügeln stellen mehrfigurige Reliefs Leben und Passion Christi dar. Das ganze Bildwerk ist ungemein reich und realistisch gestaltet. Die Tafelbilder der Wandlungen, die Madonna und Heilige sowie Szenen aus dem Marienleben wiedergebend, stammen aus der Werkstatt des Brüsseler Malers Bernaert van Orley. Die überlebensgroßen Figuren der Triumphkreuzgruppe mit Adam und Eva als äußeren Assistenzfiguren entstanden 1516. Vom Anfang des 16. Jh. blieb auch die Madonna im Strahlenkranz erhalten. Die Kanzel mit dem Schalldeckel schuf 1583 Rudolf Stockmann mit schönem Figurenschmuck. Beachtenswert sind weiter das große Ratsgestühl mit Schnitzerei und Beschlagwerk, 1599 von Michael Meyer, sowie der Orgelprospekt

auf der Empore, 1764/65 von Paul Schmidt. Grabdenkmäler aus dem 16. bis 18. Jh. bilden einen wesentlichen Bestandteil der Ausstattung.
* Die spätgotische turmlose Gertrudenkapelle aus der Mitte des 15. Jh., ein Fachwerk-Saalbau mit Backsteinverkleidung, ist Gedenkstätte für den in Güstrow tätigen und 1938 verstorbenen Ernst Barlach. Im Inneren sind Bildwerke des Künstlers ausgestellt und das Barlach-Archiv untergebracht.
Den kleinen gotischen Backsteinbau der Heiliggeistkapelle aus dem 14. Jh. kennzeichnet vor allem die Erneuerung von 1863. Im Inneren ist ein Altarbild von 1687 zu sehen.

Hadmersleben
Kr. Wanzleben, Bez. Magdeburg
* Zu den ältesten Bauwerken der aus mehreren Siedlungskernen zusammengewachsenen kleinen Stadt gehört das ehem. Benediktinerinnen-Kloster, das bereits 961 erwähnt ist.
Der heutige, außen schlichte Kirchenbau entstammt dem 13. Jh. Es ist ein langgestreckter Saalbau mit von Doppelhelmen bekröntem eingezogenem Westquerbau. Den westlichen Teil des Innenraums nimmt die Nonnenempore ein, unter der sich eine dreischiffige gewölbte Halle befindet, die nach den unterschiedlichen Kapitellformen um 1100 und nach 1200 entstand. Ansonsten ist der Kirchenbau im 17. Jh. barock umgestaltet worden.
Die Ausstattung kam gegen 1700 in die Kirche: der mächtige Hauptaltar nimmt mit seinem dreigeschossigen Säulenaufbau die gesamte Breite und Höhe des Chores in Anspruch. Kleinere Nebenaltäre in den Kapellen entstanden um 1713, im Aufbau dem Hauptaltar folgend. Kanzel und Orgel sowie barocke Plastiken stammen ebenfalls aus der Zeit zwischen 1699 und 1710; eine kleine Kreuzigungsgruppe von 1698 wurde von der Nonne Gertrud Gröninger aus Paderborn geschnitzt. Außer den barocken haben sich auch eine Reihe spätgotischer Plastiken erhalten sowie ein bronzener Türgriff mit einem Löwenkopf aus der Zeit um 1160.

Die Stadtkirche Unser Lieben Frauen, ein Bau aus dem 14. Jh., wurde im Barock zweischiffig ausgebaut. Etwa gleichzeitig, um 1664, entstand die Ausstattung: zweigeschossige Emporen mit bemalten Brüstungsfeldern, der gemalte Altar, Kanzel, Taufstein und Triumphkreuz, der Orgelprospekt mit Knorpelwerkverzierung.
Neben dem Schloß wurde 1750 die Stephanskirche, ein Saalbau mit Westturm, an Stelle der Burgkapelle neu errichtet. Die Innenausstattung mit Herrschaftsloge und Kanzelaltar blieb schlicht.
Die spätgotische Hospitalkirche ist gegenwärtig für eine Restaurierung und Neunutzung vorgesehen.

Hainewalde
Kr. Zittau, Bez. Dresden
Die stattliche barocke Dorfkirche erbaute 1705–11 Johannes Kirchstein aus Bautzen. Mit dem Bau entstand auch die einheitliche Ausstattung, als ihr Schöpfer ist Johann Michael Hoppenhaupt aus Zittau genannt. Zwischen und vor die eingezogenen Strebepfeiler sind steinerne Doppelemporen gebaut.
* Auf dem Friedhof ist der sehr reiche Barockbau der Kanitz-Kyauschen Gruft von 1715 sehenswert, der von Franz Bühner aus Gabel errichtet worden ist.

Halberstadt
Kr. Halberstadt, Bez. Magdeburg
Seit 827 Bischofssitz, erhielt Halberstadt 1184 Stadtrecht; es zählte bereits zu den bedeutendsten Orten des ottonischen Reiches. Im 14. und 15. Jh. gab es heftige Auseinandersetzungen zwischen Patriziat und Bischof, von 1400 bis 1518 gehörte die Stadt zur Hanse. Brand und Verwüstung brachte der Dreißigjährige Krieg, danach wurde Halberstadt brandenburgisch. Am 8. April 1945 ist Halberstadt durch anglo-amerikanische Bombenangriffe zu 82 % zerstört worden. Sicherung und Wiederaufbau der großen mittelalterlichen Kirchen gehören zu den frühen denkmalpflegerischen Leistungen seit 1946 in der DDR.
** Der Dom ist eines der klassi-

Stadtansicht

schen gotischen Bauwerke von höchstem kunstgeschichtlichem Rang in unserem Land. Nach der Verlegung des 780 von Karl dem Großen eingerichteten Missionszentrums Seligenstadt (das heutige Osterwieck) nach Halberstadt entstand er als mittelalterlicher Repräsentationsbau des Bistums. Im letzten Kriege stark beschädigt, wurde der Dom bis 1960 wiederaufgebaut. Zahlreiche Restaurierungen an den Kunstwerken schlossen sich an. Gegenwärtig wird die durch Umwelteinflüsse belastete mittelalterliche Architektur erneut restauriert. – Den heute stehenden gotischen Bau begann um 1240 der in Walkenried erzogene Bischof Meinhard von Kra-

Liebfrauenkirche,
Dom und Martinikirche im Stadtbild

nichfeld. Er holte zisterziensische Bauleute nach Halberstadt, die in Maulbronn und auch in Walkenried bereits tätig geworden waren. Sie begannen westlich vom ottonischen Dom mit dem Neubau der großen Westfassade und der westlichen Langhausjoche, von denen drei bis 1276 fertiggestellt wurden. Vor der mauerhaft geschlossenen Westfront war, erkennbar an der Baugliederung, eine Vorhalle geplant, inwieweit sie überhaupt gebaut wurde, ist nicht geklärt. Während der bis 1354 währenden Bauruhe änderte sich nicht nur das Stilempfinden, es kamen auch andere Bauleute nach Halberstadt. Das ist am Chor und dem späteren Teil des Langhauses besonders außen gut ablesbar, der stärker plastisch gegliedert ist. 1354 Beginn der Arbeiten mit der Marienkapelle am Chor, 1402 war der Chor fertiggestellt. Danach erfolgte der Abbruch des noch stehengebliebenen ottonischen Langhauses und der Weiterbau der gotischen Kirche, die Querhausfassaden mit feingliedrigem Maßwerk und dem großen Südfenster entstanden. 1466 erhielt das Querschiff die Stern- und Netzgewölbe. Das Langhaus wurde an die bereits stehenden Joche angeschlossen, aber erst 1491 folgte die Wölbung. Der Plan einer gotischen Kathedrale blieb also über zweieinhalb Jahrhunderte Bauzeit streng verbindlich. Verände-

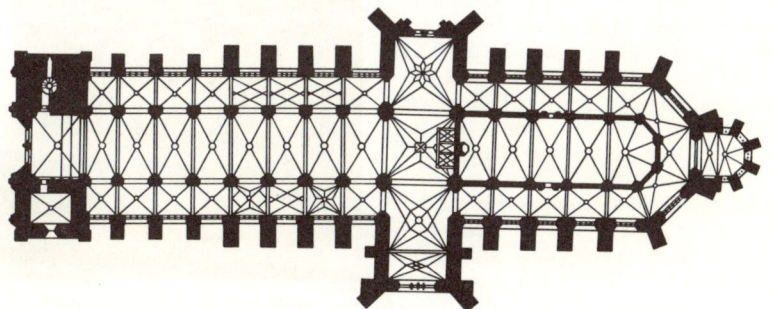

Dom

Grundriß des gotischen Domes

rungen des gotischen Stils werden in den architektonischen Einzelheiten deutlich. Der Dom besitzt eine ungeheuer reiche Ausstattung. Am augenfälligsten ist der 1510 vollendete und mit der Chorschranke von 1400 verbundene Lettner, ein virtuoses Steinbildwerk der Spätgotik, das die Bauform einer Hallenkirche erkennen läßt. Eingefügt sind Netzgewölbe mit sehenswerten Schlußsteinen. Die mittelalterlichen Glasfenster in der Marienkapelle entstanden zwischen 1335 und 1380. Im Chorumgang blieb die Fensterverglasung von etwa 1400 bis 1440 erhalten, die Hochchorfenster stammen aus dem 15. Jh. Von den Plastiken sind besonders für die kunstgeschichtliche Entwicklung bedeutend: die Triumphkreuzgruppe mit Assistenzfiguren, um 1220 entstanden; die Statuen an den Pfeilern im Chor aus der ersten Hälfte des 15. Jh., an den Vierungspfeilern aus der zweiten Hälfte des 15. Jh. sowie an den nördlichen Langhauspfeilern aus dem 16. und 18. Jh. Bemerkenswert sind weiter der spätromanische Taufstein vom Ende des 12. Jh., das Chorgestühl aus dem frühen 15. Jh., ein bronzenes Adler-Lesepult von etwa 1500, Kerzenkronen im Chor und Langhaus aus dem 15. und 16. Jh. sowie der Orgelprospekt von 1710. Neben zahlreichen weiteren mittelalterlichen Plastiken gehören Grabmäler wie die in der Nürnberger Vischer-Werkstatt gearbeitete Bronzeplatte Neuenstadt von 1516, das Epitaph des Erzbischofs Friedrich von Sachsen von 1558, das Alabaster-Epitaph Kannenberg von 1603 zu den kunstgeschichtlich bedeutenden Bildwerken. – Im Süden des Doms liegt der Kreuzgang aus der Mitte des 13. Jh. mit Remter und Kapitelsaal aus der Zeit um 1500 sowie der Neuenstadtkapelle von 1516. Im Remter, Kapitelsaal und Schatzkammer befindet sich die Ausstellung des **✶✶** Halberstädter Domschatzes, der zu den bedeutendsten deutschen Domschätzen zählt und großartige Kunstwerke besitzt: romanische Bildteppiche aus dem 12. Jh., Pontificalgewänder, Paramente, liturgisches Gerät

aus der Romanik und Gotik, Handschriften – die ältesten aus karolingischer Zeit – ein Konsulardiptychon aus dem Jahre 416, Mobiliar und mittelalterliche Bildwerke.

✶✶ Die Stiftskirche Unser Lieben Frauen gehörte zum Augustiner-Chorherrenstift. Aus der Entstehungszeit sind nur die unteren Teile der Westtürme erhalten. Zwischen 1146 und 1170 entstand der heutige Bau mit den vier Ecktürmen, eine flachgedeckte Basilika mit gewölbtem Querschiff und Chor. Nach der schweren Kriegszerstörung erhielt mit dem Wiederaufbau bis 1954 die Kirche ihren, dem ursprünglichen angenäherten Innenraum zurück. In ihrer gleichfalls wiederhergestellten Außengestalt gehört sie zu den vollendetsten und besterhaltenen Bauten der romanischen Epoche. Das bedeutendste Kunstwerk im Inneren sind die um 1190–1200 geschaffenen Chorschranken. Die hieran befindlichen Stuckreliefs wurden im Kriege zwar nicht beschädigt, hatten aber unter der als Schutz vorgenommenen Einmauerung gelitten und mußten restauriert werden. Dabei konnte die originale Farbigkeit gesichert werden, so daß sich dieses Hauptwerk der deutschen spätromanischen Plastik in fast ursprünglichem Zustand zeigt. Weitere Bildwerke sind gleichfalls restauriert worden: das

Südliche Chorschranken in der Liebfrauenkirche

Triumphkreuz von 1230 und die Fresken in der Barbara-Kapelle aus der zweiten Hälfte des 14. Jh. Der Kreuzgang westlich der Kirche erhielt seine spätgotische Gestalt im 15. Jh.

✳ ✳ Als Pfarrkirche der Altstadt entstand am Markt Ende des 13. Jh. die Martinikirche in gotischen Bauformen. Der Chor wurde zuerst fertiggestellt, es folgte im ersten Viertel des 14. Jh. der Westbau und im zweiten Viertel des gleichen Jh. das Langhaus. 1954 war die im Kriege schwer getroffene Kirche wiederhergestellt, 1956 sind die beiden unterschiedlich hohen, für das Stadtbild Halberstadts charakteristischen Turmhelme wieder aufgebracht worden. An die Westwand der Kirche ist das 1686 an Stelle einer Figur des 15. Jh. aufgestellte Rolandbild vom völlig zerstörten Rathaus versetzt worden. Im Kircheninneren befindet sich ein spätgotisches Triumphkreuz, eine Bronzetaufe mit Reliefs aus dem Leben Christi von etwa 1300 und die 1690 barockisierte Kanzel vom ausgehenden 16. Jh. 1770 ist der Orgelprospekt aus der Gröninger Schloßkirche aufgestellt worden.

✳ Ebenfalls im Kriege zerstört wurde die Andreaskirche, ehem. Klosterkirche der Franziskaner am Holzmarkt. Der Chor aus dem frühen 14. Jh., von steil ansteigender Gestalt, ist wiederaufgebaut. Die Verglasung der rekonstruierten Maßwerkfenster schuf 1953 Carl Crodel. Im Inneren befindet sich ein großer Schnitzaltar vom Anfang des 15. Jh. mit der Darstellung einer Marienkrönung. Die Alabastermadonna stammt aus dem endenden 15. Jh. Sie wurde nach Kriegsbeschädigung restauriert. Altarkruzifix und Gemmenkreuz entstanden im 13. Jh., der Opferstock um 1500.

Die Katharinenkirche des ehem. Dominikanerklosters wurde im 14. Jh. als flachgedeckte dreischiffige Halle mit langgestrecktem Chor erbaut. Von der reichen Ausstattung sind besonders beachtenswert: die Kreuzigungsgruppe und der Leuchterengel aus dem 15. Jh., die Kanzel aus dem 17. sowie der Hochaltar und Nebenaltäre des 18. Jh. Der Hochaltar füllt mit seiner viergeschossigen Säulenarchitektur und seitlichen Durchgängen den gesamten Chorschluß. Die geschwungene, mit Blendarkaden verzierte Orgelempore wurde im 17. Jh. eingebaut. Kreuzweg von 1952 Petersen.

St. Moritz ist die Pfarrkirche der mittelalterlichen Neustadt. In der flachgedeckten Basilika mit Querschiff und Chor sowie dem Westbau aus dem zweiten Viertel des 13. Jh. sind noch die wuchtigen Arkaden der Vorgängerkirche aus dem 11. Jh. enthalten. Bei der Erneuerung von 1886 entstand im wesentlichen das heutige Bild der Kirche. Aus mittelalterlicher Zeit blieben der Mittelschrein eines Schnitzaltars mit der Beweinung Christi von 1500 sowie Teile des Chorgestühls von 1470–80 und ein schöner Kronleuchter von 1488 erhalten.

Das romanische und barocke Burchardikloster ist nicht mehr kirchlich.

Haldensleben
Kr. Haldensleben, Bez. Magdeburg

Die Pfarrkirche St. Marien ist eine weiträumige spätgotische Halle aus dem späteren 14. und 15. Jh. Nach einem Brand von 1661 wurde sie in den Jahren 1665–75 erneuert und erhielt dabei das große Satteldach. Der Turm mit dem Achteckaufsatz, Blendenschmuck und geschweifter Haube kam 1812–21 hinzu; die spätere Erneuerung von 1872–74 brachte die neugotische Ergänzung am Bau. Von den Erneuerungen des 17. und 19. Jh. stammen viele Ausstattungteile, darunter der Altaraufsatz und die Kanzel von 1666. Ein gußeiserner Kruzifix und der Altarleuchter entstanden um 1810.

Die Johanneskirche in *Althaldensleben* ist Simultankirche, 1830 als langgestreckter Bau mit Mittelteil und achteckigem Dachturm errichtet. Der östliche, evangelische Teil zeigt eine klassizistische Ausstattung. Die westliche, katholische Kirchenhälfte wurde ebenfalls 1830 barockisierend und mit einer umgesetzten Barockkanzel ausgestaltet. Barocke Plastiken entstanden um 1720.

Im Ortsteil *Glüsig* steht die Wallfahrtskapelle St. Anna, ein kleiner im

17. Jh. erneuerter romanischer Bruchsteinbau mit Dachreiter. 1934 erfolgte seine Restaurierung. Im Inneren sind Bildwerke des 18. und 19. Jh. erhalten.

Halle

Bez. Halle

Die Salzquellen – davon ist der Name der Stadt abgeleitet – waren schon in frühgeschichtlicher Zeit ein wichtiger Ort. 806 ist eine Befestigung zu deren Schutz erwähnt, an einem der Saaleübergänge wird 961 die Burg Giebi-

chenstein verzeichnet. Die Zusammenfassung der Siedlungskerne zur Stadt erfolgte seit 1120. Der Stadtherr Kardinal Albrecht von Brandenburg ließ die Zwingfeste Moritzburg gegen die Bürgerstadt errichten und förderte den Ausbau Halles zur Renaissance-Residenz. Das Jahr 1541 brachte den Sieg der Reformation, der Dreißigjährige Krieg die Zerstörung der Stadt. Seit der zweiten Hälfte des 19. Jh. begann der rasche Ausbau als Industriestadt. Der zweite

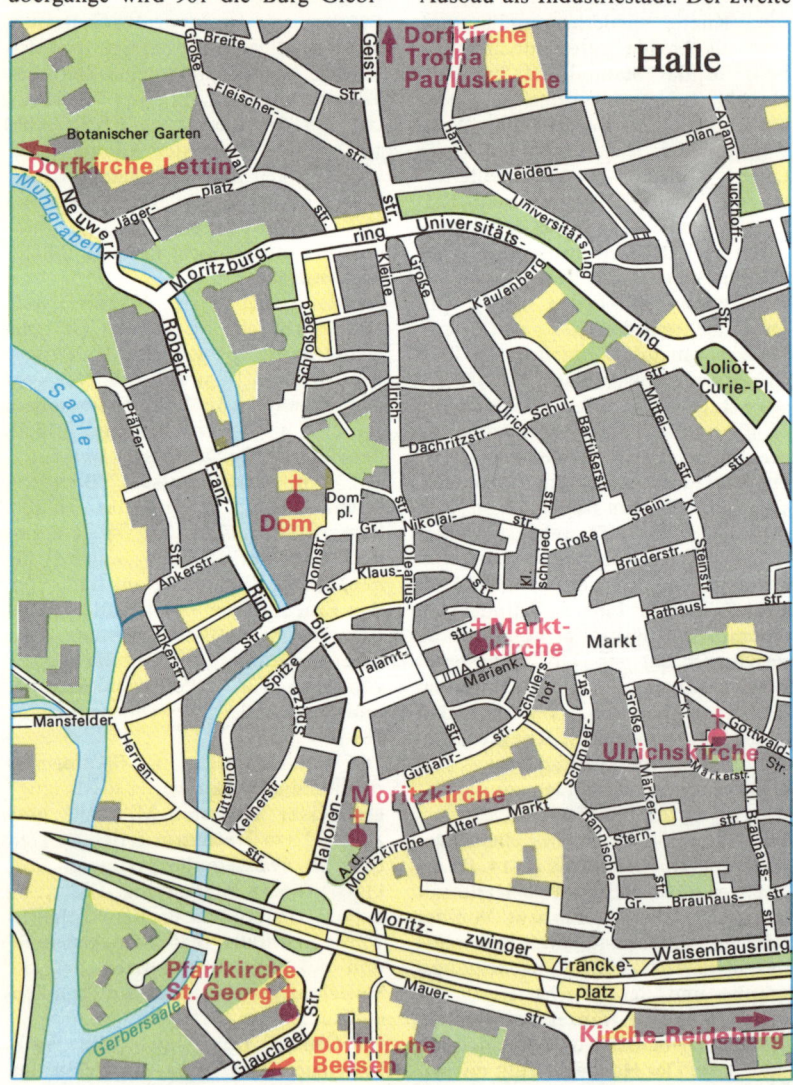

Marktplatz mit Marktkirche und Rotem Turm

Weltkrieg brachte eine Reihe von Bombenschäden. Heute ist Halle Zentrum des Industrieballungsgebietes, und das weiträumige Halle-Neustadt wurde seit 1964 in bewußtem Kontrast zur spätmittelalterlich engen Altstadt angelegt.

✳✳ Der Dom, ursprünglich Dominikaner-Klosterkirche, ist eine frühgotische Hallenkirche, zwischen 1280 und 1330 entstanden. Unter Kardinal Albrecht erfolgte der seinerzeit aufs prächtigste angelegte Aus- und Umbau, außen noch erkennbar an den von Bastian Binder hinzugefügten Renaissancegiebeln auf dem Traufgesims. Auch das Südportal von 1525 läßt noch etwas von jenem Glanz ahnen. Innen verblieben neben den später wieder veränderten Emporeeinbauten die siebzehn Statuen an den Pfeilern, das Chorgestühl und die Kanzel. Die aus rheinischem Tuff gefertigten Pfeilerfiguren kamen 1525 aus der Mainzer Werkstatt des Hans Backoffen. In ihrer fast barocken Bewegtheit zählen sie zu den hervorragendsten Bildwerken der deutschen Spätgotik. Von der übrigen Ausstattung ist der Altaraufsatz mit großen

Gemälden und architektonischer Rahmung, 1622 als Schauwand ausgebildet, besonders anerkennenswert. Gleichzeitig entstanden die heutigen Emporen und die doppelgeschossige Orgelempore. – Zwischen dem Dom und der ehem. Residenz des Kardinals steht die Kapelle der neuen Residenz, ein doppelgeschossiger Bau in eigentümlichen Frührenaissanceformen.

Dom

Moritzkirche

✳✳ Die Moritzkirche entstand in ihren heutigen Formen während der spätgotischen Epoche, 1388 von dem Baumeister Konrad von Einbeck begonnen, 1511 vollendet. Die drei Schiffe der Halle enden in polygonalen Chorschlüssen, deren Äußeres als Schaufront der Kirche besonders reich mit architektonischem Schmuck gegliedert ist. Der dreiteilige Westbau ist nur bis zur Traufe der Kirche ausgeführt worden. Der Außenbau ist 1971–81 restauriert und dabei die durch Umweltschäden verlorene Bauornamentik teilweise ersetzt worden. Ebenso wurde das nach dem Einsturz des Barockturmes 1798 abgeschlossene Mauerwerk gesichert und das Westfenster rekonstruiert. Das Innere schmücken schöne Netz- und Sterngewölbe. Von der reichen Bild-

ausstattung aus den beiden ersten Jahrzehnten des 15. Jh. seien besonders hervorgehoben: die Figur des heiligen Mauritius, der Schmerzensmann, die klagende Maria, Christus an der Geißelsäule, das Anbetungsrelief sowie eine Bildnisbüste, in der ein Porträt des Baumeisters vermutet wird. Die Restaurierung des gesamten Kircheninneren 1956–58 erbrachte auch eine Umplazierung von Bildwerken Konrads von Einbeck. Der große Altarschrein mit Klappflügeln entstand 1511, die Kanzel schuf 1592 in Renaissanceformen Zacharias Bogenkranz, der Schalldeckel mit reichem Aufbau 1604 stammt von Valentin Silbermann aus Leipzig.

✳ Die zweischiffige spätgotische Ulrichskirche, ursprünglich Klosterkirche der Marienknechte, entstand in der zweiten Hälfte des 14. Jh. und wurde um 1510 mit Netzgewölben versehen. Nach weitgehender Belassung, aber Erneuerung der mittelalterlichen Raumstruktur wird sie als Konzerthalle neu genutzt.

✳✳ Die jüngste der mittelalterlichen Kirchen und im Inneren reich ausgestaltet ist die Marktkirche Unser Lieben Frauen. Im frühen Mittelalter standen hier zwei romanische Kirchen, die 1529 bis auf die Türme abgebrochen wurden. Zwischen den beiden Turmpaaren entstand 1530–54 die spätgotische Halle von zehn Jochen Länge, mit schlank ansteigenden Pfeilern, die das fast tonnenartige dichte Netz- und Sterngewölbe tragen. 1969–75 erfolgte die umfassende Restaurierung des gesamten Kirchenraumes, wobei die Fassung des 16. Jh.

Grundriß der spätgotischen Marktkirche Unser Lieben Frauen

aufgedeckt und wiederhergestellt werden konnte. Bis 1981 sind die Ausstattungstücke weitgehend restauriert worden. Den spätgotischen Bau begann Caspar Kraft, Nickel Hofmann vollendete das Werk der Halle, die bereits als Predigtraum mit der Kanzel in der Mitte angelegt ist. Die Emporen aller vier Seiten wurden 1554, die zweite hölzerne Nordempore 1698 eingebaut. Der Hauptaltar mit der Madonna auf der Mondsichel stammt von einem Maler aus dem Umkreis Lucas Cranachs d. Ä. 1529; an der Mittelschiffs-Ostwand schuf 1593 Heinrich Lichtenfelser das Monumentalgemälde mit Szenen aus der Apostelgeschichte. Die Sandsteinkanzel entstand 1541, der Schalldeckel mit dem figurenreichen Aufbau 1596. Das Renaissancegestühl unter den Emporen kam zwischen 1561 und 1595 aus der Werkstatt des Antonius Pauwaert in Ypern. Der Prospekt der Orgel über der Westempore stammt von 1713–16, die kleinere Orgel auf der Ostempore baute 1664 Georg Reichel. Zu den ältesten Ausstattungsstücken gehört die Bronzetaufe, 1430 durch Ludolf und Heinrich von Braunschweig in Magdeburg hergestellt. Die kielbogengeschmückten Portale am Außenbau schuf Hans Jakob 1546. An der Nordostecke der Kirche befindet sich ein Relief von 1583 mit dem auf Rosen gehenden Esel – einem halleschen Stadtsymbol.
Die Neumarktkirche St. Laurentius fiel 1984 einem Brand zum Opfer.
Die Pfarrkirche St. Georg, Glauchauer Str., ist ein barocker Zentralbau, zwischen 1740 und 1755 unter der Bauleitung von Johann Gottlob Angermann errichtet. Im Inneren befindet sich ein architektonisch gestalteter schöner Kanzelaltar.
✳ Ein kultur- und kunstgeschichtlich bedeutendes Denkmal ist der Stadtgottesacker, von Nickel Hofmann 1557 angelegt. Mit der Arkadenumbauung sowie dem Torturm von 1590–94 ist er eine der wenigen einheitlichen historischen Friedhofsgestaltungen nach dem Vorbild italienischer Camposanti.

Von den Kirchenbauten des 19. Jh. verdient die Pauluskirche, Rathenauplatz, besondere Beachtung. Sie steht im Mittelpunkt des nördlich der Innenstadt angelegten sternförmigen Wohnstraßensystems. 1900–03 wurde sie nach dem Entwurf der Baumeister Schultze, Haßfeld und Matz als 60 m hoher Klinkerbau mit mächtigem Zentralturm über dem Grundriß eines Kreuzes errichtet.
Auf dem 1912–14 angelegten Gertraudenfriedhof im Norden der Stadt entstand nach dem Entwurf der Architekten Wilhelm Jost und Georg Lindner der Monumentalbau des Krematoriums mit beidseitigen Säulengalerien, die Kuppelausmalung schuf Karl Völker.
In den eingemeindeten Vororten stehen mehrere beachtenswerte Dorfkirchen. Die in *Beesen* birgt im Kanzelaltar schöne spätgotische Schnitzfiguren, deren Fassung 1965 restauriert wurde. Die romanische Kirche in *Böllberg* mit spätgotischer bemalter Holzdecke wurde 1975 restauriert.
Die Dorfkirche *Lettin* aus der romanischen Zeit ist gotisch erweitert worden. 1964 wurde sie restauriert, wobei auch der spätgotische Flügelaltar und die Figur des heiligen Wenzel restauratorisch ergänzt wurden.
Die Kirche in *Reideburg* – im Barock erfolgte der Umbau der romanischen Anlage – wurde 1958 im Inneren neugestaltet. Der Mittelschrein eines Schnitzaltars stammt aus der ersten Hälfte des 15. Jh.
Die Dorfkirche *Trotha* ist ein Barockbau von 1730 mit älteren Bauteilen.

Hamersleben
Kr. Oschersleben, Bez. Magdeburg
✳ ✳ Bald nach Verlegung des Augustiner-Chorherren-Stiftes von Osterwieck nach Hamersleben 1112 begann der Bau der Stiftskirche, einer kreuzförmigen Basilika mit zwei Türmen über den Ostjochen der Seitenschiffe. Im Inneren ist sie flachgedeckt und zeigt charakteristisch figürlichen Schmuck des 12. Jh. an den Säulenkapitellen der Langhausarkaden. Von den um 1200 in Nachfolge der Halberstädter entstandenen Chorschran-

Klosterkirche

ken blieb nur die nördliche mit den Stuckreliefs erhalten. In der Hauptapsis ist im Zusammenhang mit der Gesamtrestaurierung der Kirche 1973 die spätgotische Wandmalerei restauriert worden. Die westliche Doppelarkade wurde freigelegt, von der Barockausstattung des 17. Jh. verblieben der große Altarprospekt und die Orgel. Beide wurden restauriert. Die 1952 begonnene Sicherung der Architektur – in der Klausur noch nicht abgeschlossen – bewahrte in Hamersleben einen der schönsten klassisch romanischen Kirchenbauten, vergleichbar der nur als Ruine erhalten gebliebenen Klosterkirche Paulinzella.

Hämerten
Kr. Stendal, Bez. Magdeburg
Die Dorfkirche ist ein für die Altmark charakteristischer Feldsteinbau vom Anfang des 13. Jh., mit dem achteckigen Turm über dem quadratischen Chor eines der ältesten und schönsten Beispiele dieses Kirchentyps. Die Ausstattung entstand um 1710.

Hartmannsdorf
Kr. Dippoldiswalde, Bez. Dresden
Der heutige Bau der im Mittelalter schon mehrfach veränderten Dorfkirche stammt von 1512. Im sterngewölbten Chor sind Reste spätgotischer Wandmalerei freigelegt. An den Emporen Passionszyklus von 1525, wohl von den Annaberger Bildern angeregt. Reiche Schablonenmalerei an der Holzdecke des Kirchenschiffs; Bildwerke aus dem 17./18. Jh.

Haufeld
Kr. Rudolstadt, Bez. Gera
Die mittelalterliche Chorturmkirche des Dorfes erhielt 1757 das barocke Kirchenschiff neu. Im gotischen Chorbau blieben reiche Gewölbe- und Wandmalereien aus dem 14. Jh. mit szenischen Darstellungen nach dem Alten und Neuen Testament erhalten. Ihre Sicherung und Restaurierung erfolgte 1970.

Havelberg
Kr. Havelberg, Bez. Magdeburg
✳ ✳ Das im slawischen Gebiet vom Kaiser Otto I. gegründete Bistum ging mit dem großen Slawenaufstand im 10. Jh. zugrunde. Nach der Wiedererrichtung des Bistums 1150 mußte der begonnene romanische Dom auf Grund eines Brandes 1279 erneuert werden. Er erhielt nun die Form einer ohne Querhaus durchgehenden gotischen Basilika, die 1330 geweiht wurde. Seinen hoch über der Stadt gelegenen Bau beherrscht der mächtige romanische Westquerriegel, 30 m breit und nur 6 m tief. Das wuchtige Bruchsteinmauerwerk gibt den Turm als Wehrbau und Zufluchtsort der Domherren zu erkennen. Gegen 1200 erhielt der Westbau das backsteinerne Glockengeschoß, das oberste Geschoß mit Dach und die überdachten Seitenteile entstanden erst 1907–08. Um 1400 erfolgte die prachtvolle Neugestaltung des Inneren unter dem Bischof Johann von Wöpelitz. Davon zeugt der plastisch reich geschmückte Sandsteinlettner mit seiner hohen Maßwerkbrüstung, den Statuen und ausdrucksstarken dreiviertelplastischen Relieffeldern mit der Passionsgeschichte. Gleichfalls aus dieser Zeit blieben die Bildfenster im Nordseitenschiff erhalten. Triumphkreuzgruppe und Chorgestühl entstammen dem endenden 13. Jh., ebenso drei große Standsteinleuchter. Von der nachmittelalterlichen Ausstattung sind der portalartige prachtvolle Altaraufbau von 1700, die kurz vorher entstandene und von einem Engelreigen getragene Kanzel mit dem reich verzierten kro-

nenartigen Schalldeckel sowie die 1777 durch Gottlieb Scholtze aus Ruppin vollendete Orgel bemerkenswert. Ansonsten ist das Dominnere durch die Restaurierungen 1840–42 unter Ferdinand von Quast und 1885–90 durch Friedrich Adler und Ludwig Persius geprägt. Dabei wurde die mittelalterliche Ausmalung idealisiert rekonstruiert. Sie stellt in dieser Gestalt bereits wieder einen Denkmalwert dar! Die jüngste Außensicherung fand 1965–67 statt, die Orgel wurde 1951 restauriert.

Südlich des Doms befinden sich die Stiftsgebäude mit dem spätromanischen Ostflügel, der Südflügel entstand in der ersten Hälfte des 13. Jh., der frühgotische Westflügel Ende des 13. Jh. Heute birgt er das Prignitz-Museum. – Rings um den Dom sind die barocken und klassizistisch gestalteten Kurien und die ehem. Domschule erhalten.

Die Stadtkirche St. Laurentius ist eine spätgotische Halle aus der ersten Hälfte des 14. Jh. Über ihrem Turm entstand 1660 ein barocker Helm mit doppelter Laterne. Der Innenraum, geprägt durch die Ausstattung des 18. und 19. Jh., wurde 1970 restauriert. Bemerkenswert ein neugotisches Altarziborium von 1817, der Orgelprospekt 1754 von Gottlieb Scholtze aus Ruppin, der auch die Orgel im Dom baute, und die bronzene Taufe von Rollet aus Berlin (1723). Die Kanzel stammt von 1691, wurde 1702 von Christian Ludwig Schlichting gefaßt.

Die Hospitalkapelle St. Spiritus ist ein kleiner spätgotischer Bau aus dem 15. Jh. mit Bildschmuck aus der Zeit um 1400.

Ebenfalls aus Backsteinen wurde der kleine Achteckbau der Annenkapelle unter dem Domberg errichtet, gleichfalls mit Bildschmuck aus der Zeit um 1400.

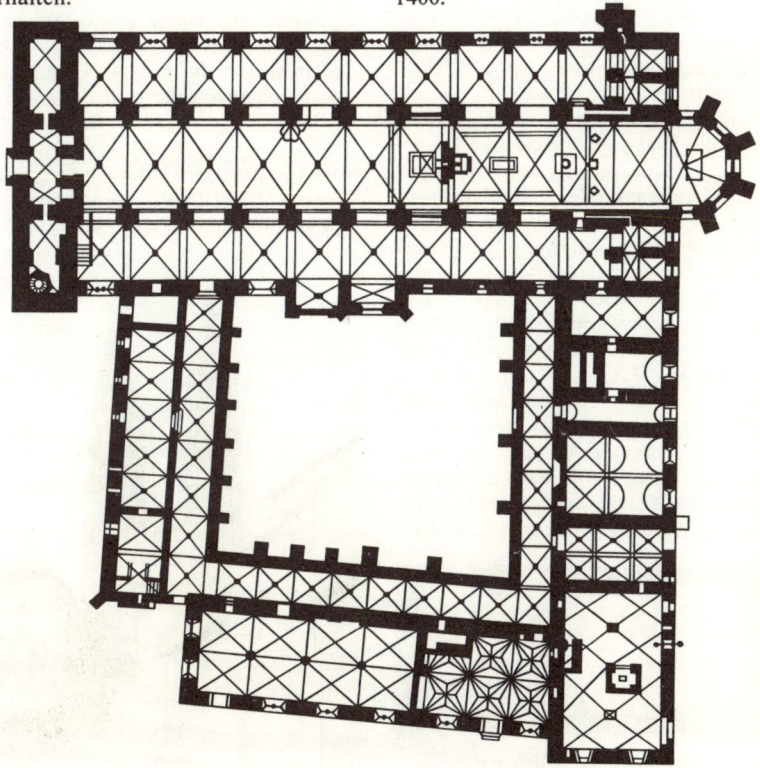

Grundriß des gotischen Domes und der Klausur

Hecklingen
Kr. Staßfurt, Bez. Magdeburg

** Die Kirche des ehem. Benediktiner-Nonnen-Klosters ist eine der gut erhalten gebliebenen romanischen Kirchen zwischen Harz und Elbe. Zwischen etwa 1160 und 1175 wurde sie als Basilika mit Querschiff, quadratischem Chor und Apsiden errichtet. Deren südliche sowie der Nordturm und der Helm des Südturms sind bei der Gesamterneuerung des Bauwerkes 1883 wiederentstanden. An den Arkaden im Inneren befinden sich charakteristische Würfelkapitelle mit Schilden. Das südliche Schiff, das westliche Mittelschiff und das Westjoch des Nordschiffs nimmt die Nonnenempore von 1230 ein. Die in den Zwickeln der Hochschiffswand angebrachten Engelsfiguren entstanden gleichfalls 1230–40. Darüber befinden sich an der Nordwand fünf Köpfe, die möglicherweise im dritten Viertel des 12. Jh. geschaffen wurden. Sie stellen wahrscheinlich Stifter dar.

Heiligengrabe
Kr. Wittstock, Bez. Potsdam

* Das Zisterzienser-Nonnen-Kloster ist heute Diakonissenhaus und Pflegeheim. 1287 gegründet, entstanden die ausgedehnten Baulichkeiten der Kirche und Klausur sowie Fachwerkhäuser und die Dorfkirche seit dem 14. Jh. Die Stiftskirche ist ein Feldsteinbau mit backsteinernem Blendengiebel und gewölbtem Saalraum, der 1950 im historischen Sinn neu gestaltet wurde. Der Schnitzaltar stammt von 1420, die Westempore mit barockem Orgelprospekt aus dem frühen 18. Jh. Die heutige Gestalt der Klausur im Norden der Kirche ist das Ergebnis der Erneuerung von 1842 unter August Stüler. Der Kreuzgang und im

Süden anschließende Bauten entstammen im wesentlichen dem beginnenden 16. Jh.

* Westlich der Stiftskirche steht die Heiliggrabkapelle. Ihre reich dekorierten Stufengiebel aus spätgotischen Formsteinen wurden im 16. Jh. Vorbild für eine Reihe von Dorfkirchen in der Prignitz. Den sterngewölbten Innenraum von vier Jochen Länge werteten 1903–04 Johannes Otzen und August Oetken zusammen mit dem Maler Otto Berg durch die damals geschaffene Neugotik zu einem bedeutenden Beispiel für diesen Stil auf.

Ebenfalls aus der zweiten Hälfte des 19. Jh. stammt die Ausstattung der mittelalterlichen Feldstein-Dorfkirche.

Heiligenstadt
Kr. Heiligenstadt, Bez. Erfurt

Die mittelalterliche Stadt ging aus dem Chorherrenstift der Augustiner St. Martin und einem Königshof hervor. Er war bis zum 12. Jh. mehrfach Aufenthaltsort der Kaiser. Neben Stift und Hof entwickelte sich die Marktsiedlung und seit dem 12. Jh. die Neustadt.

** Die heutige Martinskirche, auch Bergkirche, entstand als gotische Basilika ab 1304 an Stelle des älteren Kir-

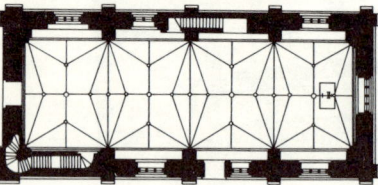

*Grundriß der gotischen
Klosterkirche*

Turmbauten der Marienkirche

chenbaues. Vom ihm ist die zweischiffige Krypta übernommen worden. Der Chor des langgestreckten Baues mit schönem Maßwerk sollte ursprünglich von zwei Türmen flankiert werden, jedoch ist nur der südliche Turm ausgeführt worden. Die Westfront mit der Fensterrose wurde 1487 als Bauabschluß vollendet. Im Inneren ist der Kapitellschmuck im Langhaus besonders bemerkenswert, an der Südreihe mit reichen figürlichen Szenen der Geschichte von Adam und Eva, an der Nordseite mit Blattwerk. Zur mittelalterlichen Ausstattung gehört ein gotischer Bronzetaufkessel; ein Pulthalter und die Tumba des Erzbischofs Adolf von Mainz entstammen dem 14. bzw. 15. Jh. Am Nordportal zeigt das Tympanonrelief den heiligen Martin, der seinen Mantel für einen Bettler zerschneidet, entstanden um 1350.

✳✳ In städtebaulich reizvoller Situation steht die katholische Pfarrkirche der Altstadt St. Marien auf einem Hügel. Freitreppen führen vom Osten zum Chor und vom Westen zur noch ganz romanisch geprägten, mauerhaften Fassade mit den beiden achteckigen Turmaufsätzen hinan. In dieser Form entstand der Westbau um 1300. Das hohe gotische Portal führt in die in der zweiten Hälfte des 14. Jh. erbaute Halle, ausgezeichnet durch die mächtigen Bündelpfeiler. Der Chor mit seinen höher aufragenden Gewölben wurde um 1400 begonnen, ist aber erst nach langem Baustopp 1716

vollendet worden. 1965 erfuhren die Türme eine denkmalpflegerische Sicherung, bis 1969 ist das Innere nach Befunden in mittelalterlicher Polychromie wiederhergestellt worden. Die Wandmalereien im Langhaus sind gesichert und das Triptychon von 1512 restauriert worden, der Chor erhielt eine Neuverglasung. Von der Ausstattung sind weiter bemerkenswert die Madonnenfigur von 1414, die Gesichter wurden allerdings modern übermalt, sowie die Bronzetaufe von 1492.

✳✳ Dem Nordportal gegenüber steht der frühgotische Achteckbau der Friedhofskapelle St. Annen, der wohl im Anschluß an die Turmaufbauten in der ersten Hälfte des 14. Jh. entstand und noch reichere Zierformen als diese trägt. Die Helmspitze bildet eine Art Wiederholung der gesamten Kapellenarchitektur. Im Inneren folgt das achtteilige Rippengewölbe der Grundrißform.

✳✳ Die Pfarrkirche der Neustadt St. Ägidien wurde ebenfalls in der ersten Hälfte des 14. Jh. als Halle mit querrechteckigem Westbau und Figurenportal begonnen, doch ist nur der achteckige Südturm ausgeführt worden. Der kurze einschiffige Chor erhielt einen glatten Schluß. Beachtenswert ist die Ausstattung, darunter der Flügelaltar mit einer Anna selbdritt vom Ende des 15. Jh., eine spätgotische Bronzetaufe von 1507 und der Doppelgrabstein der Märtyrer Justinus und Aureaus, die seit dem 12. Jh.

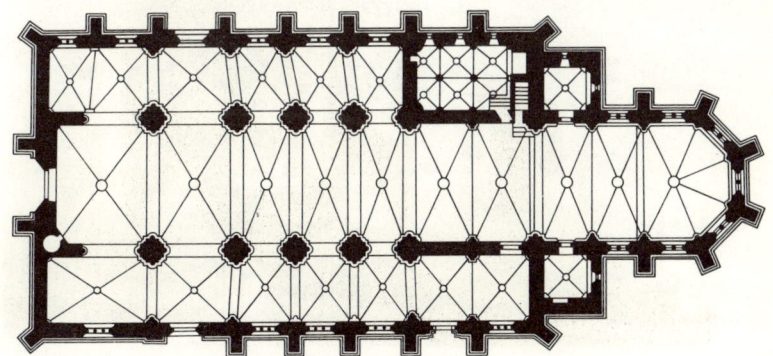

Grundriß der gotischen Pfarrkirche St. Marien

mit Heiligenstadt in Verbindung gebracht werden. Die Relieffiguren entstanden 1320/30, der Altaraufsatz und das Chorgestühl stammen aus dem 17. Jh.

∗ Das Jesuitenkolleg wurde nach 1739 für die seit 1575 nahe der Marienkirche bestehende und abgebrannte Ordensschule neu errichtet. An dem langgestreckten Gebäude findet man nur am Portal Kunstformen. 1773 aufgehoben, diente das Kolleg danach als Gymnasium, jetzt ist es Museum.

Heldrungen

Kr. Artern, Bez. Halle

Die Stadtkirche ist ein schlichter Barockbau aus den beiden letzten Jahrzehnten des 17. Jh. mit gleichzeitiger Ausstattung.

∗ Der romanische Westturm der ehem. Stiftskirche St. Wigberti wurde als Gedenkstätte für den in Heldrungen wirkenden Thomas Müntzer und den Deutschen Bauernkrieg museal ausgestaltet.

Herpf

Kr. Meiningen, Bez. Suhl

∗ Von einer völlig ummauerten mittelalterlichen Wehrdorfanlage blieb der heutige Dorfkern erhalten. Seine Kirche ist durch einen weiteren Mauerring umgeben und steht in einer dreieckigen Befestigungsanlage mit Ecktürmchen. Sie ging wohl aus einer Burg des 13. Jh. hervor, deren Bergfried als Kirche diente oder entsprechend ausgebaut wurde. Er enthält den Chor und die Orgelempore der heutigen Kirche. Deren eigentlicher Saalraum wurde ab 1611 in westlicher Richtung hinzugefügt. Er birgt eine reizvoll gestaltete und bemalte Renaissance-Emporenarchitektur sowie eine ebenfalls bemalte Tonne aus Holz. Die Kanzel entstammt der gleichen Zeit. In barocken Formen kamen 1772 die reichen Schnitzarchitekturen des Altars und der Schranken, der Orgel und Orgelempore sowie der Deckengemälde im Kirchensaal hinzu. Dieses, zu den schönsten Dorf-

Herpf, Dorfkirche

kirchen im südwestlichen Thüringen zählende Bauwerk wurde 1964 denkmalpflegerisch restauriert. Die Raumausmalung konnte dabei gesichert und wiederhergestellt werden.

Herrnhut
Kr. Löbau, Bez. Dresden

Böhmische und mährische „Brüder" verließen 1722 aus Glaubensgründen ihre Heimat und fanden durch den Grafen Zinzendorf Aufnahme; er stiftete die Herrnhuter Brüdergemeine. Der Ort Herrnhut entstand so als barocke Siedlungsanlage mit dem „Gemeinhaus", der Kirche, in der Mitte des regelmäßigen Straßennetzes. Der Barockbau von 1756 wurde 1945 zerstört, ist jedoch in den der Herrnhuter Sozietät eigenen schlichten Formen 1953–56 wiederaufgebaut worden. Von den ursprünglich das Gemeinehaus umgebenden Chorhäusern ist nur das Witwenhaus erhalten; der Vogtshof und Wohnhäuser zeigen noch die für die Entstehungszeit des Ortes charakteristischen Formen. Bestehen blieb auch der Friedhof am Hutberg mit den regelmäßig angelegten Gräberquartieren. Ein Besuch im völkerkundlichen Museum der Brüdergemeine empfiehlt sich.

Herzberg
Kr. Herzberg, Bez. Cottbus

∗ Die dreischiffige Backsteinhalle der Pfarrkirche St. Nikolai entstand in zwei Bauphasen: seit Mitte des 14. Jh. die Osthälfte, anschließend die Westhälfte. Im Innenraum ist die äußerlich nicht erkennbare zeitliche Folge durch die mächtigen Kreuzpfeiler mit dem Gurtbogen gekennzeichnet. In den Feldern der Netz- und Sterngewölbe befinden sich bemerkenswerte Malereien, die ebenfalls in zwei Epochen entstanden sind: Die Ausmalung des Chorgewölbes in den reicher bewegten Formen stammt aus der Zeit um 1415, während die Langhausgewölbe erst um 1430 in nun nicht ganz so virtuosen Formen und Figurenbildern gestaltet wurden. Der gotische Turm stürzte 1495 ein und erhielt 1562 die heutige Form. Taufe und Kanzel der Kirche stammen aus dem 17., der Altaraufsatz aus dem 18. Jh.

Die Begräbniskapelle St. Katharinen ist ein kleiner gotischer Backsteinbau aus der Zeit um 1400.

Grundriß der spätgotischen Pfarrkirche St. Nikolai

Hildburghausen
Kr. Hildburghausen, Bez. Suhl

Von den Herrlichkeitsambitionen des seit 1680 bis 1826 selbständigen Herzogtums Hildburghausen künden auch die drei Kirchenbauten, allesamt im 18. Jh. neu geschaffen. Die älteste ist die katholische Kirche von 1722, ein einschiffiger Barockbau mit Deckenausmalung und Spiegelgewölbe sowie einem reichen Altaraufsatz aus der zweiten Hälfte des 18. Jh. 1970 wurde das Kircheninnere erneuert.

1717 ließ der Herzog Ernst Friedrich I. für französische Exulanten die Neustadt anlegen und darin für die reformierte Gemeinde die Neustädter- oder Waisenkirche beginnen. Sie wurde erst 1775 vollendet und ist ein einschiffiger Barockbau mit flacher Holzdecke und Doppelemporen. Der Turm erhielt seinen Aufbau 1835.

∗ Als jüngste entstand die Stadtkirche fast am Ende der Barockzeit durch den Baumeister von Keßlau. Er hatte vorher die Karlsruher Residenz mitgestaltet. 1781–85 wurde der äußerlich bis auf den doppelgeschossigen Säulenvorbau am Portal einfache Bau vollendet. Im Inneren befindet sich ein achteckiger, mit Doppelemporen umzogener Gemeinderaum von gediegenen Dimensionen und schlicht-eleganter Ausstattung. Über dem Chor erhebt sich der Turm.

Himmelpfort
Kr. Gransee, Bez. Potsdam
Von der 1299 gegründeten Anlage des Zisterzienserklosters blieben als Ruine die backsteinernen Mittelschiffswände mit ihren rundbogigen Arkaden sowie die Westwand erhalten. Der Chor samt der Vierung wurde 1663 als Dorfkirche ausgebaut und erhielt dabei die auch heute den Raum prägende Holzbalkendecke. Figurierte Kanzel und Altaraufsatz entstammen der zweiten Hälfte des 17. Jh.

Hirschfelde
Kr. Zittau, Bez. Dresden
Die Pfarrkirche St. Peter und Paul ist eine zweischiffige spätgotische Halle, der mächtige Südwestturm erhielt das pilastergeschmückte Glockengeschoß und die Haube 1692. In dem sterngewölbten Kirchenraum befinden sich Doppelemporen, deren Brüstungen 1726 von Nikolaus Prescher mit biblischen Bildszenen geschmückt worden sind. Die Stuckdekoration des Chores entstand seit 1718 zusammen mit den Emporen, dem Altar und Kanzel und darüber der Orgel. Die Kirche wurde restauriert.

Hof
Kr. Oschatz, Bez. Leipzig
Die Dorfkirche, ein stattlicher Barockbau von Johann Gregor Fuchs, entstand 1692–97. Im 19. Jh. wurde sie innen erneuert. Der die ganze Chorbreite einnehmende Altarbau ist ein Hauptwerk der manieristischen Kunsthaltung im Sächsischen und wird Andreas Schultze aus Torgau zugeschrieben, entstanden 1624 nach dem Vorbild des Altars in Strehla, Kr. Riesa. In dem säulengeschmückten

Sandsteinaufbau finden sich Alabasterreliefs, Altargemälde auf Zinkblech, reiches Muschel- und Knorpelwerk, an den Wangen Apostel, Evangelisten und allegorische Figuren sowie Stifterbildnisse der Familie von Schleinitz auf dem beiderseitigen Anbaugebälk. Bemerkenswert sind auch die erhalten gebliebenen Grabdenkmäler des 16. und 17. Jh.

Hohenlangenbeck
Kr. Salzwedel, Bez. Magdeburg
Die kleine Feldsteinkirche aus der Zeit um 1200 ist ein für die Altmark typischer romanischer Bau. Tür und Fenster wurden später vergrößert, der Dachreiter kam im 18. Jh. hinzu. Im Inneren blieben neben den spätgotischen Wandmalereien ein hölzerner Taufkessel von 1598 sowie die bemalte Holzbalkendecke aus dem Barock erhalten.

Hohenselchow
Kr. Angermünde, Bez. Frankfurt
Der Granitquaderbau der Dorfkirche aus dem 13. Jh. ist nach Kriegszerstörung 1953 wiederaufgebaut worden. Die geborgenen Ausstattungteile – Schnitzfiguren vom Altaraufsatz, Kanzel, Taufengel – aus der Zeit um 1710 wurden wieder aufgestellt. Ebenfalls aus dem frühen 18. Jh. stammen die restaurierten Rankenmalereien der Holzbalkendecke sowie die dreiseitige Orgelempore.

Hohenstein-Ernstthal
Kr. Hohenstein-Ernstthal, Bez. Karl-Marx-Stadt
Die Stadtkirche St. Christophorus in *Hohenstein* entstand als Barockbau aus einem älteren Gebäude 1756/57 nach Plänen des Freiberger Ratsbaumeisters Johann Gottlieb Ohndorff. Bereits 1731 war der Westturm neu errichtet worden. Der große Orgelprospekt aus der Mitte des 18. Jh. blieb erhalten, während der Bau und das Innere 1889 erneuert worden sind. Eine Marmortaufe von 1610 schuf Michael Hegewald.
Die 1952 restaurierte Stadtkirche von *Ernstthal* entstand seit 1687, wurde 1717 erweitert und 1904 nochmals umgebaut. Der Turm stammt von 1938.

Hohen Viecheln
Kr. Wismar, Bez. Rostock

∗ Die spätgotische Backsteinhalle der Dorfkirche auf einer Anhöhe am Schweriner See geht auf die Zeit um 1300 zurück. Die Pfeiler der fünfjochigen Kirche sind aus abwechselnd rot und grün glasierten Ziegeln aufgemauert, an Stelle von Kapitellen wurden ebenfalls glasierte Ziegel verwandt. Aus der Ausstattung ragen besonders der romanische Taufstein mit Maskenzier sowie der zweigeschossige, reich reliefierte und ornamentierte Altar aus der ersten Hälfte des 17. Jh. hervor. Erhalten blieben daneben Plastiken des 14. und 15. Jh., davon ist die wohl für ein Grabdenkmal geschaffene Figur des Ritters von Plessen aus dem Anfang des 14. Jh. hervorzuheben.

Hohnstein
Kr. Sebnitz, Bez. Dresden

Die barocke Stadtkirche errichtete 1725/26 George Bähr unter Verwendung von Bauteilen einer älteren Kirche. Dabei entstand das im Grundriß fast quadratische Haupthaus mit abgeschrägten Ecken und einem Chor, über dem sich der massige Turm mit geschweifter Haube und Laterne erhebt. Bei der Restaurierung konnte 1966 die originale Fassung des großen Altars freigelegt werden. Die 1698 von Georg Oehme geschaffene Orgel mit ihrem Prospekt von 1720 ist aus der Kirche Stöntzsch nach Hohnstein übertragen worden.

Holleben
Kr. Saalkreis, Bez. Halle

Die Dorfkirche entstammt dem 12. und 15. Jh. Die Schweifhaube auf ihrem Turm wurde im 16. Jh. errichtet. Im Innenraum befindet sich ein bemerkenswerter Schnitzaltar mit reichem Gesprenge, der dem Meister des Altars der Hallenser Ulrichskirche zugeschrieben wird, um 1530 entstanden. Die Bemalung der Emporenbrüstungen nahm Karl Völker aus Halle 1936 vor.

Horburg
Kr. Merseburg, Bez. Halle

∗ Im 15. Jh. entstand der Bau der heutigen Dorfkirche an Stelle eines älteren Kirchenhauses. Besondere Beachtung verdienen die 1930 aufgefundenen Plastiken. So erwies sich ein im Altar vermauert gewesenes und wieder zusammengesetztes Madonnenbild als Werk aus der Nachfolge des Naumburger Meisters. Die Madonna mit Kind, dessen Kopf verlorenging, zählt zu den im Mittelalter verehrten Gnadenbildern. Das lebensgroße Holzkruzifix wurde in der zweiten Hälfte des 15. Jh. geschaffen.

Huysburg
Kr. Halberstadt, Bez. Magdeburg

∗ ∗ Das Benediktinerkloster auf dem Huy wurde 1084 gegründet, die heute noch stehende Kirche entstand zwischen 1084 und 1121, ihr Chor ist nach 1107 verlängert worden. Im 18. Jh. erfuhr die dreischiffige Basilika einen barocken Umbau, nachdem schon 1487 das westliche Turmpaar hinzugekommen war. In dessen Unterbau ist die Westapsis einbezogen. Die barocke Austattung wurde 1932 restauriert und teilweise verändert. Bemerkenswert ist der 1777—87 umgestaltete Hochaltar aus dem zweiten Viertel des 18. Jh., ein geschwungener Säulenaufbau mit einem Gemälde der Himmelfahrt Mariae. Prächtige geschnitzte Chorschranken begleiten zwei Seitenaltäre mit Heiligenfiguren, 1793 entstanden. Die Orgel mit barocker Empore und die Kanzel entstammen der Zeit um 1767. Von den Klostergebäuden blieben Teile des Kreuzgang-Nordflügels und der zweigeschossige Südflügel erhalten, darin finden sich reiche Kapitelle. An der Südseite des Klosterhofes steht der Barockbau der Abtei von 1745 mit gemalten Tapeten im Treppenhaus und dem sogenannten Kaisersaal.

Ilmenau
Kr. Ilmenau, Bez. Suhl

Ein verheerender Stadtbrand wütete 1752 in Ilmenau. Danach mußte auch die bereits 1603 barock umgestaltete spätgotische Stadtkirche erneuert werden. Unter Mitwirkung von Gottfried Heinrich Krohne entstand der Ausbau mit Doppelemporen, das Spiegelgewölbe sowie der Kanzelaltar, eigentlich eine Kanzel-Schauwand hinter dem Altar. Davor ist das gleichzeitig geschaffene, rocaillengeschmückte Taufbecken aufgestellt.

Ilsenburg

Kr. Wernigerode, Bez. Magdeburg

✱✱ Eine Kirche des Benediktinerklosters neben der kaiserlichen Jagdpfalz Elysinaburg wurde schon für das Jahr 1000 verzeichnet. Von ihrem Neubau, der 1078–87 ausgeführt worden ist, überstanden nur das Langhaus der kreuzförmigen Basilika, das südliche Seitenschiff, der Chor und ein Stück Turm die Zeitwirren. Im Bauernkrieg beschädigt, wurde die Klosterkirche nach der Reformation als Schloßkirche der Stolberg-Wernigeröder Grafen umgestaltet. In den dreißiger Jahren unseres Jahrhunderts erfolgte eine Grabung, in deren Ergebnis auch die Kirche restauriert worden ist. Das Langhaus zeigt die romanischen Arkaden. Der Chorraum ist barock ausgestaltet; die prächtige Altarwand schuf 1706 Bastian Heidekamp, von ihm stammt ebenfalls der figurengeschmückte Kanzelkorb mit dem kronenförmigen Schalldeckel. Im Westteil des Langhauses wurde bei den Ausgrabungen der Estrich aus dem endenden 12. Jh. freigelegt. In ihm sind Ornamente und Tierszenen eingeritzt und mit Farbpaste ausgegossen. Vom Klosterbau des 12. Jh. haben sich der Ost- und der Südflügel erhalten. Im Südflügel liegt das dreischiffige Refektorium mit Kreuzgratgewölben wie in der Kirche. Die Säulen tragen Tau- und Stoffmusterbemalungen, beachtenswert sind auch die reich ornamentierten Kapitelle.

Jena

Stadtkr. Jena, Bez. Gera

Die bereits im 9. Jh. genannte Stadt ist seit etwa 1230 als fast planmäßiges Geviert mit regelmäßigem Straßensystem ausgebaut worden. Der Weinbau schuf die Grundlage für städtische Wirtschaftskraft. 1557 wurde die Universität gegründet. Gleichzeitig entwickelte sich das Druckereigewerbe; in der „Edition Jenensis" erschienen im 16. Jh. Luthers Schriften. Nach der frühen Bedeutung als Universitätsstadt erlangte Jena seit dem ausgehenden 19. Jh. mit der durch Carl Zeiß und Ernst Abbe begründeten optischen Industrie Weltgeltung. Die historische Altstadt erlitt im zweiten Weltkrieg beträchtliche Schäden. Seit 1955 erfolgte ihre architektonische Neugestaltung.

✱ Hauptkirche der Stadt ist die ehem. Zisterzienser-Nonnenkirche am Markt. St. Michael wurde als dreischiffige Halle etwa 1390 unter Verwendung älterer Bauteile begonnen. Erst 1506 waren das Haus und 1556 der Turm vollendet. An der Südseite der Kirche entstand mit reicher Dekoration vor allem um das Doppelportal eine repräsentative Schaufront. Der Durchgang unter dem Chor führt in die zweiräumige Krypta. Das Kircheninnere entstand nach schweren Schäden im letzten Krieg bis 1956 neu. Es ist geprägt durch die wiederhergestellte spätgotische Wölbung und die zwischen die schlanken Pfeiler 1535 eingebauten Emporen. Von den zahlreichen Kunstwerken sind besonders bemerkenswert: der „Angelus Jenensis", die in einer Bamberger

Jena, Grundriß der spätgotischen Stadtkirche St. Michael

Werkstatt in der ersten Hälfte des 13. Jh. gefertigte Schnitzfigur des Erzengels Michael; die Kanzel von 1507; die ursprünglich für eine Ausstellung in Wittenberg gefertigte Bronze-Grabplatte Martin Luthers, die 1551 in die Jenaer Michaelkirche gelangte.

Die Johanniskirche ist ein einschiffiger Kirchenbau, der wohl noch auf das 11. Jh. zurückgeht. Der spätgotische Chor erhielt 1905 ein Querhaus, das Kirchenschiff weitere Anbauten.

Die Friedenskirche, ein dreischiffiger Barockbau von 1683–93, wurde im vorigen Jh. restauriert. Über den Chor erhebt sich ein haubenbekrönter Turm. Spiegelgewölbe schließen das emporenumzogene Haupthaus und eine Tonnenwölbung den Chor ab. – Interessant der Friedhof neben der Kirche mit spätmittelalterlichen Denkmälern und dem Carl-Zeiß-Grab.

Die Dorfkirche des eingemeindeten Ortes *Ziegenhain* entstammt dem 15. Jh. und birgt neben Resten der spätgotischen Ausmalung eine reiche Kanzel aus dem 18. Jh.

Die Pfarrkirche in *Jena-Lobeda* besteht aus dem spätgotischen Chor des späteren 15. Jh. und einem einschiffigen Kirchenraum vor 1622. Im Turmraum wurden 1968 spätgotische Ausmalungen freigelegt. Zur Ausstattung gehören eine spätgotische Madonna, eine Kanzel von 1556 und ein Lesepult von 1622.

Jerichow
Kr. Genthin, Bez. Magdeburg
✳ ✳ Weithin sichtbar ragen im Elbland die Türme der ehem. Prämonstratenser-Klosterkirche Jerichow auf. Sie ist der wohl älteste Backsteinbau dieser Landschaft und kunstgeschichtlich von besonderer Bedeutung. 1144 gegründet, entstand sie im wesentlichen in der zweiten Hälfte des 12. Jh. Die Westseite war 1240 im Bau, die beiden oberen Turmgeschosse und die Helme erfuhren aber erst im 15. Jh. ihre Vollendung in der heutigen Form. Seit der Reformation Pfarrkirche, wurde das Kloster zunächst Domäne, seit 1945 ist es Volksgut. Die dreischiffige flachgedeckte

Jerichow, Klosterkirche

Säulenbasilika mit Querschiff und ausgeschiedener Vierung, Chor und Nebenchor mit Apsiden, hat unter der Vierung und dem Hauptchor eine zweischiffige Krypta. Deren Raum ist durch Säulen aus Kalkstein mit plastisch ausgearbeiteten Kapitellen und die Kreuzgratgewölbe geprägt. Das Äußere wie das Innere der Kirche bestimmt der tief rote Backstein, durch sparsam angeordnete Putzflächen belebt. An den Vierungsbögen findet man Reste von Bemalungen aus der Erbauungszeit, in der Apsis eine Marienkrönung aus dem frühen 15. Jh. Der Zugang zur Krypta samt den Brüstungen und die Westempore wurden bei der Erneuerung des Baues 1856 gestaltet. 1955–60 sind Kriegsschäden behoben worden. 1964 begann die Rekonstruktion des mittelalterlichen Kreuzhofes, das Kircheninnere wurde im Sinne der romanischen Epoche restauriert. Zur Ausstattung gehören ein Leuchter aus einem Kapitell mit Säulenschaft aus dem 12. Jh. sowie eine Taufe aus dem 13. Jh.

Nach dem Vorbild der Klosterkirche entstand die romanische Stadtkirche.

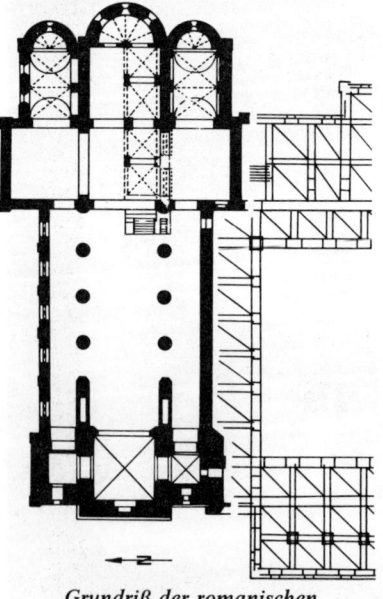

Grundriß der romanischen Klosterkirche und Teil des rekonstruierten Kreuzganges

Joachimsthal

Kr. Eberswalde, Bez. Frankfurt

Die Pfarrkirche entstand aus einem abgebrannten älteren Bau 1817–20 neu nach dem Entwurf von Carl August Schramm und Karl Friedrich Schinkel. Neogotische Giebel und Türmchen prägen den Außenbau. Der Innenraum ist 1970 umgestaltet worden.

Jöhstadt

Kr. Annaberg, Bez. Karl-Marx-Stadt

✳ Die Stadtkirche von 1677 birgt im emporenumzogenen Innenraum einen beachtlichen Altaraufbau, den 1676 Andreas Petzold schuf. In der korinthischen Säulenarchitektur stehen lebensgroße Freifiguren von Heiligen. Im Mittelteil ist die Anbetung der Könige dargestellt. Zwei Kruzifixe stammen vom gleichen Meister.

Jüterbog

Kr. Jüterbog, Bez. Potsdam

✳ ✳ Von der seit dem späteren 13. Jh. planmäßig angelegten mittelalterlichen Stadt blieben neben drei Torbauten und dem Rathaus die drei Kirchen erhalten. Die Haupt- und Pfarrkirche St. Nikolai entstand als Backsteinhalle in der zweiten Hälfte des 14. Jh. Seit 1420 wurden zusammen mit dem westlichen Joch die Türme aus Feldsteinen erbaut. In ihrem Obergeschoß durch eine Brücke verbunden, sind sie 1563 mit der Haube des Nordturmes vollendet worden. Der Hallenumgangschor entstand in der zweiten Hälfte des 15. Jh. Die jüngste Restaurierung begann 1973. Im Untergeschoß der Südkapelle findet man Ausmalungen aus der Erbauungszeit, in den Chorfenstern einige mittelalterliche Scheiben. Unter den zahlreichen spätmittelalterlichen Bildwerken und Ausstattungsstücken sind besonders beachtenswert: Schnitzfiguren und Reliefs vom ehem. Hochaltar, der um 1430 entstand; gemalte Altarflügel mit Passions- und Heiligenlegenden-Darstellungen; der Malaltar mit einer Beweinung Christi aus der Cranach-Werkstatt um 1518; ein Schreinaltar vom Anfang des 16. Jh. sowie das 6 m hohe spätgotische Sakramentshaus von 1507. Dem Ende des 15. Jh. entstammt der Taufstein, die Renaissancekanzel dem Jahr 1608. Der Altaraufsatz wurde 1700 aufgestellt. Die Orgel auf der ausschwingenden Doppelempore baute 1728 Joachim Wagner. Ebenfalls auf das 17./18. Jh. gehen das Gestühl und die Emporen zurück.

Die Marienkirche der alten Dammvorstadt ist im Ursprung eine romanische Backstein-Basilika mit gotischem Chor. Um 1800 wurde sie baulich verändert und 1890 durch J. H. Friedrich Adler erneuert. 1935/38 konnten im Inneren spätgotische Wandmalereien freigelegt werden. Von der Ausstattung sind die Sandsteinkanzel mit figürlichen Reliefs von 1575, der spätgotische Taufstein, der Altaraufsatz von 1710 sowie die von Joachim Wagner 1737 gebaute Orgel bemerkenswert.

Die Franziskaner- oder Mönchskirche entstand zwischen 1480 und 1510 als dreischiffige Backsteinhalle. An den Gewölben blieben Ausmalungen aus der Erbauungszeit erhalten. Der Altaraufsatz stammt von 1710, Kanzel und Schalldeckel entstanden 1577 und Anfang des 18. Jh. Gegenwärtig wird die Kirche nicht genutzt.

Die katholische Pfarrkirche ist ein kleiner Backsteinbau des 15. Jh. mit einer anschließenden neogotischen Kapelle. In der Ausstattung befindet sich ein barocker Altaraufsatz.

Kahla
Kr. Jena, Bez. Gera

Turm und Chor der Pfarrkirche St. Margareten entstanden ab 1411, das später errichtete Langhaus ist im 17. Jh. umgestaltet worden. Unter dem Chor befindet sich eine Krypta. Vermutlich bildete dieser Raum zunächst einen Durchgang, der dann als Unterkirche oder Kreuzwegstation ausgestaltet wurde. In der Ausstattung sind eine Steinkanzel von 1554 und eine hölzerne von 1615 sowie der Taufstein des 12. Jh. erwähnenswert.

Die spätgotische Gottesackerkirche wurde 1964 modern umgebaut.

Kamenz
Kr. Kamenz, Bez. Dresden

* Die Marienkirche ist in ihrer eigenwilligen Gestalt das beherrschende Bauwerk der Altstadt. Je zwei der vier Kirchenschiffe liegen unter den beiden hohen Satteldächern. An ihre Blendengiebel schließt im Osten das ein wenig niedrigere Chordach an, während der hohe Turm mit dem barocken Aufsatz aus der Nordwestecke der Kirche emporwächst. Um 1400 wurde die Kirche als dreischiffige Anlage begonnen, und bis zum Brand während der Hussitenkriege 1429 war im Chor auch die Sakramentsnische mit dem Dreisitz daneben fertiggestellt. Danach fügte man das vierte Schiff an und zog etwa 1450 die Netzgewölbe ein. Am Ende des vorigen Jh. erfuhr die Kirche eine Restaurierung, bei der ein Teil der Ausstattung entfernt wurde. Beachtenswerte Stücke blieben dennoch erhalten: der stattliche ** Marienaltar vom Ende des 15. Jh. mit fünf Vollfiguren und figuriertem reichem Gesprenge; der Michaelisaltar entstand 1498 in einer Lausitzer Werkstatt, die Kreuzigungsgruppe im Triumphbogen stammt vom Ende des 14. Jh. 1542 schuf Wolfgang Krodel die drei Votivgemälde der Kreuzigung, des Alten und Neuen Testaments; ein Reliquienbehälter mit zwei Armreliquiaren gehört noch ins späte 14. Jh. Im Nordschiff ist der bemalte Braunaer Herrschaftsstand bemerkenswert, um 1580 aufgerichtet und im Hauptschiff die Kanzel von Andreas Dreßler, 1566.

* Südöstlich der Marienkirche steht, wie eine Bastion in die Stadtbefestigung eingefügt, die Katechismus-Kirche, als Wehrbau an den Schießschartenfenstern erkennbar. Ihr Bau entstand im 14. Jh., ist aber 1724 durchgreifend erneuert worden und erhielt die sehenswerte volkskünstlerische Ausstattung.

* Die Klosterkirche der Franziskaner St. Annen wurde 1493 außerhalb der Stadtbefestigung erbaut. Sie ist eine dreischiffige Halle mit einschiffigem Chor und Netzgewölben im Inneren sowie Ziergiebeln mit Backsteinblenden. In der Ausstattung haben sich fünf mittelalterliche Altäre erhalten, die alle zwischen 1510 und 1520 entstanden sind, besonders beachtens-

wert ist der Altar mit der Darstellung der Stigmatisation des heiligen Franziskus.

* Ebenfalls vor der mittelalterlichen Stadt ist im 14. Jh. die Justkirche als Friedhofskapelle errichtet worden, ein einschiffiger Bau. In seinem Chor haben sich Wand- und Gewölbemalereien aus der Zeit um 1380 erhalten, die das Leben Christi, die klugen und die törichten Jungfrauen und Engelfiguren darstellen und von einem wohl aus Böhmen kommenden Meister geschaffen wurden. 1937 freigelegt, gehören sie zu den bedeutendsten mittelalterlichen Wandmalereien in der Lausitzer Kunstlandschaft.

Kampehl
(Ortsteil von Neustadt/Dosse)
Kr. Kyritz, Bez. Potsdam

Die Dorfkirche, ein Feldsteinbau aus der Mitte des 13. Jh. mit verbrettertem Dachturm des 18. Jh., ist berühmt wegen der in einem Gruftanbau erhalten gebliebenen Mumie des Ritters Kahlbutz, der 1703 starb.

Karl-Marx-Stadt
Bez. Karl-Marx-Stadt

Am Kreuzungspunkt der frühmittelalterlichen Franken- mit der Salzstraße entstand auf einer Anhöhe als kaiserliche Stiftung seit 1136 ein Benediktinerkloster, das 1143 auf königliche Weisung das Recht zu einem Fernhandelsmarkt erhielt. Bald danach entwickelte sich in der Flußaue darunter bis zum 13. Jh. eine erste städtische Siedlung um die Marktkirche St. Jacobi. Ihr schlossen sich im 13. Jh. Vorstädte mit einer Johannis- und Nikolaikirche an. Bis zum Dreißigjährigen Krieg erlangte das alte Chemnitz als Handelsstadt zwischen Prag und Leipzig große Bedeutung. Eine zweite rasche Aufwärtsentwicklung erlebte es mit der Industrialisierung im 19. Jh. Zur Großstadt herangewachsen, wurde sein Zentrum im letzten Krieg nahezu völlig zerstört. Der Wiederaufbau erfolgte unter Bewahrung einiger historischer Bereiche in neuer städtebaulicher Ordnung.

** Die Schloßkirche ist der Nachfolgebau der alten Benediktiner-Klosterkirche, von welcher noch das

Geißelsäule in der Schloßkirche

Chorquadrat, die beiden Nebenchöre und das südliche Querhaus verblieben. Seit dem Ende des 14. Jh. wurde der Chor verändert und Ende des 15. Jh. erhöht. Dann begann seit 1514 der Umbau mit der Anlage der Türme, die aber erst 1897 ihre heutige Gestalt erhielten. Bis 1526 entstand das Hallenlanghaus über den romanischen Fundamenten und erhielt die reichen Stern- und Schlingrippengewölbe. Im Zusammenhang mit diesem Umbau gestaltete 1505–25 Hans Witten das zu den bedeutendsten spätgotischen Kunstwerken in Sachsen zählende Hauptportal. Es ist 1973–80 als Schutzmaßnahme vor Umweltschäden von seinem Standort an der Nordseite der Kirche an die südliche Innenwand versetzt worden. Die Gestalt des ursprünglich reich bemalten Steinbildwerkes besteht aus Baumstämmen, Hans Maidburg schuf die Figuren. Sie tragen ein heilsgeschichtliches Programm vor: Im Unterteil sind zwei Äbte sowie das kaiserliche Stifterpaar Lothar und Richenza dargestellt, darüber die Muttergottes mit den beiden Johannes, außen Benedikt und Scholastika, darüber der Gnadenstuhl, umgeben von musizierenden

Engeln. Ein ebenso bedeutendes Kunstwerk ist die Geißelsäule, gleichfalls von Hans Witten um 1515 geschaffen, die in großartiger Naturalistik die Geißelung Christi und die Dornenbindung vor Augen führt. Ebenfalls aus der spätgotischen Epoche sind das Sakramentshäuschen und die 1952 freigelegten Gewölbemalereien im Chor von etwa 1530 erhalten. Der gleichen Zeit entstammt auch die gemalte und ausgesägte Kreuzigungsgruppe, die als ursprüng-

licher Bestandteil eines Lettners dem Meister Hans von Cöln zugeschrieben wird. Vier Gemäldetafeln aus zwei Altären schuf Lucas Cranach d. Ä. gegen 1520. Die ehem. Klostergebäude wurden 1540 in ein kurfürstliches Schloß umgestaltet; heute sind sie als Stadt- und Schloßberg-Museum eingerichtet.

* Die Jacobikirche, als königliche Marktkirche 1165 gegründet, wurde 1350–65 neu in Hallengestalt gebaut, der Hallenumgangschor entstand am

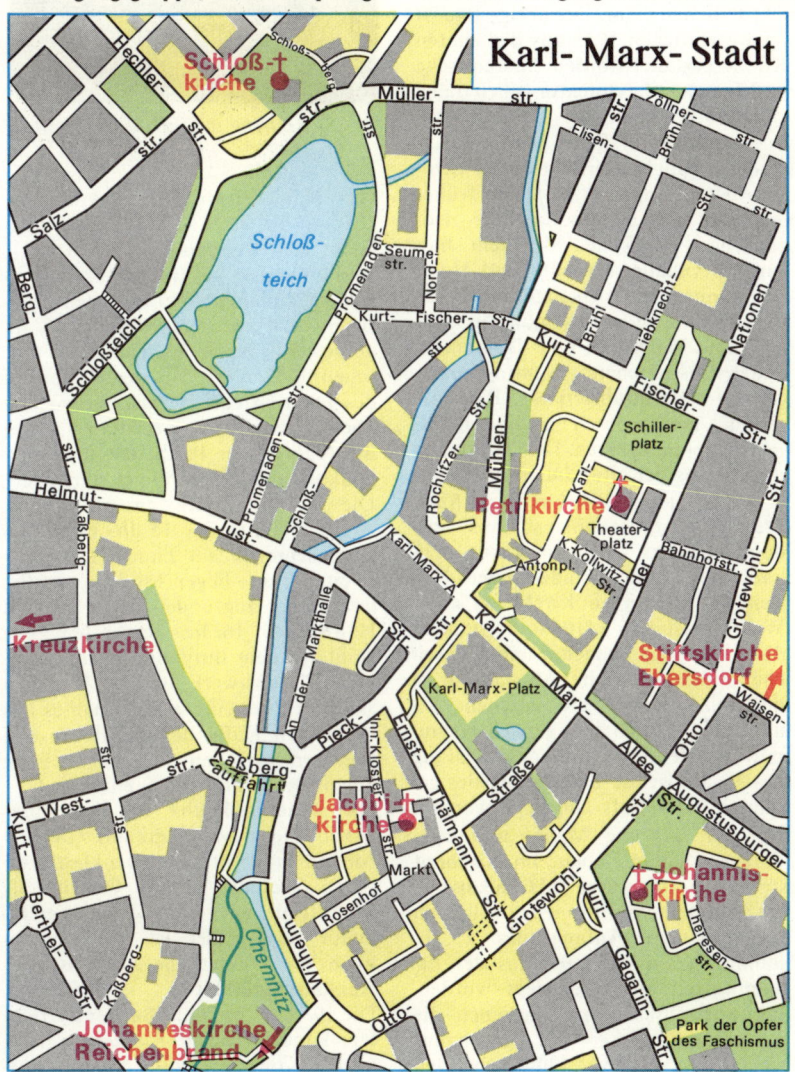

Anfang des 15. Jh. 1879 wurde die Kirche durchgreifend in neogotischen Formen erneuert, und 1911/12 erhielt sie durch die Architekten Schilling und Gräbner die Jugendstil-Fassade. 1945 brannte der Bau völlig aus. Beim Wiederaufbau 1964 konnte die mittelalterliche Farbfassung im Chor wiederhergestellt werden. Der ∗∗ Peter-Breuer-Altar aus der Johanniskirche, um 1505 entstanden, erhielt hier einen neuen Standplatz. Die Johanniskirche besitzt noch einen mittelalterlichen Chor. Der übrige Bau ist im wesentlichen 1913 aus der älteren Kirche gestaltet worden. Spätgotische und Jugendstilarchitektur gehen dabei eine Synthese ein.

In Anlehnung an die frühgotische Kathedralarchitektur errichtete der Leipziger Hans Enger 1885–88 im früheren Park am Schillerplatz die neogotische Petrikirche. Mit dem Bau von Opernhaus, Museum und Hotel „Chemnitzer Hof" entstand das heute stadtbildprägende Ensemble, in dem der hohe Kirchturm eine Dominante bildet. Das Kirchenhaus mit Kreuzarmen ist als zentralisierender Bau ausgebildet, mit Emporen und einer Ladegast-Orgel im Inneren. Das Altarkreuz stammt aus der alten Lukaskirche.

∗∗ Die ehem. Stiftskirche in *Karl-Marx-Stadt-Ebersdorf* stammt aus dem Ende des 12. Jh. Im Zusammenhang mit einem wundertätigen Marienbild wurde die Kirche zu einer Wallfahrtsstätte. 1410-20 entstanden dabei der neue Langchor und eine reiche bildkünstlerische Ausstattung in der ganzen Kirche, die zwischen 1959 und 1964 denkmalpflegerisch restauriert wurde. Gleichfalls am Anfang des 15. Jh. ist die Befestigung des gesamten Kirchhofs angelegt worden, von der sich die Mauer und zwei Türme erhalten haben. Im Kirchhof steht die achteckige Marienkapelle, die mit dem Sternrippengewölbe im Inneren vom Anfang des 15. Jh. stammt, Wandmalereien aus der Erbauungszeit sind freigelegt worden. Besondere Beachtung verdienen die Ausstattungsstücke: der Hochaltar entstand 1513 mit Flügelgemälden

Stiftskirche in Karl-Marx-Stadt – Ebersdorf

von Hans Hesse, der Sakramentsschrein, die sitzende Madonna – vielleicht das wundertätige Bildwerk – sind Zeugnisse des frühen 15. Jh. Weitere Madonnenbilder wurden zwischen 1420 und dem Ende des 15. Jh. aufgestellt. Hans Witten schuf zwischen 1502 und 1513 den Grabstein des Dietrich von Harras, ebenso den überlebensgroßen Kruzifixus sowie die Figuren der Pulthalter, die einen Diakon und einen Engel darstellen. Die Porphyr-Taufe entstammt der zweiten Hälfte des 15. Jh. Dem Plakettenschmuck am Zinnaufsatz einer zweiten Taufe liegen Modelle von Peter Flötner zugrunde, in der zweiten Hälfte des 16. Jh. geschaffen. Ein wohl aus dem Burgundischen gekommenes Kunstwerk ist die Marmorskulptur des heiligen Hieronymus aus der ersten Häfte des 15. Jh. In den Fenstern befinden sich noch einige Scheiben des frühen 16. Jh.

Die Johanneskirche in *Karl-Marx-Stadt-Reichenbrand* erbaute 1804-10 Johann Traugott Lohse als klassizistischen Saalbau, dessen Ostseite als Schaufront mit Kolossalsäulenarchitektur ausgebildet ist. Im Inneren blieb die einheitliche klassizistische Ausstattung erhalten.

Die 1935/36 von Otto Bartning errichtete Kreuzkirche in *Kaßberg* war im letzten Krieg fast völlig zerstört worden. Sie ist 1951-54 nur wenig verändert wiederaufgebaut worden.

Kavelstorf

Kr. Rostock, Bez. Rostock

Die feldsteinerne Dorfkirche entstand um die Mitte des 13. Jh. mit fast quadratischem Schiff und rechteckigem Chor. Sie gehört zu den monumentalsten mecklenburgischen Dorfkirchen, von allem wegen des mächtigen wehrhaften Westturmes, dessen Obergeschoß in ein ungleichseitiges Achteck übergeht, auf dem wiederum der Achteckhelm sitzt. Das Innere überspannen ein Domikal- und dekoratives Kreuzrippengewölbe, die Sakristei besitzt eine Kuppelwölbung.

Kelbra

Kr. Sangerhausen, Bez. Halle

Die Kirche des ehem. Zisterzienser-Nonnen-Klosters St. Georgi, jetzt Pfarrkirche, entstammt dem endenden 12. Jh. Davon blieb der Turm erhalten, während der Chor im späteren 13. Jh., das Langhaus in spätgotischer Zeit entstanden. Die Holzdecken im Inneren wurden nach einem Brand im frühen 17. Jh. eingebaut. Aus dieser Zeit stammen auch wesentliche Teile der Ausstattung.

Die Martinikirche ist ein im Kern spätromanischer Bau, wie der Chorturm in seiner Gestalt erkennen läßt. Das Schiff wurde spätgotisch erweitert. Im Inneren befindet sich ein Kanzelaltar reicher Prägung von etwa 1700.

In der Friedhofskirche aus dem 18. Jh. ist eine Orgel eingebaut, die aus der Zeit um 1600 stammt und 1981 restauriert wurde

Kemberg

Kr. Wittenberg, Bez. Halle

Die Stadkirche Unser Lieben Frauen ist eine stattliche spätgotische Halle aus dem 14. und 15. Jh. Ihr neogotischer, hoch aufragender Turm entstand 1854-59 nach einem Entwurf von Friedrich August Stüler. Der Innenraum zeigt reiche Sterngewölbe und Reste von Wandmalerei aus der zweiten Hälfte des 15. Jh. Von der Ausstattung sind besonders beachtenswert: das Triumphkreuz aus der Zeit um 1500, aus der gleichen Epo-

Stadtansicht über den Markt

che das Sakramentshaus mit filigranem spätgotischem Aufbau, der 1565 von Lucas Cranach d. J. geschaffene Flügelaltar sowie ein weiterer Schnitzaltar aus der zweiten Häfte des 15. Jh. Die zum Teil doppelgeschossige Hufeisenempore wurde im 17. und 18. Jh. eingebaut.

Kerkow

Kr. Angermünde, Bez. Frankfurt

Die stattliche frühgotische Dorfkirche besitzt im Chor spätgotische Sterngewölbe. Von der Erneuerung der Kirche Anfang unseres Jh. stammt die reiche Ausmalung. Der sandsteinerne Altaraufsatz wurde 1596 aufgestellt, das Patronatsgestühl entstand in der zweiten Hälfte des 17., die übrige Ausstattung im wesentlichen im 18. Jh.

Ketzür

Kr. Brandenburg, Bez. Potsdam

** Die Dorfkirche entstand in unterschiedlichen Bauphasen zwischen dem endenden 14. und dem ausgehenden 18. Jh. Überraschend reich ist die Ausstattung vor allem aus dem 17. Jh., die das Altarretabel, Kanzel, Taufe und die verglaste Patronatsloge umfaßt. Das Gestühl gehört zu den frühesten Teilen dieser Einrichtung, ebenso die bemalte Holzbalkendecke. Das aus Sandstein, Marmor- und Alabasterbildnissen und Figuren bestehende Epitaph von Brösicke ist eines der besonders bemerkenswerten Renaissancekunstwerke der brandenburgischen Landschaft, 1611/13 von

Christoph Dehne aus Magdeburg geschaffen.

Kirch Baggendorf
Kr. Grimmen, Bez. Rostock
Die Dorfkirche aus der Mitte des 13. Jh. ist ein Feldsteinbau mit Backsteingliederung; die Blendengiebel sind erneuert, der Turm trägt einen hölzernen Aufsatz. Im Inneren befinden sich Kuppelgewölbe und eine einheitliche ornamentale Ausmalung aus der Zeit um 1400. Die Ausstattung stammt im wesentlichen aus dem 18. Jh.

Kirch Stück
Kr. Schwerin, Bez. Schwerin
Zu den bedeutendsten Ausstattungsstücken der am Ende des 13. Jh. errichteten backsteinernen Dorfkirche gehören die mittelalterlichen Scheiben im Nordfenster des Chores. Die gemalte Kreuzigungsgruppe darin entstand am Ende des 13. Jh., weitere Scheiben um 1400. Der spätgotische Flügelaltar stammt aus der Zeit um 1430/40.

Kirschkau
Kr. Schleiz, Bez. Gera
* Die ansehnliche barocke Dorfkirche erbaute 1753 Riedel als nahezu kreisrunden Raum mit vier rechtecki-

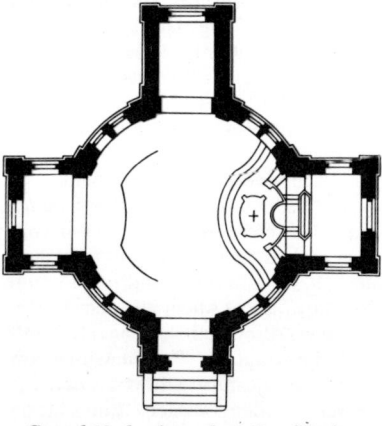

Grundriß der barocken Dorfkirche

gen Kreuzarmen und einem mit einer hohen Doppellaterne geschmückten Turm. Innen wirken die Kreuzarme hinter den Emporen und dem Kanzelaltar wie Bestandteile der Pilaster-

und Rokoko-Stuckdekoration des gesamten Raumes.

Kittlitz
Kr. Löbau, Bez. Dresden
* Die barocke Dorfkirche erbaute 1749–75 Andreas Hünigen als rechteckigen Saal mit abgeschrägten Ecken und Turm. Den gesamten Innenraum umziehen Doppelemporen, die im langen Chorraum verglast sind. Das Chorhaupt nimmt der mächtige Baldachinbau ein, der aus vier korinthischen Säulen, Korbbögen und Gehängen besteht und den gleichfalls als Säulenarchitektur ausgeprägten Altar überspannt. In ihrer weitgehend einheitlichen, wenn auch in unterschiedlichen Epochen entstandenen Ausstattung und Architektur ist die Kirche eines der bedeutenden Beispiele evangelischen barocken Kirchenbaues in Sachsen.

Kitzen-Hohenlohe
Kr. Leipzig, Bez. Leipzig
Die Dorfkirche ist der Rest eines Nonnenklosters, das im 12./13. Jh. hier bestand. Die im Kern romanische Kirche wurde dazu nach 1200 umgestaltet und ist als flachgedeckter kreuzförmiger Bau mit querrechteckigem Turm erhalten. Der gerade Chorschluß entstand vermutlich im 13. Jh. Die dekorativen Blattkapitelle deuten auf Baumeister aus dem nördlichen Harzraum. 1965–67 erfolgte die Innenerneuerung der Kirche.

Kleinmachnow
Kr. Potsdam, Bez. Potsdam
Die fünfjochige Backsteinkirche mit nur einem Schiff und gleich breitem Westturm stammt aus dem 15./16. Jh. Das Innere überspannt ein Netzgewölbe. Zu den bedeutendsten Bildwerken der Zeit um 1600 in der Mark zählt der Schnitzaltar mit doppelten Flügeln, an den Außenseiten mit szenischen Gemälden. Sein Meister ist Hans Zinckeisen, Nickel Zinckeisen schuf zwei Jahre früher, 1597, den Taufstein mit geschnitztem Deckel und Figurenschmuck.

Klingenthal
Kr. Klingenthal, Bez. Karl-Marx-Stadt
* Die 1737 erbaute Stadtkirche ist

der erste und größte barocke Zentralbau über achteckigem Grundriß in Sachsen. Er tritt besonders durch das hohe dreifach gestufte und geschweifte Dach mit der Laterne in Erscheinung. 1965/66 erfolgte seine Restaurierung. Die Innenausstattung mit den umlaufenden dreigeschossigen Emporen und Kanzelaltar aus der Erbauungszeit wurde ebenfalls neu gefaßt.

Kloster (Ortsteil von Hiddensee)
Kr. Rügen, Bez. Rostock
Aus einer Wegekapelle vor dem Tor des Zisterzienserklosters, nach dem der Inselort benannt wurde, entstand die heutige einfache Backsteinkirche. Das Kloster ist bis auf geringe Reste abgetragen, die Dorfkirche 1781 gründlich verändert worden. Aus dieser Zeit stammt auch der Kanzelaltar, der Taufengel ist etwas älter. Auf dem Friedhof befindet sich die Grabstätte Gerhart Hauptmanns.

Klosterlausnitz, Bad
Kr. Stadtroda, Bez. Gera
∗ Die Kirche des ehem. Augustiner-Chorfrauenstiftes ist in ihrer heutigen Gestalt ein Abbild des romanischen Bauwerkes. Von dieser zwischen 1150 und 1185 errichteten dreischiffigen Basilika mit Westdoppelturmfassade blieb seit dem 16. Jh. nur die Chorpartie bestehen, Langhaus und Türme wurden abgetragen. 1855–66 erfolgte der stilgerechte Wiederaufbau nach Plänen von Alexander Ferdinand von Quast. Von der Ausstattung ist das überlebensgroße Kruzifix aus der Zeit um 1240 bemerkenswert.

Klostermansfeld
Kr. Eisleben, Bez. Halle
Die romanische Klosterkirche des 12. Jh. erfuhr im 15. Jh. einen durchgreifenden Umbau ihrer Ostpartie, das Langhaus ist in der durch den Stützenwechsel geprägten kurzen Schiffspartie erhalten. Die umfassende denkmalpflegerische Restaurierung, bei der die Seitenschiffswände neu errichtet wurden, erbrachte im wesentlichen den Raumeindruck des 15. Jh. unter Einbeziehung des romanischen Mittelschiffs. Die spätgotischen Bildwerke wurden gleichfalls

restauriert. Der Turmaufbau entstand in den dreißiger Jahren des 18. Jh.

Kloster Neuendorf
Kr. Gardelegen, Bez. Magdeburg
Die Kirche des ehem. Zisterzienser-Nonnen-Klosters ist ein einschiffiger Backsteinbau aus der zweiten Hälfte des 13. Jh. mit flacher Balkendecke und Nonnenempore im Inneren. Der Turmaufsatz entstammt einer Restaurierung von 1845. Von der Ausstattung sind besonders die aus der Mitte des 14. Jh. stammenden ∗∗ Glasmalereien zu beachten, die in den fünfziger Jahren gesichert wurden.

Kloster Veßra
Kr. Hildburghausen, Bez. Suhl
∗ Die zwischen 1131 und 1182 errichtete Kirche des ehem. Prämonstratenser-Klosters ist 1939 abgebrannt. Erhalten blieben als Ruine die Umfassungsmauern des Kirchenschiffes und der zwischen 1200 und 1300 errichtete doppeltürmige Westbau. Die jetzt als Dorfkirche genutzte Grabkapelle der Grafen von Henneberg birgt im Inneren Fresken aus der Zeit um 1485. Sie wurden 1963 freigelegt. Die Kirchenruine, insbesondere die beiden Türme, sowie die auf den Fundamenten der Klostergebäude errichteten Häuser und Scheunenbauten sind in die neu geschaffene Anlage des Agrarhistorischen Museums eingebunden.

Kloster Zinna
Kr. Jüterbog, Bez. Potsdam
∗∗ Die Kirche des ehem. Zisterzienserklosters ist eine spätromanische Pfeilerbasilika aus regelmäßig behauenen Feldsteinen, die seit etwa 1230 errichtet wurde. Das Äußere blieb schmucklos, im Inneren kamen zu den Stucktonnen und Kuppelgewölben aus der Erbauungszeit in Seitenschiffen, Nebenchören und im Querschiff in spätgotischer Zeit die Hauptschiffgewölbe hinzu. Den heutigen Raumeindruck prägt vor allem die bei der Wiederherstellung 1898 geschaffene Ausmalung. Spätromanische Türbeschläge blieben am Nord- und Westportal, spätgotische an der Sakristeitür erhalten. Im Chorfußboden befindet sich ein Schriftfeld aus Tonfliesen mit dem Englischen Gruß,

Kloster Zinna, Alte und Neue Abtei

dem 13./14. Jh. entstammend. Einige Wangen des Chorgestühls stammen noch aus dem 14. und 15. Jh. Die von einer architektonischen Dekoration bekrönte und von Engelsfiguren flankierte Sakramentsnische geht auf das frühe 15. Jh. zurück, die Glasmalerei in der Hauptapsis entstand am Anfang des 16. Jh.

✳✳ Teile der Klausur aus dem 13. Jh. blieben erhalten; östlich der Kirche befinden sich das Siechen- oder Gästehaus mit blendengegliedertem Südgiebel aus dem 15. Jh. und daneben das reicher gestaltete Giebelgebäude der Neuen Abtei mit der Schaugiebelfassade von 1440–50. Diese Gebäude dienen heute dem Rat der Gemeinde und als Museum.

Klütz
Kr. Grevesmühlen, Bez. Rostock
Die Pfarrkirche St. Marien ist eine Backsteinhalle aus der Mitte des 13. Jh. mit Rechteckchor und Westturm, den ein achtseitiger Helm schmückt. 1965/66 wurde das Innere restauriert. Der architektonisch aufgebaute Barockaltar mit einer Kopie des Kreuzigungsgemäldes von van Dyck tritt besonders hervor, entstanden Anfang des 18. Jh. Der Granittaufstein entstammt dem 13., das Chorgestühl

an der Südwand dem 14. Jh. Das Chorgestühl an der Nordwand ist eine Nachbildung aus dem vorigen Jh. Die Kanzel wurde 1587 geschaffen, das hölzerne Taufgebäude 1653.

Kohren-Sahlis
Kr. Geithain, Bez. Leipzig
Die Stadtkirche St. Gangolf, ein ursprünglich spätromanisch-frühgotischer Basilikabau, ist im 15. Jh. zur Hallenkirche umgestaltet worden und erhielt dabei die Netzgewölbe über dem Mittelschiff. Der Westbau entstammt den siebziger Jahren des vorigen Jahrhunderts. Innen ist neben der spätgotischen Sakramentsnische der hölzerne Altaraufsatz von 1616/17 bemerkenswert. Grabdenkmäler des 17./18. Jh. sind gut erhalten.

Kölleda
Kr. Sömmerda, Bez. Erfurt
Die Pfarrkiche St. Wigberti ist ein einschiffiger spätgotischer Bau des 15. Jh., der Westturm kam erst 1812 hinzu. Das Innere wurde 1720–40 barock umgestaltet, aus dieser Zeit stammen auch der Altaraufsatz und die Kanzel. 1965 erfolgten Umbau und Restaurierungen des Kirchenraumes. Die katholische, ehem. Klosterkirche St. Johannis entstand als dreischiffige Zisterzienser-Nonnenkirche um 1300,

ist aber später vielfach verändert worden. 1965 erfolgte die Neugestaltung des erhaltenen frühgotischen Langhauses, des Chores und des Turmes. Die Ausstattung erhielt dabei moderne Formen.

Königsbrück
Kr. Kamenz, Bez. Dresden
1682 wurde die Stadtkirche als langgestreckter Saalbau neu errichtet, der Turm war 1719 mit der geschwungenen Haube vollendet. Aus der Erbauungszeit stammt der prachtvolle Altar mit Passionsbildern. Beachtenswert ist auch das etwa 4 m hohe Epitaph Schellendorf vom Anfang des 18. Jh. Die Hospitalkirche entstand 1579 als Begräbniskapelle. Bei Veränderungen im 17. und 18. Jh. kamen das Gestühl und der Flügelaltar in die Kirche.

Königstein
Kr. Pirna, Bez. Dresden
Aus der Altstadt am Elbufer unter dem Festungsberg ragt die Stadtkirche St. Marien mit ihrem Turm empor. George Bähr ist der Schöpfer des Gebäudes, das allerdings nach einem Brand 1810–22 neu aufgeführt worden ist. Aus dieser Zeit stammt auch der als mächtige klassizistische Säulenarchitektur gestaltete Kanzelaltar. Die Garnisonskirche auf der Festung Königstein ist ein Bau aus der Zeit der Spätgotik und Renaissance, birgt aber noch Teile aus dem 13. Jh.

Köthen
Kr. Köthen, Bez. Halle
* Im Zentrum der mittelalterlichen Altstadt beherrscht die spätgotische Stadtkirche St. Jacob den Marktplatz. In über hundertjähriger Bauzeit entstand die dennoch geschlossen wirkende Hallenarchitektur; um 1400 wurde der Bau begonnen, die Netzgewölbe waren wohl 1514 fertiggestellt. Die Doppelturmfassade ist ein Werk Bernhard Sehrings von 1895–97. 1962–64 wurde die Innere restauriert. Unter dem Chor befindet sich die 1866 angelegte Gruft mit Prunksärgen der Köthener Fürsten aus dem 18. Jh. Die Agnuskirche ist ein barocker Saalbau mit Treppen- und Dachturm, 1698 vollendet und später umgestaltet. In dem Emporenraum befindet sich

ein spätgotischer Flügelaltar von etwa 1510. Bemerkenswert sind das Abendmahlsgemälde aus der Cranachwerkstatt nach dem Abendmahlsbild der Dessauer Schloßkirche sowie das Epitaph der Fürstin Gisela Agnes, von Antoine Pesne gegen Mitte des 18. Jh. geschaffen.
* Eine interessante Geschichte hat die Schloßkirche St. Marien. Der letzte Herzog von Anhalt-Köthen war zum Katholizismus übergetreten und hatte den Baumeister Gottfried Bandhauer mit einem Kirchenneubau beauftragt. Er sollte eine kreuzförmige Zentralkirche mit mächtigem Vierungsturm errichten. Dieser Bau aber stürzte ein, und so ist das monumental angelegte klassizistische Kirchengebäude über dem Turmstumpf mit einem einfachen Dach und innen mit einer Tonnenwölbung versehen worden. Die wuchtige Säulenarchitektur gibt dem Raum sein klassisches Gepräge. 1963 ist die Kirche restauriert und der Innenraum neu gefärbt worden.
Die Martinskirche im Südosten der Stadt ist ein Klinkerbau von 1912–14, als zentraler Emporenbau mit breitem Ostturm angelegt.

Krevese
Kr. Osterburg, Bez. Magdeburg
Die Kirche entstand zwischen 1170 und etwa 1200 zusammen mit dem Benediktiner-Nonnen-Kloster als dreischiffige Basilika in spätromanischen Bauformen. Der Fachwerkturm wurde 1598 errichtet und erhielt 1707 seine Barockhaube. Das durch den Stützenwechsel geprägte Mittelschiff ist spätgotisch gewölbt und besitzt eine interessante Ausstattung aus dem 18. Jh. Die barocke Ausmalung ist freigelegt und die Orgel von Gansen aus Salzwedel in der Form von 1721 restauriert. Der Kanzelaltar entstand 1746, das Gestühl ebenfalls im 18. Jh.

Kriebstein (Ortsteil von Höfchen)
Kr. Hainichen, Bez. Karl-Marx-Stadt
* Die Kapelle der im wesentlichen zwischen 1384 und dem späten 15. Jh. errichteten Burg über dem Zschopau-Stausee gehört zu den frühen mittelal-

terlichen Bauteilen. Aus einer kräftigen Mittelstütze wachsen vier kreuzgratgewölbte Joche hervor, ihre spätgotische Bemalung aus der ersten Hälfte des 15. Jh. ist 1934 freigelegt und restauriert worden. Sie zählt zu den bedeutendsten Beispielen mittelalterlicher Raumfassungen in Sachsen.

Kroppenstedt

Kr. Staßfurt, Bez. Magdeburg
Vom romanischen Vorgängerbau der Stadtkirche St. Martin blieb der Turm erhalten. Das anschließende Kirchenhaus entstand in spätgotischen Bauformen am Ende des 15. Jh., im Langhaus mit Holzdecken, im Chor mit Kreuzrippengewölben. Beachtenswert ist die Ausstattung: Vom Ende des 17. Jh. stammen der Altaraufbau mit reich geschnitztem Knorpelwerk um die Gemälde und um Schnitzfiguren über den bemalten Seitentüren und auf den Gesimsen sowie die ebenso reiche Kanzel. Das Sakramentshaus entstand um 1500, die Taufe mit Alabasterreliefs um 1610. Im Chor Wandmalereien aus der Erbauungszeit mit den 12 Apostelfiguren, restauriert.

Kühren

Kr. Wurzen, Bez. Leipzig
Die Dorfkirche ist im 17. Jh. aus einem mittelalterlichen Bau, von dem der romanische Chor stehenblieb, umgestaltet worden. In einem Chorraum sind 1952 Wandmalereien aus dem 15. Jh. freigelegt und restauriert worden. In mehreren Bildstreifen enthalten sie Darstellungen des Jüngsten Gerichts und der Passion.

Kürbitz

Kr. Plauen, Bez. Karl-Marx-Stadt
Die Dorfkirche mit dem mächtigen Westturm entstand 1624–26 als protestantischer Kirchenbau. In ihrem Inneren zeigt die Emporenhalle in der etwas kargen Architektur eine reiche barocke Ausstattung. Sie geht auf die Stifterfamilie von Feilitzsch zurück, als deren Grablage die westlichen Joche des Südschiffs barock ausgemalt und durch ebenfalls barocke Gitter abgeteilt wurden. Aus der gleichen Zeit stammen die Logen- und Betstubeneinbauten im Chor und den Em-

poren. Von den Bildwerken sind der Altar aus einer Hofer Werkstatt von 1500, das Vesperbild von 1510 und die figurenverzierte Kanzel mit Schalldeckel von 1626 hervorzuheben. Der Orgelprospekt stammt von 1720.

Kyritz

Kr. Kyritz, Bez. Potsdam
Die Pfarrkirche St. Marien ist heute weniger von den Architekturformen der spätgotischen Erbauungszeit als vielmehr durch den Kunststil der Restauratoren geprägt. 1709 fand ein erster Umbau der Kirche statt. 1849 ein weiterer, der vor allem die neue Westfassade brachte. Im weiten Hallenschiff mit dem polygonalen Choranbau verblieben Teile der älteren Ausstattung, darunter das Chorgestühl aus dem 17. und eine Taufe aus dem 16. Jh. Die Kanzel stammt von 1714.

Landsberg

Kr. Saalkreis, Bez. Halle
✳✳ Weithin sichtbar ragt aus der flachen Landschaft zwischen Halle und Leipzig der Porphyrfels mit der Doppelkapelle Landsberg auf, wohl schon in frühmittelalterlicher Zeit ein wichtiger Burgplatz. Im 12. Jh. vollendeten hier die Markgrafen von Landsberg ihren wehrhaften Wohnsitz, der hernach verfiel. Nur die Kapelle blieb erhalten. Sie wurde zwischen 1174 und 1186 vollendet, ihr Bau läßt Rückschlüsse auf die Bedeutung und Größe der einstigen Burg zu. In spätgotischer Zeit erhielt die Kapelle ein Wohngeschoß aufgesetzt. 1928–30 ist bei der Restaurierung der heutige,

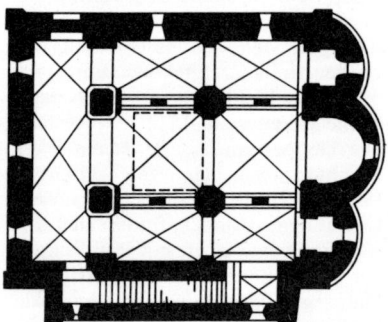

Grundriß der romanisch-frühgotischen Doppelkapelle

Oberer Raum der Doppelkapelle

dem spätgotischen nahekommende Bauzustand wiederhergestellt worden. Die Ostseite prägen die drei Apsiden, an der Südseite ist ein Treppenhaus angefügt. Die beiden übereinanderliegenden Räume – oben für die Herrschaft, unten für das Gesinde – sind durch die Öffnung in der Decke miteinander verbunden. Sie haben je drei Schiffe und im Westen einen durchgängigen Querraum. Die edlen Bauformen, der Wechsel von schlanken Säulen und kräftigen Pfeilern sowie die Kapitellornamentik lassen die Kapelle zu einem Kleinod romanischer Baukunst werden. Beachtenswert ist auch der schöne Schnitzaltar aus der zweiten Hälfte des 15. Jh.

Die Pfarrkirche in Landsberg entstammt ebenfalls noch der Spätromanik; ihr einschiffiger Bau mit Apsis und breitem Westturm wurde im 17. Jh. umgestaltet. Am Portalvorbau verblieb ein romanisches Tympanon.

Langensalza, Bad

Kr. Langensalza, Bez. Erfurt

✳ Die Stadtkirche St. Bonifatius ist eine breitgelagerte Halle, vor der ursprünglich eine Doppelturmfassade geplant war, ausgeführt wurde nur der Nordturm. Der Bau begann am Ende des 14. Jh., wurde aber in der Haupt-

sache erst in der zweiten Hälfte des 15. Jh. errichtet. Dabei entstanden auch die dünnrippigen Netz- und Sterngewölbe, im Chor ist eine Flachdecke eingebaut. Die reich ausgestattete Kanzel stammt aus dem 18. Jh., interessant ist auch die bemalte Decke der Empore. Der Nordturm erhielt 1590–92 seinen markanten Aufsatz mit dem Balustraden-Umgang.

Eine ebenfalls spätgotische Halle ist die Bergkirche St. Stephan, etwa gleichzeitig mit der Bonifatiuskirche begonnen; der Turm erhielt 1860 seinen Aufsatz. Die Kanzel stammt von 1590, der Altar von 1684.

Laucha

Kr. Nebra, Bez. Halle

Die Stadtkirche St. Marien wurde 1479–96 als einheitlicher Bau mit Westturm und Vorhalle errichtet. Die Ausstattung des Kirchenraumes entstand im 18. Jh.

✳ In Laucha befindet sich eine alte Glockengießerwerkstatt, daran angeschlossen ist das Glockenmuseum mit einer interessanten Sammlung von Kirchenglocken und technischen Zeugnissen aus dem 15. bis 19. Jh. Die Gießereiausstattung aus dem 18. Jh. blieb erhalten.

Lauchstädt, Bad

Kr. Merseburg, Bez. Halle

Schon Ende des 9. Jh. ist Lauchstädt im Hersfelder Zehntverzeichnis genannt. Berühmtheit erlangte die kleine Stadt, als sie zwischen 1775 und 1810 das Modebad der Goethezeit wurde. Die barocken Kuranlagen, das Goethe-Theater, das spätmittelalterliche Schloß und die Stadtkirche bilden ein reizvolles Denkmalensemble. Die Kirche entstand 1684/85 neu aus einem spätgotischen Bau. Der schöne frühbarocke Schnitzaltar wurde von Heinrich Schau aus Zeitz 1686 geschaffen, gleichzeitig entstand die Taufe mit dem knienden Engel.

Lauenstein

Kr. Dippoldiswalde, Bez. Dresden

✳ Die Stadtkirche stammt in ihrer heutigen Gestalt und Ausgestaltung aus dem endenden 16. Jh. Nach einem Brand war der spätmittelalterliche Bau 1584 erneuert und mit Stern-

und Netzgewölben versehen worden. Sehenswert ist die Ausstattung: Für die Familie von Bünau schuf der Pirnaer Bildhauer Michael Schwenke ab 1594 ein prachtvolles Epitaph – zugleich Altar der Kirche –, das ein interessantes Zeugnis für die feudalherrlichen Ansprüche der Kirchenpatrone darstellt. Es ist ein großartiges architektonisch-plastisches Bau- und Bildwerk aus Säulen, bewegten Reliefbildern und Freiplastiken. Im Zusammenhang mit der Chorgestaltung gehört es zu den bedeutendsten Beispielen der Verarbeitung niederländischer und italienischer Kunst in der deutschen Renaissance. Schwenke schuf ebenfalls die reich reliefierte Kanzel und den Taufstein. An den Chor schließt die Bünau-Kapelle an. Ihre üppige Stuckdecke entstand um 1600. Seit 1609 errichtete hier der Nosseni-Schüler Lorenz Hornung aus Sandstein und unter Verwendung von Alabaster und Edelgestein das 9 m hohe und 5 m breite, überaus prachtvolle Epitaph. Die Spanne der Bildwerke reicht von lebensgroßen Stifterfiguren bis zu fast filigranen Reliefs – ein Meisterwerk manieristischer Kunsthaltung. In der Schloßkapelle sind gleichfalls reiche Kopfkonsolen zusammengestellt, die auf Michael Schwenke zurückgehen. Er baute zusammen mit der Stadtkirche auch das Bünausche Schloß aus.

Lausick, Bad
Kr. Geithain, Bez. Leipzig
∗ Die Stadtkirche St. Kilian ist eine dreischiffige romanische Pfeilerbasilika. Ihre Einwölbung erfolgte in der Barockzeit, 1739 wurde der hölzerne Vierungsturm errichtet. Der ansonsten wenig schmuckreiche Bau ist zwischen 1951 und 1958 gesichert und restauriert worden. Dabei erhielt die Silbermann-Trampeli-Orgel aus Auligk hier ihren neuen Aufstellungsort. Neben weiteren Ausstattungsstücken aus dem 18. Jh. ist der spätgotische Altarschrein bemerkenswert.

Lauterbach
Kr. Marienberg, Bez. Karl-Marx-Stadt
∗ Die Dorfkirche ist eines der weni-

Wehrkirche

gen erhaltenen Beispiele der im Mittelalter im Erzgebirge weit verbreiteten Wehrkirchen. 1907 wurde das Bauwerk am heutigen Standort neu aufgebaut. Vermutlich aus der zweiten Hälfte des 15. Jh. stammend, hatte die Kirche schon im 17. und 18. Jh. einige Umgestaltungen erfahren. Am heutigen Bau sind die Fenster vergrößert und ein neuer Eingang geschaffen worden. Den gesamten Bau umzieht unter der Traufe ein hölzerner Wehrgang. Darin sind neben der bemalten Kassettendecke beachtliche Ausstattungsstücke vorhanden: Der Schnitzaltar mit den an den Rückseiten bemalten Flügeln entstand am Anfang des 16. Jh., Peter Breuer schuf die Marienfigur mit Kind. Die Orgel von 1620 ist eine der ältesten in Sachsen, sie wurde, wie der gesamte Kirchenbau, restauriert.

Lehnin
Kr. Brandenburg, Bez. Potsdam
∗∗ Die Zisterzienser-Klosterkirche ist eines der historisch und baukünstlerisch bedeutendsten Denkmale der Mark Brandenburg. Es bildete die erste Niederlassung des Ordens und das Kolonisationszentrum im slawischen Land. 1180 gegründet, war es bis 1540 das reichste Kloster dieser Landschaft geworden. Nach der Reformation sank seine Bedeutung, mit dem 18. Jh. verfiel die Anlage. 1872–77 ist die Kirche in ihren Westteilen neu aufge-

Klosterhof

Klosterkirche

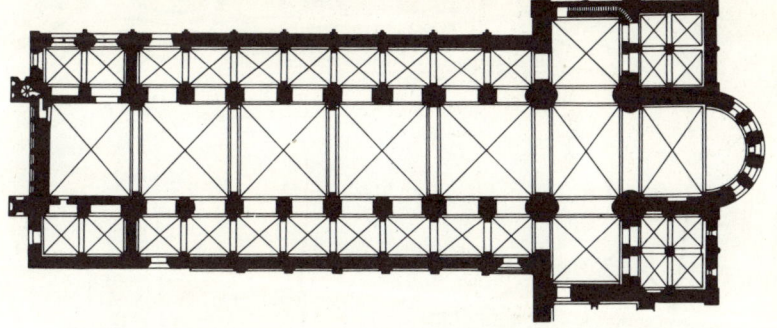

Lehnin, Grundriß der spätromanisch-frühgotischen Klosterkirche

baut und gründlich restauriert worden; diese Erneuerung prägt die heutige Architektur. Zwischen 1190 und der Mitte des 13. Jh. wurde die turmlose Pfeilerbasilika aus Backsteinen erbaut. Viele dekorative Einzelheiten am Außenbau entstanden bei der Restaurierung neu, die auch die erhalten gebliebenen Klosterbauten erfaßte, so das Kornhaus aus dem 14. Jh., das Abtshaus aus der Mitte des 15. Jh. und das gleichzeitig erbaute Falkoniershaus, Torhaus und Andachtskapelle sowie die mittelalterliche Klostermauer. Von der Ausstattung der Klosterkirche sind besonders bemerkenswert: der Schnitzaltar von 1476 mit einer gemalten Predella von 1502, das spätromanische Kruzifix aus der Zeit um 1230/40, Tafelbilder zur Klostergeschichte und eine kleine Sammlung mittelalterlicher Handschriften.

Leipzig
Bez. Leipzig

Im dicht besiedelten slawischen Gebiet an der Kreuzung der wichtigen frühmittelalterlichen Handelswege der Hohen Straße und der Reichsstraße („via regia" und „via imperii") wurde 1015 die „urbs Libzi" zur Sicherung des Weges zwischen den Kolonisationsplätzen Merseburg und Meißen angelegt. Im Schutz dieser Burg entstanden bis zum 12. Jh. erste Märkte und mit dem Augustiner-Chorherrenstift an Stelle der heutigen Thomaskirche, einer Katharinenkapelle und der alten Petrikirche erste städtische Sakralbauten. Seit 1165 erwähnte Oster- und Michaelismärkte entwickelten sich schon früh zu Handels- und Warenmessen, die 1497 die kaiserliche Bestätigung erfuhren. Etwa gleichzeitig erweiterte sich

141

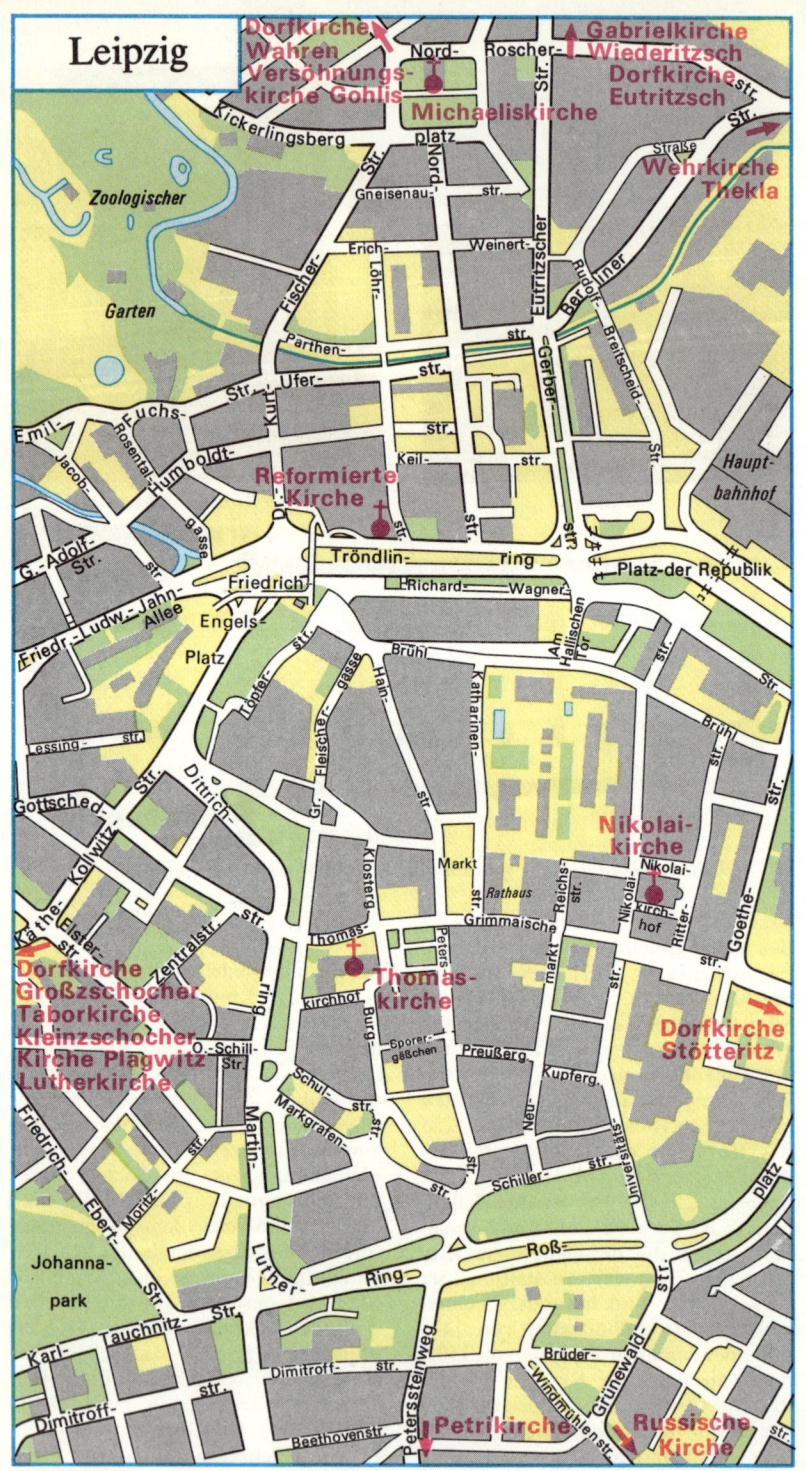

Leipzig

Dorfkirche Wahren
Versöhnungs-kirche Gohlis
Gabrielkirche Wiederitzsch
Dorfkirche Eutritzsch
Michaeliskirche
Wehrkirche Thekla

Zoologischer

Garten

Reformierte Kirche

Dorfkirche Großzschocher
Taborkirche Kleinzschocher
Kirche Plagwitz
Lutherkirche

Nikolai-kirche

Thomas-kirche

Dorfkirche Stötteritz

Johanna-park

Petrikirche
Russische Kirche

durch den Silberbergbau im Erzgebirge die wirtschaftliche Bedeutung Leipzigs, und es floß Geld an den Handelsplatz. Nun entstanden die großen Stadtkirchen — Thomas-, Pauliner- und Nikolai — völlig neu in der ein Renaissancegewand anlegenden Stadt. Nach dem Barock brachte die Industrialisierung des 19. Jh. einen weiteren großen Aufstieg durch die Mustermessen. Leipzig wurde Großstadt, und damit entstanden in den Vorstädten neue Kirchenbauten. Im letzten Krieg wurden mit ganzen Wohn- und Industriegebieten auch viele Kirchen zerstört. Der großzügigen Neugestaltung des Zentrums folgte die Restaurierung der verbliebenen beiden altstädtischen Kirchen. ** Die Thomaskirche geht auf einen Ursprungsbau der Mitte des 12. Jh. zurück. Mit der Einrichtung des Augustiner-Chorherrenstiftes ist 1213—23 ein neuer gotischer Chor errichtet worden, im heutigen Ostteil der Kirche erhalten. Das Chorpolygon und die Wölbung im Chor kamen um die Mitte des 14. Jh. hinzu. In der zweiten Hälfte des 13. Jh. war der Südturm errichtet worden, das Oktogon erbaute 1537 Hans Pfretzschner, die Barockhaube schuf Johann Gregor Fuchs 1702. 1482—96 erfolgte der Neubau des spätgotischen Hallenlanghauses, dessen Netzgewölbe von Conrad Pflüger geschaffen worden sind. Die Thomaskirche ist also eine der frühesten der sächsischen Hallenkirchen. 1570 baute im Anschluß an die bereits vorhandene Westempore Hieronymus Lotter die Renaissanceemporen ein. Ihre heutige äußere Gestalt erhielt die Kirche 1872—89 bei der Erneuerung durch Constantin Lipsius, der die Westfassade völlig neu und im Sinne seiner Zeit gestaltete. 1961—64 ist der gesamte Innenraum denkmalpflegerisch restauriert und die Gewölbemalerei freigelegt worden. Gleich groß wie die baukünstlerische ist die geschichtliche Bedeutung der Thomaskirche: Pfingsten 1539 predigte hier Martin Luther und führte damit die Reformation in Leipzig ein. Von 1723 bis 1750 wirkte

Thomaskirche

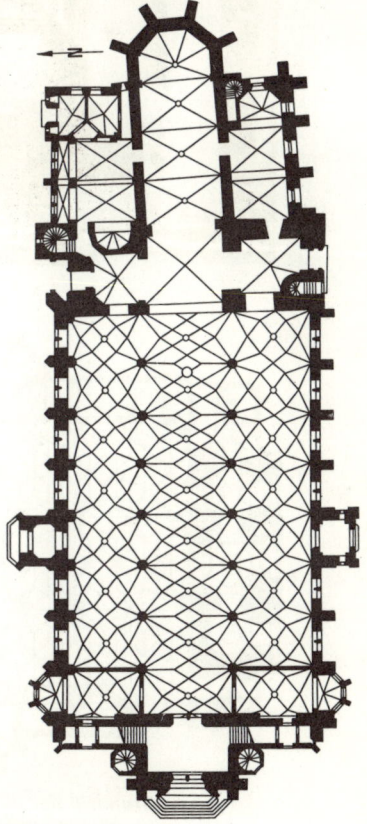

Grundriß der Thomaskirche mit Umbauten des 19. Jh.

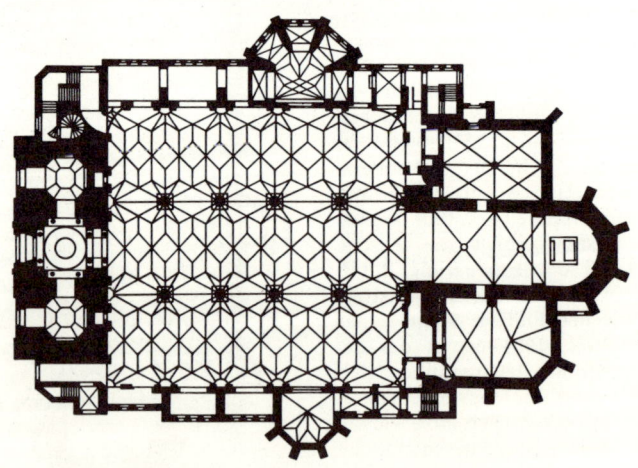

Nikolaikirche

*Grundriß der im 18. Jh. umgestalteten
Nikolaikirche*

Johann Sebastian Bach als Thomaskantor. Von Luthers Wirken kündet eine Gedenktafel; Johann Sebastian Bach ehrt das Denkmal neben der Kirche. 1949 sind nach Beseitigung der Kriegsschäden an der Thomaskirche Bachs Gebeine aus der zerstörten Johanniskirche in die Thomaskirche überführt worden. Die 1950 geschaffene Bronzegrabplatte gehört zu den bemerkenswerten neuen Ausstattungsstücken. Von der im 17. und 18. Jh. eingebrachten reichen Ausstattung blieb nur wenig erhalten.

∗∗ Die Nikolaikirche geht auf einen spätromanischen Gründungsbau zurück, der noch vor dem Ende des 12. Jh. in der damaligen Neustadt begonnen worden ist. Sein Westbau bildet das heutige Untergeschoß der Turmfront. Der gotische Chor entstand während des 14. Jh., die beiden Seitenkapellen kamen 1467 im Süden und 1596 im Norden hinzu. Benedikt Eisenberg errichtete zwischen 1513 und 1526 die spätgotische Halle mit regelmäßigem Netzgewölbe. Ihr Inneres gestalteten 1784–97 Johann Friedrich Carl Dauthe und Adam Friedrich Oeser völlig neu im Sinne des französischen Frühklassizismus: Sie verkleideten die spätgotischen Pfeiler zu kannelierten Säulen mit ägyptisierenden Blattkapitellen. Aus ihnen leiten Palmwedelkränze in die Wölbung über, deren Felder zu stuckierten Kassetten abgewandelt wurden. Die Wände erhielten eine Stuck- und Säulendekoration, Doppelemporen umziehen den Langhausraum. Der Altar und die übrige Ausmalung gehen auf Oeser zurück. 1970–76 wurde das gesamte Kircheninnere denkmalpflegerisch restauriert und dabei die klassizistische Farbigkeit wiederhergestellt. Die Außenerneuerung der Kirche ist seit 1979 im Gange. Von der spätmittelalterlichen Ausstattung sind die Figur eines Schmerzensmannes und ein Madonnenbild erhalten, ein spätgotischer Schnitzaltar kam später in die Kirche. Erhalten blieb auch die steinerne Kanzel von 1521 in der südlichen Turmhalle, von der Martin Luther gepredigt haben soll.

Aus dem Mittelalter stammen die Bauten einiger alter Dorfkirchen in später eingemeindeten Vororten. Als Erweiterung einer frühgotischen Kirche entstand die Dorfkirche *Eutritzsch* mit spätgotischen Netzgewölben. Im Inneren ist ein großer Schnitzaltar aus der Zeit um 1480 aufgestellt. 1959 wurde die Kirche restauriert.

Die Dorfkirche *Großzschocher* besteht aus einem noch romanischen Ostturm, dem sich der spätgotische Chor anschließt, das Langhaus stammt von 1713/14, allerdings wurde der Bau 1908 erneuert. Im Chorinneren befinden sich Stern- und Netzgewölbe und eine reich stuckierte Loge, die übrige Ausstattung entstand 1696.

Kurz nach der Jahrhundertwende wurde die frühgotische Backsteinkirche von *Wahren* erneuert. Die Ausstattung entstammt dem 18. Jh., mittelalterliche Apostelfiguren sind an der Empore angebracht.

Die 1928 erneuerte Dorfkirche *Stötteritz*, 1702/03 errichtet, hat im Inneren einen Kanzelaltar aus der Erbauungszeit. In diesen wurde ein gemaltes Triptychon einbezogen, bekannt als ∗∗ Stötteritzer Altar. Das Mittelbild stellt die Kreuzigung, die Seitenflügel Ölberg- und Auferstehungsszenen dar.

Der Altar geht auf einen Maler aus dem Umkreis des Nürnbergers Hans Pleydenwurff zurück und ist um 1480 entstanden. 1968–71 ist das Bildwerk gesichert und restauriert worden.

∗ Zu den beachtenswerten Kirchenbauten aus dem 19. Jh. gehört die Petrikirche, die an Stelle der mittelalterlichen Peterskirche 1882–85 nach Plänen von August Hartel und Constantin Lipsius im Stile der klassischen Kathedralgotik, aber den Raumvorstellungen der eigenen Zeit entsprechend errichtet wurde. An den breiten Mittelraum schließt ein Chor mit Kapellenkranz an. Seitlich der Kirche erhebt sich 88 m hoch der Turm mit spitzem Steinhelm. Die Gesamtarchitektur stellt einen Höhepunkt neogotischen Kirchenbaues in Leipzig dar. Der historisierende Kirchenbau fand in Leipzig wie in vielen Großstädten Verbreitung. Erwähnt seien die 1888 von Johannes Otzen vollendete gotisierende Kirche in *Plagwitz*, die von Julius Zeißig erbauten gotisierenden Bauten der Lutherkirche und der Kirche in *Volkmarsdorf*. Die Neorenaissance gipfelt im Bau der Reformierten Kirche am Tröndlinring, die der Architekt Georg Weidenbach 1899 vollendete.

Bereits ins 20. Jh. fällt der Bau der Taborkirche in *Kleinzschocher*. Der Architekt Arwed Roßbach griff für die 1904 fertiggestellte Architektur auf Vorbilder der romanischen Baukunst zurück und schuf in der Gesamtanlage eine Basilika mit einer zweitürmigen Südfassade. In Details klingt der Monumentalstil deutlich an. Ebenfalls 1904 erbauten die Architekten Rust und Müller die Michaeliskirche inmitten der neuen städtebaulichen Anlage um den Nordplatz in romanisierend-barokisierendem Monumentalstil.

✳✳ Als ein Denkmal für die 1813 in der Schlacht gegen die napoleonischen Truppen gefallenen 22 000 russischen Soldaten wurde nahe dem Völkerschlachtdenkmal 1912/13 die Russische Kirche gebaut. Ihre Architekten Wladimir Pokrowski, Richard Tschammer und Georg Weidenbach lehnten die Gestaltung eng an das Vorbild der Nowgoroder Turmkirchen an. Die Gruft dient seit 1928 als Gottesdienstraum; im steilen Turmraum der Oberkirche steht die 18 m hohe und 15geschossige Ikonostas, von russischen Künstlern nach alten Vorbildern ausgeführt.

✳ In *Gohlis* wurde zusammen mit der Stadterweiterung in den zwanziger und dreißiger Jahren die Versöhnungskirche erbaut — einer der wenigen Kirchenbauten der Kunsthaltung, die durch Kubismus und Expressionismus in der Bildkunst gekennzeichnet ist. 1930/31 entstand die Baugruppe nach dem Plan des Architekten Hans-Heinrich Grotjahn in Eisenbeton-Skelettbauweise. Die Plastiken am und im Bau schuf Alfred Brumme, die Glasfenster Odo Tattenpach. Die jüngste Putzerneuerung entspricht nicht der ursprünglichen glattweißen Putzfläche. Der Innenraum ist in der Originalform erhalten.

1968—70 wurde in *Wiederitzsch* die Gabrielkirche aus zum Teil vorgefertigten Schalenelementen, Ziegeln und Stahlbauteilen errichtet. Es entstand ein betont schiefwinkliger Raum, des-

Versöhnungskirche in Leipzig – Gohlis

sen plastische Gestaltung Friedrich Press schuf.

Die 1959 abgebrannte Wehrkirche *Thekla*, im 12./13. Jh. aus Granitblökken errichtet, ist in den sechziger Jahren neu aufgebaut und im Sinne des mittelalterlichen Bauwerkes nachgestaltet worden.

Leisnig

Kr. Döbeln, Bez. Leipzig

* Die Stadtkirche St. Matthäus ist eine spätgotische dreischiffige Hallenkirche aus der zweiten Hälfte des 15. Jh. mit Stern- und Netzgewölben. Nach einem Brand wurde dieser Bau 1638 wiederhergestellt, der Altar und der Taufstein entstanden im Zusammenhang mit der Erneuerung. In seiner Gestaltung folgt der Altar dem spätgotischen Flügelschema, die vielteilige Gliederung und der Reichtum an Renaissanceornamenten kennzeichnen ihn als manieristisches Werk. Valentin Otte aus Meißen ist der Bildschnitzer, die Malereien sind von Johann Richter. Vollendet wurde das etwa 9 m hohe Bildwerk 1664.

In der 1540 erbauten und 1674 umgestalteten Gottesackerkirche befinden sich ein Schnitzaltar von 1509 sowie weitere Bildwerke aus dem 16. und 17. Jh.

* Die Dorfkirche *Leisnig-Tragnitz* besteht aus drei interessanten Bauteilen. Der älteste ist der Unterteil des quadratischen Westturmes. Die Ausstattung des spätgotischen Chores entstand im 17. Jh. An seiner Nordwand sind Emporen und Betstuben wie zufällig übereinandergestellt. Den Altar schufen 1659 noch vor dem der Stadtkirche der Bildhauer Valentin Otte und der Maler Johann Richter. Die Kanzel stammt von 1652, aus der gleichen Zeit ist auch die Bemalung der Kassettendecke. Das Langhaus der Kirche wurde 1904 völlig erneuert, dabei erfolgte eine dem Chor analoge Neufassung, aber in jugendstiligen Formen.

Leitzkau

Kr. Zerbst, Bez. Magdeburg

** Vom ehem. Prämonstratenserstift, dessen Klausurgebäude ab 1564 zum Renaissanceschloß umgebaut

worden ist, blieb die Ruine der Kirche erhalten. Ihre ursprünglich zweitürmige Westfassade wirkt im Schloßbild mit. Die romanische Basilika wurde 1155 geweiht. 1945 beschädigt, konnte die Ruine in den sechziger Jahren durch ein neues Dach gesichert werden.

Die Dorfkirche ist ein Bruchsteinbau aus dem 12. Jh. mit einem Seitenturm und wohl eines der ältesten christlichen Gebäude in der Gegend östlich der Elbe bei Magdeburg. Die Ausstattung mit schöner Sandsteintaufe aus 1620 stammt im wesentlichen aus dem 18. Jh.

Letschin

Kr. Seelow, Bez. Frankfurt

Von der im letzten Krieg zerstörten Dorfkirche ist der Turm gesichert und restauriert worden, der 1818/19 nach dem Entwurf von Karl Friedrich Schinkel als blendengeschmücktes Backsteinoktogon über dem geputzten Unterbau errichtet wurde.

Lichtensee

Kr. Riesa, Bez. Dresden

** Die Kirche des Schlosses Lichtensee-Tiefenau entstand unter dem sichtbaren Eindruck des Dresdner Barock 1716 als im Inneren reich gegliederter Saalraum mit Emporen und schöner Stuckdecke. Der große Kanzelaltar und die beiden Orgelprospekte – einer davon mit der Orgel von Gottfried Silbermann – sind der Emporenarchitektur schön eingefügt. 1966/67 erfolgte die Gesamtrestaurierung der Kirche.

Liebenstein, Bad

Kr. Bad Salzungen, Bez. Suhl

Die Pfarrkirche ist ein klassizistischer Bau, am Anfang des 19. Jh. errichtet, aber später umgestaltet. Die Ausstattung stammt aus der Erbauungszeit. – Das Lutherdenkmal am Eselskopf ist an jener Stelle errichtet, wo der Reformator 1521 auf dem Rückweg vom Reichstag in Worms auf Geheiß des sächsischen Kurfürsten zum Schein überfallen und auf die Wartburg gebracht wurde.

Lietzen

Kr. Seelow, Bez. Frankfurt

Von der Komturei, die seit 1318 bis

1818 zum Johanniterorden gehörte, sind die Kirche, Herrenhaus und Speichergebäude erhalten. Die Kirche entstand Mitte des 13. Jh. und wurde im 15. Jh. mit dem Chor erweitert, darin Sterngewölbe. Wie der Fachwerk-Dachturm kam auch der Kanzelaltar mit schönem Schnitzwerk im 18. Jh. hinzu, der Taufengel stammt von 1730. Das Epitaph für den Feldmarschall von Derfflinger wurde von einem Bildhauer aus dem Schlüter-Kreis geschaffen. Die Kirche ist nach Kriegsschäden restauriert.

Lindena
Kr. Finsterwalde, Bez. Cottbus
Die Dorfkirche ist eine dreischiffige frühgotische Basilika aus der ersten Hälfte des 13..Jh. Von ihrer Ausstattung sind der um 1500 entstandene spätgotische Flügelaltar sowie ein frühgotischer Taufstein und die ebenfalls mittelalterliche Chorfensterverglasung bemerkenswert.

Lindow
Kr. Neuruppin, Bez. Potsdam
Die Pfarrkirche ist ein Barockbau, 1751 nach dem Entwurf von Georg Christoph Berger errichtet, mit gestuftem Ostturm und Putzgliederung außen. Die Ausstattung des Emporenraumes stammt im wesentlichen aus der Erbauungszeit.
Die Ruine des ehem. Prämonstratenserinnen-Klosters aus dem Mittelalter ist heute in eine Parkanlage einbezogen.

Löbau
Kr. Löbau, Bez. Dresden
Die Pfarrkirche St. Nikolai besteht aus einem spätromanischen Chor des 13. Jh. und einem zweischiffigen Hallenlanghaus, das im 14. Jh. neu errichtet wurde; das barocke Südschiff entstand daran 1742. Umbauten von 1884 und 1934 stellten den heutigen Zustand her.
Die Johanniskirche, ehemals Franziskaner-Klosterkirche, entstand in spätgotischer Zeit. Ihr Chor ist kreuzrippengewölbt, das Langhaus erhielt im 19. Jh. die Holzdecke mit der sie tragenden Emporenarchitektur. Am Chor steht ein schlanker Turm; unter dem Chor befindet sich eine von außen zugängliche Unterkirche. Einige spätgotische Bildwerke im Inneren sind bemerkenswert.
Die ebenfalls spätgotische Heiliggeistkirche hatte im letzten Krieg Schaden genommen, ihre 1712 eingebrachte barocke Ausstattung ist wiederhergestellt.

Loburg
Kr. Zerbst, Bez. Magdeburg
Die Stadtkirche St. Laurentius entstand um 1200, aus dieser Zeit blieb der Westturm erhalten. Um 1580/1584 ist der gesamte Bau durchgreifend in Formen der Renaissance erneuert worden, davon zeugen die Giebel von Langhaus, Chor und Sakristei sowie die drei Turmspitzen. Die Ausstattung mit Altar, Kanzel, Taufe und Orgel entstammt der gleichen Erneuerung. Bemerkenswert ist der mit einem Schmerzensmann bemalte Sakramentsschrank von etwa 1400. – Die Ruine der aus dem Ende des 12. Jh. überkommenen Liebfrauenkirche wurde bereits um 1900 gesichert.

Lohmen
Kr. Sebnitz, Bez. Dresden
Die achteckige, längsgerichtete Kirche erbaute 1786–89 der George-Bähr-Schüler Johann Daniel Kayser. An ihrer südlichen Längsseite ist die Sakristei angebaut. Das Innere umfassen dreigeschossige Holzemporen. Der Kanzelaltar und die Orgel von Johann Christian Kayser wurden in der barocken weißen und mit Gold abgesetzten Färbung restauriert.

Lommatzsch
Kr. Meißen, Bez. Dresden
Das Langhaus der spätgotischen Pfarrkirche erbaute 1504–14 Peter von Pirna. Der dreischiffige geplante Chor wurde nur einschiffig ausgeführt und erhielt die Gewölbe erst 1890. Den spätromanischen Westturm erhöhte der Baumeister und bekrönte ihn mit den drei Spitzhelmen. Die Kanzel schuf 1619 Meister Paul Steudtke, ihr Schalldeckel trägt die Figur des Auferstehenden, von Bernhard Ditterich gearbeitet. Der hölzerne Altaraufbau von 1714 ist ein Werk von Paul Heermann. Auf dem

Kirchhof befindet sich die künstlerisch bemerkenswerte Gruft des Apothekers Bernhard von 1827, ein klassizistischer kuppelgedeckter Achteckbau.

Lübben

Kr. Lübben, Bez. Cottbus

Die Nikolaikirche trägt heute den Namen des Pfarrers und christlichen Lyrikers Paul Gerhardt: sie war seine letzte Wirkungsstätte. Nach seinem Tode 1676 wurde er in der Kirche beigesetzt. Vor der Kirche steht sein Denkmal. Die spätgotische Backsteinhalle entstand seit dem ausgehenden 15. Jh. bis etwa 1550, anschließend wurde der Turm errichtet. Altar, Kanzel und Taufe stammen von 1609/10, das spätgotische Triumphkreuz aus der ersten Hälfte des 16. Jh.

Lübbenau

Kr. Calau, Bez. Cottbus

Die barocke einschiffige Pfarrkirche mit dem haubengeschmückten Turm wurde 1744 erbaut, die Außenfarbigkeit ist erneuert. Im Inneren sind der nach einem Modell von Christian Daniel Rauch in Zink gegossene Taufengel von 1864 sowie das 1765 von Gottfried Knöffler aus Dresden geschaffene Wandgrab Lynar besonders beachtenswert.

Luckau

Kr. Luckau, Bez. Cottbus

* Die Pfarrkirche St. Nikolai entstand seit 1281. Von diesem ersten Bau blieben die Feldsteingeschosse der Türme erhalten, die Mitte des 14. Jh. in Backstein aufgestockt worden sind. 1375 stiftete Kaiser Karl IV. eine Reliquie. Damit steht ein Umbau der Kirche in Zusammenhang, der mit dem Chor begann und im ersten Drittel des 15. Jh. mit der Einbringung des Netzgewölbes in der gesamten neuen Kirche abgeschlossen wurde. Nach einem Brand kamen 1670 einfache Sterngewölbe in den Chor. Der Innenraum zeichnet sich durch eine herausragende barocke Ausstattung aus, die während der zweiten Hälfte des 17. Jh. geschaffen wurde. Raumbeherrschend ist die Orgel mit der halbkreisförmig zurückschwingenden Empore, über der sich das Werk aufbaut,

Nikolaikirche

1672–74 von Christoph Donat geschaffen. Die musizierenden Engelfiguren und der König David mit der Harfe werden dabei während des Orgelspiels mechanisch bewegt. Auf die doppelgeschossigen Logen im Nordschiff führt eine doppelläufige Wendeltreppe von 1673. Wände und Pfeiler sind mit barocken Epitaphien geschmückt. Die Sandsteinkanzel mit Figuren, Knorpel- und Ohrmuschelornamentik schuf 1666 Andreas Schultze aus Torgau, die Bemalung stammt von Christoph Mätzschke, den Hauptaltar schuf Abraham Jäger 1670. Der Reliquienschrein aus Kupferplatten mit eingravierten Heiligenfiguren und Emailschmelzeinlagen entstand Mitte des 13. Jh. im französischen Limoges.

An den Hausmannsturm, den hochaufragenden achteckigen Stadtturm, schließt die kleine Georgenkapelle mit reichen Volutengiebeln aus dem 17. Jh. an. Im Inneren des jetzt als Feierraum dienenden Baues findet man Stern- und Netzgewölbe des 16. Jh.

Luckenwalde

Kr. Luckenwalde, Bez. Potsdam

Die zweischiffige spätgotische Halle der Stadtkirche St. Johannes entstand in der zweiten Hälfte des 15. Jh. aus einem älteren Feldsteinbau. Den südlichen Kapellenanbau schmückt ein mit Schlingrippen gegliederter Giebel. Der um 1500 errichtete Stadtturm neben der Kirche diente wohl immer zugleich als Glockenturm. 1905 ist der Kirchenraum erweitert worden, spätgotische Wandmalereien sind gesichert und das Kircheninnere restauriert worden.

✳✳ Ludwigslust

Kr. Ludwigslust, Bez. Schwerin

✳✳ Noch ehe der Bau der Barockresidenz des Großherzogs Friedrich von Mecklenburg-Schwerin in Angriff genommen wurde, beauftragte der Bauherr seinen Baumeister Johann Joachim Busch mit der Errichtung der Schloßkirche, die jetzt Stadtpfarrkirche ist. 1765 begonnen, war ihr Bau 1770 vollendet; erst dann erfolgte dem weiten Platz mit der Kirche gegenüber der Schloßneubau. Vor dem Saalbau der Kirche mit dem hohen Mansarddach ist eine triumphtorartige Schaufront gestaltet, deren breite Attika mit Figurenschmuck durch Säulen und Pilaster getragen wird. Über dem Mittelteil ragen ein Giebel und dahinter ein stufiger Aufbau mit dem Christogramm nur wenig empor. Im Inneren beeindrucken die mächtigen Säulenreihen an den Längswänden, die kassettenartige Ausmalung der hohen Tonnenwölbung und der gewaltige gemalte Prospekt des Altarraumes, zu dem eine doppelläufige Freitreppe hinanführt. 1772 begann Dietrich Findorff die Ausmalung, Johann Heinrich Suhrland vollendete sie 1803. An der Eingangsseite befindet sich die zweigeschossige Hofloge, im Mittelgang der Sarkophag des Großherzogs.

✳ Die katholische Pfarrkirche – auf einer Insel im Schloßpark gelegen – wurde als Gedächtniskapelle für die Großfürstin Helena Paulowna 1803–09 durch Johann Christoph Heinrich von Seydewitz errichtet und durch Johann Georg Barca vollendet. Der kleine Backsteinbau ist die erste Kirche neugotischen Stils in Mecklenburg! Auf Barca geht auch der freistehende dreigeschossige Glockenturm zurück.

Lugau

Kr. Finsterwalde, Bez. Cottbus

Die Dorfkirche entstand in spätromanischer Zeit und besitzt im Westen eine Doppelturmfront. Das Innere wurde im 18. Jh. erneuert und ist in spätbarocken Formen gehalten. Vom mittelalterlichen Kirchenbesitz sind ein interessanter Sakramentsschrank und gotische Truhen erhalten.

Lychen

Kr. Templin, Bez. Neubrandenburg

Die Stadtkirche ist ein Feldstein-Saal-

Ludwigslust, Stadtkirche

bau aus der zweiten Hälfte des 13. Jh. mit gleich breitem Westturm, dessen blendengeschmückter Oberteil aus dem 15. Jh. stammt. Im flach gedeckten Saalraum und Chor stehen schlichte Holzemporen vom ausgehenden 17. Jh. Aus der gleichen Zeit stammen Altaraufbau und Kanzel.

Magdeburg
Bez. Magdeburg

Der 805 erstmals genannte karolingische Siedlungs- und Handelsplatz an der Elbe lag im heutigen Dombezirk. 937 gründete Otto I. auf dem Domhügel ein Moritzkloster, etwa gleichzeitig dürfte die Kaufmannssiedlung mit einer ersten Johanniskirche um den Alten Markt entstanden sein. Im Zuge der ottonischen Ostexpansion erhob 968 der Kaiser Magdeburg zum Erzbistum und damit zum politischen und Handelszentrum an der Grenze zum slawischen Gebiet. Der Kaiserpalast ist unter dem Domplatz teilweise ergraben worden. Die Kirche des Moritzklosters wurde zur Kathedrale erhoben, das Kloster selbst verlegt. Nach dem Slawenaufstand von 983 entwickelte sich die Stadt unter Erzbischof Gero rasch. 1017 wurde das Kloster Unser Lieben Frauen zwischen der Domfreiheit und der Han-

delssiedlung gegründet. Erzbischof Wichmann erweiterte die Stadt rings um den Alten Markt und westlich des Dombezirks in der zweiten Hälfte des 12. Jh., die Stadtbefestigung wurde entsprechend verstärkt. Erzbischof Albrecht II. ließ die gotische Neustadt nördlich des Alten Marktes anlegen und 1209 den Bau des gotischen Domes beginnen. Der strategische Rang Magdeburgs rührt aus dieser mittelalterlichen Vormachtstellung her. Die immer stärker ausgebaute Festung wurde im Dreißigjährigen Krieg durch die kaiserlichen Truppen gestürmt. 1680 kam die Stadt zu Preußen. Die im 17. und 18. Jh. nun erneut verstärkten Festungswerke, die erst 1890 aufgegeben wurden, treten heute noch teilweise im Stadtbild in Erscheinung. Seit etwa 1870 nahm Magdeburg mit der Industrialisierung einen Aufschwung und entwickelte sich zur Großstadt. Im Januar 1945 ist nahezu die gesamte Altstadt, identisch mit der mittelalterlichen Großstadt, durch Bombenangriffe zerstört worden. Mit dem modernen Wiederaufbau der Stadt sind die heute stehenden Kirchen weitgehend in ihrer historischen Gestalt wiederhergestellt und restauriert worden.

Magdalenenkapelle, Walloner- und Petrikirche über der mittelalterlichen Stadtbefestigung

✱✱ Der Dom, den Heiligen Mauritius und Katharina geweiht, zählt zu den bedeutendsten Denkmalen europäischer mittelalterlicher Architektur und birgt Bildwerke von höchstem künstlerischem Rang. Vom ottonischen Gründungsbau, in dem Kaiser Otto I. und seine Gemahlin Editha beigesetzt wurden, haben sich unter dem gotischen Chor einige Teile erhalten. Sie sind seit 1920 ergraben worden und zugänglich. Dem Kaiserpaar ist auch das zwischen 1230 und 1240 geschaffene Doppelbildnis im Dom gewidmet. Vom ottonischen Bau sind weiter die antiken Marmorsäulen, als Spolien aus Italien herbeigebracht, in das gotische Chorhaupt eingebaut worden. – Der 1209 begonnene gotische Chor war zunächst das Werk einer rheinischen Bauhütte und entstand als erstes Werk gotischer Konzeption im deutschen Gebiet. Albrecht II. hatte seine Ausbildung in Paris erfahren und von da die neuen Bauvorstellungen mitgebracht. Nach seinem Tod übernahmen Bauleute des Zisterzienserordens aus Maulbronn und Walkenried die weitere Arbeit. Sie vollendeten den Chor bis zur Höhe des Bischofsganges in der für den Orden damals typischen Bauweise mit gewirtelten Säulen und mauerhafter Architektur. Danach ist ab etwa 1235 bis um die Jahrhundertmitte der Chor in nun entwickelten frühgotischen Formen fertiggestellt worden. Das Querhaus dürfte 1274

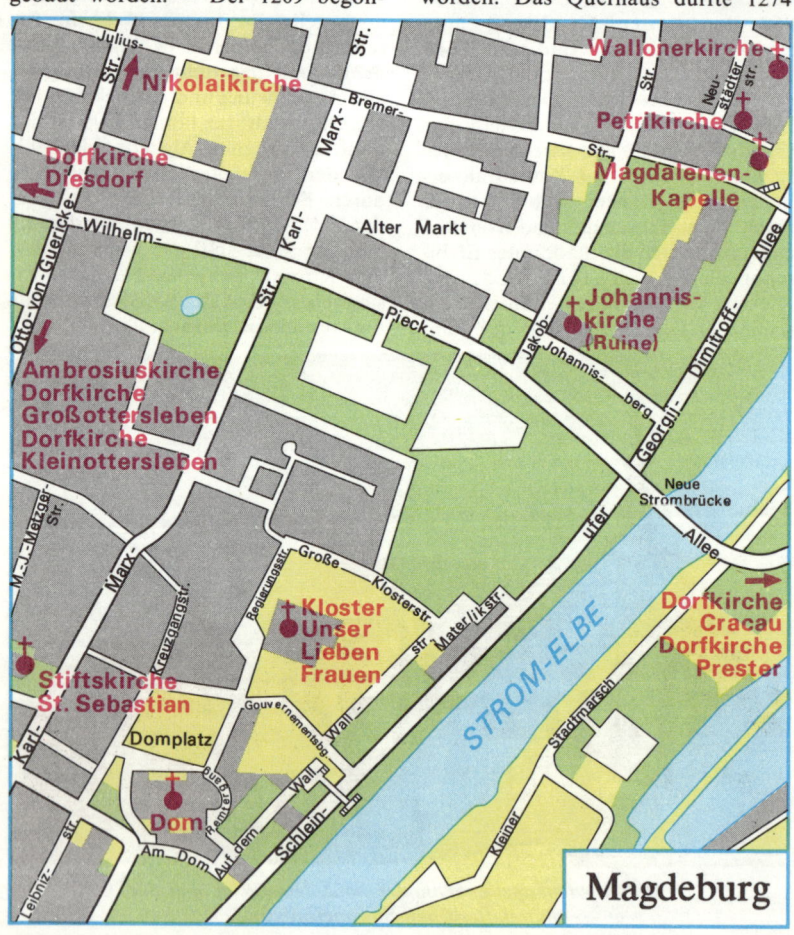

Magdeburg

eingewölbt gewesen sein. Am Äußeren der Ostpartie des Domes sind die Übernahme französisch gotischer Formen und deren Verarbeitung nach bodenständigen romanischen Bauvorstellungen deutlich erkennbar. – In neunzigjähriger Bauzeit entstand dann bis 1363 das Langhaus. Zunächst wurde es im System des Chores mit engen Arkaden begonnen. Durch den Abbruch der Zwischenpfeiler und mit der Verschiebung der Wände nach außen konnten die neuen Vorstellungen des 14. Jh. von einem hellen und weiten Kirchenraum verwirklicht werden. – Noch vor 1274 wurde mit dem kubischen Unterbau der Türme begonnen, zwischen 1306 ud 1363 kamen die beiden folgenden Geschosse, das wimpergbekrönte Stufenportal und der reich dekorierte Mittelbau hinzu. Zwischen 1477 und 1520 erfuhr der Mittelteil seine Vollendung. Schließlich setzte 1520 kurz vor der Reformation Bastian Binder die beiden Oktogone mit krabbenverzierten Helmen auf die Türme. Nach über dreihundertjähri-

gem Bauen war damit der gotische Dom vollendet. – Die Baugeschichte spiegelt sich auch in den Anbauten wider: Noch aus dem 12. Jh. und damit vom Vorgängerbau des gotischen Domes stammen die südlichen Kreuzgangteile. Der Ostflügel und der östliche Nordflügel entstanden mit dem Domneubau im 13. Jh., während der Westflügel und der westliche Nordflügel in der ersten Hälfte des 14. Jh. neu errichtet wurden. Die Sakristei vor dem Westflügel war nach 1270, der Remter am Ostflügel schon vorher fertiggestellt. An ihn fügte man in der zweiten Hälfte des 15. Jh. die Marienkapelle an, die Redekinkapelle entstand um 1405. Über dem Nordportal mit den Gewändefiguren der klugen und törichten Jungfrauen kam im ersten Viertel des 14. Jh. die Paradiesvorhalle hinzu. – Von der mittelalterlichen Ausstattung des Domes haben sich im Grunde nur geringe Reste erhalten, dennoch stellen die heute vorhandenen und in jüngster Zeit restaurierten Bildwerke einen bewundernswerten Schatz dar. Der Chor ist reich

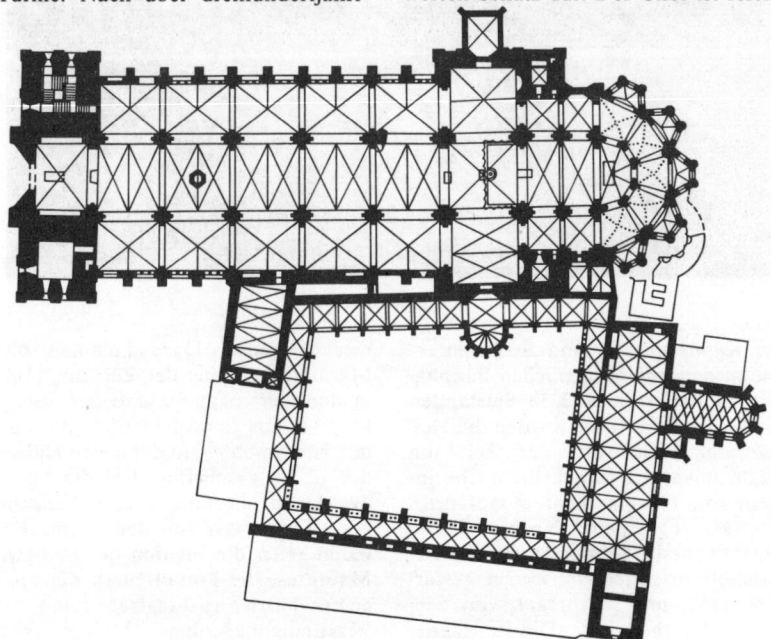

Grundriß des gotischen Domes St. Moritz und St. Katharinen und des Kreuzhofes

Dom

an Kapitellplastik und Steinfiguren, die in den unterschiedlichen Bauphasen seit dem frühen 13. Jh. entstanden sind. Möglicherweise wurden die Heiligenstandbilder aus der Zeit um 1220/30 vor der aufgehenden Chorinnenwand für ein nicht ausgeführtes Westportal gearbeitet. Noch im 12. Jh. entstanden die Grabmäler für die Erzbischöfe Friedrich von Wettin, gestorben 1152, und Wichmann von Seeburg, gestorben 1192. Die in Magdeburg gegossenen Bronzeplatten zählen zu den bedeutendsten Werken romanischer Kunst. Dazu kommen die Marmorreliefs aus der Zeit um 1160 in der Marienkapelle und der Osterleuchter aus Sandstein und Marmor mit Tiersymbolen, in der ersten Hälfte des 12. Jh. geschaffen. Um die Mitte des 13. Jh. entstanden eine Vielzahl von Bildwerken für den Dom, genannt seien die Figuren des heiligen Mauritius, die Portalfiguren der klugen und törichten Jungfrauen und die Verkündigungsgruppe, Meisterwerke frühgotischer Plastik. Im Langhaus wurde später der Sechzehneckbau des

Heiligen Grabes, ebenfalls aus der Mitte des 13. Jh., aufgestellt; darin befinden sich die Sitzfiguren, in denen man seit dem 17. Jh. Kaiser Otto I. und seine Gemahlin Editha sieht. Das Kaiserpaar ist gleichfalls in Putzritzungen aus dieser Zeit zwischen den Fenstern des Osttraktes der Klausur dargestellt. Mit dem Westbau entstanden seit 1310 Fassadenplastiken. Bemerkenswerte Zeugnisse aus dieser Bauepoche sind der Hochaltar von 1363 und der ältere Katharinenaltar sowie der Elisabethaltar in der Marienkapelle. Gleichfalls aus der Zeit um 1360 blieben die geschnitzten Wangen des Chorgestühls erhalten. Zu den spätgotischen Bildwerken zählt der Lettner von 1445. Die Bronzetumba für den Erzbischof Ernst von Sachsen ist ein Meisterwerk aus der Nürnberger Bronzegießerei Peter Vischers, gearbeitet 1495. Von der Renaissance- und vor allem der Barockausstattung des Domes blieb nur wenig erhalten, letztere ist bei der Renovierung des Inneren im 19. Jh. nahezu völlig entfernt worden. Die Kanzel von 1597, geschaffen von Christoph Capup und Sebastian Ertle, sowie eine Reihe großartiger Grabdenkmale bezeugen den einstigen Reichtum der Renaissance-Epoche. Ein Zeugnis der Denkmalkunst des 20. Jh. ist das 1927–29 von Ernst Barlach geschaffene Bildwerk für die Toten des ersten Weltkrieges. Von den jüngsten plastischen Kunstwerken im Dom darf die 1963 von Heinrich Apel gestaltete Tür am Jungfrauenportal genannt werden. – Nach schweren Kriegsschäden wurde die Wiederherstellung des Domes 1957 zunächst abgeschlossen, seither erfolgt die kontinuierliche Restaurierung des Bauwerkes und seiner künstlerischen Ausstattung.
** Nach dem Dom ist das bedeutendste mittelalterliche Bauwerk Magdeburgs das Kloster Unser Lieben Frauen. Mit der Neuerschließung des Klosterkomplexes für das kulturgeschichtliche Museum wird die Kirche als Konzertraum genutzt. – Der Gründungsbau von 1017/18 wurde seit 1064 durch einen umfangreicheren

Klosterhof Unser Lieben Frauen

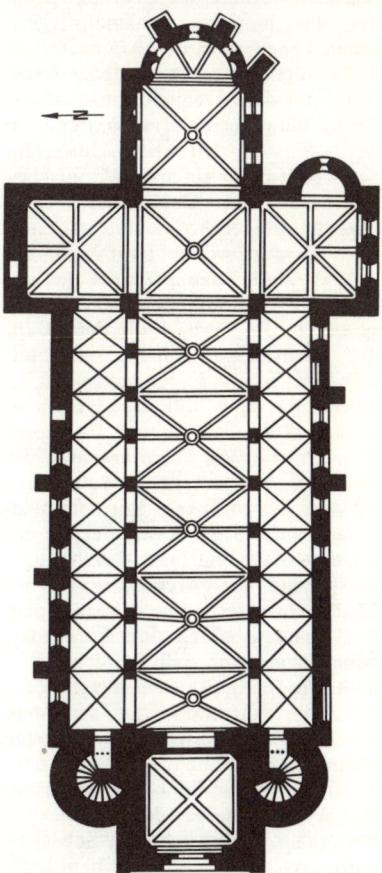

Grundriß der romanischen Klosterkirche Unser Lieben Frauen

Neubau ersetzt, dessen Säulen bald zu Pfeilern ummantelt worden sind. Der Innenraum ist durch die wechselnde rötliche und gelbliche Farbe der Steine geprägt. Das westliche Joch entstand gemeinsam mit dem Unterbau der Westanlage. In ihrer heutigen Gestalt mit hohem quadratischem Turmhaus und flankierenden runden Treppentürmen war sie in der Mitte des 12. Jh. fertiggestellt. Der Westeingang wurde erst im 18. Jh. angelegt. 1129 hatten Prämonstratenser die flachgedeckte Kirche übernommen. Sie erweiterten bis etwa 1150 die Krypta und öffneten sie unter der Vierung nach Westen. Diese Anlage mit dem verschüttet gewesenen Grab des heiligen Norbert aus dem 16. Jh. ist bei der jüngsten denkmalpflegerischen Erneuerung der Kirche freigelegt und rekonstruiert worden. Gleichzeitig mit dem Dombau entstand die Einwölbung der Liebfrauenkirche um 1220–40. Vor den Mittelschiffswänden wurde dafür ein architektonisches Stützgerüst aus Blendarkaden und Diensten aufgeführt, das die sechsteiligen Rippengewölbe trägt. Am Außenbau sind Strebepfeiler angefügt. An Stelle der nördlichen Querhausapsis des 11. Jh. wurde Ende des 12. Jh. die hochsäulige Kapelle errichtet. Die Einrichtung des Gymnasiums im Kloster mit dem 18. Jh. sowie Umbauten im 19. Jh. veränderten die einzelnen Bauteile. Vor allem brachten die Bomben des zweiten Weltkrieges schwere Zerstörungen. Mit dem Wiederaufbau und der Restaurierung der Gesamtanlage entstand das heutige, weitgehend dem Architekturbild des 12. Jh. entsprechende Kloster neu. Die Innenausbauten sind der modernen Nutzung angepaßt worden.

✳✳ Die Johanniskirche, älteste Magdeburger Pfarrkirche, ist seit dem Krieg Ruine. Bestehen blieben die Wände des Hallenbaues aus dem 15. Jh. sowie die im 17. Jh. umgestaltete Westfassade aus dem 13. Jh. Die ehem. Stiftskirche St. Sebastian wurde etwa gleichzeitig mit dem Liebfrauenkloster gegründet. Die romanische Kirche ist im 14./15. Jh. gotisch umgebaut und erweitert worden. Der Chor kam im dritten Viertel des 14. Jh. neu hinzu, und anschließend erhielt das Langhaus Hallengestalt. Der Westbau aus dem Anfang des 13. Jh. trägt barocke Zwiebelhauben. Im Chorscheitelfenster der 1953 wiederhergestellten und 1972 restaurierten Kirche befinden sich Scheiben aus dem 14. Jh. Die Ausstattung entstand unter Einbeziehung von zwei Schnitzaltären des ausgehenden 15. Jh. nach 1953 neu.

Am hohen Elbufer nördlich des Alten Marktes erhebt sich über der mittelalterlichen Stadtmauer das Ensemble dreier gotischer Kirchen, die nach schweren Kriegsschäden zwischen 1962 und 1980 im wesentlichen wiederhergestellt worden sind.

✳✳ Die katholische Petrikirche entstand am Ende des 14. Jh. aus der romanischen Kirche des alten Dorfes Frose. Im Dreißigjährigen Krieg bis auf die Umfassungsmauern zerstört, wurde sie anschließend in Form der kreuzrippengewölbten Hallenkirche wiederaufgebaut und erlitt 1945 das gleiche Schicksal wie 1631. Zwischen 1962 und 1970 wurde die spätmittelalterliche Kirchengestalt mit der charakteristischen Dachform der Zwerchhäuser wiederhergestellt. Das Innere ist weitgehend modern gehalten mit flacher Holzdecke, bildhauerischen Arbeiten von Heinrich Apel und Glasfenstern von Carl Crodel.

✳✳ Die 1366 geweihte Klosterkirche der Augustiner-Bettelmönche heißt seit ihrer Übergabe an niederländische Exulanten 1694 Wallonerkirche. Die dreischiffige Halle mit langgestrecktem Chor, aber turmloser Westfassade, wurde 1944 gleichfalls schwer beschädigt. Beim Wiederaufbau ist das Innere umgestaltet worden, an Stelle des ursprünglichen Mansarddaches wurde ein neues Satteldach aufgebracht. Das Westportal konnte rekonstruiert werden.

✳✳ Die Magdalenenkapelle, ein kleiner einschiffiger Bau von 1315 war wie die beiden benachbarten Kirchen 1945 völlig ausgebrannt. Dach und Dachreiter entstanden mit der

Restaurierung nach alten Vorlagen bis 1968 neu.

Aus den mittelalterlichen und darauf folgenden Jahrhunderten haben sich in den heute Magdeburg eingemeindeten historischen Dorfkernen einige Kirchenbauten erhalten. Die Dorfkirche *Cracau* geht auf das 12./13. Jh. zurück. Noch erhalten ist der Turm, während das Schiff 1661 neu gebaut wurde; die Ausstattung ist barock.

Der Turm der Dorfkirche *Diesdorf* geht gleichfalls auf das 12./13. Jh. zurück. Auch hier entstand das Schiff am Ende des 17. Jh. neu.

Aus dem späteren 13. Jh. blieben Turm und Langhaus der Dorfkirche *Großottersleben* bestehen, wenn auch in spätgotischer Zeit verändert. Der Altaraufbau im Inneren ist ein Werk von 1704.

Die Dorfkirche in *Kleinottersleben* wurde ebenfalls im 12. Jh. errichtet und in der Spätgotik erneuert. Im Inneren befindet sich ein barocker Kanzelaltar.

∗ Von den erhalten gebliebenen Kirchen jüngerer Epochen ist die Nikolaikirche beachtenswert. Sie entstand 1821–24 nach Plänen Karl Friedrich Schinkels als Saalbau mit Doppelemporen und einer kassettierten Tonnenwölbung. Den halbrunden Chor flankieren zwei kubische Osttürme mit der für den Gesamtbau charakteristischen Rundbogenfenster-Gliederung. Nach Kriegsschäden wurde die Kirche 1954 in ihrer ursprünglichen Gestalt wiederhergestellt.

Zu erwähnen ist schließlich die Ambrosiuskirche auf dem Hauptplatz des nach 1813 neu angelegten Stadtteils *Sudenburg*. Sie ist ein Bauwerk im neogotischen Stil.

Eben dieser Kunsthaltung folgt auch die Dorfkirche in *Prester*, die 1832 errichtet und mit einem das Vorbild der Domtürme aufnehmenden Westturm versehen ist.

Malchin

Kr. Malchin, Bez. Neubrandenburg

Die Stadtkirche, eine dreischiffige gotische Backsteinbasilika, wurde ab 1397 unter Benutzung älterer Bauteile neu errichtet. Ihr Turmaufbau entstand erst in der zweiten Hälfte des 17. Jh. Zwischen Turmvorhalle und Langhaus ist die 1966 restaurierte Kapelle eingeschoben. Sie hat im Inneren schöne Sterngewölbe, die man auch im Kirchenraum findet. Von der Ausstattung sind besonders bemerkenswert: der spätgotische Schnitzaltar mit einer Marienkrönung im Mittelschrein, 1956 restauriert, die Triumphkreuzgruppe aus der Spätgotik in der Westkapelle, die 1571 von Hans Boeckler geschaffene Kanzel sowie der barocke Orgelprospekt von 1780.

Malchow

Kr. Waren, Bez. Neubrandenburg

An Stelle eines mittelalterlichen Vorgängerbaues errichtete Friedrich Wilhelm Buttel ab 1844 in neogotischem Stil die Klosterkirche. Nach einem Brand stellte Georg Daniel den aufwendigen Bau 1888–1890 wieder her. Vorher hatte der gleiche Baumeister 1873 die ebenfalls neogotische Stadtkirche errichtet.

Mansfeld

Kr. Hettstedt, Bez. Halle

Die Stadtkirche St. Georg ist ein einschiffiger spätgotischer Bau. Der Turmunterteil eines älteren Kirchengebäudes blieb erhalten und wurde später mit dem Achteckaufbau und der welschen Haube versehen. Im Inneren befinden sich drei schöne Flügelaltäre aus dem Anfang des 16. Jh. Beachtenswert sind auch die Brüstungsmalereien an der Empore vom Anfang des 17. Jh. sowie einige Gemälde, darunter eine Auferstehungsdarstellung aus der Cranach-Werkstatt und ein Lutherbild von 1540.

∗ Als eines der bedeutenden Bauwerke der Spätgotik zwischen Harz und Elbe wurde am Anfang des 15. Jh. die Schloßkirche erbaut, das dominierende Gebäude der weiträumigen Schloßanlage. Vor allem der Innenraum ist sehenswert: Den schlank ansteigenden Chor trennt vom Schiff seit Anfang des 16. Jh. das hohe schmiedeeiserne Gitter. Es wirkt wie ein zierlicher Abschluß des in kraftvoll bewegten, spätgotischen Formen gehaltenen Steinbaues der Hufei-

Schloßkirche

senempore vor den drei übrigen Schiffsseiten. Auf der Südempore befindet sich das von Astwerk gerahmte und vom mansfeldischen Wappen bekrönte Türfeld des Sakramentshauses, etwa 1520 geschaffen. Ebenso reich ist die nur wenig jüngere geschnitzte und reliefreiche Tür des Sakramentshauses im Chor. Der große Flügelaltar, 1963 restauriert, kommt aus der Cranach-Werkstatt, wo er um 1520 entstand. Beachtenswert sind auch die Grabdenkmale aus der ersten Hälfte des 16. Jh. Der Innenraum ist in seiner gotischen Fassung 1974 restauriert worden.

Marienberg
Kr. Marienberg, Bez. Karl-Marx-Stadt
∗ Die Stadtkirche St. Marien entstand als letzte der sächsischen Hallenkirchen in der 1521 regelmäßig angelegten Bergbaustadt. 1558 begonnen, war ihr Bau 1564 fertiggestellt, brannte aber 1610 völlig aus. Nach der Erneuerung ab 1616 baute jedoch erst 1669–75 Andreas Klengel aus Dresden Steinpfeiler und Wölbung ein. Sie erhielten die Form toskanischer Säulen, die Kapitelle bestehen aus Akanthusblättern, die in die

Stuckwölbung überleiten. Die den Raum umfassenden Emporen zeigen gleichfalls barocke Stuckornamentierungen. Nach dem Brand wurde 1616 auf dem Turm die Zwiebelkuppel errichtet. Der hölzerne Altaraufsatz in Renaissance- und manieristischer Formen entstand gleichfalls 1616/17, ebenso die Sandsteinkanzel. In der Ausstattung haben sich neben Renaissance- und Barockbildwerken auch zwei spätgotische Schnitzaltäre erhalten.

Markee
Kr. Nauen, Bez. Potsdam
∗ Die Dorfkirche im Ortsteil Markau ist ein Barockbau von 1712 mit einem spätmittelalterlichen Turm. Bemerkenswert die Innenausstattung im Stil der Schlüter-Nachfolge, die einheitlich um 1712 entstand. Sie besteht aus einer hohen Altarwand mit reichem Figurenschmuck, der doppelgeschossigen Patronatsloge und der ebenso reichen Kanzel mit Schalldeckel. Nach der Restaurierung 1958 kam der barocke Taufengel aus einer thüringischen Kirche hinzu.

Markersbach
Kr. Schwarzenberg, Bez. Karl-Marx-Stadt
∗ Die spätgotische und im 17. Jh. umgebaute Dorfkirche steht inmitten des ummauerten Kirchhofes. Das Innere zeigt eine bemerkenswerte Ausstattung aus dem 16. bis 18. Jh. mit der bemalten Holzdecke, den zweigeschossigen Emporen mit Betstübchen, mit Bebilderung und schönem Schnitzwerk. Aus dem Barock stammen der Altaraufbau und die Schnitzfigur des Johannes mit der Taufschüssel. Neben einem spätgotischen Schnitzaltar aus der zweiten Hälfte des 15. Jh. haben sich einige spätgotische Wandmalereien an der Nordinnenwand erhalten. 1955 wurde die Kirche restauriert.

Markkleeberg
Kr. Leipzig, Bez. Leipzig
Die Martin-Luther-Kirche zählt zu den bedeutenden protestantischen Kirchenbauten des 18. Jh. in Sachsen. Sie entstand 1718 und wird dem Baumeister David Schatz aus Leipzig zu-

geschrieben. Das Innere prägen die den Raum an drei Seiten umfassenden Emporen auf toskanischen Säulen sowie der Kanzelaltar und die ebenfalls barocke Taufe und weitere Bildwerke aus dem 18. Jh. Die Kirche wurde 1966 restauriert.

Markneukirchen
Kr. Klingenthal, Bez. Karl-Marx-Stadt
Die Stadtkirche St. Nikolai wurde nach einem großen Brand im Stadtzentrum 1842 in marktbeherrschender Situation zusammen mit dem Rathaus neu erbaut. Der Architekt Ernst Hermann Arndt schuf die spätklassizistische Architektur. Am Turm kommen besonders die neoromanischen Formen zum Tragen. Über dem Mittelschiff die Tonnenwölbung und in den Seitenschiffen Emporen prägen den Kirchenraum, dessen Farbfassung 1894 nach Entwürfen von Oskar Mothes erfolgte. Von ihm stammen auch die Farbfenster. 1967 wurde der Bau restauriert.

Marxwalde
Kr. Seelow, Bez. Frankfurt
Die Kirche des einheitlich geplanten Dorfes erbaute 1815/17 Karl Friedrich Schinkel als rechteckigen Emporensaal und mit einem Aufsatz auf dem älteren Westturm. In der durch eine Pilasterdekoration gegliederten Altarnische malte Josef Bertini 1822 die großen Evangelistenbilder. Die gußeisernen Altarleuchter und der Taufständer sind nach Schinkel-Entwürfen gefertigt; ebenso schuf Schinkel den Entwurf für die Gruft der Familie Hardenberg an der Ostseite der Kirche.

Mauersberg
Kr. Marienberg, Bez. Karl-Marx-Stadt
An Stelle der mittelalterlichen Wehrkirche entstand 1889 ein neogotischer Kirchenbau. 1951/52 wurde als Stiftung des Dresdner Kreuzkantors Rudolf Mauersberger durch den Architekten Fritz Steudtner der Nachbau der mittelalterlichen Kirche neu errichtet. Im Inneren ist das Kruzifix aus der Zeit um 1500 wieder aufgestellt worden.

Meinigen
Kr. Meiningen, Bez. Suhl
* Die Stadtkirche entstand 1884-89 als Neubau in Formen der Neogotik an Stelle einer gotischen Hallenkirche, von der nur Teile des Chores, dem jetzigen Bau integriert, verblieben. Von der ursprünglich romanischen Westfassade steht noch der untere Teil des Nordwestturmes, während die Fassaden in analogen Formen völlig neu gebaut sind. Von den Bildwerken ist die „Steinerne Madonna" vom Anfang des 14. Jh. beachtenswert.
Im Südflügel des zwischen 1682 und 1692 für die Herzöge von Sachsen-Meiningen erbauten barocken Schlosses Elisabethenburg befindet sich die Schloßkirche. Aus der Ausstattung des barocken Raumes ragen besonders die von den Gebrüdern Rust geschaffenen Stuckfelder der Decke hervor.

* * Meißen
Kr. Meißen, Bez. Dresden
Der historische Stadtkern Meißens bildet zusammen mit dem Domberg und der Afrafreiheit eines der bedeutendsten städtebaulichen Denkmale in unserem Lande. Seit 928 sicherte König Heinrich I. seine Reichsgrenze an der Elbe durch einen burggräflichen Bau auf dem Felsplateau über dem Fluß. Diesen Ort „Misni" erhob Otto I. zum Bistum und unterstellte ihn dem Magdeburger Erzbistum. Noch heute ist jene geistlich-politische Doppelfunktion des mittelalterlichen Burgplatzes in den miteinander verbundenen Bauten des Doms, des Bischofsschlosses und der Albrechtsburg deutlich. Seit 1471 gestaltete Arnold von Westfalen die Albrechtsburg hoch über den Dächern der mittelalterlichen Stadt zur Residenz der sächsischen Kurfürsten aus. Den Burgberg sicherte wohl schon seit dem 10. Jh. die Siedlung der Burgmannen auf dem Afraberg. Diese entrichteten keine Abgaben an die Feudalen – daher noch heute die Bezeichnung „Afranische Freiheit". 1205 erfolgte hier die Gründung des Afra-Klosters der Augustiner-Chorherren. Die Stadt

selbst entwickelte sich am burggräflichen Jahrmarktsplatz, der sich unterhalb des Burgberges zwischen der
Elbe und dem heutigen Theaterplatz
erstreckte, sowie dem Afraberg mit ei-
genem Markt vor der Frauenkirche.
Bereits im 13. Jh. führte eine Stein-
brücke über den Fluß. Seit 1710
wurde die Porzellanherstellung zum
Hauptgewerbe der Stadt und löste die
traditionelle Tuchmacherei ab.
** Dom, Albrechtsburg und die
Bauten im Bereich der einstigen Bischofsburg bilden eines der schönsten
baukünstlerischen Ensembles. Der
Dombau selbst tritt darin zur Elbe hin
nur mit seinen Turmspitzen in Erscheinung, beherrscht aber mit der gotischen Turmfront den weiten Schloß-

hof. Zwischen 1240 und 1266 wurde
die gotische Kathedrale begonnen,
die bis zum endenden 14. Jh. an die
Stelle des dabei abschnittweise abgetragenen romanischen Vorgängerbaues trat. Dieser 1006-73 errichtete
Bau sowie eine noch ältere Kirche
sind durch Grabungen nachgewiesen.
Bis etwa 1290 waren Chor und Querschiff weitgehend fertiggestellt; dann
ist das Langhaus als Halle aufgeführt
worden.
In der Südwestecke von Querhaus
und Chor wurde einer der ursprünglich geplanten beiden Flankentürme
begonnen. Dessen obere Geschosse
stammen aus der zweiten Hälfte des
14., der Achteckaufbau mit dem
durchbrochenen Helm aus dem frü-

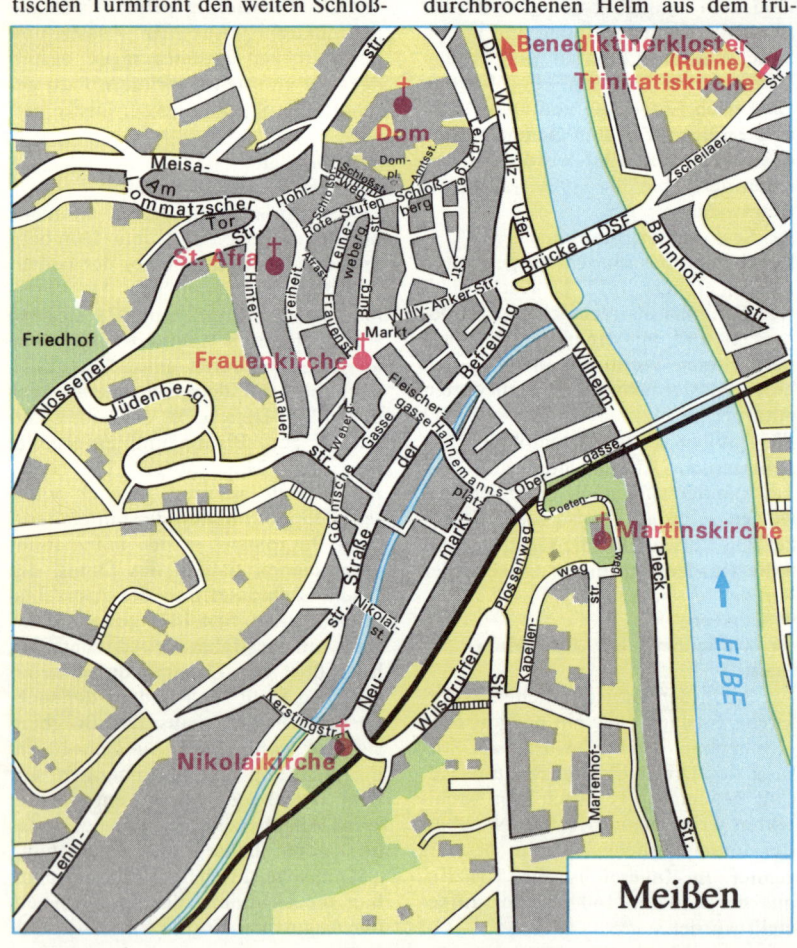

Meißen

Dom und Albrechtsburg

hen 15. Jh., 1909 erneuert. Um 1315 begann der Bau der Westtürme, in die mit Vollendung des Langhauses etwa 1400 das Westportal eingefügt wurde, bald aber schon durch die davor errichtete Fürstenkapelle seiner Haupteingangsfunktion enthoben und verändert. 1423 begonnen, erhielt die Kapelle erst 1446 durch Meister Moyses von Altenburg das schöne Netzgewölbe. Inzwischen hatte man an den Türmen weitergebaut, die aber durch einen Blitzschlag Schaden erlitten. 1471 erhöhte Arnold von Westfalen den Westbau bis zur Firsthöhe des Langhausdaches. Erst 1903-08 vollendete der Karlsruher Architekt Karl Schäfer nach einem Wettbewerb zur Gestaltung des Meißner Domwestbaues die Turmaufbauten im Sinne der von Arnold von Westfalen geschaffenen Architektur. Im Winkel zwischen Südseitenschiff und Querhaus war in der zweiten Hälfte des 13. Jh. die achteckige und zweigeschossige Johanniskapelle entstanden. – Das Dominnere ist reich an Bildwerken, vor allem der mittelalterlichen Jahrhunderte. Um 1260 waren Meister aus der Naumburger Dombauwerkstatt nach Meißen gekommen. Sie hatten den Figurenschmuck für den Meißener Dom und vielleicht auch für ein großes, nicht ausgeführtes Westportal begonnen. Davon sind die Figuren Kaiser Ottos I. und der Kaiserin Adelheid, des Johannes des Evangelisten und des Donatus an den Chorinnenwänden, der Maria mit dem Kind, Johannes des Täufers und eines Diakons in der Achteckkapelle aufgestellt worden. Chor und Querhaus trennt der seit etwa 1260 errichtete Lettner. Auch hier ist die Hand-

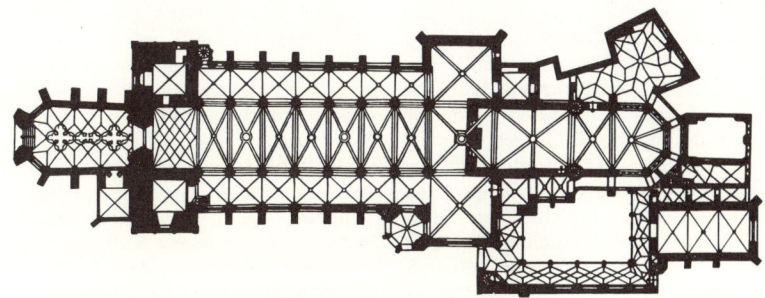

Grundriß der gotischen Domkirche

161

Burghof mit Dom

schrift von Meistern der Naumburger Bauhütte erkennbar. Seitlich und um die Brüstungen wurde der Lettner im 14. Jh. erweitert. Der gemalte Hauptaltar vom Anfang des 16. Jh. gilt als Werk eines aus den Niederlanden gekommenen Meisters. Der Laienaltar vor dem Lettner von etwa 1526 und ein weiterer gemalter Flügelaltar kommen aus der Werkstatt Lucas Cranachs d. Ä. – Die Ausstattung der kurfürstlichen Begräbniskapelle mit Heiligenfiguren entstand als einheitlicher Zyklus in der ersten Hälfte des 15. Jh. Von den Grabdenkmälern aus der Nürnberger Vischer-Werkstatt sind besonders bemerkenswert die Gräber für den 1428 gestorbenen Kurfürst Friedrich den Streitbaren und für Friedrich den Sanftmütigen, gestorben 1464. Seit 1977 befindet sich das lange in der Georgskapelle eingebaute Frührenaissanceportal mit dem Bildrelief aus der Daucher-Werkstatt wieder an seinem ursprünglichen Standplatz in der Fürstenkapelle. – Die Georgskapelle, im Winkel zwischen Fürstenkapelle und Südturm, entstand 1530/40 als Grabraum für Georg den Bärtigen. 1677 gestaltete Wolf Caspar von Klengel die Stuckdekoration ihrer Decke und Wände, die 1977 restauriert worden ist. – Südlich des Domchores liegt der um 1260 und um 1470 errichtete Kreuzgang mit der östlich anschließenden, Maria Magdalena geweihten bischöflichen Hauskapelle. Sie wurde um 1260/70 in der heutigen Form ausgebaut, jetzt dient sie als Lapidarium. Zwischen Albrechtsburg und Domchor ist 1504 die Sakristei als unregelmäßiger Raum mit einem Sterngewölbe und reich profilierter Tür eingefügt worden. – Seit 1951 finden systematisch Instandsetzungs- und Restaurierungsarbeiten am Dom statt, die sich gegenwärtig auf die Freilegung der mittelalterlichen Farbigkeit des Westportals konzentrieren. 1971 kam die neue Orgel in den Dom.

✳✳ Auf dem Afraberg befand sich seit dem 11. Jh. eine erste Pfarrkirche. 1205 wurde sie durch den Neubau der Augustiner-Chorherren-Stiftskirche St. Afra ersetzt. Deren Umbau erfolgte Ende des 13. Jh. Erst Ende des 14. Jh. erhielt der Chor seine Wölbung, die des Langhauses war gar erst 1480 fertiggestellt. 1766 entstand der Turm. Zwischen 1963 und 1975 erfolgte eine denkmalpflegerische Restaurierung der gesamten Kirche, die den mittelalterlichen Raum und seine Farbigkeit nach Entfernung späterer Einbauten wieder erschlossen hat. Der 1660 von Valentin Otte geschaffene spätgotische Schreinaltar und die vom gleichen Meister stammende Kanzel sind ebenfalls restauriert worden. Am Südschiff wurde 1408 die Schleinitz-Kapelle und an deren Ostseite die Vorhalle als zellengewölbter Raum angebaut. An der Chornordseite liegt die Sakristei mit der Bibliothek darüber, anschließend bis zum Nordseitenschiff die Taubenheimsche Kapelle, die 1454 gestiftet worden war. – Die ehem. Klostergebäude sind jetzt Bestandteil der Hochschule für Landwirtschaftliche Produktionsgenossenschaften; erhalten blieben

der Kreuzgang aus dem 15. Jh., die Barbarakapelle und die zellengewölbte Klosterküche von 1521.
✶ ✶ Die 1205 erstmals genannte Frauenkirche ist nach Bränden im 14. und 15. Jh. als Stadtpfarrkirche wiederaufgebaut worden. Der Chor und der hoch aufragende Turm beherrschen die Marktecke gegenüber dem Rathaus. Während der Turmunterbau noch aus der ersten Bauzeit der Kirche stammt, wurde sein blendengeschmückter Aufbau 1547 vollendet. Über dem Umgang kam dann im Barock der Oberteil mit der Haube hinzu. Im Chor und Langhaus wurden seit etwa 1450 die spätgotischen Netzgewölbe eingebracht. Bei der Restaurierung des Raumes 1979/80 konnte die spätgotische Farbigkeit wiederhergestellt werden. Bemerkenswert sind neben der neogotischen Ausstattung des 19. Jh. der Schnitzaltar, dessen Mittelteil von 1500 stammt, die Flügel kamen 1928 neu hinzu, sowie der Bestand an Grabdenkmalen des 15. und 16. Jh. 1929 schuf der Porzellanangestalter Emil Paul Börner das Porzellanglockenspiel für den Turm der Frauenkirche, eines der ersten seiner Art.

Auf dem Plossenberg, südlich der Altstadt, steht die aus dem 13. Jh. stammende Martinskirche. Sie hat die Gestalt einer romanischen Dorfkirche, wurde innen im 17. Jh. erneuert und im 19. Jh. um einige Anbauten erweitert. Ein spätgotischer Flügelaltar und eine bemalte hölzerne Kanzel von 1516 gehören zur Ausstattung.
Die Nikolaikirche im *Triebischtal* ist ein spätromanisch-frühgotischer Bau, der 1928 als Gedenkstätte umgestaltet worden ist. Die Ausmalung und Ausstattung mit Porzellanepitaphien ist eine Einmaligkeit. Sie besorgte Emil Paul Börner.
Auf der Anhöhe des östlichen Elbufers gegenüber der Altstadt liegt in *Zscheila* die Trinitatiskirche. Noch dem 13. Jh. entstammend, wurde der Bau 1667/69 eingewölbt, nachdem ein Jahrhundert früher schon der Turm ausgebaut worden war. Im Chor findet man mittelalterliche Malereien.

Zur Zeit der Wölbung entstand auch die Ausstattung, den Altar schuf dabei wohl Valentin Otte.

Memleben
Kr. Nebra, Bez. Halle
✶ ✶ Vom Benediktinerkloster, das im 10. Jh. an der Pfalz König Heinrich I. gegründet wurde, blieb nur die Ruine erhalten. Nach dem Magdeburger Dom war es das bedeutendste und größte Kirchenbauwerk im Elbe-Harz-Raum. 936 starb Heinrich I. in Memleben, 973 Otto I., dessen Sohn Otto II. das Kloster gründete. Die heute zu den eindrucksvollen Ruinen zählende Kirche ist indes ein Neubau aus der ersten Hälfte des 13. Jh. Nach einem Blitzschlag brannte 1722 der Bau aus und verfiel danach. Reste der Kirche des 10. Jh. wurden 1959 südwestlich davon ergraben und gesichert, sie war 82 m lang und 39,5 m breit.

Merseburg
Kr. Merseburg, Bez. Halle
Auf dem schon in vorgeschichtlicher Zeit besiedelten Hügel westlich der Saale ließ König Heinrich I. um 930 an der Grenze zum slawischen Gebiet eine bereits bestehende Burganlage ausbauen und südlich davon seine Pfalz errichten. Otto I. gründete 968 das Bistum Merseburg, das später aufgehoben und durch Heinrich II. 1004 neu eingerichtet wurde. Um die Wende des 10. zum 11. Jh. entwickelte sich bei der Pfalz eine Siedlung mit den Pfarrkirchen St. Maximi und St. Sixti. Die zwischen Dom- und Sixtihügel gelegene Geiselniederung ist schon im frühen 13. Jh. für die Erweiterung der städtischen Siedlung trockengelegt worden: Der Gotthardteich entstand aus dem ersten Aufstau des Flüßchens. In der nördlich vom Dom gelegenen Altenburg, der ältesten Burganlage auf dem Hügel, befand sich in der zweiten Hälfte des 11. Jh. das Benediktinerkloster St. Petri und jenseits der Saale am Neumarkt die Pfarrkirche St. Thomä. Seit 1604 wurde das Schloß neben dem Dom für die das Bischofsamt verwaltenden kursächsischen Herzöge zur großartigen Renaissance-Residenz ausgestal-

Dom und Schloß über der Saale

tet. 1815 ist Merseburg Hauptstadt des preußischen Regierungsbezirkes und ist seit dem ersten Weltkrieg Zentrum der hier angesiedelten Chemie-Großindustrie geworden. 1945 erlitt die Stadt durch Bombenangriffe schwere Zerstörungen, 1968 begann die Neugestaltung des Stadtkerns.

✳✳ Von dem 1015 unter Thietmar von Merseburg begonnenen ersten Dom blieben die unteren Teile des südlichen Querhauses und der Westtürme bestehen, der Chor mit den runden Osttürmen und die Hallenkrypta darunter sind 1042 geweiht worden. Aus der zweiten Hälfte des 12. Jh. stammen die achteckigen Obergeschosse der Westtürme des heutigen Doms. Im zweiten Viertel des 13. Jh. wurden die basilikale Vorhalle an der Westseite errichtet und der Turmzwischenbau erhöht, ebenso die Hauptapsis und das nördliche Querhaus erneuert. Nach Umbauten während des 13. und 14. Jh., von denen auch der Backsteinhelm des Südostturmes stammt, erfolgte 1510–17 der völlige Neubau des Langhauses und 1535–37 dessen Einwölbung. Zugleich erhielten die Westtürme ihre spitzen Helme. Im Zusammenhang mit diesem Neubau ist auch das spätgotische West-portal mit den Bildnissen der Titularheiligen Johannes des Täufers und Laurentius sowie der Büste Heinrichs II. entstanden. Seit dem 17. Jh. erfolgten immer wieder Instandsetzungen. Die denkmalpflegerische Restaurierung 1952–55 erschloß zunächst den Innenraum farblich neu, 1972–74 wurde das Kircheninnere wiederum restauriert. – Klausur und Kreuzgang an der Südseite des Doms gehen auf das 13. und 14. Jh. zurück, wobei Teile des Westflügels noch dem 12. Jh. entstammen. – Das Dominnere ist vom Kontrast romanisch kubisch geordneter Räumlichkeit zur lichten Weite des Hallenlanghauses geprägt. Besonders deutlich wird dies im Vergleich von Kirchenraum und Krypta, die 1036 begonnen, zu den ältesten erhaltenen des Hallentyps gehört. Mit ihren aus der Quadratform

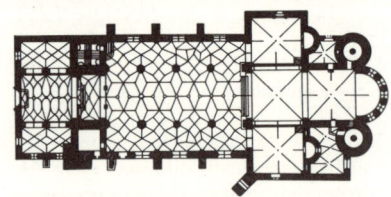

Grundriß des romanischen und spätgotischen Domes

entwickelten Bündelpfeilern stellt sie ein Zeugnis baukünstlerischen Vermögens der ersten Hälfte des 11. Jh. dar. Chorschranken trennen die Querhausarme von der Vierung, sie wurden 1235–40 eingebaut. Von den östlich an die Querhausarme anschließenden Räumen ist der südliche mit der Sakristei und der daruntergelegenen Fürstengruft bemerkenswert. – Viele der

Bildwerke im Merseburger Dom zählen zu den Meisterleistungen mittelalterlicher und späterer Kunst. Voran muß die Grabplatte für den 1080 bei Hohenmölsen gefallenen Rudolf von Schwaben, ein Bronzerelief und ältestes Bildnisgrabmal der deutschen Kunst, genannt werden. Aus der Mitte des 12. Jh. blieb der romanische Taufstein mit Figuren von Propheten und

Dom, im Vordergrund Grabplatte Rudolfs von Schwaben

Aposteln an der Wandung erhalten. Um 1240 entstand das frühgotische Triumphkreuz, die Arme des Christus und das Kreuz sind allerdings modern ergänzt. – Aus jener frühen Epoche bewahrt die Domstiftsbibliothek wertvolle Schriften, darunter die Merseburger Zaubersprüche aus dem 10. und das Martyrologium des Bischofs Thietmar vom Anfang des 11. Jh. Eine dreiteilige Bibelhandschrift entstand um 1200. – Aus der spätgotischen Zeit verblieben das zweireihige Chorgestühl mit seinen reichen dekorativen und bildlichen Schnitzreliefs, 1446 durch Caspar Schockholz geschaffen, dann eine Reihe beachtlicher Flügelaltäre des 16. Jh, figürliche Bildwerke und Grabdenkmäler. Von letzteren ist der Sarkophag des Bischofs Thilo von Trotha hervorzuheben, um 1490 entstanden und Peter Vischer d. Ä. zugeschrieben, ebenso das Bronzeepitaph des Bischofs Sigismund von Lindenau von 1538, als dessen Schöpfer Hans Vischer gilt. – Ein filigranes spätgotisches Kunstwerk ist die Kanzel von 1519/20, der Schalldeckel entstand 1665. Ähnlich reich wie die Kanzel zeigt sich auch das geschnitzte Gestühl, von dem sich Teile in den Langhausseitenschiffen erhielten. Beachtung verdient weiter das Gemälde der Türkenschlacht, das um 1520 Georg Lemberger geschaffen hat. 1637 wurde über der Westempore die Orgel eingebaut, deren Werk 1855 Friedrich Ladegast erneuerte. Zu den im Zusammenhang mit der restauratorischen Erneuerung des Domes entstandenen künstlerischen Werken gehört die Verglasung der Hauptapsis nach einem Entwurf von Carl Crodel. Nach dem Dom ist St. Maximi die zweitälteste Kirche Merseburgs, wohl am Ende des 10. Jh. gegründet. Der heutige Bau der spätgotischen Halle wurde zwischen 1432 und 1501 errichtet. Der hoch aufragende neugotische Westturm entstand 1866 an Stelle des noch romanischen Querturmes. Bei der Erneuerung der Kirche in den sechziger Jahren des vorigen Jahrhunderts wurde die Ausstattung größtenteils durch eine neogotische ersetzt.

Vom barocken Hochaltar, den 1686 Michael Hoppenhaupt schuf, blieben vier große Schnitzfiguren erhalten. Das Kircheninnere erfuhr 1972/73 eine Restaurierung, ebenso der aus der Friedhofskapelle übernommene Schnitzaltar von 1511.
Von der 1045 gegründeten Sixtikirche blieben nur Ruinenteile einer im 16. Jh. neu errichteten Halle und der mächtige Westturm erhalten. Er ist 1888 als Wasserturm ausgebaut worden.
✳✳ Die Neumarktkirche St. Thomä ist der Rest einer romanischen Basilika, deren Seitenschiffe und Südturm um 1825 abgebrochen worden sind. Von der einstigen Bedeutung des Baues künden noch die zwei Säulenportale, die mit der Geländeauffüllung an ihre heutigen Standorte umgesetzt wurden. Diese beeinträchtigt auch das Innere. Die Figurengruppe eines Altars dürfte 1695 Johann Michael Hoppenhaupt geschaffen haben.
Auf dem 1581 angelegten Stadtfriedhof am Sixtitor und seiner noch erhaltenen historischen Anlage steht die Friedhofskapelle, ein Renaissancebau von 1610, der 1968 restauriert wurde.
Im Norden des Domhügels haben sich auf der Altenburg Reste des 1012 genannten und 1091 geweihten Petersklosters erhalten. – Innerhalb der Burganlage steht die Vitikirche, ein kleiner Saalbau aus der ersten Hälfte des 12. Jh. und im 13. Jh. umgestaltet. 1692 kamen der Chorraum und die Ausstattung hinzu, die 1972 restauriert worden sind: das Altarretabel und die Holzkanzel mit Figurenschmuck, an der Emporenbrüstung ein Bildzyklus aus dem Leben Christi.

Mihla
Kr. Eisenach, Bez. Erfurt
Die Dorfkirche, ein einschiffiger Barockbau von 1711, hat zusammen mit der bemalten Holztonne im Inneren eine schöne Ausstattung aus der Bauzeit. Bemerkenswert ist weiter der 1490 aus einer Erfurter Bildschnitzerwerkstatt gekommene ✳✳ Flügelaltar mit einer Kreuzigung im Mittelbild, 1963 restauriert.

Mirow
Kr. Neustrelitz, Bez. Neubrandenburg

Die 1945 bis auf die Umfassungsmauern niedergebrannte Johanniter-Kir-
che, ein gotischer Backsteinbau aus
dem 14. Jh. mit dem Westturm von
1742, ist 1951 wiederaufgebaut und
neu ausgestaltet worden. Der Turm
erhielt dabei seinen flachen Abschluß.
Im Inneren ist an Stelle des ehemals
barocken Spiegelgewölbes eine Holzdecke eingebaut.

Mittenwalde
Kr. Königs Wusterhausen,
Bez. Potsdam

Ältester Bauteil der Pfarrkirche ist der
Feldsteinturm aus dem 13. Jh., das
Schiff entstand erst nach 1300 und
wurde mit dem im 15. Jh. angefügten
Umgangschor eingewölbt. Nach einer
Restaurierung kam 1878 der neogotische Turmaufbau hinzu. Von der Ausstattung ist der Schnitzaltar mit figu-
rengeschmücktem Gesprenge bemerkenswert, der 1514 gearbeitet wurde.
Im Mittelschrein befindet sich ein nie-
derländisches Kreuzabnahme-Relief.
Das Chorgestühl stammt aus der
Mitte des 17. Jh., die Orgel von 1787.
1956/57 wurde die Kirche erneuert.

Mittweida
Kr. Hainichen, Bez. Karl-Marx-Stadt

∗ Nach einem Brand der frühgotischen Pfarrkirche St. Marien wurde
diese ab 1454 in spätgotischen Formen wiederaufgebaut. Unter Leitung
des Baumeisters der Meißner Albrechtsburg, Arnold von Westfalen, begann der Chorneubau, der 1476 mit
der Wölbung fertiggestellt war. Anschließend erhielt das in den Schiffen
unterschiedlich hohe Langhaus seine
Netzwölbung. Beachtenswert sind die
schönen Fenstermaßwerke im Chor
sowie der reiche Schnitzaltar von 1661
mit Figuren, gedrehten Säulen und
Beschlagwerkornamenten, von Valentin Otte und Johann Richter geschaffen. Wenig später entstand die Sandsteinkanzel mit einer Nachahmung
der Mosesfigur Michelangelos als
Träger. Der Schalldeckel kam im
18. Jh. hinzu. Nicht übersehen werden
sollte hinter dem Altar das Sakramentshaus aus der Chorbauzeit mit
seinem vielgliedrigen Fialenaufbau
und Figurenschmuck. Das Kircheninnere wurde 1959 restauriert.

Möhra
Kr. Bad Salzungen, Bez. Suhl

∗ Die Dorfkirche besteht aus einem
spätgotischen Chor mit Turm und
dem zwischen 1699 und 1704 errichteten barocken Langhaus. Sehenswert
ist das Innere, das 1793 ausgestaltet
worden ist. Dabei entstand eine illusionistische Malerei, die an der Ton-
nendecke eine reiche Kuppelarchitektur und Dachausbauten vortäuscht.
Diese Malerei sowie die Bemalung
von Emporen, Säulen und Kanzel
sind bei der Restaurierung 1969 in ihrer Farbigkeit gesichert worden. Der
Orgelprospekt und seine Fassung entstammen noch der Neubauzeit des
Langhauses.

Moritzburg
Kr. Dresden, Bez. Dresden

∗ ∗ 1542–46 ließ Herzog Moritz inmitten des höfischen Jagdgebietes
nördlich von Dresden ein Jagdschloß
anlegen, das ab 1582 umgebaut und
ab 1661 erweitert wurde. Dabei schuf
bis 1667 Wolf Caspar von Klengel vor
der Westseite des Schloßgevierts den
Kapellenbau. Dieser wurde beim barocken Umbau der gesamten Anlage,
die nach Ideen Augusts des Starken,
Matthäus Daniel Pöppelmann, Zacharias Longuelune und Jean de Bodt
vornahmen, in den Schloßkomplex
einbezogen. Ihr Inneres ist reich an
Sandstein- und Stuckdekorationen.
Das Gemälde der Himmelfahrt Christi in der gleichfalls stuckierten Decke
schuf Johann Finck um 1670, der Säulenaufbau des Altars mit einem Bild
der Himmelfahrt Mariae entstand
1672. Gegenüber dem Altar befindet
sich die Füstenempore. Die Kanzel
hat ihr Pendant im ebenfalls holzge-
schnitzten Heerespaukerstand.
1904 ist in barockisierenden Formen
die Pfarrkirche in Moritzburg erbaut
worden. Hier befindet sich das ursprünglich für den Altar der Schloßkapelle 1669 geschaffene Gemälde
der Himmelfahrt Christi von Stefano
Cattaneo.

Mühlberg

Kr. Bad Liebenwerda, Bez. Cottbus
* Das ehem. Zisterzienser-Nonnenkloster Güldenstern wurde 1227 gegründet. Aus dieser Zeit stammt noch der Chor mit dem Querschiff der kreuzförmig angelegten Saalkirche. Die fünfseitige Apsis wurde bereits nach der Mitte des 13. Jh. vollendet. 1330–50 kam mit einem Umbau des Langhauses die große Nonnenempore in den Raum. Eine ganze Reihe von Bränden und anschließende Erneuerungen brachten der Klosteranlage mannigfaltige Veränderungen. In der Kirche sind bemerkenswert der 1569 von Henning Göding geschaffene Flügelaltar und neben zwei spätgotischen Triumphkreuzgruppen die Kanzel von 1621. Zu den architektonischen Kostbarkeiten zählen die reichen Schmuckgiebel: Die Westfassade der Kirche entstand in der zweiten Hälfte des 15. Jh., das spätgotische Maßwerk des Giebels an der Neuen Propstei zeigt Formen der Zeit um 1530.
Die spätgotische Neustädter Kirche ist nach einem Brand 1535 erneuert worden. In ihrem Chor wurde der Flügelaltar von 1525 mit der Rahmung aus der Zeit um 1578 aufgestellt. Ein Renaissancealtar von 1614 befindet sich in der gleichfalls spätgotischen Friedhofskapelle.

✱ ✱ Mühlhausen

Kr. Mühlhausen, Bez. Erfurt
775 erstmals genannt, erfuhr Mühlhausen zu Beginn des 11. Jh. eine städtische Entwicklung, zunächst um die Kirche St. Blasius. Seit dem 12. Jh. entstand um die Marienkirche die Neustadt mit geplantem gitterförmigem Straßennetz, 1180 als Reichsstadt genannt. Nach der Niederlassung des Deutschen Ritterordens in der Stadt erfolgte 1251 deren Befestigung. 1256 zerstörten die Bürger die kaiserliche Pfalz und übernahmen die städtische Verwaltung. Mit dem weitreichenden Tuch- und Leinenhandel wurde Mühlhausen Mitglied der Hanse. Seit 1525 war Thomas Müntzer Prediger an der Marienkirche. In den reformationszeitlichen Auseinandersetzungen entwickelte sich um die Stadt das Zentrum des Volksaufstandes und der frühbürgerlichen Revolution des deutschen Bauernkrieges in Thüringen. Mit der Kapitulation vor dem fürstlichen Heer verlor Mühlhausen seine Rechte, die jedoch durch Kaiser Karl V. 1548 zurückverliehen wurden. Im Dreißigjährigen Krieg blieb die Stadt in kaiserlicher Hand und erlitt keine Schäden. 1761 bauten die Franzosen die mittelalterlichen Befestigungswerke aus, zogen aber 1762 kampflos ab, so daß auch jetzt die

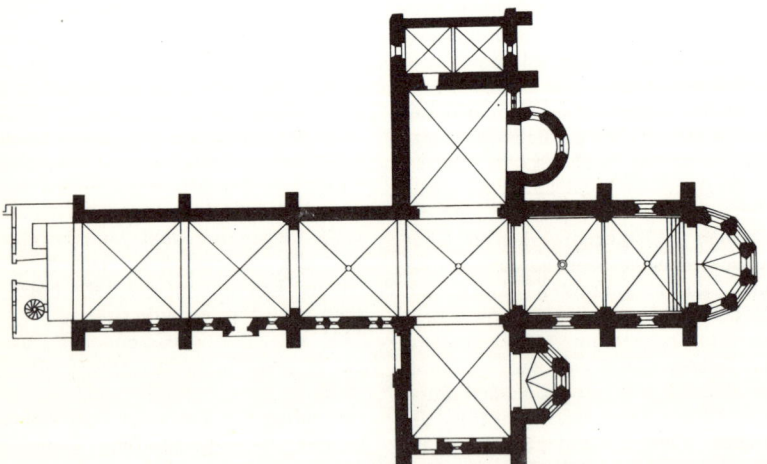

Mühlberg, Grundriß der frühgotischen und später umgebauten Klosterkirche

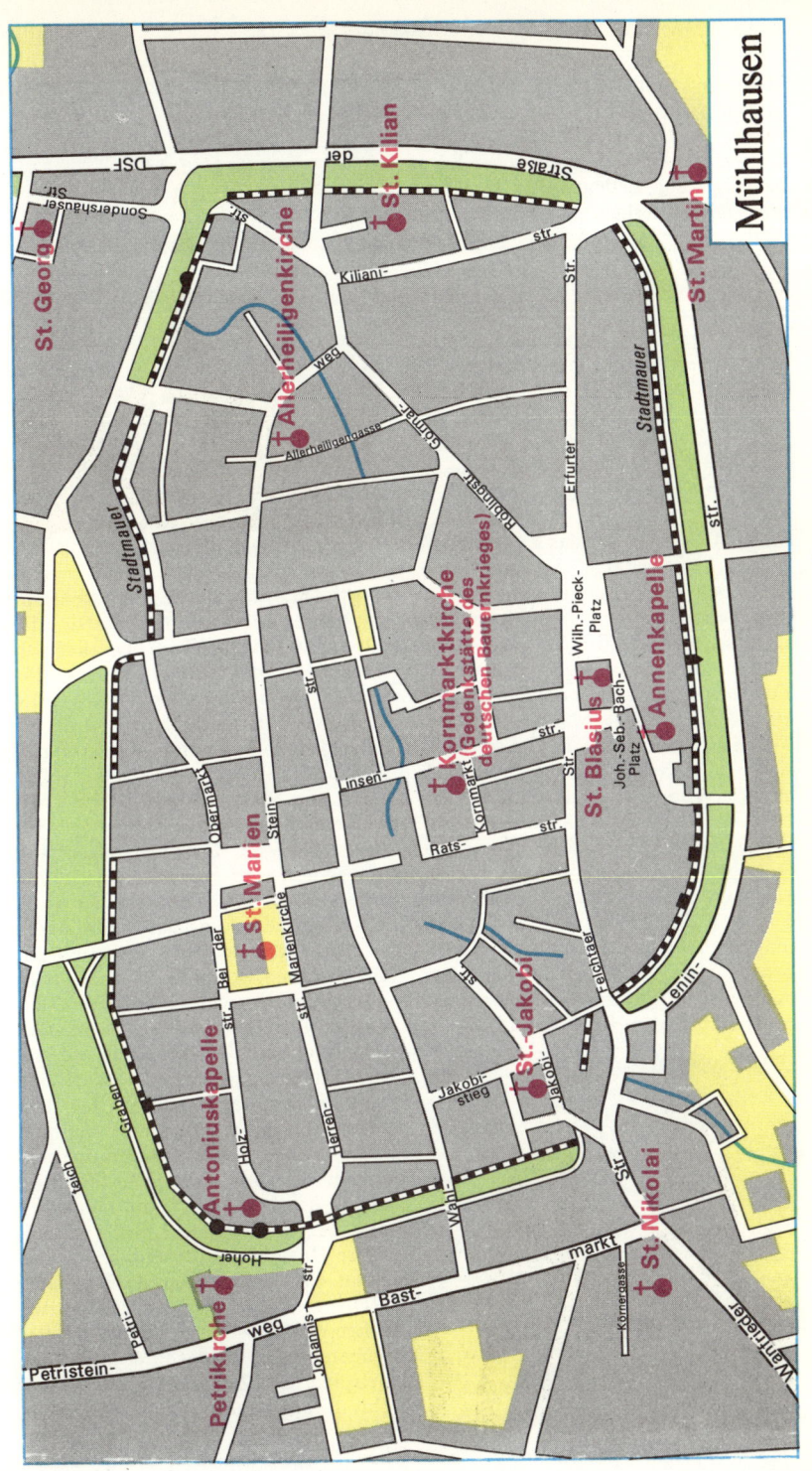

Mühlhausen

St. Kilian

St. Martin

St. Georg

Allerheiligenkirche

Kornmarktkirche
(Gedenkstätte des
deutschen Bauernkrieges)

St. Blasius

Annenkapelle

St. Marien

Antoniuskapelle

St. Jakobi

St. Nikolai

Petrikirche

Stadt unversehrt blieb. Die Industrialisierung des 19. Jh. wie auch der zweite Weltkrieg verschonten Mühlhausen, so daß sein historischer Kern heute zu den bedeutenden Denkmalen mittelalterlicher Stadtbaukunst zählt.

✳✳ Die Pfarrkirche St. Blasius kam 1227 an den Deutschen Ritterorden, der alsbald einen gotischen Neubau planen ließ. 1235 begannen aus Walkenried und Maulbronn herbeigeholte Bauleute den Chor und die Westtürme in frühgotischen Formen zu errichten, die gegen 1270 mit den Achteckaufbauten über dem noch romanischen Querriegel vollendet waren. Die mächtigen Streben kamen später hinzu. 1270 ist dann das Langhaus in Hallenform weitergeführt und Mitte des 14. Jh. fertiggestellt worden. Chor und Seitenschiffe erhielten vor den Querdächern dekorative Giebelaufbauten, die Nordfassade eine große Fensterrose, die Strebepfeiler Fialen klassisch gotischer Manier und den Vorbildern französischer und westfälischer Großbauten jener Zeit entsprechend. Von der Ausstattung des 1954–59 restaurierten Kircheninneren ist das Gitter zwischen Chor und Querschiff besonders bemerkenswert. 1640 geschaffen, übernahm es die Funktion des Lettners. In den Chorfenstern befinden sich gotische Scheiben aus dem 14. Jh. mit reicher Glasmalerei. Der Flügelaltar und die Kanzel stammen vom Ende des 15. Jh.

Marienkirche

✳✳ Die Pfarrkirche der Neustadt St. Marien übernahm ebenfalls der Deutsche Ritterorden und ließ an Stelle der romanischen Basilika 1243 einen Neubau beginnen. Bauleute der Blasiuskirche errichteten zunächst über dem romanischen Westwerk den Südturm. 1317 bis etwa 1360 folgte dann die fünfschiffige Hallenkirche, beginnend mit dem Chor, der 1327 vollendet war. Die Langhauspfeiler stehen auf den romanischen Fundamenten. Nach 1360 entstand die großartige Ausgestaltung des Baues, durch welche Mühlhausen in Wettstreit mit Erfurt treten wollte. Über dem Traufgesims erhebt sich die Reihe der zierlich gegliederten Giebel. Vor der südlichen Querschiffsfront entstand am damaligen Hauptplatz der Stadt eine einzigartige Schaufassade: Über dem mächtigen Archivoltenportal befindet sich vor der Dreifenstergruppe ein breiter Balkon. Hier sind die Bildwerke Kaiser Karls IV. mit Gemahlin und Gefolge dargestellt, die in realistischer Darstellung die Huldigung des Rates entgegennehmen, der an dieser Stelle vereidigt wurde. Darüber zwischen den Fenstern vier Plastiken der Anbetung des Kindes und in der Giebelspitze die Weltgerichtsdarstellung. Das Bildprogramm ist also in bezug zur damaligen Zeitgeschichte zu sehen. Zwischen dem spätromanischen

Türme der Blasiuskirche

Altan der Marienkirche

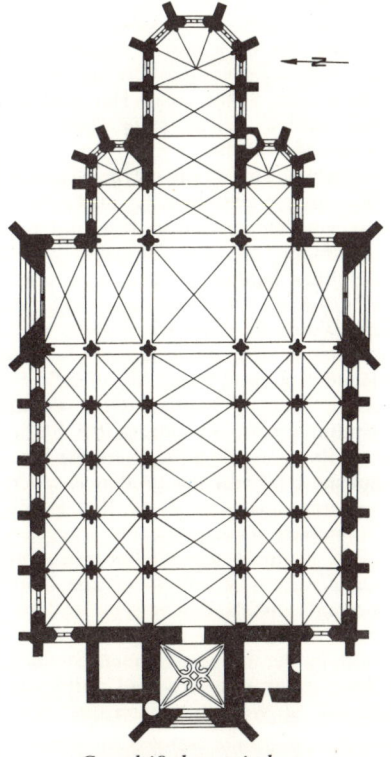

*Grundriß der gotischen
Pfarrkirche St. Marien*

Nord- und dem frühgotischen Südturm wuchs schließlich bis 1560 der
gewaltige Helm des spätgotischen
Mittelturms empor. Im Hauptchor befindet sich ein bedeutender Glasfensterzyklus aus dem letzten Viertel des
14. Jh., der im 15. Jh. erweitert wurde.
Zahlreiche Bildwerke des 14. bis
16. Jh. gehören zur beachtenswerten
Ausstattung der Kirche, darunter der
große Flügelaltar von 1520 und drei
weitere Malaltäre. Die Predigtkirche
Thomas Müntzers ist seit 1967 denkmalpflegerisch restauriert worden, dabei sind die Steinfiguren auf dem Altan gesichert und im Innenraum die
mittelalterliche Farbigkeit zurückgewonnen worden. Die Kirche dient
heute auch Konzertveranstaltungen.
✳✳ Am Kornmarkt erbauten Franziskanermönche seit der zweiten
Hälfte des 13. Jh. ihre Klosterkirche,
die Ende des 14. Jh. mit dem Chor erweitert wurde. Nach Umbauten im
18. Jh. ist die Kirche seit dem 19. Jh.
profaniert. Während des Bauernkrieges diente sie den Aufständischen als
Waffendepot. Nach der denkmalpflegerischen Neugestaltung birgt der
Bau jetzt die Gedenkstätte des Deutschen Bauernkrieges mit einer umfangreichen musealen Ausstellung.

Die Pfarrkirche St. Jacobi entstand zwischen 1308 und 1418 als gotische Hallenkirche und wurde nach dem Brand bis 1598 erneuert. Die beiden Türme ragen an der Südwestseite der Stadt über die Befestigungswerke auf. Südlich der Kirche St. Blasius liegt an der ehem. Kommende des Deutschen Ritterordens die Annenkapelle, ein einschiffiger Bau der zweiten Hälfte des 13. Jh.

Im Osten des historischen Stadtkerns steht die ursprünglich gotische, nach 1685 barock ausgestaltete Pfarrkirche St. Kilian. An ihrer Nordostseite erhebt sich der Turm mit seiner barocken Haube.

Die gotische Allerheiligenkirche nordwestlich davon ist seit dem 19. Jh. profaniert. Ihren hohen Westturm ziert ein achteckiges Obergeschoß mit geschweifter Haube. – In der Holzstraße an der Nordwestecke des Stadtkerns befindet sich die kleine gotische Antoniuskapelle mit dem barocken Dachreiter. Ihr gegenüber außerhalb des Festungsringes steht die gotische Petrikirche, deren Turm einen Fachwerkaufsatz mit Spitzhelm trägt. – Am Bastmarkt vor der Südwestecke des Stadtkerns ist seit dem 14. Jh. die Pfarrkirche St. Nikolai mehrfach umgestaltet worden. Ihre Turmuntergeschosse zeigen noch spätromanische Formen. Darüber erhebt sich der Achteckbau mit Spitzhelm. – Im Südosten der Stadt steht die 1360 vollendete und 1464 neugestaltete Pfarrkirche St. Martin, ein einschiffiger Bau mit einem Turmaufsatz von 1735. – Die Pfarrkirche St. Georg an der Nordostecke der Stadt, nördlich des Kreuzgrabens, wurde Anfang des 14. Jh. als einschiffiger Bau fertiggestellt; über dem Westturm entstand 1770 die barocke Haube. Südlich an das Kirchenschiff schließt die kleine spätgotische Friedhofskapelle an, ein sechseckiger Zentralbau mit kräftigen Strebepfeilern und Gewändeportal.

Nauen
Kr. Nauen, Bez. Potsdam
Die Pfarrkirche St. Jakobi, eine spätgotische Halle, wurde nach einem Brand 1695 erneuert und im 18. sowie im 19. Jh. ausgestaltet. Emporen, Kanzel und Orgel in neogotischen Formen stammen von 1875, der hohe Altaraufsatz und die Taufe entstanden im ersten Viertel des 18. Jh. Der Breitturm erhielt 1742 seinen barokken Aufbau. 1968 ist die Kirche restauriert worden.

1905/06 wurde die Peter-Pauls-Kirche in Formen einer romanischen Backsteinbasilika mit einem Vierungsturm erbaut.

✷✷ Naumburg
Kr. Naumburg, Bez. Halle
Um das Jahr 1000 ließen die bei Großjena ansässigen Ekkehardinger eine neue Burg (Naumburg) auf dem hohen südlichen Saaleufer nahe der Unstrutmündung errichten. Die wenig später östlich davon gegründete Propstei bildete einen Siedlungskern. 1028 wurde das im slawischen Gebiet gegründete Bistum Zeitz aus Sicherheitsgründen nach Naumburg zurückverlegt. Damit entwickelte sich südöstlich der Burg und Propstei rasch ein weiterer Siedlungskern um einen Markt, der schon 1033 Handelsfreiheit erhielt. Diese erste städtische Siedlung und die Domfreiheit umgaben im 12. Jh. jeweils eigene Mauern. Die Grenze zwischen der unregelmäßig angelegten Domfreiheit und der regelmäßig bebauten Bürgerstadt bildete der heutige Linden- und Postring. Im 14./15. Jh. erlangte die Stadt mit Waid-, Bier und Weinhandel weitreichende Bedeutung. Jährlich fanden Handelsmessen statt. Als diese sich nach Leipzig verlagerten, verlor Naumburg an Bedeutung, bei Stadtbränden ging die mittelalterliche Bausubstanz bis auf die großen Kirchen verloren. Mit dem 19. Jh. wurde Naumburg Garnisonstadt, was sich noch heute in der Siedlungsstruktur abzeichnet. Die mittelalterliche Doppelfunktion als Bischofssitz und bedeutender Handelsplatz ist im Stadtbild in der herausragenden Stellung des Domes einerseits und der Stadtkirche St. Wenzel andererseits deutlich.

✷✷ Für den Dom ist eine erste Weihe von 1042 überliefert. Von diesem frühen Bau blieb bis auf geringe Mauerreste nichts erhalten. Seine Krypta unter dem Ostchor des heutigen Domes wurde 1170–80 umgebaut und erhielt neue Säulen. Der Domneubau begann unter Bischof Engelhard 1210, und zunächst entstanden die Ostteile. Bis 1242 waren dann das Querschiff und das Langhaus fertiggestellt, die Krypta nach Osten und Westen erweitert. Die beiden Osttürme

überlebensgroßen Figuren der Patrone des Doms. Um 1500 erhielten die romanischen Osttürme das gotische Obergeschoß und 1711–13 die barocken Hauben. – Die Stifterfiguren im Westchor und die Bildfenster am Westlettner zählen zu den bedeutendsten Werken mittelalterlicher Kunst. Die Westlettner-Mauer trennt Langhaus und Westchor. In ihrer Mitte führt der Portalbau mit der

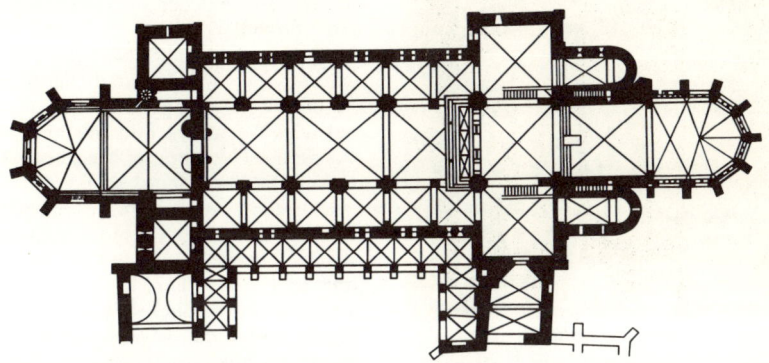

Grundriß der spätromanischen Domkirche St. Peter und Paul

trugen bereits die unteren Achteckgeschosse. Die Untergeschosse der Westtürme wurden nach außen versetzt, da zwischen ihnen zunächst noch eine Marienkapelle bestehen blieb. Sie wurde um 1250 abgetragen, und an ihrer Stelle entstand der frühgotische Westchor. Wohl im Zusammenhang mit diesen Bauarbeiten kam der sogenannte Naumburger Meister hierher. Mit seinem Namen werden vor allem die Bildwerke im Chorinneren verbunden. Möglicherweise war er überhaupt der Schöpfer des frühgotischen Baues. Das erste gotische Geschoß des Nordwestturmes befand sich 1260 im Bau, fertiggestellt wurde der gesamte Turm jedoch erst im 14./15. Jh. Der Südwestturm erhielt seinen gotischen Aufbau schließlich im vorigen Jahrhundert im Sinne einer Komplettierung der mittelalterlichen Domarchitektur. 1330 ist der Ostchor um ein Joch und den 6/10-Schluß verlängert worden. Auf den Strebepfeilern seiner klassisch gotischen Architektur befinden sich die

Kreuzigungsgruppe in den Westchor. Im Vierpaß über der Türöffnung befindet sich das Stuckbild der Majestas Domini, ein Kunstwerk byzantinischen Charakters. Die Lettnerbühne über der zierlichen Säulengliederung schmücken die dramatisch erzählenden Lettnerreliefs mit den Darstellungen von Abendmahl, Auszahlung der Silberlinge, Gefangennahme Christi, Verleugnung des Petrus, zwei Wächtern, Christus vor Pilatus, Geißelung und Kreuztragung. Bis auf die beiden letzten, die in Holz um 1600 nachgebildet worden sind, gelten diese Reliefs als Arbeit des Naumburger Meisters. Ihre noch vorhandene originale Restfarbigkeit konnte bei der jüngsten Restaurierung gesichert werden. Im Westchor stehen auf dem Laufgang die 12 Stifterbildnisse, eine gestalterische Einheit mit der gotischen Architektur bildend. Die Figuren verkörpern die bis 200 Jahre früher verstorbenen Markgrafen und deren Gemahlinnen (von SO nach NO) Gerburg, Konrad, Hermann und Reglindis,

*Dom, Stifterbildnisse
Ekkehard und Uta im Westchor*

Dietmar, Syzzo, Wilhelm, Thimo, Ekkehard und Uta, Gepa, Dietrich. In den Zusammenhang der Figuren gehört auch das Bildwerk des Diakon, jetzt im Domschiff aufgestellt. Sie symbolisieren gleichzeitig typische Gestalten des 13. Jh., ebenfalls zeigen sie aber auch menschliche Charaktere in bewußter Gegenüberstellung. Das Dramatische der Lettnerreliefs wich hier dem Individualisierenden, möglicherweise war dies künstlerische Absicht! Eine Einmaligkeit in der mittelalterlichen Kunst ist auch die Darstellung von nicht Heiliggesprochenen an einem Platz, der nur Heiligen vorbehalten war. – Der Ostlettner steht als Halle vor der Krypta von 1170–80, die sich unter dem Querschiff und dem Chor erstreckt. Ihre spätromanischen Erweiterungen entstanden mit dem Neubau des Domes um 1210–20. Wie die Westchorfenster bergen auch die des Ostchores wertvolle Glasmalereien aus dem 14. und 15. Jh. – Der Hauptaltar im Ostchor besteht aus der Mensa des 13. Jh. und der 1567 zusammengestellten Schauwand. Das

Steinretabel auf dem Hieronymusaltar entstammt der Zeit um 1350. An der 1466 signierten Kanzel sind nur die Relieffelder mit dieser Datierung zu verbinden. Den gemalten Flügelaltar mit der Bekehrung des Paulus schuf 1520 Georg Lemberger. Vom mittelalterlichen Gestühl verblieb der Viersitz von 1260 im Ostchor, weiteres Gestühl im Ost- und Westchor stammt aus dem 15. und frühen 16. Jh. Aus der großen Zahl der Einzelbildwerke und Grabdenkmäler verdient die Tumba eines Bischofs besondere Beachtung. Sie wurde möglicherweise für Dietrich II. geschaffen, den Bauherrn des Westchors, und entstand um 1260 in der Naumburger Meisterwerkstatt. – Die Dreikönigskapelle südlich des Ostchors ist um 1420 vollendet worden. An ihrer Ostseite befindet sich die Figurengruppe mit der Anbetung der Heiligen Drei Könige. – Den Ostschluß des südlichen Kreuzgangsflügels bildet die Marienpfarrkirche mit dem Chor aus der ersten Hälfte des 14. Jh. Die anschließende Winterkirche wurde um die Jahrhundertwende neu erbaut. – Der Naumburger Dom erlebte mehrere große Restaurierungen. Das 18. Jh. hatte dem mittelalterlichen Bau eine reiche Barockausstattung gebracht. Diese beseitigte fast restlos die Restauration von 1874–78. 1936–40 wurden der Kreuzhof abgesenkt und das Torgebäude zwischen Dreikönigs- und Marienkapelle errichtet. Die jüngsten denkmalpflegerischen Arbeiten dienten 1961–66 der Sicherung der Architektur; mit einer Grabung konnte die Baugeschichte erforscht werden. Das Dominnere ist nach Befunden restauriert und mit einem neuen Plattenboden in ursprünglicher Höhe versehen worden. Die mittelalterlichen Glasscheiben beider Chöre kamen wieder an ihre ursprünglichen Plätze. Der Kreuzgang aus dem ersten Viertel des 13. Jh. wurde restauriert und der Hof auf das mittelalterliche Niveau aufgefüllt. Dreikönigskapelle und Marienkirchenchor sind neu ausgemalt worden. Forschungen brachten neue Erkenntnisse zum Bestand und der ur-

Dom, Westlettner mit Relieffeld Christus vor Pilatus

sprünglichen Farbigkeit der Lettner- und Stifterbildwerke.

✳✳ Nördlich vom Dom befindet sich an der Ägidienkurie eine zweigeschossige Kapelle aus der Zeit um 1200. Die Bischofskurie mit dem Wohnturm aus dem 11. Jh. wurde in spätgotischer Zeit umgebaut. Auf dem Domfriedhof verblieb die Johanneskapelle aus der Neubauzeit des Dom-Westchores.

✳✳ Die Stadtkirche St. Wenzel ist in ihrer heutigen Gestalt ein groß angelegter spätgotischer Bau, sicher als Symbol der städtischen Bedeutung gedacht. Die eigenartige Gestalt der Kirche rührt möglicherweise aus der städtebaulichen Situation her: An den formenreich gestalteten und hoch aufragenden Chor schließt das breite,

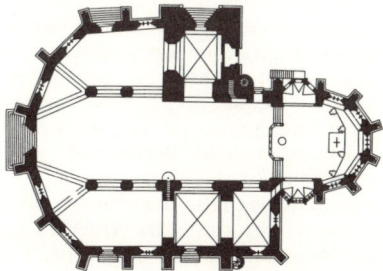

Grundriß der spätgotischen und barock ausgebauten Stadtkirche St. Wenzel

aber extrem kurze Hallenhaus mit konvex abgerundeter Westwand an. Bei 33 m Breite mißt es nur 11 m Länge! Der hohe Turm an der Nordseite mit seiner barocken Haube beherrscht das Bild der gesamten Altstadt und bietet einen herrlichen Ausblick! Mehrere Brände erschwerten den spätgotischen Ausbau der Kirche, der schließlich 1724 einer völlig neuen barocken Raumgestalt weichen mußte. Die Stuckdecken, vor allem aber die reiche Barockausstattung verfremden den eigenwilligen spätgotischen Kirchenraum. 1677–80 schuf der Zeitzer Hofbildhauer Heinrich Schau die bewegte Altarwand, ihre Fassung stammt vom Dresdner Maler Oswald Harms. Ebenfalls noch im 17. Jh. baute Johann Göricke das Orgelgehäuse, Schöpfer des Werkes von 1743–46 ist Zacharias Hildebrand, und es wurde von Gottfried Silbermann und Johann Sebastian Bach abgenommen. Die alte Disposition ist vor wenigen Jahren rekonstruiert worden. 1766 entstanden die schmiedeeisernen Chorschrankengitter. Unter den zahlreichen Grabdenkmalen und Bildwerken befinden sich auch zwei Gemälde Lucas Cranachs d. Ä.: Jesus als Kinderfreund und eine Anbetung der Könige.

Die Moritzkirche, ehem. Augustiner-

Klosterkirche, entstand als spätgotischer Neubau zwischen 1483 und 1510 an Stelle eines romanischen Kirchengebäudes, auf das die unteren Geschosse der beiden Westtürme zurückgehen. Am Anfang des 18. Jh. barockisiert, ist das Innere nach 1874 erneuert worden.

Die barocke Othmarskirche wurde 1699 fertiggestellt. Über ihrem Chor erhebt sich ein vom Quadrat zum Achteck übergehender Turm mit laternengeschmückter Haube. Die Ausstattung des Inneren entstammt weitgehend dem 19. Jh.

Ebenfalls ein barocker Neubau ist die Marien-Magdalenen-Kirche an der Stelle einer in der ersten Hälfte des 12. Jh. gegründeten Hospitalkapelle. 1712–30 erbaut, wurde der in den Befreiungskriegen profanierte Kirchenbau 1821 wieder hergerichtet. Im Inneren befinden sich an der Spiegeldecke Stuckaturen und Gemälde, die Orgel von 1785 über der klassizistischen Hufeisenempore erhielt 1869 ein neues Werk von Friedrich Ladegast. Der äußerlich schlichte und von einem hohen Mansarddach überdeckte Bau wurde 1971 restauriert.

Die katholische Peter-Pauls-Kirche entstand an Stelle der Pfarrkirche aus dem 19. Jh. zwischen 1957 und 1962 neu als moderner Kirchenraum. Zwei gedrungene quadratische Westtürme prägen die breit gelagerte Eingangsfront.

Nebelschütz
Kr. Kamenz, Bez. Dresden

Die barocke Dorfkirche entstand 1740–43 in ihrer längsovalen Grundform wohl unter dem Eindruck der Dresdner Hofkirche. Auf dem gerundeten Walmdach sitzt ein kleiner Dachreiter. Im Westen erhebt sich der Turm, nicht mehr in den Formen der Erbauungszeit der Kirche, sondern später verändert. Baumeister war Zacharias Hoffmann, der die ausgewogene innere Baugliederung dem Äußeren angeglichen hat. Im Säulenaufbau des großen Barockaltars befinden sich Gemälde von Franz Karl Palko; Seitenaltäre, Kanzel und Taufe stammen gleichfalls aus der Zeit um 1744.

Neindorf
(Ortsteil von Beckendorf-Neindorf), Kr. Oschersleben, Bez. Magdeburg

1582 ließ August von der Asseburg die Kapelle neben dem Schloß Neindorf erbauen. Ihren zweijochigen Bau mit 5/8-Schluß zeichnet eine Mischung spätgotischer mit Renaissanceformen aus. Ein schönes Renaissanceportal befindet sich im Norden der Kirche und ein weiteres am polygonalen Treppenturm, durch dessen Inneres man über eine gewundene Spindel gelangt. Am Bau sind spätgotische Strebepfeiler und Fenstermaßwerk verwendet. Das Innere birgt eine reizvolle Ausstattung mit wappengeschmückter, steinerner Westempore, dem Herrschaftsstuhl — von welchem Teile aus der Erbauungszeit stammen — und der noch spätgotisch geprägten, aber mit Renaissancemotiven verzierten Kanzel. Als Familienepitaph entstand 1679 der Altaraufsatz, der Orgelprospekt stammt von 1700. Bemerkenswert sind die teils üppig dekorierten Grabdenkmäler der Familie von der Asseburg, besonders das für den Erbauer der Kirche.

* * Neubrandenburg
Bez. Neubrandenburg

1945 fast völlig zerstört, wurde die Stadt innerhalb des mittelalterlichen Mauerringes unter Beibehaltung des historischen Straßengefüges zunächst historisierend, dann in neuen Formen wiederaufgebaut. Die ebenfalls ausgebrannte * * Marienkirche erfährt gegenwärtig eine moderne Umgestaltung für kulturelle Nutzung. Erhalten blieb der dekorative Ostgiebel des Backsteinbaues, der gegen 1300 errichtet wurde. Er zählt zu den bedeutendsten gotischen Zierarchitekturen. Die Kirche selbst war im frühen 14. Jh. vollendet. Der 1832–42 errichtete Turmaufbau ist ein Werk von Friedrich Wilhelm Buttel. Der Helm ist 1982 neu aufgebracht worden.

Die Backsteinhalle der Franziskaner-Klosterkirche wurde im Anschluß an die Marienkirche im 14. Jh. vollendet. 1892–94 erfolgte eine durchgreifende Erneuerung. Im letzten Krieg beschädigt, sind die Kirche wie die anschlie-

Giebel der Marienkirche

ßende Klosterarchitektur restauriert worden. In den Klosterbauten aus der Zeit um 1300 konnten die sterngewölbten Säle und der Kreuzgang als Standesamt ausgebaut werden.

Ein moderner Neubau aus den siebziger Jahren ist die katholische Kirche östlich vom historischen Stadtkern.

Neukloster

Kr. Wismar, Bez. Rostock

Die Kirche des ehem. Zisterzienser-Nonnenklosters entstand als einschiffiger Backsteinbau mit Querschiff und Chor im zweiten Viertel des 13. Jh. In den Ostfenstern befindet sich ein ∗∗ Zyklus mittelalterlicher Scheiben, die zwischen 1235 und 1245 entstanden und die ältesten, noch spätromanischen Glasmalereien in der mecklenburgischen Kunstlandschaft darstellen. Etwa 45 m vom Kirchenbau entfernt steht der ebenfalls backsteinerne Glockenturm, 1586 durch den Ausbau einer älteren Kapelle geschaffen.

∗∗ **Neuruppin**

Kr. Neuruppin, Bez. Potsdam

Die Pfarrkirche St. Marien entstand 1801–04 als klassizistischer Putzbau nach Plänen von Berson und Engel. Für jene Zeit nicht ungewöhnlich ist die quergelagerte Gestalt des Bauwerkes, in dessen Mitte der oval vortretende Kuppelbau turmhaft aufragt. Er nimmt innen den Kanzelaltar und die Orgel auf. Nach beiden Seiten erstrecken sich die Flügel des durch die Doppelemporen und ihre Tragesäulen geprägten Raumes.

∗ Die Dominikaner-Klosterkirche ist ein frühgotischer Backsteinbau, in der Mitte des 13. Jh. begonnen und noch vor dessen Ende fertiggestellt. Für die Restaurierung 1836–41 lieferte Karl Friedrich Schinkel wesentliche Ideen. Die Türme schuf 1904–07 Ludwig Dihm. Ab 1974 wurde die zu den ältesten Hallenkirchen der Mark zählende Klosterkirche restauriert. Von der Ausstattung sind die sechs gotischen Sandsteinreliefs in dem neugo-

Marienkirche

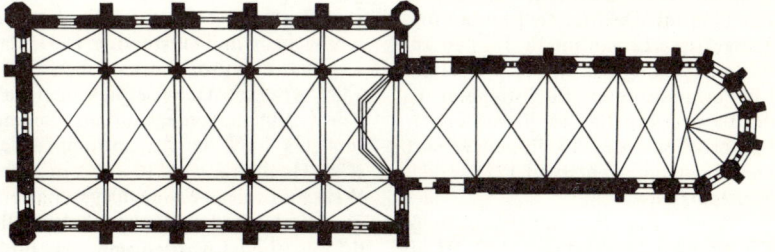

Neuruppin, Grundriß der frühgotischen Klosterkirche

177

Neuruppin, Dominikanerkirche

tischen Altar bemerkenswert, sie entstanden Ende des 14. Jh. Aus der gleichen Zeit stammt die Sandsteinskulptur des sogenannten Bruder Wichmann. Eine Pieta vom Anfang des 15. Jh. und die Marien- und Johannesfigur einer Triumphkreuzgruppe vom Ende des 15. Jh. bilden weitere mittelalterliche Zeugnisse.

Aus der ersten Hälfte des 14. Jh. blieb der Bau der Hospitalkapelle St. Georg erhalten, ein rechteckiges Backsteinkirchlein mit Dachreiter. Empore und Kanzelaltar kamen im 18. Jh. neu zur Bildausstattung des 14./16. Jh. hinzu. Ein netzgewölbter Backsteinbau ist die Lazaruskapelle des alten Siechenhauses, Ende des 15. Jh. ausgebaut. Der Kanzelaltar entstand 1715.

Neustadt/Dosse
Kr. Kyritz, Bez. Potsdam
Die Pfarrkirche entstand 1673–93 als Barockbau über kreuzförmigem Grundriß. Ihr achteckiger Mittelteil ist überkuppelt und von einer doppelten Laterne bekrönt. Doppelte Emporen umziehen den Innenraum, die Ausstattung des restaurierten Baues stammt aus der Entstehungszeit.

Neustadt/Orla
Kr. Pößneck, Bez. Gera
Die Pfarrkirche ist ein gotischer Hallenbau mit einem Turm zwischen Chor und Langhaus. 1470 begonnen, gehört er mit dem Chor zu den ältesten Teilen der Kirche. Die Netzgewölbe im Chor entstanden 1502, das Langhaus wurde anschließend bis 1538 errichtet. Dabei erhielt auch der Turm seinen Achteckaufbau. Bedeutendstes Stück der Ausstattung ist der ✱ ✱ Hochaltar, 1510–12 in der Werkstatt Lucas Cranachs geschaffen. Der plastische Schmuck soll ebenfalls dort gearbeitet worden sein. Das Bildwerk wurde 1951 restauriert.

In der nach einem Brand 1914 in ursprünglicher Form wiederaufgebauten
Hospitalkirche, ein spätgotisches Bauwerk, befindet sich ein spätgotischer
Malaltar aus dem ausgehenden 15. Jh.

Neustrelitz

Kr. Neustrelitz, Bez. Neubrandenburg
✳ Die Stadt wurde 1733 durch Adolf
Friedrich III. von Mecklenburg-Stre-
litz als barocke Residenz angelegt. Im
Anschluß an die gleichfalls barocke
Schloß- und Gartensituation entstand
dabei ein vom quadratischen Marktplatz sternförmig ausstrahlendes Straßensystem. An dem Platz steht die
nach dem Plan des Hofmedicus Verpoorten errichtete barocke Stadtkirche, 1778 als Saalbau fertiggestellt.
1831 fügte Friedrich Wilhelm Buttel
nach Ideen Schinkels den in gleichen
Formen wie die Kirchenfassaden gegliederten viergeschossigen Turm an
und ließ deren Backsteinmauern zwischen den Pilastern putzen. Das Innere umziehen doppelgeschossige Emporen, an den Schmalseiten befinden
sich Kanzelaltar und Hofloge.

Buttel ist der Schöpfer der in neogotischen Formen gestalteten ✳ Schloßkirche, ein gelber Backsteinbau von
1855–59. Musterbuchhafte Dekorfor-
men und schlanke Türme prägen das
kreuzförmige Gebäude. Hinter der
Schaufassade findet man im Inneren
die einheitliche Ausstattung von 1859
erhalten.

Schloßkirche

Neuzelle

Kr. Eisenhüttenstadt, Bez. Frankfurt
✳✳ Das Zisterzienserkloster Neuzelle wurde 1268 gegründet. Seine
Klosterkirche ist das bedeutendste sakrale Baudenkmal der Niederlausitz,
in der Ausstattung eines der schönsten Beispiele schlesisch-böhmischen
Barocks in unserem Lande. Die 1281
von Mönchen aus dem Kloster Altzella bezogene und etwa 1330 fertiggestellte Backsteinhalle wurde nach
Schäden in den Hussitenkriegen
1437–78 spätgotisch erneuert. Im
Dreißigjährigen Krieg abermals beschädigt, erhielt sie 1654–58 zunächst
im Inneren die neue Ausgestaltung:
Das dabei eingebrachte Tonnengewölbe und seine reiche Stuckdekoration füllen prächtige Deckenmalereien mit alt- und neutestamentari-
schen Szenen, vom Italiener Johannes
Vanetti signiert. Seit etwa 1730–41
wurde die Ausstattung in barocken
Formen erweitert und vervollkomm-
net. Italienische, böhmische und süd-
deutsche Meister ergänzten die Dek-
ken- und Wandmalerei in den Schiffen und in der Vorhalle. Sie schufen
die illusionistische Kuppelausmalung
der Josephskapelle sowie die Ausmalung der Sakristei. Die Pracht der
Ausstattung vervollständigen die in
den dreißiger und vierziger Jahren des
18. Jh. aufgestellten Altäre. Der Hochaltar sowie einige andere wurden von

Stadtkirche

Klosterkirche

Johann Wilhelm Hennevogel und der Werkstatt Michael Willmanns plastisch und mit Gemälden ausgestaltet. Taufaltar und Kanzel stammen von Wentzel Löw. Orgel und Empore, die silberne Kreuzigungsgruppe des Hochaltars, die schmiedeeisernen Schrankengitter und die Kreuzigungsgruppe des Benediktusaltars aus Meißner Porzellan von Johann Joachim Kändler sollten in der Bildwerkefülle nicht übersehen werden. In jenen Erneuerungsjahren zwischen 1730 und 1740 erhielt die Kirche auch ihre heutige Außengestalt mit geschwungener Fassade und prächtigem Portalbau, dem Uhr- und dem Glockenturm und der barocken Wand- und Fenstergliederung sowie die Kuppeln von Sakristei und Josephskapelle. – Im Kirchenschatz befinden sich wertvolle barocke Goldschmiedearbeiten, Schriften und die größte Sammlung barocker Paramente und Meßgewänder in der DDR. Seit 1969 werden die Kirche und ihre Ausstattung systematisch restauriert.

Die Bebauung des Klosterbezirkes aus dem 13. bis 15. Jh. an der Nordseite der Kirche ist erhalten, aber mehrfach verändert und wird durch das Institut für Lehrerbildung genutzt. Historische Räume bergen auch die im 18. Jh. errichteten Stiftsgebäude westlich und südlich der Kirche. Das Portal zum Klosterbezirk findet seine architektonische Fortsetzung in Bogenhallen. Am Weg zum Kloster stehen die »Schiefe Kapelle« aus dem 16. Jh. und die barocke Christussäule.

∗ Südlich der Klosteranlage befindet sich die gleichfalls barocke Pfarrkirche, eine Halle mit Westtürmen und einer Vierungskuppel über dem Tambour. Die Ausstattung entstand zusammen mit dem Bau 1728–34 unter Mitwirkung von Meistern der Klosterkirche. An den Spiegelgewölben herrschen die reichen Bandelwerk-Stuckierungen vor, wie der Hauptaltar von den Gebrüdern Hennevogel geschaffen. Die Kirche wurde in den siebziger Jahren restauriert.

Niederroßla
Kr. Apolda, Bez. Erfurt

Die barocke Dorfkirche, zwischen 1720 und 1730 errichtet, überrascht jeden Besucher durch ihre schöne einheitliche Ausstattung aus der Erbauungszeit. Zweigeschossige Emporen umziehen den Raum, die wie die Voutendecke qualitätsvoll bemalt sind. Herrschaftsloge und Orgelprospekt sind in Aufbau und Dekoration kaum weniger reich als der prächtige Kanzelaltar. Bei der Restaurierung 1972 konnte die barocke Farbigkeit erneuert werden.

Niederseifersdorf
Kr. Niesky, Bez. Dresden

Die Dorfkirche aus dem 13. Jh. erhielt eine für die Lausitz charakteristische Neuausstattung am Ende des 17. Jh.: reich bemalte Emporen, einen plastisch vielteiligen manieristischen Schnitzaltar und eine nicht weniger reich mit Schnitzwerk verzierte Kanzel. Daneben haben sich bescheidene spätgotische Ausstattungsstücke erhalten. Spätmittelalterlich ist auch die Kirchhofummauerung mit der Durchfahrt aus der Mitte des 17. Jh.

Niemegk
Kr. Belzig, Bez. Potsdam

Die Pfarrkirche St. Johannis entstand 1853 nach einem Entwurf von August Stüler als neogotischer Backsteinbau mit polygonaler Apsis und einem achteckigen Turm. Der weite Innenraum ist von der offenen flachen Satteldachkonstruktion überspannt, die auf schlanken Holzstützen aufliegt, zwischen diesen steht an der Westseite die zweigeschossige Empore. Bis auf die 1953 von Gerhard Olbrich neu geschaffenen Apsisfenster entstand die Ausstattung mit dem Bau.

Nienburg
Kr. Bernburg, Bez. Halle

∗ Aus einer Benediktinerabtei ging die heutige Schloßkirche hervor. Mit ihrem Hallenbau gehört sie zu den klassischen Bauzeugnissen der Gotik des ausgehenden 13. Jh. 1004 bestand hier bereits ein Kirchenbau, der 1242 völlig erneuert wurde. Nach einem Brand folgte dann ab 1282 der Hallenbau des Langhauses als lichter Raum von schlanken Architekturproportionen. Der Turm entstand im 19. Jh. Bemerkenswert sind die frühgotische Säule mit den figürlichen Darstellungen der zwölf Monate sowie Grabsteine aus der Mitte des 14. Jh.

Die Stadtkirche ist ein Barockbau mit der Ausstattung aus der Erbauungszeit von 1687–93. Der vom Vorgängerbau überkommene Westturm wurde 1735 erneuert.

Niesky
Kr. Niesky, Bez. Dresden

Ein baugeschichtlich interessantes Zeugnis aus dem Jahre 1935 ist die katholische Pfarrkirche. Sie entstand nach einem Typenprojekt aus vorgefertigten Bauteilen, Holz und Bauplatten bilden die hauptsächlich verwendeten Elemente. 1961 wurde das Gebäude umgestaltet.

Nordhausen
Kr. Nordhausen, Bez. Erfurt

∗ ∗ 1180 wurde innerhalb der königlichen Burg des 12. Jh. eine Kirche errichtet. Von ihr blieb unter dem heutigen Dom die dreischiffige Krypta erhalten. Ihre Kreuzgratgewölbe werden von kräftigen Säulen mit Würfelkapitellen getragen. Ebenso stammen die Turmuntergeschosse am Chor noch aus jener Bauzeit. Mit der Um-

Dom

wandlung der Kirche in ein Chorherrenstift 1220 errichteten Bauleute aus
Walkenried und Maulbronn den Chor
in frühgotischen Formen. Charakteri-

Domkrypta

stisch dafür ist die Wirtelung an den
Säulen und Diensten. 1267 geweiht,
erhielt der Chor um jene Zeit auch die
Monumentalplastiken der Stiftsgrün-
der und Förderer. Mitte des 14. Jh.
wurde dann die Hallenarchitektur des
Langhauses geschaffen, deren Wölbung mit Sternformen in den beiden
westlichen Jochen erst Anfang des
16. Jh. entstand, die Weiterwölbung
erfolgte sogar erst im 19. Jh. Nach
schweren Kriegsschäden ist der Dom
von 1965 an instandgesetzt und restauriert worden. Neben dem barokken Hochaltar verdient von der spätgotischen Ausstattung das Chorgestühl besondere Beachtung. Etwa
1390 aufgestellt, zeigen seine Seiten-
wangen schöne Schnitzereien mit
Darstellungen aus dem Alten und
Neuen Testament, Stifterbildnisse
und dekorative Naturformen.

✳ Die Pfarrkirche St. Blasius entstand als Neubau an den spätromanisch-frühgotischen Westtürmen bis 1490. An ihre nur zwei Joche lange Halle schließen der niedrigere Querbau und der Chor an. Die Kriegsschäden sind seit 1949 beseitigt, Außenbau und Kircheninneres restauriert worden. Von der zum Teil verbliebenen historischen Ausstattung ist die Kanzel zu erwähnen, deren Renaissancereliefs und Plastiken 1592 vollendet waren.

Die romanische Frauenbergkirche, ehemals zu einem Zisterzienser-Nonnenkloster gehörig, entstand vor 1200 als Pfeilerbasilika. Um 1380 erhielt ihre Ostpartie gotische Gestalt. Im 18. Jh. erfolgte eine Barockisierung, die allerdings im Jahre 1909 wieder entfernt worden ist. Im zweiten Weltkrieg erlitt der Bau schwere Bombenschäden, nur Chor mit Apsis, Nebenchöre und Querschiff blieben als Ruine stehen. Die 1955 gesicherten Bauteile sind hernach geschlossen und seit 1968 im Inneren denkmalpflegerisch rekonstruiert worden.

Die Kirche in *Altendorf*, ein Teil des Zisterzienser-Nonnenklosters von 1353, ist 1695 völlig verändert worden und in dieser Form heute erhalten.

Nordheim
Kr. Meiningen, Bez. Suhl
Die Dorfkirche entstand mit ihrer einheitlichen schönen Ausstattung 1710/11. Der gesamte Emporenraum mit der marmorierenden Bemalung, dem reichen Altaraufsatz und der Kanzel von 1718, schönem Gestühl und bunt gefaßten Epitaphien wurde 1965 restauriert.

Nossen
Kr. Meißen, Bez. Dresden
Die Stadtkirche erbaute 1565 in Renaissanceformen Andreas Lorentz aus Freiberg. Die heutige Gestalt des Bauwerkes ergab sich aus mehreren Wiederherstellungen nach Bränden, dabei erhielt der Turm 1681 sein neues Obergeschoß mit dem Helm. Besonders bemerkenswert sind an der Kirche die aus der Klosterruine Altzella in den Renaissancebau übernommenen Portale: An der Westseite

des Turmes finden wir das Kapitelsaalportal aus dem ersten Viertel des 13. Jh. und an der Südseite das des Sommerrefektoriums aus der Zeit um 1230.

✳ Von der spätromanischen Kirche des Klosters Altzella, 1162 vom Markgrafen Otto von Meißen als Erbbegräbnisstätte der Wettiner gestiftet, verblieben nur geringe Reste, im Mausoleum aus dem 17. Jh. im heutigen Ortsteil *Zella* aufbewahrt. Der einzig erhaltene mittelalterliche Bau, das Konversenhaus, dient nach der denkmalpflegerischen Erforschung der nach 1540 allmählich abgetragenen Klosteranlage als Lapidarium.

Oderberg
Kr. Eberswalde, Bez. Frankfurt
Die Pfarrkirche erbaut 1853–55 Friedrich August Stüler in neogotischen Formen als dreischiffige Basilika mit Apsis und Nordturm. Die Ausstattung aus der Erbauungszeit ist erhalten, darunter ein Altarkruzifix aus Gußeisen.

Die Dorfkirche im Ortsteil *Neuendorf* entstand als Feldsteinbau mit westlichem Breitturm in der zweiten Hälfte des 13. Jh. Im Inneren blieb die einheitliche Renaissanceausstattung mit Emporen, Patronatsgestühl und prächtigem Altaraufsatz erhalten.

Oelsnitz
Kr. Oelsnitz, Bez. Karl-Marx-Stadt
Die Stadtkirche St. Jacobi entstand im 13. Jh. und wurde nach einem Brand 1519 in ihrer heutigen unregelmäßigen Grundrißgestalt ausgebaut. Aus dieser Zeit stammen auch die schönen Sterngewölbe im Inneren und einige Teile der Ausstattung. Die Turmunterbauten gehen auf den älteren Kirchenbau zurück. In den sechziger Jahren des vorigen Jh. wurden sie wie auch die Kirche ergänzt.

Oranienbaum
Kr. Gräfenhainichen, Bez. Halle
✳ Seit 1683 ist das Schloß für die Fürstin Henriette Katharina von Anhalt-Dessau, die aus dem Hause Oranien stammte, als Sommerresidenz angelegt worden. Den Plan dazu lieferte der Holländer Cornelis Ryckwaert. Gleichzeitig entstand die regelmäßige

kleine Stadt mit der Hauptachse zum Schloß. Rechtwinklig zu ihr führt über den quadratischen Markt eine Nebenachse zur Stadtkirche. Ihr Bau wurde 1704–12 errichtet. Er erhebt sich über elliptischem Grundriß mit pilastergeschmückten Außenwänden; sein hohes Mansarddach mit dem laternengeschmückten Dachreiter überragt die niedrigen Häuser der Barockstadt. Das Innere umzieht eine Holzempore, die Ausstattung stammt einheitlich aus der Erbauungszeit.

Ortrand
Kr. Senftenberg, Bez. Cottbus
Die Pfarrkirche ist eine dreischiffige spätgotische Halle aus der Mitte des 16. Jh. mit einem Barockturm von 1730 am Chor. In der Friedhofskapelle, einem gotischen Backsteinbau mit barockem Dachreiter, Bildwerke aus der ersten Hälfte des 16. Jh.

Oschatz
Kr. Oschatz, Bez. Leipzig
Die Stadtkirche St. Ägidien wurde nach ihrer Zerstörung in den Hussitenkriegen 1443 in spätgotischen Formen wiederaufgebaut. 1842 brannte sie aus und ist danach durch Carl Alexander von Heideloff gotisierend wiederhergestellt worden. Die Substruktion des Chores trägt den Charakter einer Krypta, ein achteckiger, nur von außen zugänglicher Raum. Ausstattungsstücke stammen aus dem 15. bis 17. Jh., ansonsten ist das Innere 1849 völlig erneuert worden.
Die Kirche des ehem. Franziskanerklosters zeigt sich heute in der Baugestalt des späten 14. und frühen 15. Jh., zwischen Langhaus und Chor erhebt sich der achteckige Turm. Das Innere überspannen Netzgewölbe, es ist durch den Einbau von Gemeindesälen geteilt.
Ebenfalls im vorigen Jahrhundert restauriert wurde die seit 1583 errichtete Gottesackerkirche. In ihrem flach gedeckten Saalraum befindet sich neben einigen weiteren Bildwerken ein spätgotischer Schnitzaltar von 1520.
In der Elisabethkapelle im Archidiakonatsgebäude haben sich figürliche Wandmalereien aus der Zeit um 1400 erhalten.

Osterburg
Kr. Osterburg, Bez. Magdeburg
Die Pfarrkirche St. Nikolai wurde in der zweiten Hälfte des 15. Jh. aus einer spätromanischen Kirche zur Halle umgebaut, am Jahrhundertende kam der Chor über etwas unregelmäßigen Grundriß hinzu. Obergeschoß und Haube des Turmes sind nach einem Brand 1761 erneuert worden. Im Innenraum der 1958 restaurierten Kirche blieben die spätromanischen Bauteile sichtbar. Bemerkenswert ist der bronzene Taufkessel, 1442 von Meister Volker aus Münster geschaffen. Aus der gleichen Zeit stammt das große Kruzifix. Der Orgelprospekt von 1765 zeigt frühklassizistische Formen.
Die Friedhofskapelle St. Martin besteht aus dem Chor einer romanischen Kirche des 12. Jh. Ihr später abgebrochenes Schiff wurde 1866 durch eine Vorhalle ersetzt.

✶✶ Osterwieck
Kr. Halberstadt, Bez. Magdeburg
Einer nicht bestätigten Überlieferung zufolge soll Osterwieck um 780 durch Karl den Großen als Siedlung Seligenstadt und Missionszentrum gegründet worden sein, das mit dem Bistum Halberstadt in enger historischer Beziehung stand. So erfolgte in der ersten Hälfte des 16. Jh. der Ausbau der Stadt auch auf Betreiben des Bischofs von Halberstadt. Der mittelalterliche Stadtkern mit seinem reichen Bestand an Fachwerkbauten zählt heute zu den städtebaulichen Denkmalen von hohem Rang.
An der Stephanikirche erhielt sich der wehrhaft wirkende romanische Westbau mit den beiden Türmen aus der Mitte des 12. Jh. Wohl im Zusammenhang mit dem Bau des spätgotischen Hallenlanghauses ist das Westportal nachträglich in ihn eingefügt worden. In der im wesentlichen im 16. Jh. ausgestalteten Kirche verblieb der romanische Taufkessel vom Ende des 13. Jh. Vom Ende des 15. Jh. stammt der Schnitzaltar. Die bemalte Nordempore wurde 1575 eingebaut, ihr folgten die Zunft- und die Westempore, während die Orgelempore erst

im 17. Jh. hinzukam. Schöne Spätrenaissanceformen zeigt das Chorgestühl von 1620. Bemerkenswert sind auch die ornamentierten und wappengeschmückten Arkadenbögen des Langhauses.

An der 1583 neu errichteten Nikolaikirche blieb vom Vorgängerbau der Westturm stehen. Der Flügelaltar aus dem zweiten Viertel des 15. Jh. ist sehenswert. Die figurenreiche Kreuzigung im Mittelbild findet auf den Seitenflügeln in den doppelreihig angeordneten Passionsszenen ihre Fortsetzung. Das Bildwerk entstand in einer Halberstädter Werkstatt unter dem Einfluß von Meister Konrad von Soest. 1972–75 wurden der Innenraum und die Ausstattung der Kirche restauratorisch gesichert.

Osterwohle
Kr. Salzwedel, Bez. Magdeburg

∗∗ Die feldsteinerne Dorfkirche aus dem 13. Jh. ist Anfang des 17. Jh. barock umgestaltet und ungewöhnlich reich ausgestattet worden. Dabei erhielt sie eine geschnitzte Kassettendecke, von der Pinienzapfen herabhängen, sowie die nicht minder aufwendige Empore. Taufe und Gestühl sind vielfigurig dekoriert, an der Kanzel findet sich die Datierung 1621. Altarraum und Schiff trennt eine gleichfalls geschnitzte Schranke aus phantastischem feingliedrigem Bogenwerk – sämtliche Teile blieben jedoch ohne Bemalung. 1973 und 1979 wurde die Kirche samt der Ausstattung gesichert und restauriert.

Ostritz
Kr. Görlitz, Bez. Dresden

∗∗ Das Neißetal bei Ostritz beherrscht die große Barockanlage des Zisterzienser-Nonnenklosters Marienthal, das 1234 von der Gattin König Wenzels II., Kunigunde, gestiftet wurde. Vom Neubau aus der zweiten Hälfte des 17. Jh. an Stelle der mittelalterlichen Anlage sind die Kirche, die Abtei und die Propstei erhalten. Die Klausur um den Kreuzhof und zwei Ehrenhöfe entstanden ab 1743/44 bis weit in die zweite Jahrhunderthälfte. Die beiden überkuppelten Flügelbauten prägen zusammen mit dem turmartig vorgezogenen Mittelbau die beeindruckende Klosterfassade. Die einschiffige Klosterkirche vom Ende des 17. Jh. zeigt heute eine Austattung aus der zweiten Hälfte des vorigen Jahrhunderts: 1850 romantisch ausgemalt, erhielt sie gegen 1900 neue Altäre. Die Kreuz- oder Michaeliskapelle im Nordflügel wurde 1756 ausgestaltet, das Kuppelfresko schuf möglicherweise der in Dresden tätige Giovanni Battista Casanova. 1968–72 wurde die Kapelle restauriert. Kreuzgänge, Kapitelsaal und Refektorium bergen gleichfalls eine erneuerte historische Ausmalung. Eine Kostbarkeit ist die barocke Ausstattung der Bibliothek, 1722 vollendet. Wertvolle Handschriften, von denen die ältesten auf das 13. Jh. zurückgehen, zählen zum Klosterbesitz. Nahe dem Kloster Marienthal steht am Kreuzweg-Stationsberg eine kolos-

Ostritz, Kloster Marienthal

sale Kreuzigungsgruppe von 1728. Die katholische Pfarrkirche besteht aus einem spätromanischen Chor der ersten Hälfte des 13. Jh., dem spätgotischen Langhaus von 1427 und dem mittelalterlichen Turm mit reicher Barockhaube. 1615 erhielt das Langhaus seine jetzige Gestalt. Von 1609 stammt die sandsteinerne Kanzel in seinem Inneren. Der Hochaltar mit vielfältigem dekorativem Aufbau entstand 1773, ebenfalls barock sind die Nebenaltäre.

Oybin, Kurort
Kr. Zittau, Bez. Dresden

∗∗ Die Ruine des Klosters auf dem Berg Oybin gehört zu den schönsten naturgebundenen Kunstwerken. Sie wurde unter Karl IV. 1365 mit dem Kloster ausgebaut, ein Beispiel ausgereifter böhmischer Gotik. 1559 aufgegeben, fiel 1681 das Kloster einem Felssturz zum Opfer. Die teilweise in den Fels hineingehauene einschiffige Kirche ist seither Ruine.

Die Dorfkirche am Fuße des Oybin-Felsmassivs entstand 1709. Ihr Innenraum folgt in seiner Abtreppung dem Gelände. Mit Emporen und Holzdecke wurde er 1737 durch Johann Christian Schmied ausgestaltet und reich bemalt. Der Rokoko-Kanzelaltar stammt von 1773.

Panschwitz-Kuckau
Kr. Kamenz, Bez. Dresden

∗ Das Kloster Marienstern geht auf eine Gründung durch die Grafen von Kamenz im Jahre 1248 zurück. Danach erfolgte der Bau der Konventgebäude und der Kirche, die 1429 und 1639 erneuert worden sind. Den weitestgehenden Umbau der Kirche nahm Zacharias Hoffmann 1720/21 vor, und anschließend sind bis 1732 die Klostergebäude ebenfalls barock umgestaltet worden. Die Restaurierung der Kirche 1965-68 erbrachte den heutigen Zustand des Innenraumes, der vom reizvollen Wechsel der Backsteinarchitektur mit hellen Putzflächen und Naturstein geprägt ist. Die Ausstattung der gotischen Kirche erfuhr dabei ebenfallls eine gründliche denkmalpflegerische Erneuerung. 1751 schuf Franz Lauermann aus Prag

Klosterkirche Marienstern

Hochaltar der Klosterkirche Marienstern

den prächtigen marmornen Hochaltar. Die vergoldeten Holzplastiken stammmen von Ignaz Platzer; die Figuren eines Schmerzensmannes und einer Schmerzensmutter von 1718-20 und weitere barocke Skulpturen und Grabdenkmäler sind gleichfalls Werke Prager Künstler. Zwei spätgotische Altäre von 1500 und 1520 erinnern ebenso wie die Wandmalereien hinter dem schönen Gestühl der Nonnenempore an die spätgotische Ausgestaltung der Klosterkirche. Kreuzgang, Kreuzkapelle und Kapitelsaal entstammen noch der Klosteranlage des 13. Jh., während das Äbtissinnenhaus und der Neue Konvent im 18. Jh. errichtet worden sind. Die 1720/21 gleichfalls barock gestaltete Westfassade der Kirche wurde wie die anschließenden Klosterfronten 1981 restauriert. In der Klosterbibliothek befinden sich wertvolle Handschriften und Kunstgegenstände.

Parchim
Kr. Parchim, Bez. Schwerin
* Die altstädtische Pfarrkirche St. Georg ist eine Backsteinhalle, die im zweiten Viertel des 13. Jh. an Stelle eines älteren Vorgängerbaues neu errichtet wurde. Mitte des 15. Jh. kamen der Turmaufbau und der Chor hinzu. Von der Ausstattung des späten Mittelalters sind die spätgotischen Plastiken bemerkenswert, die aus dem 1421 vom Wismarer Meister Henning Leptzow gebauten Altar in das 1844 neu gebaute Altargehäuse übernommen wurden. Neben zwei ebenfalls spätgotischen Triumphkreuzgruppen verdient vor allem die Kanzel Beachtung. Sie entstand mit den Bildreliefs und dem geschnitzten Dekor in einer Lübecker Werkstatt um 1580. Ratsgestühl und Taufstein mit ebenfalls reichem Dekor stammen vom Anfang des 17. Jh.
* Die neustädtische Pfarrkirche St. Marien wurde 1250 begonnen und 1279 als Backsteinhalle vollendet. Anschließend ist der mächtige Turm errichtet und in seinen oberen Teilen Anfang des 14. Jh. abgeschlossen worden. 1908 erhielt der Chor seine jetzige Gestalt analog dem historischen

Bauteil. Im Inneren der breiten Halle steht ein großer Schnitzaltar mit doppelten Flügeln und einer Maria im Stahlenkranz im Mittelschrein aus der Zeit um 1500. Auf den Flügelrückseiten befinden sich Gemälde der Passion, der Mariengeschichte und eine Einhornjagd mit Landschaftsdarstellungen. Bemerkenswert sind auch die Bronzefünte von 1365, die Kanzel von 1601 sowie die Orgelempore vom Anfang und die Orgel vom Ende des 17. Jh.

Paretz (Ortsteil von Ketzin)
Kr. Nauen, Bez. Potsdam
Die Dorfkirche Paretz entstand 1797 als neogotischer Bau nach dem Plan von David Gilly unter Einbeziehung des Chores von einem mittelalterlichen Kirchenbau. In diesem sind Reste von Wandmalereien des 15. Jh. erhalten. Zwei romanische Glasfenster mit runden Bildscheiben aus der Zeit um 1300 befinden sich jetzt im Brandenburger Domschatz.
Die Pfarrkirche Ketzin ist als Putzbau neben dem mittelalterlichen Turm erneuert worden. Das Innere umziehen Emporen, in die ein Kanzelaltar von 1712 eingebaut ist.

Parkentin
Kr. Bad Doberan, Bez. Rostock
Die dreischiffige gotische Backsteinhalle der Dorfkirche wurde um 1300 an dem Chor der älteren Feldsteinkirche neu errichtet, der Weststurm mit den Nebenhallen kam im zweiten Viertel des 14. Jh. hinzu. Wand- und Gewölbemalereien des 15. Jh. sind erneuert. Der spätgotische Flügelaltar mit einem barocken Dreieinigkeitsbild wurde restauriert.

Pasewalk
Kr. Pasewalk, Bez. Neubrandenburg
In der vom letzten Krieg schwer betroffenen Stadt wurde die Marienkirche wiederhergestellt. Ihr Backsteinhallenbau war seit dem zweiten Viertel des 14. Jh. neu errichtet worden. Der Unterbau des Turmes stammt von einer älteren Kirche. Bei der Restaurierung der Marienkirche 1841-43 schuf Friedrich August Stüler den Turmabschluß. Die Ausstattung entstand während jener Erneuerung.

Die Nikolaikirche, eine im 13. Jh. erbaute Hallenkirche aus Granitquadern, ist im 16. Jh. zu ihrer heutigen
Gestalt verändert worden. Das Innere
wurde bis auf die Sterngewölbe 1824
gestaltet. Nach Kriegsschäden entstand der gegenwärtige Turmabschluß.

Vom Hospital St. Spiritus blieb der
zweigeschossige Backsteinbau aus
dem Anfang des 16. Jh. bestehen. Das
Haus mit dem Schmuckgiebel wurde
1952 wiederaufgebaut und dient wie
das benachbarte, aus dem 18. Jh.
stammende Hospitalgebäude St. Georg als Altenheim.

Paulinzella

Kr. Rudolstadt, Bez. Gera

✳✳ Die Ruine der Kirche des ehem.
Benediktinerklosters gehört zu den
großartigen Zeugnisssen der romanischen Baukunst. Zwischen 1102 und
1105 erfolgte die Gründung des Klosters, das kurz danach dem Kloster
Hirsau unterstellt wurde, von welchem Baureformen ausgingen, die Gestalt und Raumordnung sowie die Dekoration der Kirchen des Ordens be-
trafen. Paulinzella kann als ein Beispiel damaliger Vorstellungen dienen.
1124 war die prächtige Säulenbasilika
fertiggestellt, hinzu kamen die Vorkir-
che mit einer Nonnenempore sowie
eine zweitürmige Westfront. Nach der

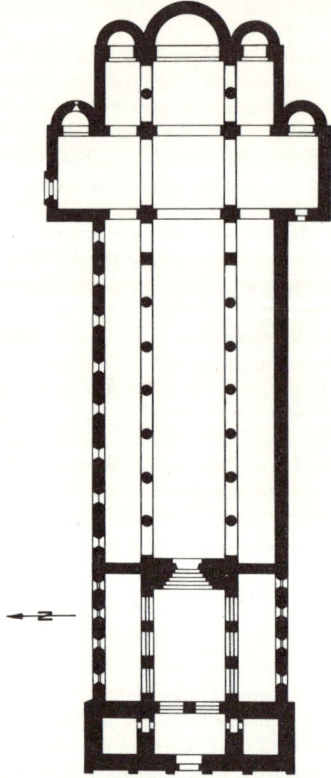

*Ursprünglicher Grundriß
der romanischen Klosterkirche –
heute ergraben und teilerhalten*

Klosterruine

188

Reformation verfiel das Kloster, das 1564 und bis in das 18. Jh. zu großen Teilen als Steinbruch genutzt wurde. Die Romantik entdeckte den Wert und die Schönheit der verbliebenen Ruine wieder, so daß die Langhaus- und Vorhallenreste in der zweiten Hälfte des vorigen Jahrhunderts gesichert worden sind. 1964-68 konnte dann der Bau durch denkmalpflegerische Untersuchungen und Sicherungsarbeiten vor weiterem Verfall geschützt und seine Umgebung neu gestaltet werden.

Pausa
Kr. Zeulenroda, Bez. Gera

Die klassizistische Stadtkirche St. Michaelis wurde 1824/25 erbaut. Im Inneren findet man ein vom französischen Bildhauer Dupré geschaffenes Marmorrelief mit einer Pieta im Altar eingelassen.

Pechüle
Kr. Jüterbog, Bez. Potsdam

Die aus dem 13. Jh. stammende spätromanische Dorfkirche erhielt im späteren 15. Jh. ihre Wölbung und einen breiten Westturm. 1960 wurden im Inneren spätgotische Wand- und Deckenmalereien freigelegt. Bemerkenswert ist in der Ausstattung die sogenannte Böhmische Tafel von 1380, als Altarretabel aufgestellt, mit Passionsdarstellungen in zu zwei Reihen übereinandergeordneten Einzelbildern. Weitere Ausstattungsstücke aus dem 15. bis 18. Jh. wurden in den letzten Jahren restauriert.

Pegau
Kr. Borna, Bez. Leipzig

In der bereits 1096 erwähnten Marktsiedlung bestand die Kirche St. Laurentius. Im 15. Jh. wurde sie als spätgotische Halle mit Stern- und Netzgewölben erneuert, Teile des romanischen Baues blieben im Turm erhalten. In seiner Erdgeschoßkapelle befindet sich für Wiprecht von Groitzsch eines der bedeutendsten ✶✶ Grabmäler aus dem 13. Jh., ursprünglich in der heute nicht mehr vorhandenen Klosterkirche aufgestellt. Die Platte dürfte etwa 100 Jahre nach seinem Tode 1124 geschaffen worden sein. Sie zeigt den für die Bildwerke der Zeit um 1230/40 reich bewegten spätromanischen Stil und steht der Wechselburger Plastik nahe. Die fast vollplastische Figur ist als Standbild aufgefaßt, obgleich sie in einer Liegeposition ausgeprägt wurde. Im Kirchenraum sind weiter bemerkenswert: das Sakramentshaus mit hohem Fialenaufsatz aus der Zeit um 1463; Schnitzfiguren der Spätgotik, darunter eine Schmerzensmutter von Hans Witten, etwa 1510 geschaffen. Beachtenswert sind auch die geschnitzte Kanzel von 1616 sowie der dreigeschossige Altaraufbau von 1621, mit Knorpelwerkdekorationen und Gemälden von Jacob Wendelmuth.

Penig
Kr. Rochlitz, Bez. Karl-Marx-Stadt

✶ Die zwischen 1476 und 1515 neu errichtete spätgotische Hallenkirche Unser Lieben Frauen auf dem Berge prägt das Stadtbild von Penig. Ihr achteckiger Helm wurde 1781 vollendet. Das Innere blieb im 16. Jh. ohne Wölbung, und erst 1688 bemalte Constantin Seitz die eingebaute Felderdecke. 1890—92 wurde die Kirche neugestaltet. Bei der Restaurierung zwischen 1968 und 1971 konnten die historische Baugestalt und Raumform gesichert werden. Von der Ausstattung ist der von Christoph Walter II 1564 geschaffene Altar in Formen der italienischen Renaissance beachtenswert. Ein Gemälde von Lucas Cranach d. Ä. aus dem Jahr 1537 stellt Martin Luther als Junker Jörg dar. Weitere Bildwerke entstanden im 16. und 17. Jh.

Perleberg
Kr. Perleberg, Bez. Schwerin

Die Stadtkirche St. Jacob wurde als spätgotische Halle errichtet und 1361 mit dem Chor begonnen. Der Turmabschluß stammt von 1916, wo er nach einem Brand erneuert wurde. Von der spätgotischen Ausstattung um 1400 sind Teile des Chorgestühls erhalten. Bemerkenswert ist auch der 1475 in Messing gegossene fünfarmige Standleuchter von Harmen Bonstede. Altar und Kanzel sind neogotische Ergänzungen.

Petersberg

Kr. Saalkreis, Bez. Halle

* Auf dem Höhenzug nördlich von Halle seit dem 12. Jh. landschaftsbeherrschend das Augustiner-Chorherrenstift. Die romanische Basilika wurde bald nach der Gründung 1124 begonnen, nach einem Brand aber seit 1174 völlig neu mit einem massigen Westturm errichtet. Nach abermaligem Brand 1565 war die Kirche Ruine. In diese wurde über den Gräbern der wettinischen Herrscher im Westbau eine Kapelle eingebaut. 1853-57 errichteten Carl Wolff, Ludwig Richter und August Stark die Kirche in ihrer romanischen Gestalt wieder und schufen damit ein herausragendes Beispiel denkmalpflegerischen Denkens des vorigen Jahrhunderts. Die Ostteile der Kirche mit den Emporen über den Chornebenräumen entstanden vorbildentsprechend völlig neu.

Zwischen 1950 und 1970 erfolgten neuerliche Restaurierungen der Kirche, bei denen die Ausstattung des 19. Jh. aufgegeben wurde. Im Westbau ist die 1567 von Hans und Christoph Walther II aus Dresden geschaffene Wettiner-Grablage erhalten.

Piethen

Kr. Köthen, Bez. Halle

Die Dorfkirche enthält eine geschlossene, 1909 in Formen des Jugendstils gestaltete Einrichtung, der Turm entstand gleichzeitig. 1976 ist das Kircheninnere unter Wahrung der Einrichtung erneuert worden.

Pirna

Kr. Pirna, Bez. Dresden

** Die Stadtkirche St. Marien ist ein großartiger spätgotischer Hallenbau an Stelle eines im 14. und frühen 15. Jh. errichteten Kirchengebäudes. Von diesem wurde der 1479 vollendete Turm in die neue Hallenarchitek-

Pirna, Gewölbe der Stadtkirche

tur einbezogen. Ihr Baumeister war Peter von Pirna, der 1502 nach abschnittsweisem Abtragen der älteren Bauteile den Neubau bewerkstelligte. 1544 müssen die Arbeiten weitgehend abgeschlossen gewesen sein, denn bis 1546 entstand die Ausmalung der überaus reichen Netz- und Sterngewölbe, deren Rippen sich im Chor vielfältig verschlingen, Schleifen- und Spanform annehmen und naturalistisch ausgeformt wurden. Die Wölbungsteile gehören zum Phantastischsten, was gotische Baukunst in ihrer Spätphase hervorgebracht hat. Die Deckenbemalung erfolgte nach einem frühprotestantischen ikonographischen Programm. 1570 wurden die Steinemporen eingebaut. Das große Altarwerk in prächtigen Renaissanceformen schufen bis 1611 Michael und David Schwenke, Die spätgotische Kanzel entstand 1525, die Taufe mit Putten 1561. Beachtenswert sind weiter Grabmäler des 16. und 18. Jh. von der Bildhauerfamilie Schwenke.

⁎⁎ Die ehem. Dominikaner-Klosterkirche aus der Zeit um 1300 war in der zweiten Hälfte des 14. Jh. zu einer zweischiffigen Halle umgestaltet worden. Nach der Säkularisation verfiel das Kloster und die Kirche diente profanen Zwecken. 1945 stark beschädigt, konnte der Bau bis 1957 als katholische Kirche wiederhergestellt und dabei aufgefundene spätmittelalterliche Malereien gesichert werden.

Plau

Kr. Lübz, Bez. Schwerin

Die dreischiffige Backsteinhalle der Stadtkirche mit dem quadratischen Westturm entstand seit der Mitte des 13. Jh. unter dem Einfluß westfälischer Hallenkirchen. Heute ist der Bau durch die Restaurierung von 1879 geprägt. Von einem spätgotischen Schnitzaltar aus einer lübischen Werkstatt blieben die Kreuzigungsgruppe und zwei Flügelreliefs erhalten, die 1967 restauriert wurden. Interessant ist die Bronzefünte von 1570 mit niederdeutschen Schriftbändern.

Plauen

Stadtkr. Plauen, Bez. Karl-Marx-Stadt

Die seit dem frühen 13. Jh. neben dem Komturhof des Deutschen Ritterordens planmäßig angelegte mittelalterliche Stadt wuchs im 19. Jh. mit der Industrialisierung rasch zu einer Großstadt heran. Im letzten Krieg erlitt Plauen schwere Bombenschäden, Teile des Stadtkerns und der Vorstädte wurden danach neu gestaltet.

⁎ Die Johanniskirche war 1224 an den Deutschen Ritterorden übergeben worden, der 1230 den Bau einer romanischen Pfeilerbasilika errichten ließ. Ihre Türme blieben vor der nach einem Brand 1548 neu erbauten spätgotischen Halle stehen, erhielten aber 1685 die Achteckaufbauten mit den welschen Hauben. Die 1945 abermals ausgebrannte Kirche wurde 1951–58 wiederaufgebaut und neu ausgestaltet. Die Lutherkirche entstand vor der mittelalterlichen Stadtmauer 1693 bis 1722 als eine der ersten Zentralkirchen im sächsischen Raum. Sie diente zeitweise als Friedhofskapelle. 1945 ebenfalls beschädigt, ist der Emporenraum wiederhergestellt, ebenso der von zwei Treppentürmen begleitete und haubengeschmückte Westturm. Im Inneren befindet sich der 1722 nach hier verbrachte Altar der Leipziger Thomaskirche, ein reiches Holzbildwerk aus einer Erfurter Werkstatt um 1500. Predella, Aufsatz und Malflügel sind später angefügt worden. 1951 wurde der Altar restauriert.

Podelwitz

Kr. Leipzig, Bez. Leipzig

In der Dorfkirche aus dem beginnenden 16. Jh., ein netzgewölbter Raum mit bemalter Empore, befindet sich ein schöner spätgotischer **⁎⁎** Schnitzaltar von 1520. Vier seiner sechs Flügel sind beweglich angeordnet. Als Meister des Podelwitzer Altars wird Stephan Hermsdorf aus Leipzig angenommen.

Pomßen

Kr. Grimma, Bez. Leipzig

Die romanische Dorfkirche mit breitem Westturm ist in der Zeit der Renaissance und des Barock neu ausgestaltet worden. Davon stammen die in den sechziger Jahren des 17. Jh. bemalten Felderdecken, die in eben dieser Zeit geschaffenen und bemalten

Emporen, die Kanzel, die Logen im Chor und die Orgel von Gottfried Richter aus Döbeln. Den dreiteiligen Renaissancealtar von 1573 schuf Andreas Lorentz aus Freiberg.

Ponitz

Kr. Schmölln, Bez. Leipzig

Die barocke Dorfkirche mit dem quadratischen Westturm birgt eine Ausstattung aus der Erbauungszeit. Besonders bemerkenswert ist von dieser die 1735–37 durch Gottfried Silbermann erbaute Orgel.

Pößneck

Kr. Pößneck, Bez. Gera

Die Stadtkirche St. Mauritius wurde als einschiffiger gotischer Bau 1390 begonnen, aber erst 1488 vollendet. Ihr Chor ist sterngewölbt, das Langhaus flach gedeckt worden. In der Ausstattung sind der Altaraufsatz und die Taufe aus dem 18. Jh. beachtenswert. An der Südseite des Langhauses erhebt sich der fünfgeschossige Turm. Am Anfang des vorigen Jahrhunderts wurde die Kirche erneuert.

Die spätgotische Gottesackerkirche aus der Zeit um 1500 ist 1965 als Museum ausgebaut worden.

Posterstein

Kr. Schmölln, Bez. Leipzig

Die spätgotische Dorfkirche erhielt 1901 ihre Anbauten und den Turm, das sehenswerte Innere wurde im 17./18. Jh. ausgestaltet. Davon stammen der freistehende Altarbaldachin auf gedrehten Säulen und mit Figurenschmuck, die reich mit Frucht- und Blumengehängen ornamentierte Kanzel und die im gleichen Stil gehaltene Loge, die 1689 von Johannis Hopf signiert ist. Die unbemalten Schnitzereien tragen zum Teil volkskünstlerischen Charakter.

✳✳Potsdam

Bez. Potsdam

Potsdams Stadtentwicklung setzte mit der Errichtung des Schloßbaues durch den brandenburgischen Kurfürsten Joachim I. 1526 ein. Große Brände unterbanden anschließend die Erweiterung, und erst seit 1660 bildete sich eine städtische Struktur. Unter Friedrich Wilhelm I. und Friedrich II. wuchs dann von 1722 an Potsdam

Nikolaikirche

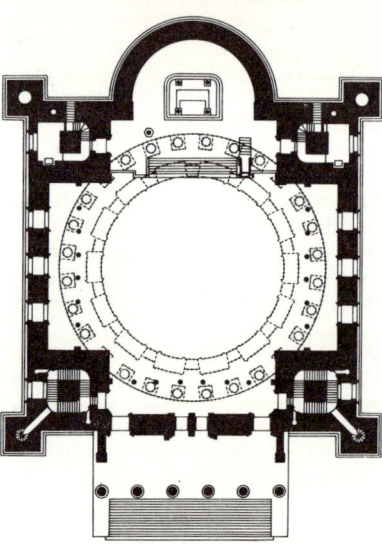

Grundriß der klassizistischen Nikolaikirche

rasch und planmäßig als barocke Anlage. Bis 1786 verbinden sich die Baumeisternamen Knobelsdorff, Boumann, Büring, Gontard, Unger und seit dem 19. Jh. die von Schinkel, Gilly, Stüler und Persius mit der Potsdamer Bau- und Kunstgeschichte. Im zweiten Weltkrieg stark beschädigt, sind große Teile der historischen städtischen Bereiche um- und neugestaltet worden.

✳✳ Hauptpfarrkirche Potsdams war von Anbeginn an die Nikolaikirche. Der barocke Nachfolgebau des mittelalterlichen Gotteshauses brannte 1795 ab. Im Jahr darauf lieferte Friedrich Gilly einen Neubauentwurf, der aber nicht zur Ausführung gelangte. 1826 entstand nach Ideen Karl Friedrich Schinkels und des Kronprinzen Friedrich Wilhelm ein Plan, dessen Ausführung 1830–37 Ludwig Persius übernahm. Er errichtete über quadratischem Grundriß den Zentralbau mit dem Säulenportikus und ließ dabei gegenüber der Apsis und an den beiden anderen Seiten die großen Halbrundfenster mit bunten Scheiben einbauen. 1843–49 kam der von Schinkel schon vorgesehene Tambour mit dem Säulenumbau und der hohen Kuppel hinzu. Zunächst leitete Ludwig Persius die Arbeiten, dann übernahmen

August Stüler und Gustav Emil Prüfer ihre Fortführung. Als statische Verstärkung des Unterbaues wurden die vier Glockentürme an den Ecken aufgesetzt. Die Ausmalung des Inneren schuf in Abänderung der Schinkelschen Vorstellungen seit 1849 Peter von Cornelius zusammen mit anderen Malern. Nach den schweren Kriegsschäden ist 1955–60 die Kuppel originalgetreu rekonstriert worden und bis 1980 der Kirchenbau in seiner Gesamtgestalt wiederhergestellt worden. Die aus der Schinkelzeit erhaltenen Ausstattungsteile wurden restauriert.
∗ Die Französische Kirche am Bassinplatz entstand nach Plänen Georg Wenzeslaus von Knobelsdorffs 1751–53 unter der Bauleitung Johann

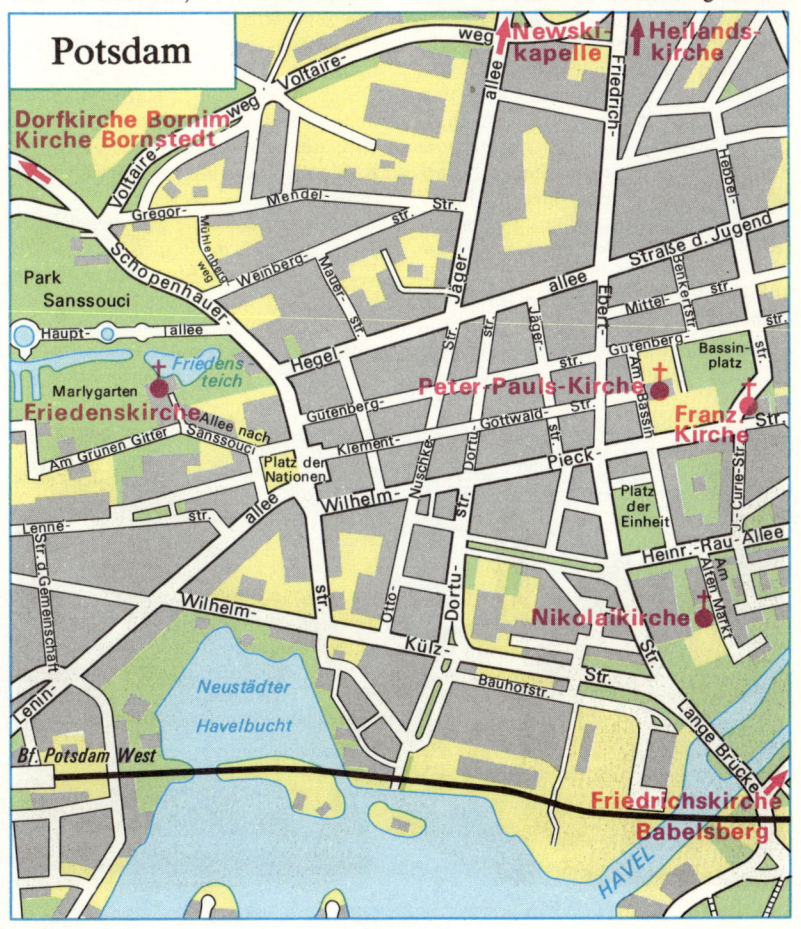

193

Boumanns als barocker Zentralbau mit flacher Kuppel über einem elliptischen Grundriß. Der Aufbau und die Fassadengestalt mit dem giebelbekrönten Säulenportikus läßt die ideelle Verwandtschaft dieses Bauwerks mit der Hedwigskathedrale in Berlin erkennen. Die Plastiken schuf Friedrich Christian Glume mit seiner Bildhauerwerkstatt. 1833 wurde die Ausstattung der Kirche nach einer Idee Schinkels vorgenommen, 1883 und 1930 sowie nach dem Kriege teilweise verändert.
∗ In der Achse der Hauptstraße der Barockstadt liegt die katholische Peter-Pauls-Kirche. Sie ist 1867−70 als Zentralbau mit einem hohen Westturm nach dem Vorbild der Hagia Sophia in Istanbul gestaltet worden. Den Entwurf lieferte Wilhelm Salzenberg, ein Schinkel-Schüler. Nicht nur auf den Kirchenraum und den „Campanile" nach italienischem Vorbild bezieht sich die Historiennachahmung. Altar, Kanzel, Orgelempore und Ausmalung tragen ebenso byzantinische Züge. Einige barocke Plastiken und Gemälde sind aus einem älteren Kirchenbau übernommen worden.
∗∗ Im Garten von Sanssouci steht südlich der Hauptallee am Friedensteich die Friedenskirche. Sie entstand nach einer Idee Friedrich Wilhelms IV. und dem Entwurf von Ludwig Persius. Ihr Vorbild ist die altchristliche Basilika San Clemente in Rom, daneben wurde der Campanile von Santa Maria di Cosmedin, ebenfalls in Rom, als Glockenturm wiederholt. Zwischen 1845 und 1854 errichteten Ludwig Ferdinand Hesse und Ferdinand Heinrich von Arnim die Kirche. Sie übertrugen in das Innere auch das aus der im 12. Jh. erbauten Kirche San Cipriano auf Murano bei Venedig nach Potsdam gebrachte Apsismosaik.
∗ In der 1826 für russische Soldaten angelegten Siedlung Alexandrowka im Norden der Stadt, die Peter Joseph Lenné geplant hat, ist die Kapelle des heiligen Alexander Newski 1826−29 erbaut worden. Als Vorbilder dienten russische Kirchen in Petersburg. Die Bauausführung lag bei den Militärbaumeistern Snethlage und von Motz. Unter Beteiligung Karl Friedrich Schinkels wurde die Innengestaltung vorgenommen. Die Ikonen sind in Rußland eigens für die Kirche angefertigt worden.
Die Friedrichskirche auf dem Weberplatz in *Potsdam-Babelsberg* ist ein 1753 von Johann Boumann vollendeter Saalbau mit Turm. Die Treppenhäuser zwischen den beiden Bauteilen wurden 1928 eingefügt. Der Kanzelaltar stammt aus der Erbauungszeit.

Friedenskirche im Park Sanssouci

194

Emporen und Orgel erfuhren um 1800 Veränderungen.

Die Dorfkirche in *Bornim* ist ein neogotischer Saalbau mit seitlichem Turm. Ihre Backsteinarchitektur schuf Arthur Kickton 1902/03. Die einheitliche Ausstattung aus der Erbauungszeit ist erhalten.

Im Ortsteil *Bornstedt* errichtete 1855 der Baumeister Häberlin nach einem Entwurf von Friedrich August Stüler die neue Kirche als Basilika in romanisch-byzantinischen Bauformen. An ihrer Ostseite steht der Glockenturm mit einer Säulenarkade vor dem Kirchengelände. Auf dem Friedhof befinden sich die Grabstätten bedeutender Potsdamer Persönlichkeiten. 1882 erhielt die Kirche einen neu gestalteten Ostabschluß.

Die Heilandskirche in *Sacrow* liegt auf einer Landzunge zwischen der Havel und dem Jungfernsee. Sie wurde nach einer Idee Friedrich Wilhelms IV. und Plänen von Ludwig Persius 1841–44 als eine Vorstudie zur Friedenskirche in Sanssouci errichtet: ein kleiner Backsteinbau, von einem Säulengang umgeben und mit abseits stehendem Glockenturm. Die Ausstattung entstand einheitlich mit dem Bau.

Prenzlau

Kr. Prenzlau, Bez. Neubrandenburg

* * In der 1945 während der letzten Kriegstage nahezu völlig vernichteten mittelalterlichen Stadt blieb die Marienkirche als Ruine erhalten. Ihr prachtvoller Backsteingiebel gehört mit dem freistehenden Zier-Maßwerk aus roten und schwarzen Glasursteinen zu den wohl großartigsten Kunstleistungen der Backsteingotik. Er wurde an dem seit etwa 1300 errichteten neuen Hallenhaus gegen 1340 vollendet. Dieser Hallenbau entstand an Stelle der frühgotischen Marienkirche aus der ersten Hälfte des 13. Jh. Von jenem Bau stammen noch die Turmuntergeschosse aus mächtigen Granitsteinen. An der Südseite der neuen Kirche kamen dann im 14./15. Jh. die gleichfalls schmuckreichen Kapellenanbauten hinzu, und beide Türme erhielten ihre Backsteinauf-

Giebel der Marienkirche

bauten. Seit 1972 ist die Wiederherstellung des bedeutenden Kirchenbaues im Gange.

* Die ehem. Dominikanerkirche, eine Backsteinhalle des 13./14. Jh., wurde 1958 wiederhergestellt. In ihrem Inneren sind gegenwärtig das Bronzetaufbecken vom Anfang des 15. Jh. und die erhalten gebliebenen Teile des großen lübischen Schnitzaltars von 1512 aus der Marienkirche aufgestellt. Der Altaraufsatz der Dominikanerkirche stammt von 1609. Die Klostergebäude aus der Mitte des 14. Jh. werden als Museum genutzt.

Vom ehem. Franziskanerkloster blieb die einschiffige Feldsteinkirche aus dem 13. Jh. erhalten, jetzt Dreifaltigkeitskirche. Sie wurde 1846–65 durchgreifend erneuert.

Die im Kern ebenfalls frühgotische Sabinenkirche ist 1954 innen restauriert worden, nachdem schon 1817 ein Umbau erfolgt war. Beachtung verdienen der geschnitzte Kanzelaltar von 1597 sowie ein Taufständer von 1725. Der Turm der 1945 zerstörten Jacobikirche des 13. Jh. ist als Altarraum ausgestaltet worden. – Erhalten blieb auch der Turmbau der ältesten Stadtpfarrkirche St. Nikolai aus der Mitte des 13. Jh. – Die Georgskapelle am Schwedter Tor, 1325 im Zusammenhang mit einem Hospital errichtet, wurde zu Wohnzwecken ausgebaut. – Die Heiliggeist-Hospitalkapelle aus dem frühen 14. Jh. ist nur in den Umfassungsmauern erhalten.

Prettin
Kr. Jessen, Bez. Cottbus
Die Pfarrkirche ist eine im Kern aus dem 13. Jh. stammende kreuzförmige Basilika. Wohl im 14. Jh. wurde sie umgebaut und eingewölbt. Ihr großer spätgotischer Flügelaltar entstand nach 1500 und wurde aus zwei Altären komponiert. Die Kanzel stammt von 1552. Im Altarraum und in der Turmhalle haben sich barocke Gemälde erhalten.
Im Schloß Lichtenburg, jetzt Gedenkstätte für die Opfer des hier 1933–36 eingerichteten KZ, wurde mit dem Neubau des Schlosses 1575–81 die Kapelle als zweischiffiger Renaissanceraum gestaltet. Fenster und Wölbung zeigen noch spätgotische Formen, der Emporeneinbau nimmt den westlichen Teil des Raumes ein.

Pretzien
Kr. Schönebeck, Bez. Magdeburg
** Die romanische Bruchstein-Dorfkirche aus der zweiten Hälfte des 12. Jh. birgt in ihrem Inneren sehr gut erhaltene spätromanische Wandmalereien aus der Zeit um 1230. Sie sind 1973 entdeckt und anschließend gesichert worden.

Prießnitz
Kr. Geithain, Bez. Leipzig
Die im Kern spätgotische Dorfkirche erhielt ihre heutige Gestalt 1616. Aus diesem Umbau ging auch die reiche Ausstattung in Formen niederländischer Spätrenaissance hervor. Der Altaraufsatz wird Johann de Perre und Jacob Wendelmuth aus Pegau zugeschrieben. 1958–75 sind der gesamte Kirchenbau erneuert und die Ausstattungsstücke restauriert worden.

Pritzwalk
Kr. Pritzwalk, Bez. Potsdam
Die Pfarrkirche St. Nikolai, eine dreischiffige Backsteinhalle mit massigem Querturm, entstand im 15. Jh. unter Einbeziehung eines Vorgängerbaues. Den Turmabschluß nahm Friedrich Adler 1882 in neogotischen Bauformen vor. Der von Rundpfeilern geprägte, 1960 restaurierte Innenraum birgt neben der Ausstattung aus dem 19. Jh. einen Schnitzaltar von 1520. Mittelalterliche Ziegelinschriften haben sich an den Chorpfeilern erhalten.

Profen
Kr. Zeitz, Bez. Halle
* Die Dorfkirche ist ein stattliches spätgotisches Bauwerk vom Ende des 15. Jh. mit einem schmalen Chor und einem Turm an der Nordseite. Er erhielt 1589 seine Haube. Nur im Chor befinden sich Netzgewölbe, das Schiff wurde mit einer bemalten Balkendecke abgeschlossen. Der Innenraum beeindruckt durch die reiche und einheitliche Ausstattung aus dem 17. und 18. Jh. In seiner Gesamterscheinung belegt der Kirchenbau die einstige Bedeutung Profens: Es ist einer der ältesten Pfarrorte des Bistums Naumburg und besaß seit dem späteren Mittelalter eigenes Marktrecht!

Pulsnitz
Kr. Bischofswerda, Bez. Dresden
* Die spätgotische Stadtkirche ist nach einem Brand 1742–45 nach Entwürfen von Andreas Hünigen völlig neu gestaltet worden, der Turm erhielt 1781 seine heutige Gestalt. Das Kircheninnere bestimmt der ovale Emporeneinbau, vor allem aber der stattliche Altar, den 1796 Johann Gottfried Lehmann in Empire-Formen aus Terrakotta schuf. In dem zellengewölbten Raum der Sakristei wurde 1934 die Gedächtniskapelle für den in Pulsnitz geborenen Bildhauer Ernst Rietschel eingerichtet.

Putbus
Kr. Rügen, Bez. Rostock
Im Park der seit 1808 zum Badeort ausgebauten Residenz steht die ehem. Schloß- und jetzt Pfarrkirche. Ihr architektonisches Kernstück entstand 1844–46 nach Plänen von Johann August Stüler und Johann Gottfried Steinmeyer zunächst als Kursalon. 1891/92 ist dieser dann zur Kirche umgebaut worden, wobei die basilikale Gestalt des Gebäudes durch Abstockungen und Neuaufbauten erreicht wurde. Nördlich davon steht der dreigeschossige Turm. Balustraden und Arkaden verleihen dem Bauwerk außen und innen sein eigenes spätklassizistisches Gepräge. Eine Restaurierung erfolgte 1967.

Quedlinburg, Stiftskirche St. Servatius

∗∗ Quedlinburg

Kr. Quedlinburg, Bez. Halle
Schon in frühgeschichtlicher Zeit war die Gegend um Quedlinburg besiedelt. 922 wird erstmals ein sächsischer Königshof als villa Quitilingaburg verzeichnet. Heinrich I. ließ eine Pfalz errichten, die unter seinem Nachfolger Otto I. wohl vom Burgberg ins Tal an den Platz des späteren Wipertiklosters verlegt wurde, um dem 936 gegründeten Damenstift auf dem Fels Platz zu machen. Dieses erhielt unter Otto III. 994 das Marktrecht zugesprochen. Zu jener Zeit bestanden hier also bereits Siedlungen und Handelsplätze. Aus ihren Kernen um die Blasien- und Ägidienkirche entwickelte sich im 11./12. Jh. um die Hauptkirche St. Benedikti am Markt die Altstadt. Die Breite und die Schmale Straße durchzogen diese um die Mitte des 12. Jh. bereits befestigte Siedlung. Östlich von ihr wurde in der zweiten Jahrhunderthälfte die Neustadt mit der Nikolaikirche und einem eigenen, im 19. Jh. allerdings abgerissenen Rathaus angelegt. Franziskaner- und Augustinermönche siedelten sich in der Alt- und in der Neustadt an. Im 13. Jh. erlangte Quedlinburg weitreichende Bedeutung als Handelsplatz und wurde Mitglied der Hanse. Seit 1477 gewannen jedoch die Äbtissinnen des Damenstifts erneut die Macht über die Bürgerstadt. Erst mit dem 19. Jh. nahm Quedlinburg als Gartenbau- und Saatzuchtzentrum erneuten Aufschwung. Die erhaltene mittelalterliche Stadt mit ihrem reichen Bestand an Stein- und Fachwerkbauten ist heute ein städtebauliches Denkmal von internationalem Rang und ein Schwerpunkt denkmalpflegerischer Arbeiten.

∗∗ Das zweifellos bedeutendste mittelalterliche Baudenkmal der Stadt ist die romanische Stiftskirche St. Servatius. Sie entstand auf den Fundamenten von nicht weniger als drei Vorgängerkirchen, die zwischen dem 9. und 11. Jh. hier errichtet worden waren. 936 wurde Heinrich I. in seiner Burgkapelle beigesetzt; 961 erfolgte die Überführung der Gebeine des heiligen Servatius von Maastricht nach Quedlinburg, des neuen Titelheiligen der von Otto I. begründeten Damenstiftskirche; 968 wurde die Königin Mathilde neben ihrem Gemahl Heinrich I. beigesetzt. Anschließend begann unter der Äbtissin Mathilde, der Tochter Ottos I., westlich an die Burgkapelle anschließend der Neubau der

Stiftskirche, die etwa in der Ausdehnung des heutigen Baues 997 geweiht wurde. Ihre Gestalt ähnelte der der Stiftskirche Gernrode. Unter dem Chor und dessen Apsis verblieb zunächst ein Teil der Burgkapelle, die Confessio, mit den Grabstätten Heinrichs I. und seiner Gemahlin. In die Substruktionen des Basilikabaues war auch die kleine Kapelle St. Nikolai in vinculis einbezogen worden, die am ursprünglichen Aufstieg zur Burg lag. Ein kleiner, teils in den Fels eingebauter tonnengewölbter Raum mit Apsis und einer Dreibogenöffnung zum Wege hin, heute unter dem östlichen Südschiff begehbar. Etwa 1000 entstand an Stelle der kleinen Krypta unter dem Chor die heutige dreischiffige Hallenkrypta, und das Kaisergrab wurde in sie einbezogen. 1021 weihte Heinrich II. diesen Bau. 1070 vernich-

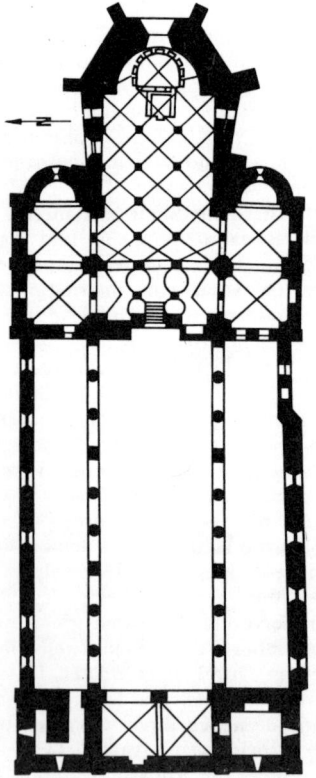

Grundriß der romanischen Stiftskirche St. Servatius

tete eine Feuersbrunst die Stiftskirche. Ihr Neubau zur heutigen Gestalt begann bald danach und war mit der Weihe 1129 im wesentlichen vollendet. Vor der Basilika entstand dabei ein neuer Westbau, von dem aber nur der nördliche Turm fertiggestellt wurde. Beim Bau des südlichen ergaben sich Fundamentsschwierigkeiten, und erst im vorigen Jahrhundert ist dieser Turm dann analog dem nördlichen gebaut worden. 1320 wurde über der romanischen Krypta ein gotischer Chor errichtet. 1571 mußte die Südwand der Kirche neu aufgeführt werden, 1863–82 fand eine weitere Bausicherung und die genannte Vollendung des Kirchengebäudes viel Beifall. 1936–39 versuchten die Faschisten die Kirche für ihre Zwecke zu nutzen, dazu ist die romanisierende Apsis vor die gotische Chorwand gestellt und die mächtige Treppenanlage vor der Krypta zum Chor emporgebaut worden. Kriegsschäden von 1945 erforderten die Erneuerung der Turmhelme und der gesamten Dach- und Deckenkonstruktion der Kirche. Als eine der bisher umfangreichsten Sicherungsmaßnahmen ist 1964–67 die hohe Mauer, die den Stiftsbergfelsen gegen geologische Verschiebungen des Untergrundes schützt, durch eine Betonkonstruktion ersetzt und anschließend verkleidet worden. Damit konnte der Fortbestand des gesamten Bauensembles des Stiftsberges gesichert werden. – Von der ursprünglichen Ausgestaltung der Stiftskirche haben sich im Langhaus neben den reich verzierten Würfelkapitellen die allerdings im 19. Jh. teilweise erneuerten Kämpfer und Friese erhalten. Aus der Lombardei herbeigeholte Steinmetzen verbanden in ihnen ihre eigenen Bildvorstellungen mit denen der Bauherren. An mehreren Stellen finden sich Adlerkapitelle, so auch an der zu den ersten Gewändeportalen in der deutschen hochmittelalterlichen Baukunst zählenden Nordtür. In der Krypta blieben große Teile der Ausmalung aus der zweiten Hälfte des 12. Jh. erhalten. Sie gehören zum Bedeutendsten, was an Raumbemalun-

Krypta der Stiftskirche

gen aus jener Epoche bei uns erhalten ist. An den Wänden der Krypta sind die Grabsteine der Äbtissinnen aufgereiht. Die ältesten entstanden im 12. Jh., besonders bedeutend ist der Stein der Äbtissin Adelheid von 1130. Im Kirchenschatz werden wertvolle sakrale Kunstwerke und Gegenstände aufbewahrt, darunter auch der Quedlinburger Knüpfteppich mit der Darstellung der Hochzeit des Merkur mit der Philologie aus der Zeit um 1200, dessen Teile restauriert worden sind.

∗∗ Das zweitälteste Bauwerk in Quedlinburg ist die Wipertikrypta. 936 war das königliche Stift vom Burgberg ins Tal in die Pfalz verlegt worden, und hier erfolgte der Bau einer Basilika. In diese wurde um 1020 bei einer Erneuerung des Sanktuariums die Krypta eingebaut. Sie ist der einzige erhaltene Teil jener Kirche, denn nach der Umwandlung in ein Prämonstratenserkloster 1148 entstand ein neuer Kirchenbau, in den jedoch die Krypta einbezogen worden ist. Seit 1812 diente die Kirche als

Scheune und verfiel allmählich. Nach ersten Sicherungen vor 1950 ist die Wipertikirche 1955–58 im Sinne des überlieferten historischen Bauwerkes und unter Einbeziehung romanischer und gotischer Bauteile neu für die katholische Gemeinde gestaltet worden. Die Krypta blieb im Bestand des 11. Jh. bewahrt. – Von der Kirche des Benediktiner-Nonnenklosters, die 986 auf dem Münzenberge gegründet worden war, aber heute fast gänzlich verschwunden ist, blieb ein romanisches

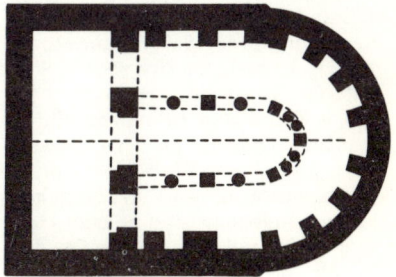

Grundriß der ottonischen Krypta in der erneuerten Wipertikirche

Säulenportal erhalten, das in die Wipertikirche eingebaut wurde.

* Für die Marktkirche St. Benedikti entstand im zweiten Viertel des 13. Jh. ein frühgotischer Neubau. Von ihm stammt die heutige Turmfront. An Stelle des Kirchenhauses wurde im 15. Jh. eine neue spätgotische Halle erbaut, den Chor hatte man schon im ausgehenden 14. Jh. begonnen. Von der reichen Barockausstattung verblieb nach den restauratorischen Eingriffen des 19. Jh. der große Hauptaltar, der 1692 von Braunschweiger und Wolfenbütteler Meistern geschaffen worden ist, eine prächtige Dekoration rahmt die Gemälde von Joachim Luhn. Ein zweiter großer Schnitzaltar ist genau wie die Chorgestühlwangen und zwei Kruzifixe ein Werk der Spätgotik und entstammt dem Anfang des 16. Jh. Vom Ende dieses Jahrhunderts blieb die Kanzel erhalten, Taufe und Ratsgestühl entstanden im 17. Jh.

* Wie an der Marktkirche blieb auch an der Pfarrkirche St. Ägidii der Westriegel des 13. Jh. stehen, allerdings wurde der Nordturm abgetragen. Die seit 1484 errichtete spätgotische Halle erhielt 1678 einen neuen Innenausbau in barocken Formen. Orgelprospekt, Chorschranke und Kanzel entstanden zwischen 1711 und 1724. Der schöne spätgotische Schnitzaltar von 1430 mit bemalten Flügeln befand sich ehemals in der Marktkirche als Hauptaltar.

* Die Pfarrkirche St. Blasii ist ein barocker Zentralbau von 1715, an dem der Querturm der romanischen Vorgängerkirche erhalten blieb. Ihr 1720–23 ausgestalteter und in seinem Bestand hervorragend erhaltener Innenraum wurde 1969 restauriert. An der Decke befinden sich schöne Stukkaturen. Vor allem aber verlieh der große Kanzelaltar zusammen mit der gemalten Draperie an der Chorwand dem Raum sein festliches Gepräge. Nach einem Entwurf des anhaltinischen Landbaumeisters Johann Heinrich Hoffmann schufen die Quedlinburger Meister Kunze, Riese und Sommer den großen Säulenaufbau mit den Freifiguren. Die Hufeisenem-

pore und das Kastengestühl runden das barocke Bild ab, in das sich ein Renaissanceepitaph und ein spätgotisches Kruzifix einfügen.

* Die neustädtische Pfarrkirche St. Nikolai entstand nach einem ersten Neubau, der 1240 mit den Türmen begann, seit der Mitte des 14. Jh. Bis zum Ende des 15. Jh. waren zunächst der einschiffige Chor, dann die spätgotische Halle erneuert. Die Turmbauten aus dem frühen 14. Jh. erfuhren 1975 eine gründliche Restaurierung. Auch das Kircheninnere ist 1965 neu ausgemalt worden. Eine Reihe von Kunstwerken sind gleichfalls restauriert, darunter der Kruzifixus aus der ersten Hälfte des 13. Jh. und die Schnitzfigur des Godehard aus dem späten 14. Jh. Weitere Bildwerke des 15. bis 18. Jh. sowie der barocke Altar von 1712, die Orgelempore von 1717 und die 1731 von Johann Jacob Müller aus Braunschweig geschnitzte Kanzel mit Schalldeckel gehören zu den bemerkenswerten Ausstattungsstücken.

Vom Franziskanerkloster blieb ein einschiffiger Bau bestehen, der wohl aus der zweiten Hälfte des 14. Jh. stammt. Ebenso steht vom Hospital St. Spiritus nur noch ein Fachwerkgebäude. Vom bereits Anfang des 14. Jh. genannten Hospital St. Annen hat sich der 1799 errichtete Barockbau erhalten.

Die Hospitalkapelle St. Johannes ist ein im Kern romanischer Bau aus der zweiten Hälfte des 12. Jh. mit einem Chor von 1704. Die Sakristei erhielt 1483 ihren Fachwerkaufbau. Die bemalte Holztonne, die Empore und der Kanzelaltar kamen 1725 in die Kirche.

Aus der Epoche der Neogotik stammt die katholische Mathildenkirche, die 1855–58 der Kölner und Wiener Dombaumeister Friedrich von Schmidt errichtete.

Querfurt

Kr. Querfurt, Bez. Halle

* * Eine der großartigsten mittelalterlichen Burganlagen mit neuzeitlicher Fortifikation ist die Burg Querfurt. Bereits 899 wird sie im Hersfelder Zehntverzeichnis genannt. Bauten des 11. bis 18. Jh. prägen das Festungswerk. Inmitten des weiten Burghofes steht die Burgkirche, die Anfang des 12. Jh. über einem älteren Fundament neu entstanden ist, ein kreuzförmiger Bau mit Apsiden und achteckigem Vierungsturm. Im kurzen Langhausraum, der durch eine Brücke mit dem benachbarten „Fürstenhaus" verbunden ist, befindet sich die Herrenempore. Beim Ausbau der Burg zum Schloß erfolgte auch die barocke Ausgestaltung der Kirche. 1716–19 schuf Francesco Domenico Minetti die Stuckierung und Marmorierung an den Decken und im Vierungsturm. Bei der Restaurierung des Bauwerkes wurde diese raumprägende Barockausmalung wiederhergestellt. Im Nordwinkel von Querhaus und Schiff befindet sich die Grabkapelle für Gebhard XIV. von Querfurt. Der 1383 verstorbene Graf ist auf der Tumba als fast freiliegende Figur dargestellt. An den Seiten runden Trauernde in ähnlich realistischer Haltung und Kleidung das Grabmal zu einem eindringlichen und der Parlergotik vergleichbaren Bildwerk ab. Die Stadtkirche ist eine spätgotische Halle mit hohem Westturm. Sie brannte in der zweiten Hälfte des 17. Jh. zweimal aus und erhielt anschließend ihre heutige Baugestalt, die Turmhaube wurde 1709 fertiggestellt. Der Innenraum mit Ausbauten des 17. und der Ausstattung aus dem 18. Jh. wurde im 19. Jh. ausgemalt.

Radebeul

Kr. Dresden, Bez. Dresden

1891/92 ist durch die Baufirma Schilling und Gräbner die Lutherkirche im Villenvorort erbaut worden. Die Bauformen sind mit Blick auf die deutsche Renaissance entworfen, die Raumgestalt der Kirche ist jedoch mehr modern als historisierend, ein Saal mit doppelt angelegtem Chorraum. Der Renaissancestil wurde auch für die figürliche und sonstige Ausstattung gewählt, für die Glasfenster bildeten Grafiken Albrecht Dürers das Vorbild. 1973 ist die Kirche zeitgetreu restauriert worden.

Raguhn

Kr. Bitterfeld, Bez. Halle

Die Stadtkirche wurde 1839/40 in neogotischen Formen von dem als Kirchenbaumeister auch in Dessau und Wittenberg tätigen Carlo Ignazio Pozzi errichtet. Der einschiffige Bau enthält neben der Empore von seiner Originalausstattung noch den Taufstein. Der Turm erhielt 1952 seinen heutigen Abschluß.

Rambin

Kr. Rügen, Bez. Rostock

Die Dorfkirche, ein Backsteinbau mit Chor von etwa 1300, wurde in der zweiten Hälfte des 14. Jh. vollendet. Altar, Altarschranke und Kanzel entstammen dem Barock, die Taufe und einige Bildwerke noch dem Mittelalter. Interessant sind zwei Schiffsmodelle aus dem frühen 19. Jh. Vom ehem. Hospital St. Jürgen wurde die Backsteinkapelle des 15. Jh. schon im 18. Jh. als Wohnhaus ausgebaut. Von den Backsteinbauten des 19. Jh. ist das würfelförmige dreigeschossige Haus beachtenswert, dessen Geschosse und Fenster durch ein ebenfalls backsteinernes geometrisches Dekorationsgerüst eingegrenzt sind, es entstand 1830.

Rathenow

Kr. Rathenow, Bez. Potsdam

Aus einer romanischen Kirche entstand im 15./16. Jh. der Neubau der spätgotischen Hallenkirche mit teilweise reicher architektonischer Außendekoration. Der Turm kam 1828 hinzu. Nach der Kriegszerstörung ist nur das Langhaus wiederaufgebaut. Darin befindet sich ein bemerkenswerter ✳✳ Schnitzaltar aus der Zeit um 1380 mit Malflügeln, 1958 restauriert.

Reez

Kr. Rostock, Bez. Rostock

Am ehem. Gutshof wurde 1772 die Kapelle aus Backsteinen erbaut, ein Saalraum mit einheitlicher, zu den wenigen überkommenen Beispielen dieser Art gehörender Rokokoausstattung: Deckenstuck, Gestühl und Kanzelaltar in etwas wuchtigen Formen sind mit Rocaillenornamenten verziert.

Rehna

Kr. Gadebusch, Bez. Schwerin

* Die ehem. Klosterkirche ist ein Bauwerk, das teils aus romanischen, teils aus spätgotischen Teilen besteht. Vor 1236 dürfte die bereits damals für die Dorfkirche genutzte frühe Backsteinarchitektur entstanden sein. Ein Umbau Mitte des 15. Jh. brachte dann die heutige Gestalt mit niedrigem Chor, höherem Langhaus und den im Mittelalter nicht vollendeten Turm. Die etwas massigen Bauformen prägen auch das Innere. Hier haben sich hervorragende gotische Wandmalereien aus der Zeit um 1330/40 mit Szenen aus dem Leben Christi und Heiligendarstellungen erhalten. Das Ganze ist in gemalte architektonische Rahmungen eingepaßt. Weiter sind die aus einem Altar stammenden spätgotischen Schnitzfiguren und das Chorgestühl beachtenswert, das um 1450 entstand. Ein prächtiger zehnarmiger Kronleuchter stammt von 1688.

Reichenbach

Kr. Görlitz, Bez. Dresden

Die spätgotische Pfarrkirche St. Johannis wurde nach einem Brand 1670 wiederhergestellt. Im folgenden Jahrzehnt entstand die gesamte Innenausstattung neu: die zweigeschossigen Emporen, Fürstenstühle, der Altaraufbau mit Malereien von Georg Kaiser aus Görlitz, die geschnitzte Kanzel, Taufe, Beichtstuhl und Orgelprospekt. Die katholische Kapelle St. Anna ist ein im 19. Jh. erneuerter Saalbau aus der Zeit um 1500.

Reichenbach

Kr. Reichenbach, Bez. Karl-Marx-Stadt

In mehreren Bränden ging die mittelalterliche Stadt fast völlig zugrunde. So entstand auch die Stadtkirche St. Petri und Pauli über älteren Teilen 1720 als barocker Emporenraum mit stuckierter Decke völlig neu. Sie wurde 1906 erneuert und 1964 restauriert. Neben dem barocken Kanzelaltar ist die Orgel bemerkenswert, die 1723—25 Gottfried Silbermann baute; sie ist 1927 modernisiert und erweitert worden.

Die ebenfalls aus dem 18. Jh. stammende Trinitatiskirche wurde 1898 neu gestaltet. Im Inneren befindet sich ein Schnitzaltar aus der zweiten Hälfte des 15. Jh.

Reinsdorf

Kr. Nebra, Bez. Halle

Von der 1206 geweihten romanischen Klosterkirche blieb seit dem 17. Jh. nur die Chorpartie mit dem Querschiff stehen. Anfang des 18. Jh. wurde das Innere prachtvoll mit Deckenstuck, Deckenmalerei, Herrschaftsstuhl und Altaraufsatz ausgestaltet. Bei der Restaurierung der Kirche 1964—66 sind Teile romanischer Wandmalereien freigelegt worden.

Rerik

Kr. Bad Doberan, Bez. Rostock

* Die Pfarrkirche des schon im Mittelalter bedeutenden Seefahrer- und Fischerdorfes Alt Gaarz (seit 1938 die Stadt Rerik) ist eine der für die Landschaft charakteristischen frühgotischen Hallenkirchen. Ihre reiche Innenausstattung kam in der zweiten Hälfte des 17. und 18. Jh. neu hinzu, 1668 malte Heinrich Greve aus Wismar die Kirche ornamental aus. Diese Farbigkeit und Reste der ursprünglichen figurenreichen Ausmalung der Kirche aus dem späten 13. Jh. wurden 1971—79 bei der Gesamtrestaurierung des Baues freigelegt und gesichert. Altaraufsatz, Kanzel, Patronatsemporen und Gestühl entstammen dem 18. Jh.

Rheinsberg

Kr. Neuruppin, Bez. Potsdam

Die äußerlich schlichte Pfarrkirche der ab 1740 nach einem Plan von Georg Wenzeslaus von Knobelsdorff neu aufgebauten Stadt war bereits nach einem Brand von 1568 erneuert worden. Dabei erhielt der spätgotische Vierstützenraum einen größeren, aber etwas niederigeren westlichen Schiffsanbau, dessen Wölbung ein Mittelpfeiler trägt. Das gesamte Innere zeigt Renaissanceformen, im Chor wurden die vier korinthischen Säulen neu errichtet. Der Altar stammt von 1576, die Kanzel erhielt 1568 ihre jetzige Gestalt. Empore und Gestühl blieben aus der ersten Hälfte des 17. Jh. erhalten, die Orgel ist im 18. Jh. eingebaut worden.

Ribnitz-Damgarten
Kr. Ribnitz-Damgarten, Bez. Rostock
Die Pfarrkirche des ehemals mecklenburgischen Ribnitz, St. Marien, ist eine große Backsteinhalle aus dem 13. Jh., die im 14. Jh. um den architektonisch angepaßten Chor erweitert wurde. Ihr Äußeres bestimmen heute das bei der Erneuerung 1765–89 aufgebrachte mächtige Mansarddach und die gleichzeitige barocke Schweifkuppel des Turmes, die seit dem vorigen Jahrhundert durch die Laterne bekrönt ist. Auch das Kircheninnere verblieb im wesentlichen in der im 18. Jh. erneuerten Gestalt, der Altaraufsatz stammt von 1781.
Als nahezu schmuckloser Bau zeigt sich die Kirche des ehem. Klarissinnenklosters in Ribnitz, die mit der Weihe 1393 fertiggestellt war. Lediglich die Giebel tragen Blenden und kleine Türmchen, die ihre Helme im 18. Jh. erhielten. Im ebenso schmuckarmen Inneren hat sich eine Reihe bemerkenswerter Ausstattungsstücke erhalten: Von Schnitzfiguren aus mehreren Altären sind die Madonnenbilder aus der Zeit um 1400 und vom Anfang des 15. Jh. besonders beachtenswert. Vom Ende des 15. Jh. stammt der Schrein eines Schnitzaltars mit einer Madonna im Strahlenkranz. Sechs spätgotische Tafelbilder schildern Szenen aus dem Marienleben und die Leidensgeschichte Christi, sie entstanden im frühen 16. Jh. Vom Ende des 16. Jh. blieb neben den anderen das von Philipp Brandin geschaffene Epitaph der Äbtissin Ursula erhalten.
Die Pfarrkirche des ehemals pommerschen Damgarten ist ein einschiffiger gotischer Bau mit einem Turm aus dem vorigen Jahrhundert. Der Chor stammt noch aus dem 13. Jh. 1963 ist das Innere unter Beachtung aufgefundener mittelalterlicher und späterer Malereireste erneuert worden. Dabei erfuhr auch die barocke Ausstattung von 1771 mit ihrem ornamentalen Schnitzwerk eine Bestandssicherung.

Richtenberg
Kr. Stralsund, Bez. Rostock
Die Stadtkirche ist eine kurze Stufenhalle aus dem Anfang des 15. Jh. Sie wurde an Stelle eines älteren Baues errichtet, von dem der quadratische Chor aus der Zeit der Mitte des 13. Jh. erhalten blieb. In dessen Wölbung sind die Rippen ornamental zu einem Kreuz angeordnet. Spätgotische Ausmalungsreste und Ausstattungsstücke aus dem 18. Jh. gehören zum historischen Bestand des Baues.

Riedebeck
Kr. Luckau, Bez. Cottbus
Der spätromanische Feldsteinbau der Dorfkirche wurde um 1200 errichtet. Ihr Inneres ist zwischen 1959 und 1961 in der romanischen Raumgestaltung wiederhergestellt worden. Dabei konnten in der Apsiswölbung die mittelalterlichen Wandmalereien freigelegt, der gotische Steinfußboden des Kirchenraumes rekonstruiert werden. Die romanische Taufe wurde aus Crinitz, Kr. Finsterwalde umgesetzt. Bemerkenswert ist auch der spätgotische Flügelaltar vom Ende des 15. Jh. Aus dem 18. Jh. stammt der Taufengel.

Riesa
Kr. Riesa, Bez. Dresden
Die Trinitatiskirche am Lutherplatz wurde 1895–97 in neoromanischem Stil nach dem Entwurf von Jürgen Kröger errichtet. Auf dem großen Zentralbau über kreuzförmigem Grundriß ragt der mächtige Vierungsturm stadtbildbestimmend empor. Der Außenbau wurde mit Natursteinfassaden, die innere architektonische Gliederung in Backstein gestaltet. Eine Erneuerung erfolgte 1969/70.
Die ehem. Klosterkirche St. Marien, im 12. Jh. gegründet, ist ein einschiffiger spätgotischer Bau mit barockem Turm und mit Sterngewölben aus dem frühen 17. Jh. im Chor. Reste der Klosterarchitektur sind in den Rathausbau einbezogen.

Röbel
Kr. Röbel, Bez. Neubrandenburg
Die Pfarrkirche St. Marien wurde um die Mitte des 13. Jh. begonnen. Ihre Wölbung erhielt die Backsteinhalle erst im 15. Jh. Dem schmuckreichen Äußeren paßte Theodor Krüger den 1849–51 vervollständigten Turmbau an. Im Inneren ist der spätgotische

Schnitzaltar vom Anfang des 16. Jh. bemerkenswert; weitere Schnitzfiguren und die Triumphkreuzgruppe sind gleichfalls spätgotisch.

In der nur wenig später als St. Marien begonnenen gotischen Backsteinhalle der Nikolaikirche haben sich aus der mittelalterlichen Zeit der romanische Taufstein und das Chorgestühl von 1519 erhalten. Der Westturm und der Chorgiebel zeigen Schmuckformen des 15. Jh. 1867 ist die Kirche durchgreifend erneuert worden.

Rochlitz
Kr. Rochlitz, Bez. Karl-Marx-Stadt

∗ Die erste Kirche der Kaufmannssiedlung neben der Burg über der Mulde war die Petrikirche, 1168 bereits genannt. Ihr heutiger spätgotischer Hallenbau entstand zwischen 1470 und 1499 zeitlich parallel zur Kunigundenkirche, aber weniger schmuckreich als diese. Das Innere überspannen Netz- und Sterngewölbe. Der Turmaufsatz kam im 18. Jh. hinzu.

∗ Kunstgeschichtlich bedeutender ist die am Ostende des langgestreckten Marktplatzes schon seit dem späten 12. Jh. bestehende Kunigundenkirche. Von ihrem frühen Bau blieben die romanischen Untergeschosse der Westtürme bestehen. Im 15. Jh. wurde die spätgotische, im Grundriß nahezu quadratische Halle mit dem Chorbau errichtet. Dabei entstand eine reiche Architekturdekoration am Außenbau, besonders an der zur Schaufront ausgeprägten Südseite der Kirche. Die Netz- und Sternwölbung des Innenraumes war 1476 vollendet. 1688 ist dann der achteckige Mittelturm errichtet und mit der Haube bekrönt worden. Gleichzeitig erhielten die seitlichen Turmanbauten am romanischen Westbau ihre Hauben. In dieser, zu den schönsten spätgotischen Architekturen in Sachsen zählenden Kirche befindet sich ein weiteres, ebenso bedeutendes Kunstwerk: Der riesige Hochaltar entstand 1513 und wird Philipp Koch als Bildschnitzer zugeschrieben. Die Wandlungen tragen Bilder von Heiligen und Heiligenlegenden. Die erste mit Aposteln und

Nothelfern ist eine fränkische Arbeit. Der 1864 überarbeitete Altar wurde 1973 einer denkmalpflegerischen Restaurierung unterzogen, bei der spätere Übermalungen abgenommen worden sind. Zwei weitere Altäre vom Anfang des 16. Jh., einer davon aus der Werkstatt Lucas Cranachs d. Ä., die jetzt an der Portalinnenseite befindlichen sowie Tonfiguren von Kaiser Heinrich und seiner Gemahlin Kunigunde aus der Zeit um 1476, und Plastiken aus dem 18. Jh. gehören zu den beachtenswerten Stücken der Ausstattung. Die von Fialen gerahmte Sakramentsnische und der Opferstock sind dekorative Steinbildwerke aus der Zeit um 1600.

∗ An der Ostquerseite des in der Spätgotik durchgreifend umgestalteten Burgensembles tritt die Schloßkapelle bis über den Burggraben vor. Ihre großen Fenster mit den eleganten spätgotischen Maßwerkformen füllen fast die gesamte Wandfläche. In dem netzgewölbten Raum sind Reste der spätgotischen Ausmalung erhalten.

Rochsburg
Kr. Rochlitz, Bez. Karl-Marx-Stadt

∗ Die mittelalterliche Rochsburg wurde ab 1470 zum Renaissanceschloß ausgebaut. Hauptmeister der ersten Bauphase war dabei Arnold von Westfalen. Nach Bränden im 16. Jh. erfolgten Um- und weitere Ausbauten. Neben dem Bergfried entstand dabei der Raum der Schloßkapelle, den 1523 Caspar Kraft mit dem Netzgewölbe versah. Später ist die südlich anschließende Kemenate in die Kapelle einbezogen worden und erhielt die Empore. Den stattlichen Renaissancealtar schuf 1576 Andreas Lorentz aus Freiberg. Das Sakramentshäuschen entstammt noch der ersten Bauzeit der Kapelle. Die Rochsburg ist heute Museum und Jugenherberge und gehört zu den größten und besterhaltenen, im Kern spätmittelalterlichen Burgen Sachsens.

Die romanische Dorfkirche Rochsburg wurde in der zweiten Hälfte des 12. Jh. erbaut und am Ende des vorigen Jahrhunderts restauriert. Ihre Architektur-Schmuckformen stehen in

Beziehung zu denen der Wechselburger Stiftskirche, was an dem Säulenportal der Westseite deutlich wird.
Die Ausstattung entstand im 17. und
18. Jh. Bemerkenswert ist das von Samuel Lorentz aus Freiberg geschaffene Freigrab des Wolf von Schönburg und seiner Frau, das 1581 entstand.

Rohr

Kr. Suhl, Bez. Suhl

✶✶ Auf einer vorchristlichen Kult-
stätte entstand im 9. Jh. eine Kirchenburg. Nach der Zerstörung wurde sie
um 915 erneuert, 1340 und 1367 aber
durch die Bischöfe von Würzburg
abermals geschleift. In der heutigen
Ummauerung der Dorfkirche ist noch
die ursprüngliche Situation der Burg
erkennbar. Unter dem Chor der Kirche und ihrem Turm blieb die Hallenkrypta aus dem 10. Jh. erhalten. 1574
und 1618 erfolgte dann der Anbau des
Schiffes und die Erhöhung des ottonischen Chorturmes. Dabei entstand die
reizvolle Inneneinrichtung der Kirche
mit der Kassettendecke und den bemalten Emporen. Der reiche Kanzel-

Befestigter Kirchhof mit Torturm

altar kam 1715 hinzu. 1961/62 ist
nach voraufgegangenen denkmalpflegerischen Untersuchungen die Krypta
wieder freigelegt worden. Die Ausmalung des gesamten Kirchenraumes
wurde restauriert. Schon in den fünfziger Jahren waren Mauer und Wehr-
gänge wiederhergestellt worden.

Rohr, Dorfkirche

Rom
Kr. Parchim, Bez. Schwerin
Die Dorfkirche im Ortsteil *Lanken* entstand als flachgedeckter Rechteckbau im 14./15. Jh. aus Feldsteinen, an den die backsteinerne Sakristei mit Blendengiebel angefügt wurde. Sehenswert ist der spätgotische Schnitzaltar aus der Zeit um 1530–40. Er stammt aus der Werkstatt des Lübekker Bildschnitzers Claus Berg und besteht aus Schreinfiguren und reichen Rankenschnitzereien. Die landschaftlichen Flügelmalereien zeigen den Einfluß der Donauschule. 1965 wurde der Altar restauriert.

Römhild
Kr. Meiningen, Bez. Suhl
✳ ✳ Die spätgotische einstige Stiftskirche entstand zwischen 1450 und 1470 als Neubau über einer älteren Kirche. Dem Ostchor gegenüber liegt in gleicher Breite der etwas kürzere Westchor. In ihn wurden steinerne Emporen eingebaut, die auch die westlichen Seitenschiffsjoche füllen. Nördlich am Ostchor steht der Turm. Bei der Restaurierung der Kirche

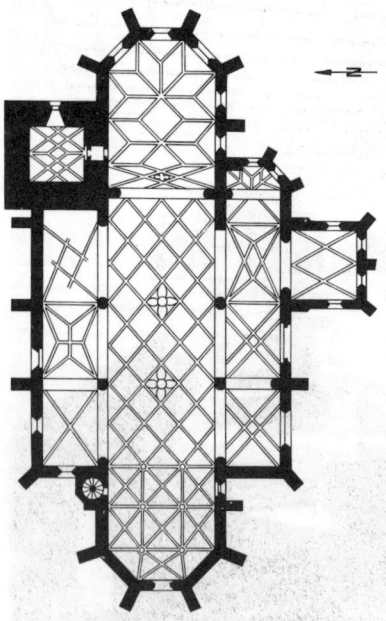

Grundriß der spätgotischen Stadtkirche

1965–70 konnte die farbige Raumfassung der Stern- und Netzgewölbe und der weiteren Innenarchitektur freigelegt und rekonstruiert werden. Gleichzeitig sind der Hochaltar von 1688 und die Orgelprospekte in ihren ursprünglichen Fassungen gesichert und wiederhergestellt worden. In der Gruftkapelle am Südschiff der Kirche befindet sich das Bronzegrabmal für Otto von Henneberg, 1488 aus der Werkstatt Peter Vischers d. Ä., die Figur des Toten steht vollplastisch ausgebildet vor der Platte. Die Tumba des Grafen Hermann VIII. von Henneberg und seiner Gemahlin Elisabeth von Brandenburg ist ebenfalls ein Werk Peter Vischers d. Ä. und seiner Söhne von 1507–12. Realistik und Verinnerlichung verbinden sich in den Bildnissen in höchster Vollendung. Restaurierung der Kirche 1983–85.

Rosenthal
Kr. Kamenz, Bez. Dresden
Die barocke Wallfahrtskirche St. Marien brannte in den letzten Kriegstagen 1945 bis auf die Umfassungsmauern aus. Sie konnte 1953 in ihrer Gestalt von 1778 wiederhergestellt werden: eine großräumige Halle mit mächtigem Westturm, den eine geschwungene Haube und hohe Laterne schmücken. Das Gnadenbild erhielt dabei wieder seinen ursprünglichen Platz über dem Altar. Über dem Marienbrunnen steht die achteckige Brunnenkapelle von 1766.

Rossau
Kr. Osterburg, Bez. Magdeburg
Die Dorfkirche *Groß-Rossau* ist ein Feld- und Backsteinbau vom Ende des 12. Jh., der später mehrfach umgestaltet wurde. Davon stammt auch die Ausstattung, die mit Kanzel und Empore um 1650, mit dem Altaraufsatz 1784 erneuert wurde. 1959 ist der Bau restauriert worden.
Die Dorfkirche *Klein-Rossau* ist gleichfalls ein Feldsteinbau mit einer reichen, den ganzen Raum umziehenden Ausmalung aus der Erbauungszeit, der zweiten Hälfte des 15. Jh. In mehreren Streifen übereinander sind in Bildfeldern zwischen Rahmen und Ranken Geburt, Kindheit und Pas-

sion Christi dargestellt, ergänzt durch
große Heiligenbilder. Die denkmalpflegerische Restaurierung sicherte
1961/62 den Bestand dieser im alt-
märkischen Gebiet bedeutenden spätgotischen Raumausmalung.

Roßleben
Kr. Artern, Bez. Halle

Die Dorfkirche ist ein stattlicher barocker Saalbau mit einem noch frühgotischen Chor, der Ende des 17. Jh.
ausgestaltet wurde. Das Schiff entstand 1728 mit doppelter hufeisenför-
miger Empore und reichem Kanzelaltar. Im Originalzustand blieb das
Werk der von Christian Mocker 1728
gebauten Orgel erhalten.

An Stelle des 1140 gegründeten Augustiner-Chorherrenstiftes, das bald in
ein Zisterzienser-Nonnenkloster umgewandelt wurde und seit der Säkularisierung nach der Reformation verfiel, entstand 1554 nach dem Vorbild
der Meißener Fürstenschule die Klo-
sterschule. Für sie wurde 1740−42 der
stattliche barocke Dreiflügelbau angelegt, den am Ende des vorigen Jahrhunderts das Bibliotheksgebäude an
der vierten Seite abschloß.

Rossow
Kr. Wittstock, Bez. Potsdam

Die Feldsteinkirche des frühen 16. Jh.
enthält umfangreiche Wandmalereien
aus dem zweiten Viertel des 16. Jh., in
welchen die Passion Christi dargestellt wird. Sie sind 1961−71 restauriert worden. Neben der Kirche steht
der verbretterte Glockenturm von
1682. 1607 gelangte der bedeutende
große ＊＊ Schnitzaltar in die Kirche.
In zwei Zonen übereinander stellt er
oben die Marienkrönung und unten
die Kreuzigung Christi zwischen
Standbildern von Heiligen in reich geschnitzten Rahmungen dar. Es handelt sich höchstwahrscheinlich um
den ehem. Hochaltar des Doms zu
Havelberg, der dort 1330 als Hauptaltar geweiht wurde. 1961−65 ist das in
originaler Fassung erhaltene Bildwerk
restauriert worden.

Rostock
Bez. Rostock

Um 1200 siedelten deutsche Kauf-
leute auf dem hohen westlichen Ufer
der Warnow gegenüber dem 1160
durch die Dänen zerstörten alten
Handelsplatz der Wendischen Wik in
der östlichen Warnowniederung. 1218
erhielt dieser Siedlungsplatz um die
Petrikirche Lübecker Stadtrecht. 1230
erfolgte die planmäßige Anlage einer
Neustadt um den Neuen Markt östlich der Marienkirche. Um die Mitte
des 13. Jh. entstand westlich davon im
Bereich der heutigen Universität eine

Rossow, Altar in der Dorfkirche

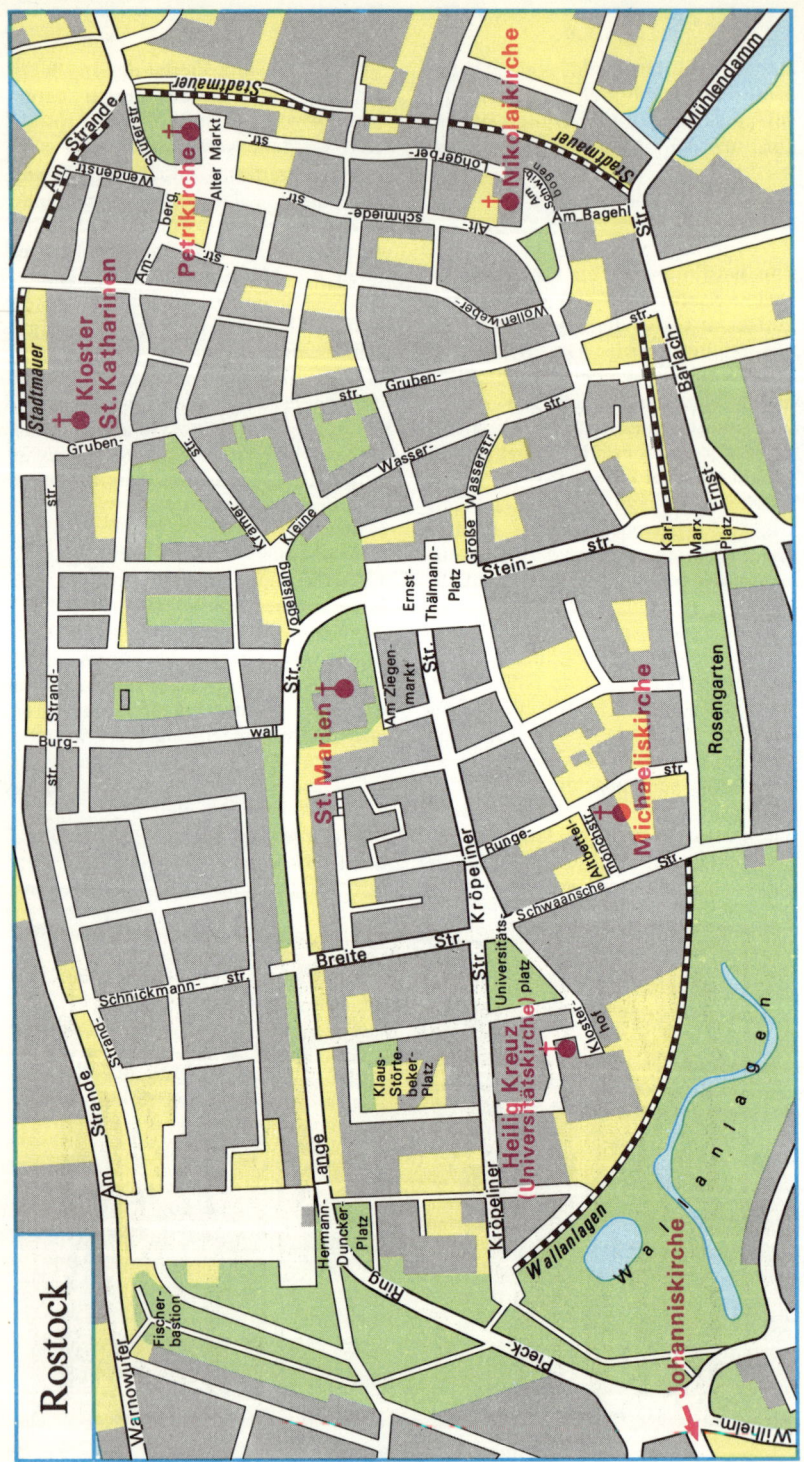

Rostock

zweite neustädtische Siedlung mit der heute nicht mehr vorhandenen Jacobikirche. Um die Nikolaikirche bestand ebenfalls seit Mitte des 13. Jh. ein weiterer, slawischer Siedlungskern. Zur Vereinigung der Siedlungen zu einer Stadt kam es 1265, anschließend wurde diese befestigt. Als Hansemitglied erlangte Rostock im 14./15. Jh. weitreichende Bedeutung. Sie spiegelt sich vor allem in den großen Kirchenbauten wider. 1419 ist die Universität gegründet worden – die erste und älteste in den Ostseelanden. Der Dreißigjährige Krieg brachte der Stadt schwere Schäden und den Verlust ihrer wirtschaftlichen Macht. Nach einem Aufschwung im 18. Jh. erfuhr Rostock im 19. Jh. mit dem Ausbau von Industrien eine beträchtliche bauliche Erweiterung. Seit 1942 wurde es im zweiten Weltkrieg Ziel von Bombenangriffen, die große Schäden zur Folge hatten. 1952 begann der Wiederaufbau mit der Umgestaltung großer Teile der historischen Stadtgebiete. Deren erhaltene Substanz wird seit den siebziger Jahren schrittweise erschlossen.

∗ Die Petrikirche ist eine dreischiffige gotische Backstein-Basilika aus der Mitte des 14. Jh. und steht am Platz der ältesten Rostocker Kirche. 1942 wurde sie bis auf die Umfassungsmauern zerstört. Mit ihrem Wiederaufbau ging ein zweckgebundener neuer Innenausbau einher. Die Wiedererrichtung des Turmhelms ist geplant.

∗ Die ebenfalls 1942 völlig ausgebrannte Nikolaikirche befindet sich gegenwärtig im Wiederaufbau. In ihrer heutigen Gestalt ist sie als frühgotische Halle nach der Mitte des 13. Jh. begonnen worden. Im ersten Viertel des 15. Jh. entstanden der mächtige Turm mit dem westlichen Hallenjoch und die rechteckige Choranlage.

∗∗ Die größte und Hauptpfarrkirche der Stadt ist St. Marien. Von ihrem ersten Bau, einer Backstein-Hallenkirche der Zeit nach 1230, blieben die Untergeschosse des Westbaues erhalten. Seit 1290 erfolgte nach klassisch gotischem Schema der Neubau

des Chores der Basilika mit Umgang und Kapellenkranz. 1350 etwa begann nach Abriß des alten Langhauses dessen ebenfalls basilikanischer Neuaufbau; es stürzte aber 1398 zusammen. Nun wurde zwischen Chor und Langhaus zunächst das schmale hohe Querschiff eingefügt, im Norden chorartig, im Süden fassadenartig abgeschlossen. Die ursprünglich geplante Doppelturmfront kam nicht zur Ausführung; erst im 15. Jh. wurden nach Fertigstellung des Langhauses der Mittelturm und die Überdachung der Westfront vollendet. Das Äußere dieser gedrängt und doch monumental wirkenden Kirche prägen in besonderer Weise die Fialentürmchen und Strebepfeiler an Chor und Querhaus, die schlanken Fenster, die Blendengliederung der Turmfronten und vor allem der Wechsel von gelben und grünglasierten Backsteinen. Das Kircheninnere trägt ganz den Charakter einer klassischen gotischen Kathedrale mit hoch ansteigendem Mittelschiff. Hier hat sich auch die Ausstattung aus dem 13. bis 19. Jh. in bemerkenswertem Reichtum erhalten. Zum Ältesten gehört die 1290 geschaffene Bronzefünte, das bedeutendste Kunstwerk dieser Art im norddeutschen Raum. Ihr vielfiguriger Schmuck stellt das Leben Christi dar. Vier Stützfiguren tragen den Kessel mit spitzkegelförmigen Deckel, den ein Adlerknauf krönt. Ein nicht nur künstlerisches, sondern auch technisches Meisterwerk stellt die astronomische Uhr dar. Sie ist 1472 gebaut und damit älter als die berühmte Prager Rathausuhr! Uhrwerk und Zifferblatt des 15. Jh. wurden 1643 mit der Spätrenaissancearchitektur umgeben und erhielten dazu das Apostelspielwerk. Nach der jüngsten Restaurierung ist die Uhr wieder funktionstüchtig. Von den mittelalterlichen Schnitzaltären der Kirche blieb der Rochusaltar erhalten, um 1530 in einer lübischen Werkstatt geschaffen. Die Kanzel von 1574 wird dem in Rostock tätigen Rudolf Stockmann aus Antwerpen zugeschrieben. Dem großen barocken Hauptaltar von 1720, vor allem aber dem 1749 ge-

Thälmannplatz mit Pfarrkirche St. Marien

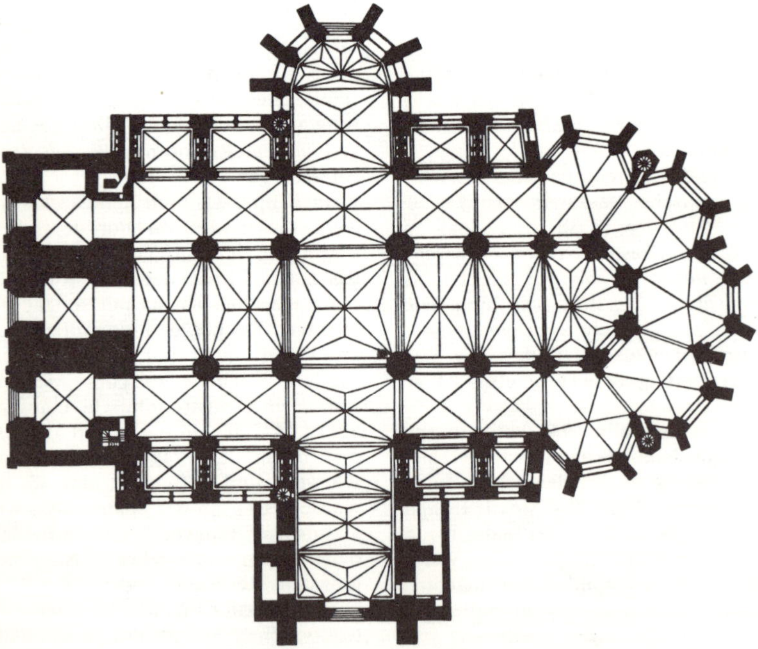

Grundriß der gotischen Pfarrkirche St. Marien

schaffenen prachtvollen Aufbau von Fürstenloge und Orgelprospekt, ebenso dem Kastengestühl aus dem 18. Jh. und den gleichzeitig in den Seitenschiffen eingebrachten Grüften und Epitaphien verdankt die gotische Kirche ihr barockes Fluidum.

∗ Die ehem. Zisterzienser-Nonnenkirche Heilig Kreuz, später Universitätskirche, ist eine gotische Backsteinhalle aus der ersten Hälfte des 14. Jh. Von der reichen Ausstattung ist der große Hochaltar aus der Mitte des 15. Jh. mit der vielfigurigen Kreuzigung und der über die Flügel fortgesetzten Reihe von Heiligen unter Baldachinen besonders beachtenswert. Auf den Flügelrückseiten befinden sich sechzehn Gemälde. Ein weiterer großer Altar aus dem ersten Viertel des 16. Jh. besitzt ebenfalls reich geschnitzte und bemalte Doppelflügel. Eine Madonna des frühen 14. Jh., das Sakramentshaus mit hohem Fialenaufbau aus dem späteren 14. Jh. und die spätgotische Triumphkreuzgruppe sowie eine Vielzahl von Grabplatten gehören zu den weiteren mittelalterlichen Kunstwerken dieser Kirche. Die Klostergebäude werden nach ihrer Erschließung auch als Ausstellungs- und Museumsräume genutzt.

Die Michaeliskirche ist ein Backsteinbau von 1480−88, ihr Chor wurde 1956 wieder für kirchliche Nutzung erschlossen.

Das Franziskanerkloster St. Katharinen aus dem 15./16. Jh. blieb nur teilweise erhalten und dient gegenwärtig als Schule und Feierabendheim.

Von den neueren und modernen Kirchenbauten in Rostock verdient die 1949/50 nach einem Typenentwurf von Otto Bartning aus Fertigteilen gestaltete Johanniskirche an der Tiergartenallee Erwähnung.

1970/71 entstand die katholische Christuskirche am Häktweg mit einer hyperbolischen Schalendachkonstruktion unter Verwendung von Stahlbetonelementen mit Klinkerausfachung. Aus Platten der Wohnungs- und anderen Typenbauserien sind die Anbauten an den Sakralraum errichtet.

Rötha

Kr. Borna, Bez. Leipzig

∗ An dem alten slawischen Siedlungsplatz bestand schon früh eine christliche Kirche. In der Turmarchitektur der Georgenkirche ist ein Teil jenes romanischen Baues weiterverwandt worden. Die flachgedeckte Hallenkirche entstand um 1500, mit dem Turmoberbau und dem Westpor-

tal war 1682 ihr Umbau abgeschlossen. 1967-71 wurden bei der Restaurierung die spätgotische Chorausmalung, die barocke Gestalt des Langhauses und die Außenfarbigkeit der Kirche wiederhergestellt und damit die unterschiedlichen Bauzeiten gut erkennbar. In der Ausstattung sind der Altaraufbau und die Kanzel von 1600 und 1620 bemerkenswert, das Altarbild schuf Johann de Perre aus Leipzig. Die Orgel baute 1722 Gottfried Silbermann.

∗ Die Marienkirche ist ein spätgotischer Bau aus der ersten Hälfte des 16. Jh. Außen treten die Stabwerkdekoration und Vorhangbogenfenster in Erscheinung, innen engmaschige architektonisch reich gegliederte Netzgewölbe. 1955 erfolgte die Restaurierung des turmlosen hohen Saalbaues. Der Schnitzaltar entstand 1520, aus der gleichen Zeit ist eine Madonna erhalten, die dem Meister des Podelwitzer Altars zugeschrieben wird. Die Orgel baute 1722 ebenfalls Gottfried Silbermann.

Rudolstadt

Kr. Rudolstadt, Bez. Gera

∗ Die Stadtkirche, eine dreischiffige Halle mit polygonal geschlossenem Chor und einem Westturm aus spätgotischer Zeit erfuhr 1634-36 eine durchgreifende Umgestaltung: Der Bau wurde erhöht, neue Stützen und Gewölbe entstanden in gotischen Formen. Anschließend erhielt der gesamte Innenraum eine neue Ausmalung in Formen der Spätrenaissance aus Beschlag- und Rollwerk, verbunden mit figürlichen Darstellungen. Stützen und Arkadenbögen sind von Äderungen überzogen, die wohl Marmor vortäuschen sollen. Die Ausstattung trägt ähnlich reiche Formen: Kanzel, Fürstenstuhl und Orgel in Knorpel- und Ohrmuschelornamentik wurden farblich reich gefaßt, in den Altaraufbau Gemälde des frühen 16. Jh. einbezogen. 1964-70 erfolgten die denkmalpflegerische Rekonstruktion der Raumfarbigkeit und die Restaurierung der gesamten Ausstattung. Die Dorfkirche in *Rudolstadt-Schaala* liegt innerhalb eines befestigten

Kirchhofes. Sie entstand als barokker Neubau an einem gotischen Turm. Im Inneren befindet sich ein spätgotischer Altar aus der Zeit um 1500.

Ruhla

Kr. Eisenach, Bez. Erfurt

Die Concordiakirche ist ein Frühbarockbau von 1661, dessen winklige Gestalt sich aus der „Männerkirche" im Westen und der „Weiberkirche" im Süden zusammenfügt. An dem Knickpunkt erhebt sich der Turm. Die Ausstattung stammt aus der Erbauungszeit.

Die Trinitatiskirche entstand 1682-86, ihre Emporen und Ausstattung stammen gleichfalls aus dieser Zeit, der Orgelprospekt wurde 1709 angefertigt.

Rühn

Kr. Bützow, Bez. Schwerin

Die Kirche des ehem. Zisterzienser-Nonnenklosters besteht aus einem langgestreckten und flachgedeckten Backsteinbau aus der Mitte des 13. Jh., der im vorigen Jahrhundert restauriert wurde. Ihr Altar mit einem Abendmahl-Triptychon von 1578 und den Bildnissen des Herzogs Ulrich I. und seiner Gemahlin wurde von einem niederländischen Meister geschaffen. In der weiteren Ausstattung aus dem 17. Jh. befinden sich bemerkenswerte Prunkepitaphien und die reich geschnitzte Fürstenempore mit Renaissancedekorationen.

Saalfeld

Kr. Saalfeld, Bez. Gera

Im Schutze des Königshofes, der 899 urkundlich genannt ist, entstand zwischen dem heutigen Schloß und der Saalebrücke eine erste Marktsiedlung mit einer Marienkirche. 1190 erfolgte dann die Stadtgründung und deren planmäßige Anlage um den rechteckigen Markt südwestlich der alten Siedlung. Mit dem 14. Jh. entwickelte sich Saalfeld rasch zu einer bedeutenden Stadt, nachdem in seiner Umgebung Erzadern erschlossen worden waren. Die Feengrotten sind ein Ergebnis des mittelalterlichen Bergbaues. Nach dem Dreißigjährigen Krieg wurde Saalfeld von 1680 bis 1735 Residenz des selbständigen Herzogtums Sachsen-Saalfeld. Seit dem ausgehenden 19. Jh. brachte die Industrialisierung der Stadt beträchtliche Erweiterungen.

** Die Stadtkirche St. Johannis ist ein Zeugnis für den mittelalterlichen Reichtum Saalfelds. 1380 begonnen, wurde die Hallenkirche in eleganten Formen ausgebaut, die der Parlergotik verwandt sind. Karl IV. war seit 1361 Lehnsherr der Stadt, das erklärt die Nähe der Kunstwerke der böhmischen Gotik. An diesen war besonders der Außenbau reicher als er sich heute darbietet. Zwischen architektonischen Schmuckformen standen Plastiken an den Strebepfeilern. Die Westfassade mit dem Portal vermittelt noch etwas jener Figurenwelt. Vor ihrem hohen Fenster befindet sich eine Außenempore, vergleichbar der an der Südseite der Mühlhäuser Marienkirche. An Stelle des geplanten Westturmes entstand mit dem 16. Jh. die Doppelturmfront, 1514 wurden auch die Sterngewölbe in den Chor eingebracht. An der Nordinnenwand befindet sich das Heilige Grab aus der zweiten Hälfte des 14. Jh.; um 1500 ist die lebensgroße Figur eines Johannes des Täufers gearbeitet.

Beide anderen mittelalterlichen Kirchen des Stadtkernes dienen heute nicht mehr sakralem Zweck. Das Franziskanerkloster mit der frühgoti-

Deckengemälde in der Schloßkapelle

Saalfeld, Schloßkapelle

schen Kirche des späten 13. Jh. ist jetzt Museum. In seinem Bestand befinden sich hervorragende mittelalterliche Bildwerke.

Die Burgkirche eines dem Vögtesitz Hoher Schwarm voraufgegangenen königlichen Hofes, die romanische Nikolaikirche, wurde im vorigen Jahrhundert als Wohnhaus ausgebaut. In der Martinskapelle, die ihre Bauformen dem 17./18. Jh. verdankt, befindet sich ein schöner spätgotischer Flügelaltar aus der Zeit um 1500.

Seit 1677 wurde am Platz des im 12. Jh. zum Kloster umgestalteten Königshofes das Schloß errichtet. In dessen Nordostflügel schuf 1704−14 Christian Richter ✳✳ die Kapelle als einen achteckig erscheinenden Emporensaal in dem längsrechteckigen Raum. Kanzelaltar und Fürstenloge nehmen dabei die Schmalseiten ein. Dem gesamten Kapellenraum verliehen der Italiener Domenico Bartholomäus Luchese und Carlo Ludovico

Castelli mit phantasievollen Stukkaturen und malerischen Dekorationen eine rokokohafte Fülle und doch Leichtigkeit. Das Deckenbild der Verherrlichung der Dreifaltigkeit bildet den gestalterischen Mittelpunkt. Die Kapelle wurde 1967/68 restauriert.

In der spätgotischen Gertrudiskirche im Ortsteil *Graba*, 1775−78 barock ausgestaltet, ein Schnitzaltar von 1510.

Saarmund
Kr. Potsdam, Bez. Potsdam
Nach einer Idee Friedrich Wilhelms IV. erbaute 1846−48 August Stüler die Dorfkirche in Gestalt einer romanischen Basilika, die ursprüngliche Ausstattung ist erhalten.

✳✳ Salzwedel
Kr. Salzwedel, Bez. Magdeburg
Die Stadt besteht aus drei historischen Siedlungskernen, die sich seit dem 12. Jh. um die Burg und die Lorenzkirche, dann um die Marienkirche und schließlich als Neustadt seit 1247 rings um die Katharinenkirche

entwickelten. Von der Bedeutung als Hansestadt künden die mittelalterlichen Großbauten. Der Dreißigjährige Krieg und ein Stadtbrand von 1705 vernichteten ganze Quartiere. Der heutige Bestand an Fachwerkbauten und die mittelalterlichen Kirchen verleihen Salzwedel den Rang eines städtebaulichen Denkmals.

✶ ✶ Die Pfarrkirche der Altstadt St. Marien war im 12. Jh. ein Feldsteinbau mit mächtigem Rundturm, dessen Sockelgeschoß noch im Turm erhalten ist. In der ersten Hälfte des 13. Jh. entstand eine neue Backsteinbasilika, deren Turm achteckig auf dem Feldsteinsockel aufgemauert wurde. 1450–68 kam es dann zum Neubau der spätgotischen großen Halle unter Verwendung von älteren Bauteilen in Chor und Querhaus. Der Turmhelm wurde auf 85 m Höhe ausgebaut und über den Südschiffen die Giebel errichtet. 1485 entstand der Westquerbau unter Einbeziehung des Turmunterbaues. Im Inneren der Kirche sind die Bauphasen ablesbar. Die Restaurierung von 1960 sicherte den Bestand. In den Ostteilen sowie am Turmunterbau haben sich die Wandmalereien aus dem 13. und 14. Jh. erhalten. Auch von der mittelalterlichen Ausstattung verblieben beachtliche Stücke: Der den gesamten Chor beherrschende Schnitzaltar von 1510 ist ein großartiges spätgotisches Kunstwerk mit vollständig erhaltener originaler Fassung, über 6 m hoch und 8 m breit, mit 30 Reliefs und 22 Plastiken. Über dem Schrein erhebt sich das grazile Gesprenge mit einer Strahlenkranzmadonna auf der Mondsichel; über dem Chorbogen die Triumphkreuzgruppe der Mitte des 15. Jh. Im Chor und an den Pfeilern lebensgroße steinerne Heiligenfiguren aus dieser Zeit um 1410. Zur mittelalterlichen Ausstattung gehören neben Chorgestühl und Buchpulten aus dem 14. und 15. Jh. die 1520 von Hans von Köln geschaffene Bronzetaufe aus filigranem Bogenwerk und Renaissancesäulen sowie das vom gleichen Meister entworfene prächtige Gitter von 1522 im Südschiff, beides gießtechnische Meisterwerke. Der spätgotische Flügelaltar von 1474 mit der Darstellung einer Einhornjagd und Reliefs zum Marienleben stammt aus der aufgegebenen Klosterkirche Dambeck. Zeugnisse der Renaissance- und Barockkunst sind die Sandsteinkanzel von 1581 mit dem figurengeschmückten Schalldeckel aus dem 17. Jh., die große Orgel von 1748–52; Emporen, Grabmäler und Bildwerke runden die Ausstattung ab.

✶ Die Mitte des 13. Jh. erbaute Backsteinbasilika der Lorenzkirche erhielt ihre Wölbung erst im 14. Jh. Seit 1692 wurde sie als Salzlager verwendet, bis 1794 sind in der Folge die Seitenschiffe und der Turm abgebrochen worden. 1859 wurde St. Lorenz wieder katholische Pfarrkirche. Der Formenreichtum der Architektur des 13. Jh. blieb am Chor und an den Hochschiffwänden erhalten, die Mauerschichten hatten jedoch durch das Salz Schäden genommen. Eine Restaurierung 1961–64 diente der Entsalzung des Mauerwerkes, dann wurden das nördliche Seitenschiff wiederaufgebaut, die Arkaden geöffnet und das ursprüngliche Fußbodenniveau wiederhergestellt. In der Ausstattung be-

Seitenflügel vom Hauptaltar der Marienkirche

finden sich eine spätmittelalterliche Triumphkreuzgruppe, ein Bronzeleuchter und die Orgel aus der Kirche Salzwedel-Pever.

∗ St. Katharinen ist die Pfarrkirche der Neustadt. Ihr heutiger Bau entstand unter Einbeziehung älterer Teile im wesentlichen in der ersten Hälfte des 15. Jh. Nach 1450 wurden die Gewölbe eingezogen, nachdem das Hallenlanghaus erhöht und basilikal umgestaltet worden war. Die Giebel an den Längsseiten entstanden zu eben dieser Zeit. 1467 erfolgte schließlich im Westen der Kirche der Anbau der Fronleichnamskapelle mit seitlich abgewalmten Dächern sowie Stern- und Kreuzgewölben im Inneren. Ähnlich wie bei St. Marien wurde damit auch hier der Turm in den Baukörper eingerückt. Im 19. Jh. innen purifiziert, zeigt der Raum nur geringe Reste mittelalterlicher Ausmalung. Aus dem 15. und 16. Jh. sind die Farbscheiben in den Chorfenstern erhalten. Die Bronzefünte hat 1421 Ludwig Ghropengheter aus Braunschweig geschaffen, der Schnitzaltar mit der Strahlenkranzmadonna stammt aus dem letzten Viertel des 15. Jh., die Kanzel ist 1592 von Hans Zaruth signiert.

∗ Die Franziskaner- oder Mönchskirche am Rande der Altstadt ist eine mächtige turmlose Backsteinhalle mit hohem Satteldach und Blendengiebel. Sie entstand zwischen 1435 und 1493. Gegenwärtig ist die stadtbildprägende Kirche nicht genutzt. Der Bau wurde durch die Neueindeckung gesichert. Die Gertrudenkapelle, ein einschiffiger Backsteinbau aus der Spätgotik, ist 1965 innen neu ausgemalt und gestaltet worden.

Im Stadtteil *Perver* steht die einschiffige Spitalkapelle St. Georg. Ihr spätgotischer Bau erfuhr im vorigen Jahrhundert Veränderungen. In dem flachgedeckten Raum, dem sich der gewölbte Chor anschließt, sind die spätgotischen Figuren aus der nicht mehr genutzten Heiliggeistkirche aufgestellt worden.

Sandau

Kr. Havelberg, Bez. Magdeburg

Die Pfarrkirche St. Nikolai, eine spät-

romanische Backsteinbasilika von 1200, ist unter dem mittelbaren Eindruck des Neubaues der Klosterkirche im nahen Jerichow entstanden. Das verdeutlichen auch die Kapitellformen. Nach Kriegsschaden brannte 1945 die Kirche völlig aus, und der Turm stürzte zusammen. Seit 1958 erfolgte ihre allmähliche Rekonstruktion, 1977–78 wurde der Altarraum wiederhergestellt.

Sangerhausen

Kr. Sangerhausen, Bez. Halle

Nahe einem Fronhof des 10. Jh. bildete sich im 11./12. Jh. eine Siedlung um den langgestreckten Markt. Er war mit dem Ausbau der wettinischen Grenzfeste nach der Mitte des 13. Jh. westlich vom heutigen Altstadtkern neu angelegt worden. An seiner Westseite entstand die 1271 erstmals genannte Jacobikirche. Schon im Mittelalter ist der Bergbau kennzeichnend für die Geschichte Sangerhausens, er brachte der Stadt seit dem 19. Jh. und bis heute wesentliche bauliche Erweiterungen.

∗ Die spätgotische Pfarrkirche St. Jacobi wurde über älteren Mauern 1472 begonnen. Der Chor mit dem Netzgewölbe war 1502 vollendet, das Langhaus blieb indes ungewölbt. 1714 erhielt der Turm die barocke Bekrönung, nachdem er in der Renaissance bereits seine Achteckform und Haube hatte. Die Ausstattung ist sehenswert, vor allem wegen der Vielzahl prachtvoller Grabdenkmale aus der Renaissance und dem Barock: besonders bemerkenswert das Wandepitaph Tryller im Chor, dem eine Anbetungsgruppe aus der Werkstatt Giovanni Maria Nossenis aus Dresden beigegeben ist. Der große Schnitzaltar mit einer Darstellung der Passion Christi dürfte um 1400 entstanden sein und wurde im 17. Jh. ergänzt. Aus dem späten 16. Jh. stammt die Kanzel. Über der spätgotischen Bronzetaufe wurde um 1700 der reich geschnitzte Deckel am Gewölbe aufgehängt. Das Chorgestühl aus dem frühen 16. Jh. befand sich wie der Altar ursprünglich in der 1552 abgebrochenen Augustiner-Klosterkirche. Bei der Restaurierung der Kirche

1973–78 sind die Decken- und Wandbemalung sowie die Emporendekoration freigelegt und wiederhergestellt worden. Der Prospekt der Orgel, deren Werk 1728 Zacharias Hildebrand schuf, erfuhr gleichzeitig seine Rekonstruktion.

✳ ✳ Ältester Kirchenbau Sangerhausens ist die Ulrichskirche. Sie wurde 1125 begonnen. Nach einer chronikalischen Überlieferung soll der Thüringer Landgraf Ludwig der Springer aufgrund eines Gelöbnisses den Bau gegründet haben. Die kreuzförmige romanische Pfeilbasilika bewahrt das klassische Schema der Ostteile mit Chor und Nebenchören mit Apsiden und dem Querschiff mit Apsiden. Ihr ursprünglich flach gedecktes Schiff wurde Mitte des 13. Jh. gewölbt. Nach 1270 dürfte der gotische Vierungsturm hinzugekommen sein. Zur Sicherung des Baues mußten im 16. Jh. Strebepfeiler angefügt werden. Den Raumeindruck prägt auch heute noch die im vorigen Jahrhundert vorgenommene Reromanisierung und Ausstattung des Inneren. Neben Bildwerken aus dem 16. bis 19. Jh. sind die Reste einer Chorschranke des ausgehenden 12. Jh. und die Bronzetaufe von 1369 beachtenswert.

Die Marienkirche in der mittelalterlichen Vorstadt ist ein einschiffiger Bau mit Turm und höherem Chor aus dem 15. Jh. An diesem steht das Mahnmal für die Opfer des Faschismus.

Sayda
Kr. Brand-Erbisdorf, Bez. Karl-Marx-Stadt
Ältester Bauteil der Stadtkirche St. Marien ist der Chor vom Ende des 14. Jh. mit schönen Netzrippengewölben im Inneren. Das Langhaus wurde nach einem Brand 1502 als Halle mit Netzgewölben über schlanken gekehlten Stützen neu erbaut. Am Südschiff Kapellenvorbau mit pflanzlichem Gewölberippenschmuck, daneben eine Vorhalle in Triangelform, ursprünglich offen, dahinter spätgotisches Portal. Bemerkenswerte Ausstattung des 17. Jh. mit Epitaphien. Hospital und Begräbniskapelle entstanden 1508, Fachwerkgeschoß 1784.

Schalkau
Kr. Hildburghausen, Bez. Suhl
Die Stadtkirche ist ein einschiffiger Bau der Spätgotik, ihr Langhaus wurde 1663 mit flacher Decke erweitert. Der Turm entstand 1706. Die Chorgewölbe wurden 1884 eingebracht. Aus dem Barock bemerkenswerter Kruzifix von 1711.

Schandau, Bad
Kr. Pirna, Bez. Dresden
Die Stadtkirche St. Johannis, ein spätgotischer Bau, erhielt ihre heutige Gestalt durch Umbauten 1645 und 1709. Der kräftige Westturm hat seither seinen hohen achteckigen Aufsatz mit der barocken Bekrönung. Das Innere wurde 1876 verändert, erhalten blieb der von Hans Walther II 1574–79 geschaffene Marmor-Altaraufsatz.

Schaprode
Kr. Rügen, Bez. Rostock
✳ Die Backsteinkirche aus der zweiten Hälfte des 15. Jh. hat einen spätromanischen Chor mit kuppeligem Kreuzgratgewölbe, der auf die erste Hälfte des 13. Jh. zurückgeht. Außen ist er mit dem charakteristischen Kreuzbogenfries verziert. Im Inneren findet man eine spätgotische Triumphkreuzgruppe, wie der barocke Beichtstuhl von Franz Rose aus Stralsund bemalt. Patronatsgestühl und Taufe stammen gleichfalls aus dem zweiten Viertel des 18. Jh. Altar und Kanzel entstanden etwas früher.

Scheibenberg
Kr. Annaberg, Bez. Karl-Marx-Stadt
Die Stadtkirche St. Johann entstand 1559–71 in Renaissanceformen und wurde 1756 barock erneuert. Im Inneren sind ein Schnitzaltar von 1500, die Christoph Walther I zugeschriebene Taufe aus der zweiten Hälfte des 16. Jh. und die Kanzel von 1709 bemerkenswert.

Schirgiswalde
Kr. Bautzen, Bez. Dresden
✳ Die katholische Pfarrkirche Mariä Himmelfahrt wurde 1739–41 erbaut, als Baumeister gilt Zacharias Hoffmann. Die Türme entstanden erst 1866. Die reiche Ausstattung mit großem Hochaltar, zwei Nebenaltären, Kanzel und weiteren Bildwerken ist

zum Teil 1881 und 1933 restauriert worden, stammt aber aus der Erbauungszeit der Kirche.

Schkopau

Kr. Merseburg, Bez. Halle

Die tonnengewölbte Saalkirche mit dem haubengeschmückten Barockturm erbauten 1732–34 Christian und Johann Christian Trothe. Sie schufen auch den Kanzelaltar, Betstand und Epitaphien. Auf der geschwungenen Westempore die ebenfalls barocke Orgel. Im Anbau an der Nordseite wurde über der Sakristei eine Herrschaftsloge eingebaut. Der Schnitzaltar stammt von 1510.

Im Ortsteil Kollenbey birgt die im 18. Jh. durchgebaute Kirche einen Schnitzaltar von 1510, einen Kanzelaltar aus der Zeit um 1700 sowie mehrere Grabbildwerke aus dem 17. und 18. Jh.

Schleid

Kr. Bad Salzungen, Bez. Suhl

✳ Der einschiffige Barockbau der katholischen Pfarrkirche wurde 1743–46 vom fürstäbtlichen Baumeister Andreas Gallasini aus Fulda errichtet. Die barocke Fassade ist der an der Kirche in Dermbach eng verwandt. Das Innere prägen die prächtigen Altäre, Gestühl und Bemalung. Außen schließt am Chor der noch mittelalterliche Turm an.

Schleiz

Kr. Schleiz, Bez. Gera

Die spätgotische Pfarrkirche St. Georg wurde nach einem Brand 1694 erneuert. Kriegsschäden von 1945 sind

Schleiz, Altar in der Bergkirche

217

beseitigt. Den Chorraum überspannt ein Netzgewölbe, darunter steht der barocke Altaraufsatz von 1721.

Die Wolfgangskirche ist 1820 unter Verwendung eines älteren Baues erneuert worden. – Die katholische Pauluskirche entstand als Neubau 1950.

* Außerhalb der Stadt liegt auf einem Hügel die Bergkirche. Bereits in romanischer Zeit stand hier eine Kirche, deren Westportal in den gotischen Neubau des 15. Jh. eingebaut wurde. Am einschiffigen Langhaus schließt der eingezogene Chor mit polygonalem Schluß an, sein Netzgewölbe entstand am Ende des 15. Jh. Im Norden der Turm und im Süden die Annenkapelle mit spätgotischen Zellengewölben bilden den Abschluß der spätmittelalterlichen Bautätigkeit. Seit 1630 erfolgte die Neuausstattung der gesamten Kirche bis 1692, und es entstand die überaus prächtige Dekoration vor der eingezogenen Empore und im Chor. Besonders hervorzuheben sind die Orgel mit den bemalten Klappflügeln, die Verzierung der 1494 entstandenen Kanzel, Fürstenstuhl, Ratsstand, Beamtenstand, Pfarrstand, Altar sowie die Prunkepitaphien. Im Turmkapellenraum befindet sich der noch spätgotische Sarkophag des 1500 gestorbenen Heinrich des Mittleren. Die 1899 erfolgte Ausmalung knüpft an barocke Tradition an. Gegenwärtig sind umfassende Restaurierungsarbeiten an der gesamten Kirche im Gange.

Schleusingen
Kr. Suhl, Bez. Suhl

Direkt neben dem Schloß Bertholdsburg liegt die Stadtkirche. Sie ist ein im Kern spätgotischer Bau vom Ende des 15. Jh. Die beiden Turmobergeschosse erhielten 1608 ihre jetzige Gestalt. Die ebenfalls noch spätgotische Ägidienkapelle diente seit 1566 als Begräbnisstätte der Grafen von Henneberg. 1723 wurde der barocke Emporensaal an Stelle des älteren Langhauses neu errichtet. Neben spätgotischen Bildwerken im Kircheninneren ist der Altaraufsatz aus der Zeit um 1630 beachtenswert.

Schlotheim
Kr. Mühlhausen, Bez. Erfurt

Die romanische Pfarrkirche wurde nach einem Brand 1547 in einfachen Formen wiederhergestellt. Im Inneren ist der spätgotische Altaraufsatz mit Schnitzfiguren und Reliefs beachtenswert, um 1670 in der jetzigen Form zusammengestellt. Aus dem 17. Jh. stammen die Herrschaftslogen.

**Schmalkalden
Kr. Schmalkalden, Bez. Suhl

Bereits 874 wird Schmalkalden als fränkische Siedlung verzeichnet. Die Marktsiedlung des hohen Mittelalters entstand aber erst im späteren 12. Jh. 1335 wurden ihr die Rechte einer Reichsstadt verliehen. Durch den Eisenerzbau erlangte Schmalkalden im 14./15. Jh. eine erste wirtschaftliche Blüte. Zwischen 1360 und 1583 übten die Grafen von Henneberg und die hessischen Landgrafen gemeinsam die Oberhoheit über die gewinnbringende Stadt und Bergbaugegend aus. Nach der Teilnahme am Bauernkrieg 1525 war die Stadt Gründungsort des „Schmalkaldischen Bundes", in dem sich 1531 die protestantischen Reichsstände gegen die Politik Kaiser Karls V. zusammenfanden. Seit dem 18. Jh. ist Schmalkalden fester Sitz des eisenverarbeitenden Gewerbes und heute von moderner Industrie umgeben.

** Die Stadtkirche St. Georg ist eng mit den historischen Ereignissen verbunden, wenngleich diese keine unmittelbaren Zeugnisse im Bau hinterließen. Der Chor der 1437 begonnenen Halle wurde 1500 geweiht, diese war 1509 vollendet, von reichen Ziergewölben geschmückt. Die Südseiten von Langhaus und Chor sind durch ihre architektonische Dekoration als Schaufront ausgewiesen. Die Westtürme schließlich wurden zwischen 1447 und 1570 erbaut. Nach Kriegsschäden, die 1952 beseitigt waren, ist das Kircheninnere zwischen 1957 und 1964 denkmalpflegerisch erneuert worden, ebenso kam eine neue Orgel in das Langhaus. Die modernen Glasmalereien schuf Carl Crodel. Von historischen Sakralbauten haben sich in Schmalkalden noch die bis

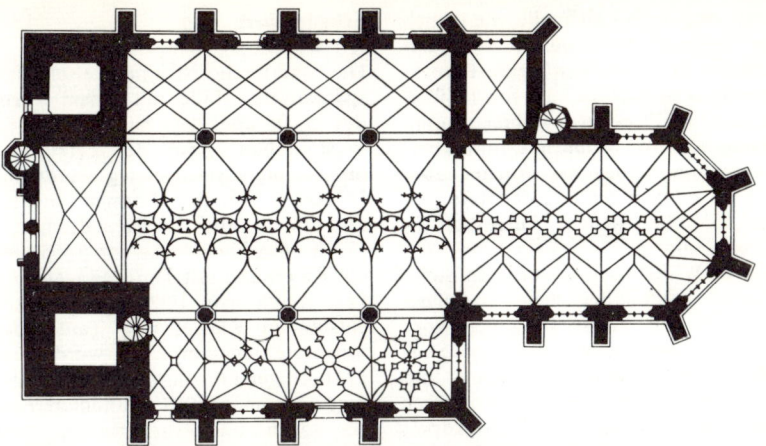

Grundriß der spätgotischen Stadtkirche St. Georg

Kapelle im Schloß Wilhelmsburg

1339 erbaute Spitalkapelle, die jedoch im vorigen Jahrhundert verändert worden ist, sowie der kleine Barockbau der Friedhofskapelle von 1760 erhalten. Ihr tonnengewölbter Emporenraum wurde restauriert. Im Lutherhaus, unmittelbar am Anstieg zum Schloß gelegen, wohnte der Reformator 1537 bei seinem Aufenthalt in Schmalkalden.

Schloß Wilhelmsburg wurde an Stelle einer mittelalterlichen Anlage 1585–90 neu erbaut. In seinem vom Glockenturm hervorgehobenen Südwestflügel befindet sich die **✳✳Schloßkapelle.** Sie gehört in ihrer Raumgestalt neben den Schloßkapellen von Torgau, Stuttgart und Augustusburg zu den bedeutendsten protestantischen Schöpfungen im deutschen Kirchenbau der Renaissancezeit. An drei Seiten umziehen dreigeschossige Arkaden mit Emporen den rechteckigen Saal. An der Westwand wurden zum ersten Mal in einer protestantischen Kirche Altar mit Taufe, Kanzel und Orgel übereinander angeordnet. Decke und Innenarchitektur überzieht eine feingliedrige Dekoration aus stuckiertem Rollwerk sowie vegetabilischen und figürlichen Elementen. Als ihr Schöpfer gilt der im Dienst des Kasseler Hofes tätige Niederländer Wilhelm Vernukken. Während der systematischen Restaurierung des Schlosses wurde die Kapelle 1966/67 in ihrer dekorativen Ausstattung des 16. Jh. erneuert, dabei ist auch das Werk der ältesten in Thüringen erhaltenen Orgel restauriert worden.

Schmiedeberg
Kr. Dippoldiswalde, Bez. Dresden
✳ Die Dreifaltigkeitskirche erbaute 1713–16 George Bähr über dem Grundriß eines Kreuzes. Auf den sich kreuzenden und abgewalmten Dächern sitzt als Bekrönung das Glockentürmchen. Das Innere der Kirche wurde in den sechziger Jahren restauriert. Im Achteck der dreigeschossigen Emporen sind Kanzelaltar und Orgel übereinander angeordnet. Die reiche Sandstein-Taufe schuf der Dresdner Hofbildhauer Benjamin Thomae.

Schmiedeberg, Bad
Kr. Wittenberg, Bez. Halle
Die Stadtkirche ist eine dreischiffige spätgotische Halle mit einem Turm des 19. Jh. über dem mittelalterlichen Westquerbau. Nach der Zerstörung im Dreißigjährigen Krieg wurde ihr Inneres in barocken Formen erneuert und erhielt dabei die Ausstattung des 17. Jh.: die Flachdecke von 1666 und die Altarwand mit Durchgängen und Pfarrgestühl von 1680. Etwas früher entstanden Kanzel und Taufe, die Ratsherrenloge im Chor wurde erst 1731 eingebaut. In der Südvorhalle entdeckte man 1904 Wandmalereien des 15. Jh. und erneuerte sie. 1967 sind wiederum Restaurierungen vorgenommen worden.

Schneeberg
Kr. Aue, Bez. Karl-Marx-Stadt
✳✳ Entstehung und Blüte Schneebergs hängen mit den Silbererzfunden im 15. Jh. zusammen. 1471 wurde die Stadt gegründet und erhielt 1481 das Berg- und Stadtrecht verliehen. Seit 1515 errichtete Hans von Torgau den Bau der spätgotischen St. Wolfgangskirche. Er dürfte wohl auch die Wölbung begonnen haben. Den Weiterbau nahm Fabian Lobwasser bis 1540 vor, Wolff Riediger schuf bis 1537 die Emporen in dem lichten und weiten Hallenraum. Der Turm entstand 1676 nach einem Riß Johann Heinrich Böhmens d. Ä., 1753 krönte ihn August Siegert mit dem Barockhelm.

Altstadt mit Wolfgangskirche

Der Bau aus der Reihe der obersächsischen spätgotischen Hallen brannte 1945 völlig aus. Seit 1952 ist der schrittweise Wiederaufbau im Gange. Seit den siebziger Jahren wieder in Nutzung, erhielt die Kirche 1980 das erste Gewölbejoch neu eingezogen. Der gerettete Flügelaltar aus der Werkstatt Lucas Cranachs d. Ä. von 1539 ist inzwischen restauriert.

Schönau vor dem Walde
Kr. Gotha, Bez. Erfurt

∗ Die spätgotische Saalkirche erfuhr am Ende des 17. Jh. umfangreiche Erneuerungen. Danach entstand die doppelt umlaufende Empore samt der Bemalung mit Szenen aus dem Alten Testament, 1747 von Gottfried Wunderlich geschaffen. Er malte auch die szenischen Darstellungen der Heilsgeschichte an der Voutendecke. Gleichfalls aus dem 18. Jh. stammt die Kanzel über dem Altar. 1961 ist die Kirche restauriert worden.

Schönebeck
Kr. Schönebeck, Bez. Magdeburg

∗ In dem 1932 mit Schönebeck vereinigten *Bad Salzelmen* steht die spätgotische Johanniskirche, künstlerisch bedeutendstes Sakralgebäude der heutigen Stadt. Zwischen 1430 und 1519 wurde die Kirche errichtet, 1537 sind die Netz- und Sterngewölbe eingezogen worden. Die zierreiche Backsteinvorhalle entstand 1487, der Westbau erhielt seine Turmabschlüsse in der Mitte des 16. Jh. Die Ausstattung entstammt im wesentlichen dem 17. Jh. Besonders reiche barocke Dekorationen finden sich an den zweigeschossigen, teilweise noch original verglasten Emporen der Salzpfännerschaft und an den Langhausemporen. Den mächtigen Altaraufbau und die Schranke schuf 1682 Tobias Wilhelmi aus Magdeburg.

Die Jacobikirche in *Schönebeck*, ein frühgotischer Basilikabau, wurde im 18. und 19. Jh. gründlich erneuert. Barock sind auch die ehem. Dorfkirchen *Elbenau* und *Felgeleben* sowie die Laurentiuskirche mit der Doppelturmfassade und der Ausgestaltung im neoromanischen Stil 1861.

Schönhausen
Kr. Havelberg, Bez. Magdeburg

Die Dorfkirche ist eine dreischiffige romanische Backsteinbasilika mit Breitturm. 1212 geweiht, zeigt sie Einflüsse der im nahen Jerichow entstehenden Kirchenarchitektur. Nach dem Dreißigjährigen Krieg erfolgte ein neuer Innenausbau, von dem der barocke Altar, die Kanzel und die Herrschaftsempore stammen. Das lebensgroße hölzerne ∗∗ Kruzifix ist ein bedeutendes spätromanisches Bildwerk und entstand 1212.

Schulpforte (Ortsteil von Bad Kösen)
Kr. Naumburg, Bez. Halle

∗∗ Kurz nach der Verlegung des 1128 gegründeten Zisterzienser-Klosters an den heutigen Ort begann 1137 der Bau von Kirche und Kloster. Die romanische Basilika in Kreuzform hatte an den Querschiffsarmen je zwei gestaffelte Nebenapsiden, im Langhaus wechselten Pfeiler und Säulen. Um 1200 wurde jene Kirche umgebaut: An die Stelle der Nebenapsiden traten der Ordensregel entsprechend Kapellen. 1251 entstand ein völlig

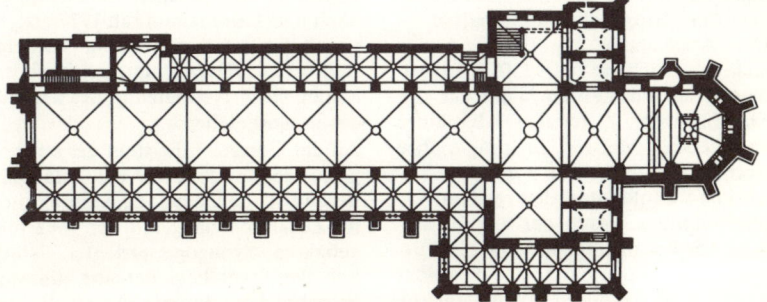

Schulpforte, Grundriß der romanischen und frühgotischen Klosterkirche

neuer Chor, der nun dem Bauideal der französischen Gotik folgte und wohl von einem dort geschulten Meister errichtet wurde. Über den romanischen Seitenkapellen sind zum Chor hin offene Oberkapellen eingebaut. Nach Fertigstellung des Chores begann 1268 der gotische Langhausumbau. Zu erkennen sind noch die romanischen Obergadenfenster, die unterschiedliche Kämpferhöhe entstand mit Auswechslung der Säulen gegen neue Pfeiler. Um 1300 erhielt die nach Westen um zwei Joche verlängerte Kirche die steile Fassade vor dem Mittelschiff. Sie zeigt eine eigenartige Dreiteilung in das große Gewändeportal, das Fenster und schließlich über der Brüstung den Giebel mit der figurenbesetzten Nische. Etwa gleichzeitig mit dem Naumburger Dom errichtet, verdeutlichen sich in Schulpforta stilistische Ähnlichkeiten auch in den Bildwerken mit dem Dombau. Der Hochaltar aus der zweiten Hälfte des 13. Jh. ist ein Steinblock mit Blendarkaden. Die Kelchblockkapitelle und Blattknospen bilden die dekorativ-plastischen Elemente. Das bemalte große eichene Triumphkreuz gehörte wohl wie der Altar bereits zur Ausstattung des Baues des 13. Jh. Den Dreikönigsaltar mit geschnitztem Schrein und gemalten Flügeln signierte Hans Tropher 1510. Aus der Zahl der vorhandenen Bildwerke und Ausstattungsstücke seien zwei weitere hervorgehoben: Die Grabtumba des Markgrafen Georg von Meißen entstand kurz nach 1400 und wurde nach Beschädigung 1705 sichtbar unvollständig ergänzt. Aus dem Jahr 1436 blieben drei Bronzeglocken erhalten. – Die Abtskapelle im Ostflügel der Klausur errichtete um 1230 in spätromanischen Formen ein wohl aus der Maulbronner Zisterzienser-Bauhütte kommender Meister. Er prägte ihre Architektur durch die typischen gewirtelten Säulen und den reichen Kapitellschmuck. Nach der Säkularisierung 1544 wurde im Kloster die Fürstenschule eingerichtet. Die Klausurbauten und das barocke Fürstenhaus sind heute in die Nutzung durch die Oberschule und andere Einrichtungen eingezogen und nicht allgemein zugänglich.

Schwarzenberg
Kr. Schwarzenberg, Bez. Karl-Marx-Stadt

∗ Neben dem Schloß erbaute nach dem Brand der alten Stadtkirche Johann Georg Roth 1690–99 die neue barocke Saalkirche mit Turm. Die den gesamten Innenraum umziehende Empore teilt diesen gleichsam in zwei Zonen. Beide faßt aber die pompöse Dekoration aller Einbauten und Ausstattungsteile wieder zusammen. Die Holzdecke mit reichem Schnitzdekor, der große Altaraufsatz, das schmiedeeiserne Gitter im Chor, Ständechöre und Betstuben gehören zur Erstausstattung des Neubaues. Um 1729/35 kamen dann die auf Johann Georg Krafft aus Leipzig zurückgehenden Ergänzungen der Engelfiguren an der Decke, der barocken Kanzel und die Altarbekrönung mit dem Auferstandenenbild hinzu. Die Kirche wurde 1968 restauriert.

Schwedt
Stadtkr. Schwedt, Bez. Frankfurt

In der kriegszerstörten, seit 1952 neu gestalteten Stadt wurde die spätmittelalterliche Katharinenkirche vereinfacht wiederhergestellt. Dabei sind der Turm und die Umbauten des 19. Jh. einbezogen worden. – Die katholische Kirche errichtete Max Hasak als kreuzförmigen Backsteinbau 1895–98 in historisierenden Formen.

Aus der barocken Stadt blieb die kleine französisch-reformierte Kirche erhalten. Über ovalem Grundriß wurde sie mit geschweiftem Kuppeldach und Laternenaufbau 1777 errichtet, Baumeister war Georg Wilhelm Berlischky. Die Ausstattung blieb erhalten. Eine Neunutzung des Gebäudes ist vorgesehen.

An der Gartenstraße steht der kuppelgewölbte Rundbau für das Ritualbad der jüdischen Gemeinde, ursprünglich im Zusammenhang mit der 1862 hier gebauten Synagoge errichtet. Nördlich der Stadt liegt der alte jüdische Friedhof vom Anfang des 19. Jh. mit klassizistischen Grabsteinen.

Schwenda

Kr. Sangerhausen, Bez. Halle

Die barocke Dorfkirche erbaute Johann Friedrich Penther 1736/37 als achteckigen Zentralbau nach dem Vorbild der Dresdner Frauenkirche. Die achteckige Kuppel geht in einen Turm mit offener Laterne über. Den von Doppelemporen umzogenen Raum malte 1938 Karl Völker aus. 1978 wurde der Bau restauriert.

Schwerin

Bez. Schwerin

1160 eroberte Heinrich der Löwe die Burg der Obotritenfürsten und gründete die Grafschaft Schwerin. 1167 folgte die Einrichtung des Bistums und vier Jahre später begann der Bau einer ersten Domkirche. Seit 1284 gehörten die nördliche Altstadt und das Gebiet der heutigen Schelfstadt dem Domkapitel. 1358 wurde Schwerin Residenz der mecklenburgischen Herzöge. Zum Umbau der mittelalterlichen Burg in ein Renaissanceschloß kam es im 15./16. Jh. Erweiterungen von Markt und Stadt nach dem Dreißigjährigen Krieg und seit Beginn des 18. Jh. die planmäßige Neubebauung der Schelfstadt vergrößerten die mittelalterliche Herzöge- und Bischöfe-Residenz. Mit der Rückkehr des Mitte 18. Jh. nach Ludwigslust ab-

Marktplatz und Dom

gewanderten Hofes begannen in Schwerin 1838 die Neuanlage der Paulsstadt und der Paulskirche sowie 1843 der Neubau des Schlosses. Der 1862 entworfene Generalbebauungsplan Georg Adolph Demmlers für Schwerin gelangte nur in einzelnen Teilen zur Ausführung. Seit 1955 wird die Bezirksstadt planmäßig erweitert und neugestaltet. Ihr historischer Kern um Dom und Schelfkirche, Schloß und Schloßgarten bildet ein städtebauliches Denkmal von hohem Rang. Ebenso stellt das Ensemble um

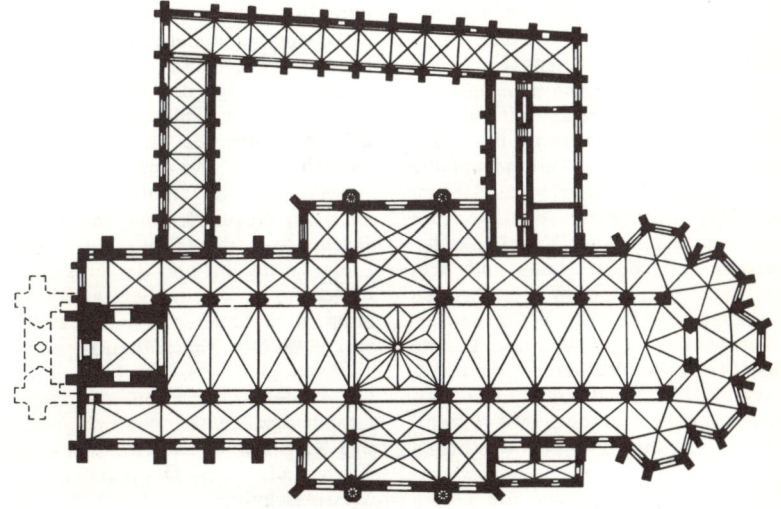

Schwerin, Grundriß der gotischen Domkirche

Paulskirche

die neogotische Paulskirche ein Zeugnis städtebaulicher Leistung des 19. Jh. dar.

✳✳ Auf der höchsten Erhebung der Altstadt steht der Dom. Sein Gründungsbau von 1171 dürfte eine einfache Holzkirche gewesen sein, denn schon 1248 wurde eine neue romanische Backsteinkirche geweiht. Von jener großen Pfeilerbasilika blieb nur das Südportal in der Turmnebenhalle des heutigen Doms erhalten. Der ist seit 1270 schrittweise von Osten her mit dem Chor und Kapellenkranz, dem mächtigen Querhaus und dem aus nur drei Jochen bestehenden Langhaus als Basilika völlig neu erbaut worden. Die Wölbung konnte erst 1416 vollendet werden, denn Anfang des 15. Jh. hatte man Quer- und Langhaus noch erhöht. 1888−92 entstand schließlich über dem westlichen Turmunterbau der mächtige neogotische Turm nach Plänen von Georg Daniel. Zugleich erfolgte 1887 die durchgreifende Erneuerung des Inneren der Kirche unter der Leitung von Hofbaumeister Theodor Krüger. Gegenwärtig wird diese Farbigkeit zugunsten der denkmalpflegerisch nachgewiesenen mittelalterlichen Raumfassung und deren Rekonstruktion aufgegeben. In der Marienkapelle konnte bereits 1960 die Ausmalung aus der Mitte des 14. Jh. freigelegt werden. Von der mittelalterlichen Ausstattung des Domes verblieben nach der Neueinrichtung im vorigen Jahrhundert die Bronzetaufe vom Ende des 14. Jh. und der Flügelaltar mit einem Sandsteinrelief der Kreuzigung und anderen Passionsszenen von 1440. Der Altaraufbau ist möglicherweise 1495 als Hauptaltar gestiftet worden. Unter den zahlreichen Grabdenkmalen befinden sich großartige Kunstwerke: Die Grabplatte von Bülow mit dem Doppelbildnis in Messingschnitt entstand 1380; aus der Vischer-Werkstatt in Nürnberg kam

1527 die Grabtafel der Herzogin Helena; das Freigrab für Herzog Christoph und seine Gemahlin Elisabeth von Schweden schuf etwa 1597 Robert Coppens aus Antwerpen. – An der Nordseite des Domes liegt der Kreuzgang, er ist nach 1400 vollendet worden.

** Die Schelfkirche bildet den Mittelpunkt der barocken Schelfvorstadt. An Stelle einer mittelalterlichen Kirche wurde sie 1708–11 als Zentralbau mit hohem Westturm von Jacob Reutz entworfen und durch Leonhard Christoph Sturm vollendet. Der unverputzte Backsteinbau ist die bedeutendste Barockkirche Mecklenburgs; allerdings wurde die Barockausstattung 1858 entfernt. 1965 ist die Architektur restauriert worden.

1792 baute Johann Joachim Busch die schlichte katholische Pfarrkirche St. Anna an der Schloßstraße. In ihrem Saalraum ist die Ausstattung aus der Erbauungszeit erhalten, die im Zopfstil dekoriert wurde.

* Als Dominante der Paulsstadt errichtete der Hofbaumeister Krüger 1862–69 die Paulskirche in Gestalt einer backsteingotischen Idealkathedrale. Die einheitliche und qualitätsvolle, ebenfalls klassisch-neogotische Ausmalung wurde 1978 restauriert.

** Im Nordflügel des Schweriner Schlosses, der als Bestandteil des Renaissancebaues zwischen 1560 und 1563 entstand, liegt die Schloßkirche. Johann Baptista Parr, ein Bruder des Güstrower Schloßbaumeisters, errichtete sie nach den Vorbildern sächsischer protestantischer Schloßkirchen, insbesondere der in Torgau. Die Mischung von gotischen und Renaissanceformen gibt dem Raum sein besonderes Gepräge. Aus Torgau kamen die Bildhauer Georg und Simon Schröter, sie schufen 1562 Altar und Kanzel und verwandten dazu auch Arbeiten niederländischer Meister. Die Ziersteine der Gewölberippen entstanden in der Werkstatt des Statius von Düren. Bei der Neugestaltung des Schlosses seit 1843 unter der Leitung von Georg Adolph Demmler, Hermann Willebrand, Friedrich August

Stüler sowie der Beratung durch Gottfried Semper ist der neogotische Choranbau nach dem Entwurf des Kölner Dombaumeisters Ernst Friedrich Zwirner geschaffen worden. Das Innere malte Carl Gottfried Pfannschmidt aus.

Sebnitz
Kr. Sebnitz, Bez. Dresden
Die Stadtkirche stammt aus zwei Jahrhunderten: Der Chor des 15. Jh. wurde 1928 erneuert. Das flachgedeckte Schiff des frühen 17. Jh. überspannt, vom schlanken Mittelbalken gestützt, eine bemalte Kassettendecke. Sie wurde von Hans Panitz geschaffen. 1689 baute Gottfried Burchardy aus Dresden die gleichfalls mit einer reichen Bilderfolge geschmückte Doppelempore ein. Kanzel und Altar entstanden 1586, letzterer ist von Martin Kotte bemalt worden.

Seehausen
Kr. Osterburg, Bez. Magdeburg
* Der spätromanische Bau der Pfarrkirche St. Peter und Paul wurde um die Mitte des 15. Jh. durch eine spätgotische Halle ersetzt. Die Untergeschosse des älteren Westbaues blieben dabei stehen, ihr 1220 geschaffenes Stufenportal befindet sich jetzt innerhalb der Vorhalle. Die Türme sind gotisch aufgestockt worden und erhielten schließlich 1676 ihre Schweifhauben. In dem 1869 erneuerten Kirchenraum haben sich einige beachtenswerte Ausstattungsstücke erhalten, darunter der Flügelaltar vom Anfang des 16. Jh. und die schöne Kanzel von 1710. 1956 wurde der Innenraum restauriert, 1973–74 der gesamte Dachaufbau erneuert.

Seelow
Kr. Seelow, Bez. Frankfurt
Die 1945 schwer beschädigte Stadtkirche war 1830–32 nach Ideen Karl Friedrich Schinkels erbaut worden. Ihr Wiederaufbau 1956 erfolgte im Äußeren unter Verzicht auf den Turm, im Inneren ohne die ursprünglichen Emporen.

Seifersdorf
Kr. Dresden, Bez. Dresden
Die Dorfkirche ist ein einheitlicher Renaissancebau von 1605, an dessen

Netzgewölbe die Rippen nachträglich angeputzt wurden. Über dem südlich angebauten Turm erhebt sich auf dem Achteckgeschoß die laternengeschmückte Haube. Das reiche Altarwerk wurde 1604/05 als Epitaph geschaffen. Kanzel und Grabdenkmale stammen ebenfalls aus dem frühen 17. Jh.

Seiffen
Kr. Marienberg, Bez. Karl-Marx-Stadt
Der kleine Achteckbau der Dorfkirche mit hohem Zeltdach und Glockentürmchen entstand 1799. Zu den umlaufenden Doppelemporen im Inneren führen Treppen, für deren Unterbringung außen an allen vier Seiten Anbauten errichtet wurden. Taufe und Kanzelaltar stammen aus der Erbauungszeit. Beachtenswert ist der Hängeleuchter aus der Seiffener Glashütte Heidelbach.

Semlow
Kr. Ribnitz-Damgarten, Bez. Rostock
In der Dorfkirche aus dem 13. Jh. befindet sich eine bemerkenswert reiche Ausstattung. Auf das 17. Jh. gehen die Kanzel mit Bildrelief und die hölzerne Taufe zurück, letztere mit Bemalungen vom Anfang des 19. Jh. Claus Midow schuf zwei Sandsteinwandgräber mit prächtiger Figurendekoration für die Familie von Behr am Anfang des 17. Jh. Zwischen den Flügeln der gleichfalls reich dekorierten und bemalten Empore aus dem frühen 17. Jh. steht der figurengeschmückte zweigeschossige Altaraufsatz von Elias Keßler aus Stralsund. Das Barocklesepult mit der Engelsfigur als Träger entstand Anfang des 18. Jh. 1861 schließlich malte Karl Julius Milde den Kirchenraum mit biblischen Szenen und Ornamenten aus.

Sömmerda
Kr. Sömmerda, Bez. Erfurt
Die einschiffige spätgotische Pfarrkirche St. Bonifatius, mit dem Turm 1462 begonnen und 1570 eingewölbt, birgt im Inneren einen schönen spätgotischen Flügelaltar. Gegen 1500 dürfte das Bildwerk in einer Erfurter Werkstatt gearbeitet worden sein: Im Schrein eine Marienkrönung, beglei-

tet von Heiligenfiguren, die auch in den Flügeln in zwei Reihen angeordnet sind. Malereien füllen die Flügelrückseiten.

Sondershausen
Kr. Sondershausen, Bez. Erfurt
Die Pfarrkirche St. Trinitatis wurde in der ersten Hälfte des 14. Jh. erbaut. Im 17. Jh. erfolgte dann ein frühbarocker Umbau, von dem die Turmbekrönung und die Ausstattung des Kirchenraumes zeugen. 1608 bis 1620 und ab 1691 entstanden dabei die einzelnen Ausstattungsteile. Eine weitere Erneuerung brachte das 19. Jh., bei der auch die fürstliche Grabkapelle angebaut worden ist.
Die 1392 errichtete Klosterkirche St. Crucis dient heute profanen Zwecken. – Die Dorfkirche im Ortsteil *Jechaburg* wurde in barocken Bauformen 1736 vollendet.

Sonneberg
Kr. Sonneberg, Bez. Suhl
* Die Stadtkirche entstand nach einem Brand 1843–45 völlig neu. Carl Alexander von Heideloff richtete sich mit dem neogotischen Bau nach dem Vorbild der Nürnberger Lorenzkirche, die Doppelturmfront erscheint als wichtiger Bestandteil im Stadtbild. Das Innere ist sorgfältig gestaltet, wobei sich gotisches Raumempfinden mit dem Gedanken des Emporenraumes verbindet. Die romantische Haltung kommt auch in den Glasfenstern nach Entwürfen Moritz von Schwinds zum Ausdruck. 1968 wurde die Farbigkeit des Inneren restauriert.

Stadtilm
Kr. Arnstadt, Bez. Erfurt
* Die Stadtkirche ist ein in ihrem Schmuckreichtum bemerkenswertes Bauwerk frühgotischer Prägung. Um die Mitte des 13. Jh. von Baumeistern der Maulbronner Hütte begonnen, wurde die Kirche 1335 geweiht. Um diese Zeit waren die gotischen Bau- und Dekorationsformen schon weit verbreitet, wie die Türme und die Portalvorhallen zu erkennen geben. Die Plastiken in den Strebepfeilern sind wohl in Anlehnung an den Bildschmuck des Erfurter Domtriangels entstanden und im Stil den dortigen

Figuren vergleichbar. Der Giebel über der Südvorhalle wurde im vorigen Jahrhundert erneuert. Von der Ausstattung verdienen vor allem die im letzten Viertel des 18. Jh. eingebauten Chorschranken, die Rokokokanzel und der Orgelprospekt Beachtung.

Stadtroda

Kr. Stadtroda, Bez. Gera

Ältester Kirchenbau in Stadtroda ist die Heiligkreuzkirche mit dem spätromanischen Turmchor aus der zweiten Hälfte des 12. Jh. Der Turmaufbau entstand 1826 neu. Im Inneren brachte man in den späteren mittelalterlichen Jahrhunderten die Gewölbe ein. Das barocke Langhaus kam 1681 hinzu, ist aber danach mehrfach umgestaltet worden. Aus der Zeit der Spätgotik sind einige beachtenswerte Bildwerke vorhanden.

Die Zisterzienser-Nonnenkirche ist seit 1530 Ruine. Nach der Gründung 1250 entstand sie zusammen mit der Klosteranlage. Von den Bauformen und Dekorationen haben sich neben Resten der Nonnenempore Pfeilergliederungen und ein Bildrelief erhalten.

Die Pfarrkirche St. Salvator ist ein Zentralbau aus dem letzten Viertel des 16. Jh. und in Formen der Renaissance gestaltet worden. Nach einem Brand erfuhr der Bau 1650 und dann 1738 Erneuerungen, bei denen neben den Emporen und dem Turmaufbau auch die Ausstattung teilweise neu geschaffen wurde. Beachtenswert ist die von einer Mosesfigur getragene Kanzel aus dem 17. Jh., die wie das Kircheninnere 1968 restauriert wurde.

Steffenshagen

Kr. Bad Doberan, Bez. Rostock

Die dreischiffige gotische Backsteinhalle der Dorfkirche wurde am Ende des 13. Jh. begonnen und in der ersten Hälfte des 14. Jh. vollendet. Bemerkenswert ist die schmuckreiche Gestaltung der Außenwände durch Formziegel: Drei Lagen von Backsteinen wechseln mit einer Lage von Ziegeln, die in flachem Relief Tierstilisierungen tragen, Greifen, Löwen, Tiger und Leoparden darstellend. Der Chorgiebel ist mit kreisförmigen Blen-

den dekoriert. Besonders reich zeigt sich die Ziegeldekoration an dem Gewände des Priesterportals. Auch im Inneren finden sich die Löwenziegel verwendet. Von der Ausstattung ist der Schnitzaltar mit einer Mondsichelmadonna und kleinen Stifterbildnissen beachtenswert, entstanden in der zweiten Hälfte des 15. Jh. Ein Jahrhundert älter ist die gotische Triumphkreuzgruppe, die Granittaufe entstand noch in romanischer Zeit.

Stendal

Kr. Stendal, Bez. Magdeburg

1188 wurde im Süden einer älteren Marktsiedlung die Domkirche gegründet. Beide Siedlungskerne und ein dritter, nördlich davon um die Jacobikirche entstanden, wuchsen bis zur Mitte des 13. Jh. allmählich zusammen. Um 1300 erhielt die Stadt unter Einbeziehung der Siedlung rings um die Petrikirche ihre Befestigungsmauern. Seit 1359 Mitglied der Hanse, erlangte Stendal bis zum Dreißigjährigen Krieg als Handelsplatz zwischen Binnenland und Ostsee Bedeutung. Vom 17. bis zum 19. Jh. ohne Rang, kam die Stadt mit der Industrialisierung und dem Eisenbahnbau zu neuer Bedeutung.

** Der spätgotische Backsteinbau des Domes entstand seit 1423 unter Einbeziehung eines Teils des Gründungsbaues aus dem 12. Jh.: Dessen im zweiten Viertel des 13. Jh. vollendetes Westwerk bildet den Unterteil der Türme; ihr drittes und viertes Geschoß entstand um 1260. Mit dem Chor begonnen, war der spätgotische Bau 1467 fertiggestellt. In ihm durchdringen sich die Vorstellungen der klassischen Kathedrale, deutlich im schlank ansteigenden Chor, mit der lichten Weite der spätgotischen Hallenkirche, wie sie das Langhaus mit seinen von Diensten begleiteten Pfeilern darbietet. Die Wände sind fast ganz in Fensterflächen aufgelöst. Hier blieb ein großartiger Zyklus spätgotischer Glasmalerei zum Leben Christi und zu Heiligenlegenden erhalten. Im Kriege geborgen, erlitten die Scheiben keine Schäden. Das 1944/45 zerstörte Querhaus wurde wiederaufgebaut, der

Dom

Westflügel des Kreuzganges ist indes vernichtet. Im Inneren trennt Chor und Langhaus der spätgotische Backsteinlettner; 13 Figuren des älteren Lettners von 1240–50 befinden sich im Chor, Reliefs wurden in die spätgotische Lettnerarchitektur eingebaut. Von der weiteren spätgotischen Ausstattung verdient das Chorgestühl von 1430 Beachtung. Es ist reich geschnitzt und zum Teil mit Freiplastiken geschmückt. Der Schnitzaltar wurde nach 1945 aus Teilen von drei Altären der ersten Hälfte des 15. Jh. zusammengestellt. Erneuert ist auch die Orgelempore, der reiche Orgelprospekt wurde bereits 1912 vorbildgerecht rekonstruiert. – In der Klausur südlich vom Dom haben sich in den Ostteilen die Bauten des 13. Jh. erhalten, der Kapitelsaal entstand 1463. ✳✳ Die Marienkirche ist die altstädtische Pfarrkirche und wurde 1151 gegründet. Zwischen 1435 und 1447 entstand ihre spätgotische dreischiffige

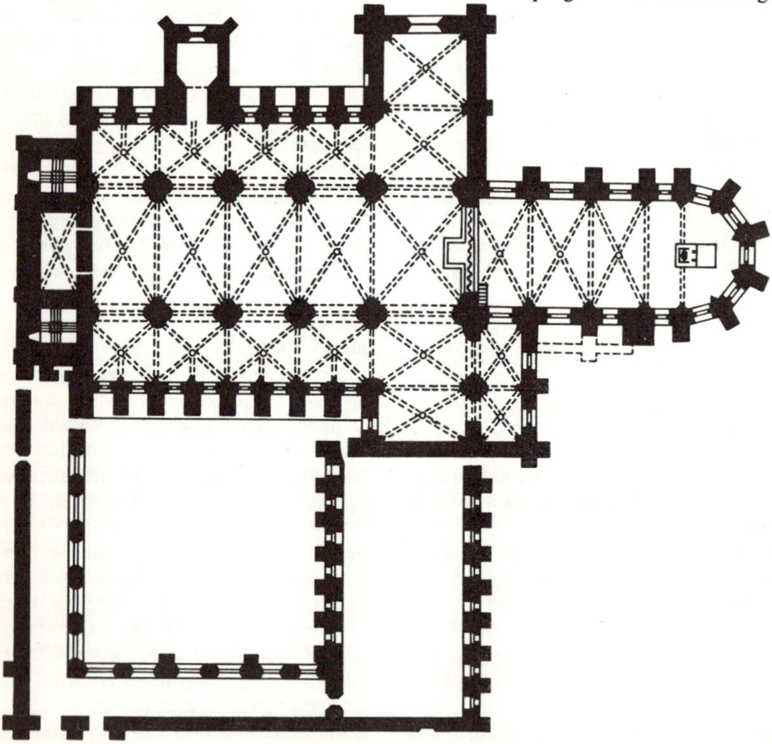

Grundriß des gotischen Domes

Markt mit Marienkirche

Halle mit Chorumgang neu. Von dem älteren Bau wurden die um 1400 hinzugefügten Türme in den Neubau einbezogen, und erhielten dann 1519 die hohen Helme. Vor allem für das Innere wirkte der Dombau vorbildhaft; auch hier zeigen sich die Rundpfeiler und die Chorschranke als ortstypische Ausprägungen. Die Schranken sind jedoch in reich geschnitzter Holzkonstruktion ausgeführt, dabei wurden in der zweiten Hälfte des 16. Jh. ältere und neuere Teile zusammengestellt: Die Figuren in den Kielbogennischen stammen aus dem 13. Jh., das Triumphkreuz von 1380–90 und die Assistenzfiguren aus dem ersten Viertel des 14. Jh. Beachtenswert ist der geschnitzte Schreinaltar mit reich figurierten, farblich und in Gold gefaßten Reliefdarstellungen des Marien- und Christuslebens. Ein interessantes technisches Kunstwerk ist die bemalte astronomische Uhr, am Ende des 16. Jh. entstanden. Die von Andreas Blome bemalte Kanzel wurde 1571 signiert. Das Gestühl stammt aus dem 15. und 16. Jh. Ursprünglich befand sich das Orgelpositiv von 1580 an der Südwand, wo die Ummalung erhalten blieb. Mit dem Hauptwerk aus dem frühen 17. Jh. ist es 1940 zur heutigen Form neu geordnet und ergänzt worden. Die farbige Fassung der Halle und die Orgelummalung an der Süd-

wand wurden 1966–71 freigelegt und restauriert, viele Ausstattungsstücke erfuhren gleichzeitig eine denkmalpflegerische Sicherung.

∗ Der Granitquaderbau der alten Jacobikirche in der mittelalterlichen Dorfsiedlung lieferte einen Teil des Materials für den 1311 begonnenen Bau der gotischen Backsteinhalle. Ihr Chor wurde zwischen 1469 und 1477 angebaut. Der romanische Turm stürzte im vorigen Jahrhundert ein, 1901 war sein Neubau vollendet. In den Fenstern befinden sich Glasmalereien aus dem 14. und 15. Jh., die nach älteren Restaurierungen 1965–67 denkmalpflegerisch gesichert worden sind. Auch dieser Kirchenraum besitzt eine reich geschnitzte Chorschranke: In ihrer weitgehend einheitlichen Gestaltung entstand sie als filigranes Gitterwerk in der ausklingenden Spätgotik gegen 1520.

∗ Die Petrikirche wurde noch im letzten Viertel des 13. Jh. als Backsteinhalle begonnen und war Mitte des 14. Jh. bis auf die Wölbung vorangekommen. Diese wurde erst im 15. Jh. eingebracht, und gleichzeitig erhielt der Turm seine heutige Höhe, der Helm stammt von 1583. Ebenfalls um die Mitte des 15. Jh. entstand der Backsteinlettner. In seinen Nischen stehen Schnitzfiguren aus dem 14. Jh., darüber die überlebensgroße Kruzifix aus dem 15. Jh. Aus zwei spätgotischen Altären wurde später der neue Hauptaltar zusammengesetzt. 1978–81 sind das Kircheninnere restauriert und der Außenbau instandgesetzt worden.

Die Pfarrkirche St. Annen, ehemals Franziskanerinnen-Klosterkirche und heute katholische Gemeindekirche, entstand in der zweiten Hälfte des 15. Jh. als Backstein-Saalbau mit Nonnenempore im Inneren. Nach einem Brand 1973 ist der gesamte Innenraum erneuert worden. Ein Flügelaltar von 1440 wurde dabei aufgestellt.

∗ Die mittelalterlichen Klöster sind teilweise erhalten, ihre Bauten werden von neuen Einrichtungen genutzt. Das 1456 gegründete Katharinenkloster ist seit 1964 Altmärkisches Museum. Seine Kirche war 1490 als einschiffiger Backsteinbau fertiggestellt worden. – Vom Franziskanerkloster nahe der Annenkirche blieb der zweigeschossige Bau des Refektoriums erhalten, in ihm befindet sich heute die Stadtbibliothek. – Vor dem Ünglinger Tor stehen noch der schlichte Kapellenbau des Gertraudenhospitals und das Eingangstor des Georgenhospitals.

Stepenitz

Kr. Pritzwalk, Bez. Potsdam

Die Kirche des Zisterzienser-Nonnenklosters Marienfließ ist ein stattlicher Backsteinbau. Fenster und Blenden am Langhaus gliedern die gesamte Südseite zweizonig. Unter Verwendung von Glasursteinen entstanden reiche Portalrahmungen. Das Langhaus wurde in der zweiten Hälfte des 13. Jh., der Chor etwas danach erbaut. Im flachgedeckten Langhaus und kreuzgewölbten Chor blieb die Neueinrichtung und Ausmalung aus dem vorigen Jahrhundertende komplett erhalten.

Sternberg

Kr. Sternberg, Bez. Schwerin

Die dreischiffige Halle der Stadtkirche mit breitem Westturm entstand im späteren 13. und 14. Jh. An ihre Südseite wurde 1496 die Heilig-Blut-Kapelle angebaut. Im Inneren sind der große Barockaltar und die Kanzel von 1747 beachtenswert; die 1895 aufgefundene mittelalterliche Ausmalung wurde stark erneuert.

∗ ∗ Stolberg

Kr. Sangerhausen, Bez. Halle

Die Pfarrkirche St. Martin in städtebaulich reizvoller Lage entstand in den Berghang hineingebaut 1484–90 als spätgotische Basilika. In ihrem Inneren haben sich schöne Ausstattungsstücke erhalten: Aus dem späten Mittelalter ein Holzrelief der Beweinung Christi, um 1500 wohl aus der Riemenschneider-Schule; aus der Spätrenaissance der reich verzierte Taufstein, 1599 gearbeitet. Der barocke Orgelprospekt über der zurückschwingenden Empore entstand 1703, das später veränderte Werk schuf Georg Papenius. Beachtenswert sind einige Grabdenkmäler, darunter die Bronzeplatte des Pfarrers Rispach aus der Werkstatt Peter Vischers d. Ä. und das Marmorepitaph für den 1737 verstorbenen Grafen von Stolberg mit Obelisk, trauernden Putten und Emblemen.

∗ ∗ Stralsund

Kr. Stralsund, Bez. Rostock

Auf einem Hügel am Strelasund und an der Süd- und Nordwestseite von sumpfigen Teichen umgeben, entstand seit dem 13. Jh. die im Grundriß annähernd dreieckige Stadtanlage. Es gibt unterschiedliche Belege über die Stadtgründung. 1249 wurde jedenfalls eine erste Kaufmannssiedlung durch Lübecker Flottenverbände zerstört. Der sofortige Neuaufbau brachte bereits im Südwesten neben der Altstadt eine neustädtische Siedlung und die Befestigung des gesamten Stadthügels. Um die Nikolaikirche liegt der älteste Siedlungskern, westlich von ihm siedelten sich auf einem von den rügenschen Fürsten bereitgestellten Geländestück Franziskaner- und Dominikanermönche an. Die Neustadt entwickelte sich zunächst um den Neuen Markt vor der Marienkirche und wurde dann mit gitterförmigem Straßensystem zum Hafen hin erweitert. Zwischen Alt- und Neustadt entstand im Bereich der alten Fischersiedlung die Jacobikirche. Das 14. und 15. Jh. brachte der Hansestadt eine wirtschaftliche Blüte: Neben Lübeck besaß Stralsund den bedeutendsten Ostseehafen. Über 300 Schiffe umfaßte zeitweise die Stralsunder Hanseflotte. 1628 belagerten Wallensteins Truppen die Stadt, ohne sie einnehmen zu können. Nach dem Westfälischen Frieden 1648 wurde Stralsund bis 1815 schwedisch, danach bis 1873 zur preußischen Festung ausgebaut. Seit Mitte des vorigen Jahrhunderts entwickelten sich mit dem Eisenbahnbau die Vorstädte und die Trajektlinien nach Rügen und später nach Schweden. 1944 wurde ein Teil der Altstadt durch Luftangriffe zerstört. Der erhaltene Baubestand, besonders die mittelalterlichen Kirchen, die spätmittelalterlichen und jüngeren Bürgerbauten und die bewahrte historische Struktur verleihen Stralsund den Rang eines der bedeutendsten städtebaulichen Denkmale in Nordeuropa.

✴✴ Die Pfarrkirche der Altstadt St. Nikolai wurde in ihrer heutigen Gestalt vor 1270 als Neubau begonnen. Sie hatte zwei Vorgänger: über den Erstbau ist nichts bekannt; die zweite Kirche war ein Hallenbau, von dem Teile weiterverwendet worden sind. Die bis zur zweiten Hälfte des 14. Jh. im wesentlichen fertiggestellte Kirche ist eine Basilika mit drei Schiffen und Langhausseitenkapellen, Chorumgang und Kapellenkranz und einer reich mit Blenden gegliederten hohen

Doppelturmfront. Der Südturm erhielt 1667 nach dem Brand der mittelalterlichen Helme seine barocke Haube, der Nordturm das flache Dach, das Kirchenschiff den Dachreiter. Im klassisch gotischen Sinn und im Wettstreit mit Lübeck entstanden die von Strebepfeilern und Strebebögen bestimmte Außengestalt der Kirche sowie die reiche Ausstattung ihres kathedralen Inneren. Diese ist in großem Umfang erhalten geblieben. Die mittelalterliche Ausmalung des Kirchenraumes wurde 1890–94 freigelegt und im damaligen Sinne wiederhergestellt. Sie vermittelt einen Eindruck der ursprünglichen Gestaltung des 14. und 15. Jh. In diesem Rahmen ergeben die mittelalterlichen Flügelaltäre

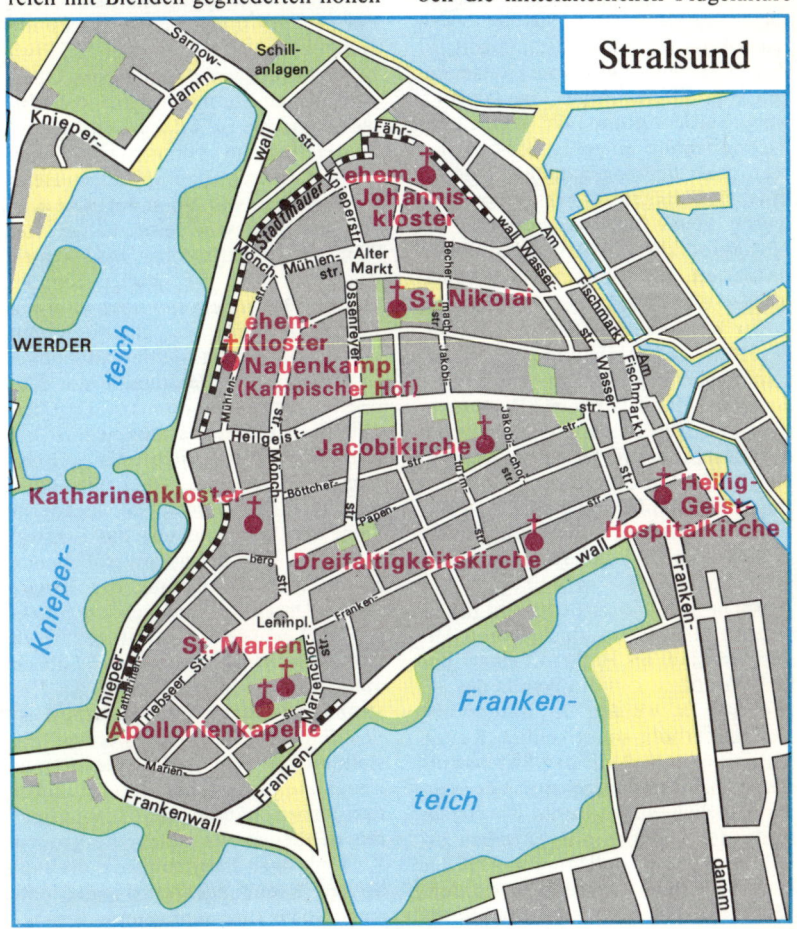

und Einzelbildwerke, die grazile spätgotische Chorschranke, das spätgotische Gestühl, das barocke Rats- und
die Zünftegestühle, der von Andreas
Schlüter 1700 geschaffene Hochaltar
und die große Zahl von Renaissance-
und Barockepitaphien, mittelalterlichen Grabplatten und im Raum hän-
gend die prächtigen Kerzenkronen eines der eindrücklichsten Bilder vom
Reichtum einer hanseatischen Stadtkirche. Aus der Fülle der Kunstwerke
sollen nur drei hervorgehoben sein,
die während Stralsunds Glanzepoche
entstanden: Der Bergenfahrer-Altar
am dritten südlichen Langhauspfeiler
zeugt nicht nur von der Bildkunst der
Zeit um 1500, er belegt zugleich Rang
und Wirtschaftskraft der hanseatischen Seefahrer. Älter, aus dem zweiten Viertel des 15. Jh. stammend, ist
das Fragment eines vom Ratsmann
Junge gestifteten Altars. In das Bildwerk wurde ein um 1420 gearbeitetes
Madonnenbild eingefügt, das zu den
schönsten des sogenannten weichen
Stils der späten Gotik gehört. Es
wurde genau wie das Gestühl der
Nowgorodfahrer in den letzten Jahren
restauriert. Die Bildfelder dieses Sitz-
platzes der Stralsunder Fernhändler
in der Kirche entstanden in der zweiten Hälfte des 14. Jh. und zeigen in erstaunlicher Realistik Szenen der damaligen Handelsreisen. Reste der
einst kräftigen Bemalung konnten bei
der Restaurierung freigelegt werden.
Seit 1972 erfährt die gesamte Bausubstanz der Nikolaikirche eine systematische konstruktive Sicherung sowie
eine äußere und innere restauratori-
sche Erneuerung.

✳✳ Die Jacobikirche entstand in der
ersten Hälfte des 14. Jh. zwischen Alt-
und Neustadt als Halle mit einem hohen Westturm. Um die Wende des 14.
zum 15. Jh. wurden ihr Mittelschiff
basilikal erhöht sowie seitlich Kapellen angebaut und mit den Seitenschiffen gemeinsam überdacht. Vor dem
ursprünglichen Westturm ist gleichzeitig der heutige hohe Turmbau errichtet und zum prächtigsten Teil der
ganzen Kirche ausgebaut worden.
1662 erhielt er an Stelle eines Spitz-

helmes die flache barocke Haube.
1944 erlitt die Kirche schwere Schäden. Nach der Sicherung des Baube-
standes in den fünfziger und sechziger
Jahren wird noch an der Innenerneuerung gearbeitet.

✳✳ Das monumentalste mittelalterliche Bauwerk Stralsunds ist die Pfarrkirche der Neustadt, St. Marien. Nach
dem Einsturz des Turmes einer ersten
gotischen Hallenkirche 1382 erfolgte
deren Abbruch und ein sofortiger Beginn des Neubaues der heutigen gewaltigen Basilika mit dreischiffigem
Querhaus, Chorumgang und dem alles überragenden Westturm. Unverkennbar bildeten die klassischen gotischen Kathedralen für den Bau das
Vorbild, das aber meisterhaft in die
Formen der spätgotischen Backsteinarchitektur übersetzt worden ist. Etwa
1411 war als erster Bauteil das Querhaus vollendet, ihm folgten die Ostpartie und bis 1474 das Langhaus und
die Hallen am Turm sowie dessen
Achteckaufbau. Ein hölzerner Helm
darüber ragte bis 150 m auf! Die Kirche hat insgesamt eine Länge von
99 m. Nach Blitzschlag 1647 erhielt
der Turm 1708 die heutige barocke
Haube. Das Innere des über 32 m hohen Raumes ist von ebenso monumentaler Wirkung wie der Außenbau.
Sicher trägt die Beräumung der Kirche im vorigen Jahrhundert dazu bei.
Die barocke Ausstattung wurde bei
der Wiederherstellung der Kirche
nach 1835 beseitigt. Dabei entstanden
auch der neogotische Stuckdekor in
Chor und Querhaus und das Fenstermaßwerk. Von der noch verbliebenen
historischen Einrichtung der Kirche
ist die Orgel das bedeutendste Stück.
1653–59 wurde ihr gewaltiges Werk
von Friedrich Stellwagen aus Lübeck
aufgestellt. 1956–59 konnte das In-
strument auf seine ursprüngliche Disposition zurückgeführt werden. Es
stellt damit eines der großartigen
Zeugnisse historischer Orgelbaukunst
dar. Neben spätgotischen Schnitzfiguren verdienen vor allem die großen
Kerzenkronen Beachtung, die dreißig-
armige Krone aus Messingguß entstand 1649. Eine umfassende Restau-

Marienkirche

rierung der Marienkirche ist seit 1980 im Gange.

∗ Der kleine Achteckbau der Apollonienkapelle südlich vom Turm der Marienkirche wurde 1416 als Sühne für die Verbrennung dreier Geistlicher errichtet.

∗∗ Die dreischiffige Backsteinhalle der Heilig-Geist-Hospitalkirche dürfte aus dem frühen 15. Jh. stammen. An der Südostecke der mittelalterlichen Stadt gelegen, war sie im Dreißigjährigen Krieg zerstört und hernach wiederaufgebaut worden. 1966 erfolgte die denkmalpflegerische Erneuerung des Inneren. Unmittelbar an den Bau schließt das Spitalgebäude an, dessen reizvollen Galeriebau im Innenhof der schwedische Festungsbaumeister Nils Eosander 1643 gestaltete. Er wurde Vorbild für den 1680 ausgeführten Galerieeinbau des Rathauses. Im gotischen Innenraum steht ein hölzerner barocker Altaraufsatz aus dem zweiten Viertel des 18. Jh.

∗∗ Die frühgotische Hallenkirche des Katharinenklosters, um 1317 vollendet, ist nach jahrzehntelanger Nichtnutzung neu erschlossen worden. Mit der Einrichtung des Meeresmuseums erhielt sie 1974 die modernen Einbauten. Die Klostergebäude bergen die wertvollen Sammlungen des Kulturhistorischen Museums. Im dreischiffigen Kapitelsaal haben sich an den von schlanken Säulen getragenen Gewölben Malereien des ausgehenden 15. Jh. erhalten, die 1955 freigelegt worden sind.

∗ Nördlich vom Katharinenkloster blieb an der Mühlenstraße der Hof des ehem. Klosters Neuenkamp, der sogenannte Kampische Hof, bestehen: Zwischen den spätgotischen Speichergebäuden des einstigen Zisterzienserklosters nimmt ein barockes Wohngebäude die westliche Hofseite ein.

∗∗ Im Norden des historischen Stadtkerns befand sich das Johanniskloster, welches 1254 Franziskaner gründeten. Die frühgotische Kirche ist seit 1624 Ruine. Die erhaltenen Klostergebäude mit schönen Innenräumen bilden den Sitz des Stadtarchivs mit sehenswerten historischen Schätzen. Erhalten ist auch der alte Wohnzellenbau, der sogenannte Räucherboden.

An der Frankenstraße wurde 1905 eine Backstein-Saalkirche errichtet. Nach der Umgestaltung des gesamten

Inneren durch den Architekten Karl-Heinz Wegner und den Bildhauer Friedrich Press 1966 zeigt die katholische Dreifaltigkeitskirche eine interessante Altarwand, die das Rote Meer symbolisieren soll, dessen Wogen nach dem zweiten Buch Moses das Volk Israel vor Verfolgern bewahrt hat.

Straßberg
Kr. Plauen, Bez. Karl-Marx-Stadt
Auf einem Hügel neben dem historischen Dorfkern steht die 1576 erbaute Renaissancekirche mit einem mächtigen viergeschossigen Querbau. In ihm befindet sich die herrschaftliche Betstube. Ihre Ausmalung geht auf das Jahr 1626 zurück. Den Turm bekrönt die laternengeschmückte welsche Haube. Im emporenumzogenen Innenraum ist die 1802 von Gottlieb Trampeli gebaute Orgel beachtenswert.

Straupitz,
Kr. Lübben, Bez. Cottbus
An Stelle eines barocken Kirchenbaues entstand 1828–32 die heutige klassizistische Dorfkirche. Den Entwurf, der während der Ausführung etwas abgewandelt worden ist, lieferte Karl Friedrich Schinkel. Von der Ausstattung der älteren Kirche blieben die Altarbilder vom Dresdner Historienmaler Johann Friedrich Matthäi erhalten. Die Kirche wurde vor kurzem restauriert.

Strausberg,
Kr. Strausberg, Bez. Frankfurt
Die Pfarrkirche St. Marien ist ein frühgotischer Feldsteinbau mit einem spätgotisch veränderten Turm. An den gleichzeitig um 1450 eingebauten Gewölben blieb die Bemalung der spätmittelalterlichen Raumausstattung erhalten, ebenso der Schnitzaltar von etwa 1520 mit einer Strahlenkranzmadonna. Die Kirche wurde 1920 restauriert.

Strehla,
Kr. Riesa, Bez. Dresden
∗ In der flachgedeckten spätgotischen Stadtkirche aus dem 15./16. Jh. haben sich Teile der reichen Renaissanceausstattung erhalten. Der Altaraufsatz wurde 1605 von Franz Ditte-

rich d. Ä. aus Freiberg gearbeitet; es ist ein Säulenaufbau mit Reliefs und nahezu vollplastischen Einzelfiguren. Die Kanzel von 1565 schuf Melchior Tatze aus Keramikteilen. Bemerkenswert sind auch die zahlreichen Grabdenkmäler.

Suhl
Bez. Suhl
Die Stadt verdankt ihre schon frühe Bedeutung dem Erzbergbau. 1437 wird der erste Eisenhammer genannt, 1570 arbeiteten sechs Eisenhämmer und lieferten das Material für über 20 Kleinschmieden. Schlosser, vor allem Büchsenmacher, bildeten den Hauptanteil des Handwerks, das 1595 bereits mehr als 27 000 Gewehre herstellte! Schon im 17. Jh. gab es Pläne für industrielle Produktionseinrichtungen, die seit dem 19. Jh. das Bild der Stadt prägten. Seit den sechziger Jahren ist Suhl als Bezirksstadt modern umgestaltet worden. Erhalten blieb der kleine historische Stadtkern.

∗ Die Marien- oder Hauptkirche bestand schon seit 1491, Stadtrecht erhielt Suhl erst 1527. Nach zweimaligem Brand wurde der heutige Bau 1753–69 über den älteren Mauern errichtet, der Nordturm erhielt seine barocke Haube. Im Inneren sind besonders der reich gestaltete Rokokoaltar und der von dem Hildburghausener Meister Klemm zusammmen mit dem Kirchenneubau geschaffene Orgelprospekt beachtenswert. 1971 ist der stuckverzierte Innenraum nach historischem Befund farblich erneuert worden.

∗ Ebenfalls in barocken Formen wurde 1731–39 die Kreuzkirche als Saalbau errichtet, mit einem dreigeschossigen Turm im Osten, bekrönt von der barocken Haube. Das Innere ist durch die dreigeschossigen Emporen und die schöne Stuckdecke geprägt. Zusammen mit dem Bau entstanden der reiche Kanzelaltar und der Orgelprospekt.

Die Dorfkirche St. Ullrich in *Suhl-Heinrichs* entstand 1452 in spätgotischen Bauformen über einer noch romanischen Kirche neu. Das Langhaus wurde Anfang des 16. Jh. fertiggestellt. Im Chor ist ein Freskenzyklus aus der Erbauungszeit erhalten. Beachtung verdient auch das schmuckreiche Sakramentshäuschen.

✳✳ Tangermünde
Kr. Stendal, Bez. Magdeburg

Die bereits 1009 erwähnte Burg an der Elbe bildete seit dem 12. Jh. einen wichtigen Schutz für die Handelssiedlung, die sich südwestlich von ihr entwickelte. Die Stadt erstreckt sich zu beiden Seiten zweier Längsstraßen und des Marktes mit dem gotischen Rathaus. Zwischen ihr und der Burg steht seit dem 12. Jh. auf dem sogenannten Prälatenberg die Stephahnskirche, ursprünglich als Domstiftskirche gegründet, dann aber dem Stendaler Domstift unterstellt. Tangermünde erlebte seine mittelalterliche Blütezeit, als Kaiser Karl IV. seit 1373 Burg und Stadt zu seiner nördlichsten Residenz erhoben hatte. Noch gut erhalten sind die damals ausgebauten Festungsanlagen. Mit dem Niedergang der Hanse verlor auch ihr Mitglied Tangermünde seine Bedeutung.

✳✳ In ihrer heutigen Baugestalt entstammt die Stephanskirche der Spätgotik. Ihr Neubau hängt zweifellos mit der Erneuerung der Stadt zum Kaisersitz zusammen. 1376 begann er unter Beibehaltung einzelner Teile des Vorgängerbaues, nach 1400 konn-

ten die Gewölbe eingezogen werden. Die beiden Westtürme entstanden 1430–40, die Taufkapelle an der Südseite um 1500. Nach einem Brand 1617 ist das Kircheninnere erneuert worden, der Nordturm erhielt 1712 seine Barockhaube. Von der mittelalterlichen Ausstattung blieben einige Bildwerke im Chorumgang erhalten, sie entstanden um die Mitte des 15. Jh. Die Bronzetaufe schuf 1508 Heinrich Mente aus Braunschweig. Nach dem Brand baute Hans Scherer d. J. aus Hamburg 1624 die Orgel, die genau wie der dreigeschossige große Altaraufbau von 1705 bei der Renovierung der Kirche 1844 im Stile der damaligen Zeit restauriert wurde.

Die ehem. Pfarrkirche der Marktsiedlung St. Nikolai am Neustädter Tor wird seit dem 17. Jh. als Wohnhaus genutzt. Vom jenseits der Stadtmauer gelegenen Dominikanerkloster verblieben gleichfalls nur einige Gebäudereste.

Die kleine Spitalkapelle St. Elisabeth liegt nördlich der Burg und entstand als Neubau zwischen 1460 und 1470 an Stelle eines schon im 13. Jh. gegründeten Hospitals. Nach langer Benutzung als Salzmagazin dient die Kirche seit 1891 der katholischen Gemeinde.

Tautenhain
Kr. Geithain, Bez. Leipzig

Auf einer Anhöhe liegt die Dorfkirche mit dem mittelalterlichen Chorturm des frühen 14. Jh. Von einer Erneuerung Anfang des 17. Jh. stammen die Emporen und das Gestühl. Bei der Restaurierung der Kirche 1951/52 gestaltete Conrad Felixmüller die Gemälde der Emporenbrüstungen neu in Anlehnung an ältere Malereien dieser Art.

Templin
Kr. Templin, Bez. Neubrandenburg

Die Stadtkirche St. Maria Magdalena ist ein barocker Neubau von 1749, der nach Plänen von Karl Samuel Schmidt errichtet wurde. Dabei sind Teile der spätgotischen Hallenkirche mit verwandt worden, die 1735 abgebrannt war. Der stattliche Turm enthält gleichfalls noch den Unterbau

Stephanskirche im Straßenbild

des 15. Jh. Das Innere erfuhr 1877
eine Umgestaltung, der Orgelprospekt
von 1769 blieb dabei unverändert.
1963 wurde die Kirche restauriert.
In der kleinen Georgenkapelle nahe
dem Lychener Tor, mit einem Blendengiebel des späten 14. Jh. geschmückt, befinden sich einige Bildwerke des beginnenden 16. Jh.

Tempzin (Ortsteil von Zahrensdorf)
Kr. Sternberg, Bez. Schwerin
Die Pfarrkirche ging aus einer Antoni-
ter-Präzeptorei hervor, die hier im
Jahre 1222 gegründet worden war.
Der spätgotische Backsteinbau entstand Anfang des 15. Jh., Anfang des
16. Jh. kamen die Stern- und Netzwöl-
bungen hinzu. Die Wölbung im Seitenschiff wurde erst bei Erneuerung
der Kirche 1912 vollendet. Im Inneren
haben sich Ausmalungsreste aus dem
15. Jh. erhalten. Neben weiteren Bildwerken aus mittelalterlicher Zeit ist
die überlebensgroße Sitzfigur des heiligen Antonius aus dem zweiten Viertel des 15. Jh. bemerkenswert.

Teterow
Kr. Teterow, Bez. Neubrandenburg
Inmitten der fast kreisrund angelegten, in ihrer mittelalterlichen Struktur
erhaltenen Altstadt steht die Stadtkirche St. Peter und Paul, eine dreischiffige frühgotische Backsteinbasilika
mit Chor und quadratischem Westturm. Äußerlich ist das Langhaus im
19. Jh. erneuert worden. Innen haben
sich im Chor Gewölbemalereien aus
der Mitte des 14. Jh. erhalten, Szenen
aus dem Leben Christi, begleitet von
Fabelwesen. Der große, 1961 restaurierte Schnitzaltar zeigt eine Marienkrönung und auf den Flügelrückseiten
16 Szenenbilder der Passion. Das
Bildwerk stammt vom Anfang des
15. Jh. In der zweiten Hälfte dieses
Jahrhunderts enstand die Mondsichelmadonna im Strahlenkranz. Anfang des 16. Jh. wurde die Triumphkreuzgruppe gechaffen.

Thalbürgel
Kr. Eisenberg, Bez. Gera
✳✳ Die Kirche des 1133 gegründe-
ten Benediktiner-Klosters ist zu einem
beachtlichen Teil in der heutigen
Dorfkirche enthalten. Sie wurde als

Portal der Klosterkirche

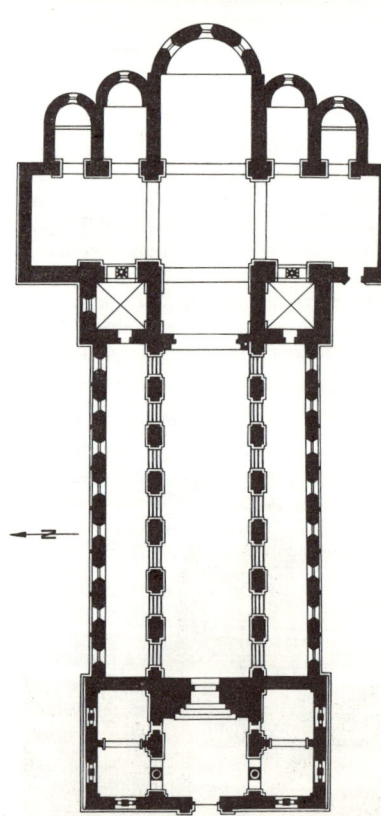

*Grundriß der romanischen
Klosterkirche
mit ergrabener Choranlage*

Thalbürgel, ehemalige Klosterkirche

romanische Basilika mit flacher Decke, zwei Flankentürmen an der westlichen und fünf gestaffelten Apsiden an der östlichen Querschiffseite sowie einer westlichen Vorhalle seit etwa 1142 erbaut. Nach der Auflösung des Klosters 1526 verfiel die Kirche, 1863 begann die Wiederherstellung des romanischen Langhauses mit der Erneuerung der Seitenschiffe. Ost-und Westpartie des Baues blieben Ruine. Ihre Gestalt wurde durch die denkmalpflegerische Sicherung der Grundmauern bewahrt, die Gesamtrestaurierung seit 1964 erschloß das romanische Langhaus dazu neu. Der Standort des romanischen Lettners konnte nach Auffinden von Resten markiert werden. Störende Einbauten aus dem vorigen Jahrhundert wurden entfernt, so daß die Originalsubstanz des kunst- und baugeschichtlich bedeutenden thüringischen Kirchenbaues wieder erlebbar ist.

Themar

Kr. Hildburghausen, Bez. Suhl
Die Stadtkirche St. Bartholomäus, ein spätgotischer Saalbau mit polygona-
lem Chor und Turm im Winkel von Chor und Schiff, entstand seit 1488, wurde aber im 16. und 18. Jh. umgestaltet. Bei der Restaurierung 1963–65 konnten im Netzgewölbe des Chores die spätmittelalterlichen Ausmalungen freigelegt und wiederhergestellt werden. Ebenso erhielt der Kirchenraum, durch die Emporen von 1541 mit dem geschnitzten Bildschmuck geprägt, eine neue Farbgestalt. Der spätgotische ✳✳ Flügelaltar aus der Zeit um 1500, dem Bamberger Bildschnitzer Hans Nußbaum zugeschrieben, wurde in seinem Originalbestand gesichert. Hinzugefügt ist die aus vorhandenen Bildwerken gestaltete Predella. Die weiteren Flügelaltäre entstanden gleichfalls um 1500, die reich geschnitzte Kanzel mit Schalldeckel ist ein Werk des 17. Jh.

Thierfeld

Kr. Zwickau, Bez. Karl-Marx-Stadt
✳ Die Dorfkirche entstand als Chorturmkirche in der zweiten Hälfte des 13. Jh. 1732–34 wurde ihr Schiff erneuert. Im Chorraum hat sich ein Freskenzyklus aus der Zeit um 1300

erhalten. 1897 sind diese Malereien freigelegt und wiederhergestellt worden. Bemerkenswert ist auch das große Sakramentshäuschen mit figürlichem Schmuck aus dem 15. Jh., weitere Schnitzfiguren stammen gleichfalls aus jenem Jahrhundert.

Thurm

Kr. Zwickau, Bez. Karl-Marx-Stadt

In der barocken Dorfkirche mit hohem Turm ist der große Schnitzaltar von Peter Breuer von besonderem Wert. 1508 geschaffen, zeigt er Maria zwischen den Heiligen Johannes dem Täufer und Georg, die Flügelrückseiten sind bemalt. Weitere Bildwerke aus der Zeit um 1500 und aus der ersten Hälfte des 18. Jh. befinden sich im Chor. Auf der Empore ist das Grabmal Weißenbach vom Ende des 16. Jh. beachtenswert.

∗∗ Torgau

Kr. Torgau, Bez. Leipzig

Im Schutze einer Grenzburg entwickelte sich auf der Anhöhe über der Elbfurt seit dem 12. Jh. die Kaufmannssiedlung, zunächst um die Marienkirche, später auch um die heute im Rathaus aufgegangene Nikolaikirche. Nach einem großen Stadtbrand ließ Friedrich der Weise seit 1486 das Schloß und zugleich die Stadt Torgau zur wichtigsten Residenz der sächsischen Kurfürsten in der ersten Hälfte des 16. Jh. ausbauen. Seit 1811 erfolgte die Umgestaltung der Stadt zur Festung. Davon blieben im Straßengefüge rings um den historischen Stadtkern zahlreiche Bau- und Fortifikationswerke erhalten.

∗∗ Von der mittelalterlichen Marienkirche haben sich Teile des ursprünglich doppeltürmigen Westbaues aus dem 12./13. Jh. im heutigen Turmunterbau erhalten. Um 1390 wurde die spätgotische Hallenkirche begonnen und Anfang des 16. Jh. mit dem Einzug der Gewölbe vollendet. 1967−72 erfolgte die denkmalpflegerische Erneuerung des Kircheninneren, bei der auch die Raumfarbigkeit des 15. Jh. wiederhergestellt worden ist. Zu den ältesten erhalten gebliebenen Stücken der Ausstattung gehört das Gemälde der vierzehn Nothelfer von

Lucas Cranach d. Ä. Das um 1506−07 geschaffene Bild wurde 1974 nach der Restaurierung neu aufgestellt. Aus der Zahl der Grabdenkmäler müssen die Bronzeplatte der Sophie von Mecklenburg, 1504 in der Vischer-Werkstatt in Nürnberg geschaffen, und die steinerne Grabplatte der Katharina von Bora, Ehefrau Martin Luthers, gestorben 1552, erwähnt werden. Beachtenswert ist weiter die reich geschnitzte Kanzel, 1582 von Georg Wittenberger geschaffen. Der hohe Säulenaufbau des Altars ist ein Werk von Giovanni Simonetti. Seine ursprüngliche Fassung von 1694−98 konnte bei der Restaurierung 1974 freigelegt werden, ebenso ist der Taufstein von 1693 in seiner alten Fassung wiederhergestellt.

∗∗ Die ehem. Franziskaner-Klosterkirche, die Alltagskirche, dient nicht mehr kirchlichen Zwecken. Den dreischiffigen Hallenbau mit gestrecktem Chor schuf wohl Hans Meltwitz, der als Meister der 1517 vollendeten Netzgewölbe genannt ist.

∗∗ Im Schloß Hartenfels, 1533 durch Konrad Krebs begonnen, um 1470 unter Mitarbeit Arnolds von Westfalen weitergebaut, seit 1482 durch Conrad Pflüger erweitert, gehört die Schloßkirche zu den bau- und kunstgeschichtlich bedeutendsten Leistungen der ersten Hälfte des 16. Jh. Ihr Erbauer war Nikolaus Gromann, der 1543−44 auch den gesamten Nordostflügel des Schlosses schuf. Von Martin Luther am 5. Oktober 1544 geweiht, ist sie die erste protestantische Kirche. Der Raumtyp entstand aus der Tradition der sächsischen Schloßkapellen und wurde auf den neuen liturgischen Zweck orientiert: Den durch drei Geschosse reichenden Saal umziehen zwei Emporen, der Altar steht unter der Orgel an einer Schmalseite, die Kanzel an einer Längsseite. Ihren mit Bildszenen geschmückten Korb schuf 1544 Simon Schröter d. Ä. Der Tischaltar mit den Tragefiguren wurde mehrfach erneuert. Simon Schröter ist auch der Schöpfer des figurengeschmückten Portals der Schloßkirche. Nach

Torgau, Kapelle im Schloß Hartenfels

Kriegsschäden 1945 erhielt der Raum 1955 seine auf die Ursprungsgestalt bezogene heutige Fassung.

Treffurt

Kr. Eisenach, Bez. Erfurt

✳ Die Pfarrkirche St. Bonifatius ist in ihren Ostteilen – Chor und Querschiff – ein romanisches Bauwerk aus der Zeit um 1260. Das Schiff mit dem breiten Westturm kam 1341 hinzu, wurde aber im vorigen Jahrhundert romanisierend ausgebaut. Am Querschiff haben sich die Portale mit reichen Zierformen erhalten, die wie die übrigen Bauformen auf einen Meister aus der Maulbronner Bauhütte hindeuten. Das Innere ist unter Bezug auf einige erhaltene spätgotische Freskenreste 1930 neu gefaßt worden.

Tremmen

Kr. Nauen, Bez. Potsdam

Der für eine Dorfkirche recht stattliche Backsteinbau ist im 15. Jh. ent-

Tremmen, Dorfkirche

standen. Das äußere Bild bestimmen die beiden Türme seitlich des Chores. Ihre Barockhauben von 1724 wurden nach einem Brand 1802 erneuert. Am Westgiebel befindet sich über dem großen mittleren Strebepfeiler eine Außenkanzel, die an einen Ausbau der Kirche als Wallfahrtsstätte denken läßt. Nach 1500 wurde die Ostpartie mit reichem Blendenschmuck gestaltet. Bei der Restaurierung des Innenraumes 1968 konnte der ursprüngliche Zustand weitgehend wiederhergestellt werden. Reste spätgotischer Malerei sind in der südlichen Turmkapelle erhalten. Der Taufstein ist spätromanisch, der Kanzelalter stammt von 1715.

Trent
Kr. Rügen, Bez. Rostock
✳ Der Chor der backsteinernen Dorfkirche stammt aus der Zeit um 1400, Langhaus und Turm sind Ende des 15. Jh. erneuert worden. Das Kircheninnere beherrscht die barocke Ausstattung, deren wesentliche Teile zwischen 1752 und 1754 der Stralsunder Michael Müller schuf: Der Altar ist eine reich verzierte Komposition aus ornamentaler und figürlicher Schnitzerei mit einem dreiteiligen Säulenaufbau. Nicht weniger reich zeigen sich der vom gleichen Meister stammende Beichtstuhl und der Taufständer sowie die Altarschranke. Kanzel und Epitaphien stammen aus dem Anfang des 17. und dem 18. Jh. wobei die Grabdenkmäler der Familie Platen eine ganze Reihe bilden.

Treuenbrietzen
Kr. Jüterbog, Bez. Potsdam
✳ Die Pfarrkirche St. Marien ist eine spätromanische Gewölbebasilika, die um 1220 mit den Ostteilen in Feldsteinmauerwerk begonnen wurde. Ihr um 1230—40 errichtetes Langhaus ist

Treuenbrietzen, Marienkirche

eines der frühesten Backsteinbau-
werke mit Wölbung in der Mark Brandenburg. Um 1500 wurden dann der
Westturm an- und innerhalb des nördlichen Querflügels die Sakristei eingebaut. Seit der Restaurierung des Kirchenraumes in den sechziger Jahren
zeigt auch das Kircheninnere wieder
die romanische Baugestalt. Gleichzeitig konnte die farbige Fassung des
13. Jh. freigelegt und erneuert werden.
Die barocke Kanzel und der reiche
Säulenaufbau des Altars von 1740/41
sowie die ebenfalls in diesen Jahren
von Joachim Wagner erbaute Orgel
zeigen sich in der ursprünglichen Farbenpracht.

∗ Die Pfarrkirche St. Nikolai entstand als Gewölbebasilika im zweiten
Drittel des 13. Jh. Ihr Vierungsturm
wurde 1756 erneuert, dabei erfuhr
auch das Innere einige Umgestaltungen, denen weitere im vorigen Jahrhundert folgten. 1969 sind die Ostteile

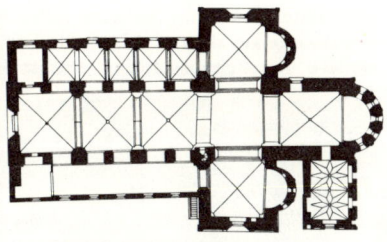

*Grundriß der spätromanischen
Pfarrkirche St. Nikolai*

der Kirche restauriert und zugleich
Gewölbemalereien aus der Erbauungszeit freigelegt worden.
Am südlichen Stadtzugang steht seit
dem späten 15. Jh. die Heiliggeistkapelle, ein spätgotischer Rundbau aus
Feldstein mit Backsteinverblendung.
1936 ist dieser unter Ergänzung des
Fachwerkgeschosses und des Dach-
aufbaues zum Museum ausgebaut
worden.

Tribsees
Kr. Stralsund, Bez. Rostock
Die Silhouette der mittelalterlichen
Stadt beherrscht die Stadtkirche St.
Thomas mit ihrem stattlichen Hallen-
langhaus und dem massigen West-
turm. Der Bau aus der ersten Hälfte

des 14. Jh. ist 1861–69 durchgreifend
erneuert worden, vor allem der Innenraum erhielt seine heutige Gestalt und
die neogotischen Einbauten in jenen
Jahren. Von der mittelalterlichen Ausstattung blieb der schöne Schnitzaltar
erhalten, er wurde im zweiten Viertel
des 15. Jh. in einer Rostocker Werkstatt angefertigt und zeigt im Schrein
in flachem Relief die Darstellung der
Sakramentsmühle. Eine barocke
Kreuzigungsgruppe von 1710 und
zwei große Altarleuchter von 1770 gehören ebenfalls zum älteren Bestand
an Kunstwerken.

Ueckermünde
Kr. Ueckermünde, Bez. Neubrandenburg
Die Stadtkirche St. Marien wurde an
Stelle eines spätgotischen Baues
1753–56 neu errichtet. Der Turm am
flachgedeckten Saalbau kam erst 1863
hinzu. Im Inneren befindet sich ein in
reichem Rokoko gehaltener Kanzelaltar.

Ullersdorf (Ortsteil von Jänkendorf)
Kr. Niesky, Bez. Dresden
Die Dorfkirche ist ein reich ausgestalteter Saalbau, der nach einer Inschrift
am Gewölbe 1629 fertiggestellt gewesen sein dürfte. Die bunte Ausstattung
geht im wesentlichen wohl auf die beiden Görlitzer Meister Johann Cull-
mann und Balthasar Hoffmann zurück, welche 1630 die Emporen und
die Kanzel sowie den Altar schufen.
Zwei große Epitaphien rechts und
links vom Altar aus dem ausgehenden
17. und dem späten 18. Jh. beherrschen mit ihrer fast üppigen Dekoration diesen Teil des Kirchenraumes.

Vacha
Kr. Bad Salzungen, Bez. Suhl
Die Stadtkirche bestand schon im
13. Jh., ist aber 1821–24 in klassizisti-
schen Bauformen erneuert worden.
Vom romanischen Bau blieb der
Westturm mit dem Säulenportal erhal-
ten. Die Ausstattung entstammt der
Bauzeit des vorigen Jahrhunderts.
Die Friedhofskirche, ein einschiffiger
spätgotischer Bau, verblieb von der
Kirche des Serviten-Klosters aus dem
späteren 14. Jh. Im Inneren befinden
sich Reste spätgotischer Ausmalun-

gen. Der Altaraufsatz entstand 1616, die Kanzel stammt aus dem 17. Jh. Wie die Stadtkirche ist auch die Friedhofskirche restauriert worden.

Verchen
Kr. Demmin, Bez. Neubrandenburg

Vom ehem. Benediktiner-Nonnenkloster ist die einschiffige Backsteinkirche erhalten. Um 1270 begonnen, erhielt sie im 15. Jh. das Chorpolygon und den mit reicher Blendengliederung versehenen Turm an der Nordseite, der sich über einem Kapellenanbau erhebt. In den Chorfenstern sind die Glasmalereien aus der zweiten Hälfte des 15. Jh. erhalten, allerdings mit Ergänzungen des 19. Jh. Am Altarschrein von 1420 wurden 1955 spätere Übermalungen abgenommen, er zeigt eine Verkündigungsgruppe. Die reich geschnitzte Kanzel ist mit Spätrenaissancedekorationen aus Beschlagwerk mit Säulengliederungen verziert.

Vietlübbe
Kr. Gadebusch, Bez. Schwerin

∗ Die Dorfkirche ist eines der ältesten Backsteingebäude Mecklenburgs.

Sie wurde am Anfang des 13. Jh. von Bauleuten der Ratzeburger Dombauhütte in vorzüglicher Mauertechnik errichtet. Ihr Grundriß ist kreuzförmig, im Osten durch die Apsis betont, über dem Westjoch erhebt sich der verbretterte Turm mit schlanker Spitze. Das Innere ist – bei geplanter Restaurierung – noch durch die 1865 geschaffene Ausstattung geprägt.

Vilmnitz
Kr. Rügen, Bez. Rostock

∗ Die Dorfkirche mit einem Chor aus dem 13. und dem Langhaus aus dem 15. Jh. sowie dem nur wenig jüngeren Westturm birgt eine interessante Ausstattung. Der Altar und vier Sandsteinepitaphien für Familienmitglieder des Fürstenhauses zu Putbus gehen auf Klaus Midow zurück, der zu den Baumeistern des Schlosses Güstrow gehörte. Er schuf die Bildwerke 1599. Weitere Grabdenkmäler stammen aus dem späteren 17. und frühen 18. Jh. In der Putbus'schen Familiengruft unter dem Chor befinden sich 27 Prunksärge aus dem 17. bis 19. Jh. Die weitere Kirchenausstattung entstand

Vietlübbe, Dorfkirche

im frühen 18. Jh., bemerkenswert davon ist der 1722 von Hans Broder geschaffene Beichtstuhl.

Volkmarskeller
Kr. Wernigerode, Bez. Magdeburg
956 wurde die Höhlenkirche des heiligen Michael angelegt und 1147 mit einem Zisterzienserkloster verbunden, das bald darauf nach Michaelstein verlegt worden ist. Danach diente die Kirche als Wallfahrtsort. Über der Höhle ist eine Ruine alter Klostergebäude erhalten geblieben.

Waase (Insel Ummanz)
Kr. Rügen, Bez. Rostock
Die heutige kleine Kirche ist um die Mitte des 15. Jh. an Stelle eines Vorgängerbaues aus dem frühen 14. Jh. errichtet worden. Die Fachwerkwände des Schiffes entstanden erst im 16./17. Jh. und der Dachreiter ein Jahrhundert danach. Bedeutender als das Bauwerk ist der große ✳✳ Schnitzaltar in seinem Inneren. Er wurde um 1520 in einer Antwerpener Werkstatt geschaffen und war danach Hochaltar der Stralsunder Nikolaikirche. Später in die Heiliggeistkirche

umgesetzt, gelangte er schließlich 1708 nach dem der Stadt Stralsund gehörenden Waase. Der Schrein zeigt in reich figurierten Reliefbildern die Kreuztragung, Kreuzigung und Beweinung Christi; in den unteren Feldern Priesterweihe und Tod Thomas Becketts und den Schwur König Heinrichs II. Die Tafelbilder in den Flügeln ergänzen die erzählenden Reliefs. Ein zweites Kunstwerk von hohem Rang ist der zwölfarmige Kronleuchter mit seinem Figurenschmuck, er entstammt dem 15. Jh. Am Chorgewölbe und Triumphbogen der kleinen Kirche wurden 1934 spätgotische Wandmalereien von etwa 1470 freigelegt.

Walbeck
Kr. Haldensleben, Bez. Magdeburg
Von der etwa 942 gegründeten Benediktiner-Stiftskirche sind nur Ruinenteile erhalten. Die Pfeilerbasilika war noch im 10. Jh. erbaut worden, ist aber seit dem frühen 19. Jh. verfallen. In der Dorfkirche, einem romanisierenden Bau der zweiten Hälfte des vorigen Jahrhunderts, befindet sich die

Waase, Dorfkirche

✳ ✳ Grabplatte des Stifters von Walbeck, Lothar II., der 964 starb. Es ist eines der wenigen Stuckbildwerke aus der ottonischen Epoche. Die Bronzeglocke der Kirche entstammt ebenfalls der Stiftskirche und könnte um 1100 geschaffen sein.

Waldenburg
Kr. Glauchau, Bez. Karl-Marx-Stadt
Die Stadtkirche St. Bartholomäus ist ein zweischiffiger spätgotischer Bau mit Stern- und Netzgewölben aus der zweiten Hälfte des 15. Jh. Etwa gleichzeitig entstand der Achteckaufbau des Turmes. 1874 erhielt die Kirche ihr heutiges Aussehen. Im Inneren ist das von Christoph Walther II 1567 geschaffene ✳ ✳ Sandsteinepitaph von Schönburg besonders beachtenswert, ein prächtiger und reich ornamentierter Säulenaufbau mit figürlichen Szenen und großen Freiplastiken, eines der bedeutendsten Bildwerke dieser Art in der sächsischen Kunst um die Mitte des 16. Jh.

Walldorf
Kr. Meiningen, Bez. Suhl
✳ Aus einer Burganlage des 12. Jh. ging die größte und historisch bedeutendste Kirchenburg des Werratals hervor. Sie steht möglicherweise an der Stelle eines fränkischen Königshofes. In dem bis zu 6 m aufragenden Mauerquadrat haben sich die Ecktürme und der Bergfried erhalten, letzterer ist zum Turm der kleinen Saalkirche umgebaut worden. Das Innere

Kirchenburg

des gotischen Kirchenraumes umziehen zweigeschossige Emporen. Die Kassettendecke kam mit ihnen zusammen nach einem Brand 1634 in den trapezförmigen Raum. Die Kanzel entstand kurz danach, der Orgelprospekt stammt von 1693.

Waltershausen
Kr. Gotha, Bez. Erfurt
✳ Die Stadtkirche Zur Gotteshilfe ist ein im Grundriß annähernd quadratisch angelegter Zentralbau mit eingezogenen Ecken, in den der Baumeister Zorn von Plobsheim 1719 die Untergeschosse des Turmes vom Vorgängerbau einbezog. Der gothaische Hofbaumeister schuf damit einen ansehn-

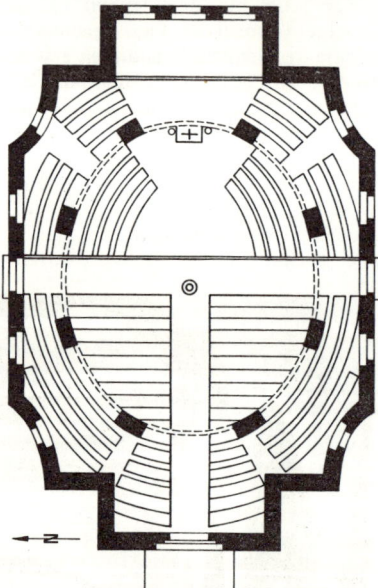

Grundriß der barocken Stadtkirche

lichen Kirchenbau, vielleicht das bedeutendste protestantische Bauwerk zeitlich kurz vor George Bährs Dresdener Frauenkirche. Den durch Ecklisenen, Fenster, Giebel und Mansarddach mit Laterne lebendig gegliederten Architekturkörper überragt der mächtige Turm mit Achteckaufbau und hoher Haube. Dreigeschossige Emporen umziehen den Kirchenraum. In seiner Kuppel bekrönt die il-

Waltershausen, Deckenbild der Stadtkirche

lusionistische Dreieinigkeits-Darstellung, geschaffen 1723 vom Gothaer Hofmaler Richter, die architektonische und farbliche Innengestaltung. Über dem Kanzelaltar befindet sich die 1720—30 von Tobias Gottfried Trost hinter dem dreietagigen Prospekt erbaute Orgel, eine der größten in Thüringen. 1966 wurde das Innere der Kirche restauriert.

Wanzka

Kr. Neustrelitz, Bez. Neubrandenburg

Die Kirche des Zisterzienser-Nonnenklosters Blankensee wurde nach der Gründung 1283 als einschiffiger Backsteinbau errichtet. Besonders eindrucksvoll ist die blendengegliederte Westseite der Kirche mit großem Mittelportal. Nach einem Brand 1838 baute Friedrich Wilhelm Buttel die Kirche den Vorstellungen seiner Zeit entsprechend wieder auf. Dabei entfiel die Nonnenempore, deren Einbau an der Außenseite der Kirche noch in der Fensterteilung ablesbar blieb.

Waren

Kr. Waren, Bez. Neubrandenburg

Die Pfarrkirche der Altstadt St. Georg aus dem beginnenden 14. Jh. wurde im 16. und am Ende des 17. Jh. umgebaut. 1853 wiederum völlig erneuert, erhielt sie den neogotischen Chorbau. Der Turm des frühen 15. Jh. blieb bestehen. Die Kreuzigungsgruppe im Inneren entstand im 14. Jh.

Pfarrkirche der Neustadt ist St. Marien, die durch ihren gotischen Turm mit dem achteckigen Helmaufsatz von 1792 im Stadtbild hervortritt. In eben dem letzten Jahrzehnt des 18. Jh. wurde der Backsteinbau des 14. Jh. umgestaltet. Die einheitliche Ausstattung schuf dabei Johann Joachim Busch, Erbauer des Schlosses Ludwigslust.

✳ ✳ Wasungen
Kr. Meiningen, Bez. Suhl

✳ Die Stadtkirche ist ein Renaissance-bau von 1596, in dem Teile des mittelalterlichen Vorgängerbaus aufgingen. Von diesem blieb auch der Turm bestehen. Das Innere des Saalraumes umziehen doppelgeschossige Emporen. Der Taufstein stammt von 1609, die Kanzel mit barockem Schmuck ist im Jahre 1650 entstanden.

Die Friedhofskirche wurde durch denkmalpflegerische Grabungen als ein Bau erkannt, dessen Kern auf das 11. Jh. zurückgeht. Das querrechtekkige Langhaus ist möglicherweise das Querschiff jenes frühmittelalterlichen Kirchenbaus, worauf auch die Trapezkapitelle hindeuten. Im spätgotischen Chor von 1500 haben sich spätmittelalterliche Grabsteine bewahrt. Die Kanzel stammt von 1613.

Wechselburg
Kr. Rochlitz, Bez. Karl-Marx-Stadt

✳ ✳ Die Stiftskirche im seit etwa 1526 als Wechselburg bezeichneten Zschillen ist eines der bedeutendsten romanischen Bauwerke östlich der Saale. Um 1160 hatte Graf Dedo von Groitzsch das Augustinerchorherrenstift Zschillen gegründet. Eine erste Weihe des Kirchenbaues ist für 1168

Stiftskirche mit Lettner

bezeugt, gegen 1180 dürfte dieser vollendet gewesen sein. Die damit geschaffene Pfeilerbasilika blieb in ihrer Gestalt im wesentlichen erhalten, wenn auch mit wechselvollem Schicksal. 1278–1543 war das Stift im Besitz des Deutschen Ritterordens. Nach seiner Auflösung 1543 gelangte die Kirche in die Hände der Familie von Schönburg, die sie neben ihrem Schloß als Schloßkirche einrichten ließ. Dieser durchgreifende Umbau fand 1683/84 statt. 1871–84 ist dann das gesamte Innere nach damaligen Vorstellungen vom Ursprungsbau wieder reromanisiert worden. 1945 erlitt die Kirche Schäden. Mit der Umwandlung des Schlosses in eine Kinderheilstätte wurde sie katholisches Gemeindegotteshaus und Wallfahrtsstätte. 1953–63 erfolgte, verbunden mit umfangreichen Forschungsarbeiten, ihre denkmalpflegerische Restaurierung. Dabei konnten neue Erkenntnisse über die originale Gestalt und den Standort des 1683 abgebrochenen Lettners gewonnen werden: Er stellt mit seinen später anderweitig verbaut gewesenen Plastiken eines der bedeutendsten Kunstwerke des 13. Jh. dar. Die Figuren stehen in engem Zusammenhang mit den Bildwerken der Goldenen Pforte am Freiberger Dom. Unter Beachtung der heutigen Funktion der Kirche wurde der Lettner bis 1980 rekonstruiert. Die zwischen 1230 und 1235 geschaffenen Plastiken sind restauriert und ihre in Resten noch vorhandenen mittelalterlichen Farbfassungen gesichert worden. Ebenfalls aus dem zweiten Drittel des 13. Jh. stammt das Grabmal des Stifters der Kirche Dedo und seiner Gemahlin Mechthild, die 1190 bzw. 1189 starben. Die Figuren sind nahezu als Freiplastiken aufgefaßt und gestaltet. Im Hinblick auf die Wirkung der architektonischen Gliederungen wurde das Kircheninnere bei der Restaurierung neu gestaltet, zumal die Raumausmalung des 19. Jh. im nazarenischen Stil sich als nicht reparabel erwies und die ursprüngliche Ausmalung nicht nachgewiesen werden konnte. Ebenso erfuhr das Äußere der Kirche eine neue

Putzfassung mit Betonung der architektonischen Dekorationen. Der in den Schloßhof einbezogene Querriegel des Westbaues blieb steinsichtig. Die reiche Baudekoration der Vorhalle – Relieffelder, kapitellgeschmückte und dekorierte Säulen – und der Portale wurden gesichert.

Die Pfarrkirche von Wechselburg ist ein barocker Saalbau von 1730–37. Der Turmaufbau kam 1765 hinzu. In seine Untergeschosse sind romanische Bauteile einbezogen. Der von Doppelemporen umgebene Innenraum zeichnet sich durch die Ausstattung aus der Erbauungszeit aus. Das Gemälde im zweigeschossigen Altaraufbau schuf 1837 Louis Castelli. Die Orgel baute Schramm 1781.

Weesenstein

Kr. Pirna, Bez. Dresden

✶ ✶ Schloß Weesenstein erhebt sich auf steilem Fels im Müglitztal als eine malerische Baugruppe. Ihre ältesten Teile stammen aus dem ausgehenden 13. Jh. Zu Anfang des 16. Jh. erfolgte der Ausbau zum Wohnschloß, das bis zum 18. Jh. acht Geschosse hoch erweitert worden ist. 1504 ließen die Besitzer, die Familie von Bünau, im sechsten Geschoß eine Kapelle einbauen. 1738–41 gestalteten Johann Georg Schmidt und Andreas Hünigen den Raum neu in barocken Formen. Das Schiff umziehen zwischen schlanke Holzpfeiler eingespannte Emporen und geben ihm eine ovale Form. Der große Säulenaufbau des Kanzelaltars mit prächtiger figürlicher Dekoration füllt den Chorraum. Ähnlich findet sich auch an den Kapitellen der Pfeiler reicher Schmuck. Neben dem Altar erfolgte der Logeneinbau für die Schloßherren. Der Orgelprospekt entstand am Ende des 18. Jh.

Weferlingen

Kr. Haldensleben, Bez. Magdeburg

Die einfache feldsteinerne Dorfkirche ist durch den Anbau der Grabkapelle für den Markgrafen Friedrich Christian von Kulmbach baukünstlerisch interessant, 1706 errichtete diese der Halberstädter Baumeister und Bildhauer Bartoli in prächtigen Barockformen am Südschiff. Dem quadrati-

schen Baukörper sind Säulen vorgestellt, die ein breites gekröpftes Gesims tragen. Reliefs, Ranken und Embleme schmücken Wände und Simsteile. Die südliche Eingangsseite zeigt allegorischen Figurenschmuck um das brandenburgische Wappen im Giebelaufbau, den Eingang schmückt ein schönes schmiedeeisernes Gitter.

Weida

Kr. Gera, Bez. Gera

Die Stadtkirche ist ein im Kern gotischer Bau aus dem 13. Jh. Im 16. Jh. wurde das Südschiff hinzugefügt und nach einem Brand 1633 der Bau erneuert. Danach entstand die Ausstattung mit Kassettendecke, Emporen und den Fürstenstühlen sowie der Kanzel. In den Chor sind spätromanische Fresken aus der Widenkirche übertragen worden, die Gewölbe stammen von 1933. Eine Restaurierung fand 1963 statt.

✶ Die ehemalige Hauptkirche der Stadt, die Widenkirche, ist seit dem Dreißigjährigen Krieg Ruine. Von der spätromanischen Doppelturmfront blieb nur der nördliche Teil erhalten, Chor und Langhaus sind im 14. Jh. erneuert worden. Ihre noch stehenden Teile lassen die hohe Qualität der Architektur erkennen, besonders deutlich an den Fensterrosen und dem rudimentär vorhandenen Maßwerk der Chorfenster. In der Vorhalle befanden sich die in die Stadtkirche übertragenen Fresken.

Gleichfalls eine Ruine ist die romanische einschiffige Peterskirche. Sie entstand in der zweiten Hälfte des 12. Jh. Von der Doppelturmfront blieb hier der Südturm stehen.

✶ ✶ **Weimar**

Stadtkr. Weimar, Bez. Erfurt

Der historische Stadtkern von Weimar ist ein Denkmal von besonderer Bedeutung. Weniger seine mittelalterliche Gestalt als vielmehr die zu Stätten klassischen Kunstschaffens und Kulturlebens gewordenen Bauten des 18. und 19. Jh. Schlösser, Gärten, Palais und Dichterhäuser bilden die kulturhistorischen Hauptakzente.

✶ ✶ Die Stadtkirche St. Peter und Paul trägt auch den Namen Johann

Gottfried Herders, der seit 1776 an dieser Kirche und als Generalsuperintendent des Weimarer Landes wirkte. Das Bauwerk wurde ab 1498 als gotische Hallenkirche errichtet, dabei ist der Turm des Vorgängerbaues erhalten und in den Neubau einbezogen worden. Nach Schäden, vor allem in der Gewölbezone, erfolgte 1735–45 der barocke Umbau durch den Landbaumeister Johann Adolph Richter. Dabei entstand die im wesentlichen nach den schweren Schäden des letzten Krieges bis 1953 wiederhergestellte Außen- und Innengestalt der Kirche. Lediglich die Emporen sind heute etwas reduziert, die barocke Raumfarbigkeit konnte aber zurückgewonnen werden. In der reichen Ausstattung, die im zweiten Weltkrieg gerettet worden ist, spiegelt sich die historische Bedeutung der Herderkirche. Vor allem belegen die Grabdenkmale ein Stück Geschichte Weimars. Seit 1547 diente der Chor als Grabstätte der ernestinischen Wettiner. Besonders beachtenswert sind die Platten und Epitaphien der Margarete von Anhalt, aus der Nürnberger Vischer-Werkstatt, und für Herzog Bernhard von Weimar, Heerführer im Dreißigjährigen Krieg. Das große Marmorepitaph für Herzog Johann Wilhelm schuf 1576 der Sohn des Baumeisters Nikolaus Gromann, Sebastian Gromann aus Gotha. Der Grabstein für Lucas Cranach d. Ä. gelangte erst 1859 vom Jacobsfriedhof an seinen heutigen Standplatz in der Wettiner-Reihe, sicher mit Fug und Recht: Cranach ist der Schöpfer des großen Altartriptychons, das 1555 Lucas Cranach d. J. vollendet hat. Im Kreuzigungsbild wird Luther als interpretative Gestalt und Mittler zwischen biblischer Geschichte und Zeitwirklichkeit dargestellt. Überhaupt verbinden sich große Namen mit der Kirche: Martin Luther predigte hier, Johann Sebastian Bach spielte die Orgel während seiner Zeit als Hoforganist in Weimar 1708–17; Thomas Mann spendete den ihm verliehenen Goethe-Nationalpreis für den Wiederaufbau der Herderkirche!

Vor der Kirche wurde 1850 das vom Münchner Bildhauer Ludwig Schaller geschaffene Herder-Denkmal aufgestellt.

Die Jacobskirche geht auf einen Bau zurück, der 1168 geweiht worden ist. Ein an der Südseite eingemauerter Stein vermeldet dieses zu den ältesten Zeitangaben der Geschichte Weimars zu rechnende Datum. Im 13. Jh. Zisterzienserinnen-Kloster, verfiel die Kirche nach der Reformation. 1712 ließ Herzog Wilhelm Ernst ihren völligen Neubau durch Johann Mützel aus Eisenach und Johann Adolph Richter beginnen. In verhaltenen Barockformen entstand dabei der von drei Emporen umzogene Raum. Am 19. Oktober 1806 wurde hier Goethe mit Christiane Vulpius getraut. Auf dem Friedhof neben der Kirche befinden sich die Begräbnisstätten von Lucas Cranach d. Ä., Luise von Göchhausen, Goethes Frau, Christiane, Karl August Musäus und Georg Melchior Kraus.

** Zwei Grabdenkmäler betont sakraler und betont klassischer Prägung auf dem Historischen Friedhof verdienen besondere Beachtung. 1859 wurde für die Weimarer Großherzogin Maria Pawlowna, Tochter des Zaren Pauls I., die Grabstätte in Form einer russischen Kirche errichtet. Die Großherzogin widmete sich besonders sozialem Anliegen. Die Goethe-Schiller-Gruft war 1825 durch Clemens Wenzeslaus Coudray und unter Beteiligung Goethes als Mausoleum des Weimarer Fürstenhauses in antikisierend klassizistischem Stil erbaut worden. Nach Goethes Tod wurden seine und Schillers Gebeine auf Wunsch des Großherzogs Carl August hier beigesetzt.

Im Stadtteil *Oberweimar* steht die älteste erhaltene Kirche Weimars. Zwischen 1247 und 1281 war sie für ein Zisterzienserinnen-Kloster errichtet worden. Mehrere Umbauten, ein erster erfolgte 1361, veränderten den einschiffigen Bau mit dem Westturm und sein Inneres. Erhalten blieben aus der mittelalterlichen Zeit der Doppelgrabstein Friedrichs von Orlamünde und seiner Gemahlin von 1365 sowie für einen Knaben von etwa 1520. Der Kanzelaltar entstand 1733.

Weisdin

Kr. Neustrelitz, Bez. Neubrandenburg

1749 wurde die Kirche als Achteckbau errichtet, darüber entstanden ein Zeltdach und das Laternentürmchen. Das Backsteinmauerwerk ist verputzt und mit Lisenen sowie einem pilastergerahmten Portal geschmückt. Im Inneren blieben Ausstattung und Farbigkeit der Erbauungszeit erhalten. Die umlaufenden Emporen sind im Erdgeschoß als Logen zugebaut, in den oberen großen Rundungen des Achteckraumes mit Verglasungen versehen. Altarschranke und Gestühl zeigen schöne Rokokodekorationen, die Decke zarte Rokokoornamente.

Weißenfels

Kr. Weißenfels, Bez. Halle

∗ Der Chor der Stadtkirche St. Marien prägt gemeinsam mit dem barocken Rathaus das Bild des historischen Zentrums der Stadt, das sich unter

Weißenfels, Schloßkapelle

dem Schloß Neu-Augustusburg ausbreitet. Die frühgotische Halle der Marienkirche brannte mehrfach. 1429 wurde zunächst ihr Chor neu errichtet und erhielt als marktbeherrschender Bauteil eine besonders reiche architektonische Dekoration. In den sechziger Jahren des 14. Jh. entstand das Langhaus und erhielt in den Seitenschiffen wie der Chor Netzgewölbe, das Mittelschiff wurde nur mit einer hölzernen Tonne geschlossen. Der etwa gleichzeitig aufgeführte Westturm ist erst 1718–22 mit der barokken Schweifhaube über seinem unregelmäßigen Achteckaufbau bekrönt worden. 1670–84 diente die Kirche als Hofkapelle und wurde dazu neu gestaltet: Emporen, die große Altarwand von Andreas Griebenstein mit Reliefdarstellungen und seitlich Freifiguren, die Kanzel, die Taufe sind in diesen Jahren geschaffen worden. Nach der Außensicherung hat 1981 die Restaurierung des Kircheninneren begonnen.

Die Klosterkirche der Franziskanernonnen ist seit dem vorigen Jahrhundert für Wohnzwecke umgebaut worden. Ihr Chor wurde abgetragen und 1886 auf dem Neuen Friedhof wieder aufgebaut, wo er 1927 die Anbauten der Sakristei und einer Vorhalle erhielt.

** Im Schloß Neu-Augustusburg – neben Weimar und Gotha der bedeutendste Schloßbau des 17. Jh. im thüringischen und unmittelbar angrenzenden wettinischen Land – ist die Kapelle der besterhaltene und bedeutendste Innenraum. 1660 begann Erhard Lindner nach dem Entwurf Johann Moritz Richter d. Ä. den hufeisenförmig angelegten großen Schloßbau. Unmittelbar auf Johann Moritz Richter geht auch der 1664 bis zu seinem Tode 1667 geschaffene Kapellenraum zurück. Vorbild waren die Schloßkapellen in Schmalkalden und Augustusburg. Eine große Kassettendecke überspannt den Raum. Zwischen den mächtigen Pfeilern sind die Emporen teils offen, teils verglast und als Fürstenstand neben dem Altar besonders reich dekoriert. Überhaupt ist

die künstlerische Ausgestaltung von höchstem Aufwand und großer Qualität. Die Stuckaturen schufen seit 1677 die Italiener Giovanni Caroveri und Bartolomeo Quadri. Die Emporenbrüstungen bemalte der Dresdner Johann Oswald Harms. Für den evangelischen Kanzelaltar lieferte Johann Heinrich Böhme aus Schneeberg das Modell, Balthasar Stockhammer vollendete das plastisch reiche Werk 1683. 1744 wurde die Kanzel aus dem Altar herausgenommen und gesondert aufgestellt, nachdem das Herzogtum Weißenfels an die katholische kursächsische Linie zurückgekommen war. Dafür ist das Relief der Marienverkündigung eingefügt. Die 1675 von Christian Förner gebaute Orgel erfuhr im vorigen Jahrhundert einen Umbau. 1952–54 ist die ursprüngliche Farbgebung des Raumes in Apfelgrün, Rosa und Weiß restauriert worden.

Werben

Kr. Osterburg, Bez. Magdeburg

** Die Pfarrkirche St. Johannis entstand als dreischiffige Halle seit dem ersten Viertel des 15. Jh. unter Einbeziehung des spätromanischen Turmes von etwa 1230. In der zweiten Hälfte des 15. Jh. war der Kirchenbau weitgehend fertiggestellt. Seine reiche Dekoration am Außenbau durch Maßwerkfriese fällt auf, sie ziehen sich unter der Traufe und an den Strebepfeilern entlang. Am gotisch aufgestockten Turm wie an dem mittleren Chorende treten dekorative Rundscheiben hinzu. Innen ist das Mittelschiff leicht überhöht, Pfeiler und Bögen zeigen ähnlich reiche Profilierungen wie die Außendekoration. In dem lichten Raum haben sich trotz Zerstörung im Dreißigjährigen Krieg eine Reihe mittelalterlicher Kunstwerke erhalten. Der heutige Altar besteht aus zwei spätgotischen Flügelaltären, die übereinandergestellt worden sind: der obere Dreieinigkeitsaltar stammt von 1500, der untere Marienaltar aus der Zeit um 1430. Hermann Bonstede aus Hamburg ist der Schöpfer des 2,9 m hohen fünfarmigen Messingleuchters und des Messing-Taufkessels, die 1487 und 1489 entstanden sind. Die Kanzel ge-

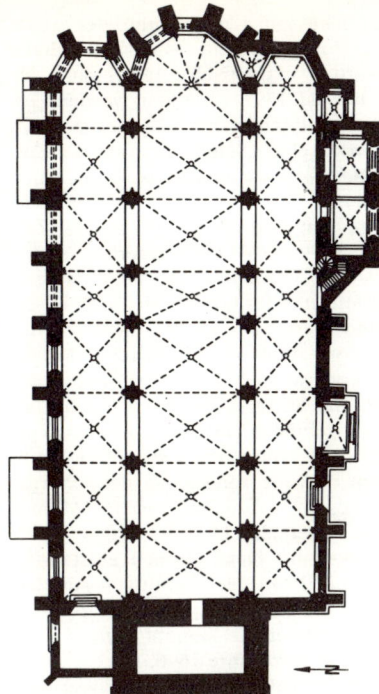

*Grundriß der spätgotischen
Pfarrkirche St. Johannis*

staltete der Magdeburger Michael
Spies 1602, sie wurde 1968 neu gefaßt.
In Restaurierung befinden sich gegenwärtig auch die Glasmalereien von 14
Fenstern dieser Kirche. Sie entstammen dem Jahrhundert zwischen 1370
und 1470 und wurden schon einmal
1891 neu zusammengestellt.

Werdau
Kr. Werdau, Bez. Karl-Marx-Stadt
Die Stadtkirche St. Marien ist ein Barockbau, 1760–64 nach dem Entwurf
von Samuel Locke als Emporensaal
erbaut. Die Stuckaturen schuf 1764
Andreas Vogel. Altar, Kanzel und Orgelprospekt sind neben den zweigeschossigen Emporen als Ausstattung
der Erbauungszeit erhalten. 1887 und
1930 erfuhr die Kirche Erneuerungen.

Werder
Kr. Potsdam, Bez. Potsdam
Die Pfarrkirche entstand in neogoti-
schen Formen 1857 nach einem Ent-
wurf von August Stüler. Der hohe
Westturm und zwei Achtecktürme am

Chor kennzeichnen ihr Äußeres. Der
dreischiffige Innenraum ist mit Emporen, einer flachen Holzbalkendecke,
die über dem Mittelschiff leicht an-
steigt, Gewölben im Chor und weiteren Ausstattungsstücken zu einem einheitlichen neogotischen Gesamtwerk
gestaltet worden.

Wermsdorf
Kr. Oschatz, Bez. Leipzig
✶ ✶ Der Kapellenbau im Schloß Hubertusburg entstand im Zusammenhang mit dem Hauptgeviert der weiträumigen Gebäudegruppe und liegt
im Südteil des Eingangsflügels. 1721
hatte der Ingenieur-Obrist Johann
Christoph Naumann den Schloßbau
begonnen. Ihre eigentliche Gestalt
verlieh der zu den größten Barock-
schlössern zählenden Anlage aber von
1743 bis 1751 Johann Christoph
Knöffel. Die Kapelle tritt am Außenbau überhaupt nicht in Erscheinung.
Sie ist ein Saal mit flacher Decke und
umlaufender Empore. Die verglasten
Hoflogen liegen an der Eingangsseite.
Durch die reiche Anwendung farbi-
gen Stuckmarmors erhalten die
schlichten Architekturformen eine Bewegtheit, die schließlich in der Figurengruppe des Hauptaltars gipfelt,
Lorenzo Mattielli ist ihr Schöpfer. Das
Deckengemälde der Bekehrung des
Hubertus schuf Johann Baptist
Grone. Die Gemälde der Seitenaltäre
stammen von Louis Silvestre, Ge-

Kapelle im Schloß Hubertusburg

mälde unter der Empore werden Stefano Torelli und Adam Friedrich Oeser zugeschrieben. Ein besonders schönes Rokokowerk ist die Kanzel. Das Schloß wird als Heilanstalt genutzt.

* * Wernigerode

Kr. Wernigerode, Bez. Magdeburg

Die bunte Fachwerkstadt, eines der Haupt-Touristenziele in der DDR, wird schon im 9. Jh. genannt. Die mittelalterliche Marktsiedlung unter der Burg war Mitglied der Hanse. Auf dem „Klint" rings um die Oberpfarrkirche lag ihr ältester Siedlungskern, der im 13. Jh. mit dem heutigen Markt erweitert worden ist. Um die Frauenkirche entstand seit etwa 1270 die Neustadt. Nördlich der alten Haupt- und Handelsstraße erfolgte um die Johanniskirche noch in mittelalterlicher Zeit deren Erweiterung. Mit ihrem reichen historischen Baubestand ist die Stadt Wernigerode ein städtebauliches Denkmal von hohem Rang.

* Die Oberpfarrkirche wurde schon bald nach ihrer Vollendung in der ersten Hälfte des 13. Jh. in ein Chorherrenstift und zugleich die Grablage der Wernigeröder und Stolberger Grafen umgewandelt. Einen entsprechenden Umbau erfuhr der Chor 1265. Das Schiff ist um 1500 erweitert worden, schließlich brachte die gründliche Erneuerung 1880–85 den heutigen Westturm. Von der spätmittelalterlichen und barocken Ausstattung verblieben neben den zahlreichen Grabsteinen einige Schnitzfiguren aus dem späten 15. Jh. Ein schöner Stollenschrank aus dem 14. Jh. gehört ebenso wie der Schnitzaltar aus dem dritten Viertel des 15. Jh. zu den bemerkenswerten Kunstwerken. Letzterer wurde in einer niederländischen Werkstatt geschaffen und befand sich ursprünglich im Kloster Himmelpforte.

* Die Frauenkirche ist nach einem Brand 1756–62 neu erbaut worden. Ihr spätbarocker, klassizistisch wirkender Saalbau birgt eine einheitliche Ausstattung mit Doppelemporen, Kanzelaltar und Herrschaftsloge. Das Altarbild schuf Bernhard Rhode. Der Turm kam 1890 hinzu.

* Noch aus der spätromanischen Epoche um 1265 stammt der Turm der Johanniskirche. Das Kirchenhaus wurde spätgotisch umgebaut, der Chor ist 1497 vollendet worden. Im ungewölbten Raum befindet sich ein vierflügeliger Schnitzaltar aus der Zeit um 1425. Der Kruzifixus im Chor stammt von etwa 1500, der Taufstein von 1569 und die Kanzel aus der Zeit um 1600, sie ist teilerneuert.

* Die Theobaldi-Kapelle, eine Sühnestiftung des Grafen Heinrich im ersten Viertel des 15. Jh., dient seit der Reformation als Pfarrkirche. Möglicherweise sind Teile des Baues älter als die Stiftung, die dann einen Umbau gebracht hätte. Im Inneren wurden die Tonne, die Emporenbrüstungen und die Rückseiten des Chorgestühls in volkskünstlerischer Manier reich bemalt. Die prächtigen Bildwerke und Dekorationen entstanden im 17. Jh. In der vielfältigen Ausstattung ist die Triumphkreuzgruppe bemerkenswert, sie stammt wie die Kanzel aus dem Jahre 1696.

* * Graf Otto zu Stolberg-Wernigerode war 1871 zeitweise Vizekanzler des Deutschen Reiches. Nicht zuletzt aus diesem Grunde ließ er das barocke Schloß völlig umbauen und zum Prunkstück eines fürstlichen Repräsentationssitzes gestalten. Bevorzugt wurde der neogotische Stil; er kommt besonders ausgeprägt in der Schloßkirche zum Ausdruck. Der Bauherr hatte dazu Entwürfe beim Baumeister des Wiener Rathauses Friedrich Schmidt anfertigen lassen, die der Blankenburger Karl Frühling für die Gestaltung des Kirchenraumes verwandt hat. Die Bildwerke an der Kanzel schuf der hannoversche Professor Dopmeyer, die Glasfenster stammen vom Kunst-Professor Andreae. In ihnen wie im Bau selbst verdeutlicht sich die akademische Rezeption mittelalterlicher Kunst und besonders der französischen Kathedralgotik. Die Kirche ist Bestandteil des im Schloß eingerichteten Feudalmuseums.

Wilsdruff

Kr. Freital, Bez. Dresden

In der 1896 neu erbauten Nikolaikirche befindet sich ein prächtiger Sandstein-Altaraufsatz von 1631. Die frühbarocke Architektur-Figurenkomposition schuf Caspar Klüppel aus Pirna. Ihren Formen folgt auch die Ausmalung des Chorraumes. Die barocke Kanzel stammt von 1693.

Außerhalb der Stadt liegt auf einer Anhöhe die als Begräbniskapelle errichtete Jacobikirche, ein romanischer Saalbau aus dem 12. Jh., der nach einem Brand 1574 wiederhergestellt worden ist. Empore, Altaraufsatz und Kanzel sowie der Dachreiter stammen aus der Zeit dieser Erneuerung.

Wilsnack, Bad
Kr. Perleberg, Bez. Schwerin

✳✳ Um 1300 brannte die Kirche des Dorfes ab. Dabei wurde angeblich ein Hostienwunder beobachtet, und dies führte dazu, daß der Ort Ziel vieler Wallfahrten wurde. Ab 1384 ist dann die monumentale Wallfahrtskirche errichtet worden. Um 1400 waren der Chor und das Querschiff fertiggestellt, im frühen 15. Jh. vollendete man die kurze Halle bis zum stehengebliebenen Turm des Vorgängerbaues. Am Ende des 15. Jh. entstand schließlich bündig mit der Turmwestseite die hohe Giebelwand mit ihrer dekorativen Gliederung und dem Dachreiter. Der äußere Chorumgang und die emporenartigen Anbauten an den Querschiffsflügeln dienten den Prozessionsumzügen während der Wallfahrten. Von der reichen Ausstattung ist der große Altaraufsatz besonders bemerkenswert. Er wurde aus drei mittelalterlichen Schnitzaltären zusammengestellt, die im 14. und 15. Jh. unterschiedlich reich gestaltet waren. Am zweiten Nordpfeiler des Langhauses befindet sich die lebensgroße Sandsteinfigur des Havelberger Bischofs Johann von Wöpelitz, ein farbig gefaßtes Bildwerk von erstaunlicher Lebendigkeit und Realistik aus dem frühen 15. Jh. In der Wunderblutkapelle ist der in der zweiten Hälfte des 15. Jh. entstandene Wunderblutschrein erhalten, dessen Türen und Außenseiten mit einer Darstellung der Gregorsmesse und dekorativen Elementen bemalt sind. Wertvolle

Scheiben mit Glasmalereien aus dem zweiten Drittel des 15. Jh. blieben in den Chorfenstern erhalten. Sie wurden 1887 nach einer Restaurierung neu zusammengestellt. Seit 1970 sind sie abschnittweise gesichert worden.

Wismar
Kr. Wismar, Bez. Rostock

An der mittelalterlichen Straße von Lübeck nach Rostock entstand im frühen 13. Jh. die Marktsiedlung Wismar. Ein älterer Siedlungskern lag um die heutige Nikolaikirche zwischen der Seebucht und dem alten Schifffahrtsweg der Grube. Neben der Altstadt um die Marienkirche entwickelte sich noch vor 1250 die Neustadt mit der Georgenkirche. 1259 gingen Wismar, Lübeck und Rostock ein Schutzbündnis ein, seit 1358 war Wismar Mitglied der Hanse. Während der Blütezeit der Handelsstadt im 14./15. Jh. wurden die großen gotischen Kirchenbauten errichtet. Nach dem Westfälischen Frieden kam Wismar mit der Insel Poel an Schweden, seit 1803 verpfändete dieses die Stadt an Mecklenburg. Im zweiten Weltkrieg erlitt der Stadtkern durch Luftangriffe Schäden, die Marien- und Georgenkirche brannten bis auf die Umfassungsmauern nieder. Seit den sechziger Jahren erfolgt eine systematische Rekonstruktion der historischen Straßenzüge und Plätze der städtebaugeschichtlich wertvollen Altstadt.

✳✳ Die Nikolaikirche ist nach dem Abriß der älteren Kirche seit 1381 völlig neu und in Anlehnung an das Vorbild der Marienkirche errichtet worden. Heinrich von Bremen war der erste Baumeister des basilikalen Chores. 1415 dürfte mit dem Dach dieser 37 m aufragende Bauteil vollendet gewesen sein. Hermann von Münster und Peter Stolp bauten seit etwa 1435 das Langhaus in gleicher Gestalt weiter, aber erst nach der Jahrhundertmitte erfolgte die Wölbung. 1485–87 stellte Hans Martens den Turmaufbau fertig. Dessen 1508 aufgebrachter Helm aber stürzte 1703 ein. Herabgebrochene Seitenschiffsgewölbe waren schon 1544 neu gemauert worden. Nach der Turmkatastrophe blieb das Mittel-

Nikolaikirche

schiff bis 1867 ohne Wölbung. 1881 wurde schließlich das gesamte Kircheninnere erneuert. Seit 1950 erfolgen Sicherungs- und Restaurierungsarbeiten. Die klassisch aufgebaute Außenarchitektur mit Strebepfeilern und -bögen findet dekorative Bereicherung in den hohen Giebeln der querschiffartig angefügten Seitenschiffskapellen. Neben der Rosette bilden hier Friese und Blenden aus glasierten Formsteinen und Reihen von Relieffiguren, die mit Hilfe von Modeln in Backstein gepreßt wurden, ein teppichartiges Architekturmuster. Der zweizonige Innenraum des Mittelschiffes ist betont vertikal orientiert: das klassisch gotische Schema des steil ansteigenden Raumes wurde hier in die Sprache der Backsteingotik übertragen. In den seitlichen Kapellen und den Turmhallen befinden sich große spätgotische Wandmalereien. Eine Neuausstattung der Kirche brachte der Barock. Davon haben sich als Hauptstücke der Hauptaltar von 1772, die Kanzel von 1708 sowie Orgelprospekt und Orgelbühne ebenfalls aus dem Anfang des 18. Jh. erhalten. Die Kopie des Rubens'schen Kreuzabnahme-Gemäldes hatte 1653 Benjamin Block geschaffen, sie wurde in den Hauptaltar eingefügt. In der vier-

ten Nordkapelle steht der Schifferaltar vom Anfang des 16. Jh., die großen Messing-Kerzenkronen stammen aus dem 17. und frühen 18. Jh. Nach 1945 gelangte ein Teil der Ausstattung der Marienkirche in St. Nikolai. Allen voran ist der Krämeraltar zu nennen, in seinem Mittelschrein eine Madonna im Strahlenkranz zwischen Heiligen und musizierenden Engeln. Das Bildwerk aus dem zweiten Viertel des 15. Jh. wurde 1966 restauriert. Die ebenfalls aus St. Marien stammende Bronzetaufe ist einer gleichaltrigen in der Lübecker Marienkirche verwandt und wahrscheinlich von deren Meister Johann Apengeter um 1335 geschaffen worden. Wohl erst im 16. Jh. entstand das schmiedeeiserne Gitter am Tauwerk rings um das Gefäß. In mehreren Einzelstücken wurde die Bronzegrabplatte der Herzogin Sophie von Mecklenburg im frühen 16. Jh. gegossen, ein Werk höchster künstlerischer Vollendung. Sie ist in der zweiten Nordkapelle aufgestellt. In der Georgenkirche befand sich bis zu deren Zerstörung der spätgotische Hochaltar mit doppelten Flügeln, eines der größten Bildwerke dieser Art in Mecklenburg. Der um 1430 geschaffene Altar wird gegenwärtig restauriert. Aus der ehem. Dominikanerkirche stammt die spätgotische Triumphkreuzgruppe über der Chorschranke. Aus der Vielzahl weiterer Bildwerke sind die Holzfiguren des Generals Wrangel und seiner Gemahlin interessant, sie gehörten wohl ursprünglich zu dem 1647 errichteten Grabmal.

✳✳ Die Marienkirche aus dem 13./14. Jh. wurde im letzten Krieg zerstört und anschließend abgetragen. Erhalten blieb von dem gewaltigen Bauwerk nur der 80 m hohe Turm. Über seinem frühgotischen Unterbau sind in der ersten Hälfte des 15. Jh. die drei nach oben an Höhe jeweils zunehmenden Geschosse errichtet worden. Die jetzige Bedachung geht auf das 16. Jh. zurück.

✳✳ Ebenfalls Kriegsruine ist die mächtige Backsteinbasilika der Georgenkirche, die Hermann von Münster und Hans Martens zwischen 1442 und 1497 ausbauten. Ende des 16. Jh. war die Baukraft jedoch erlahmt, und der Turm erhielt nur einen Notabschluß. Auch in der ruinösen Gestalt ist dieser großartige Kirchenbau ein Zeugnis hanseatisch-bürgerlicher Kraft und deren allmählichen Niedergangs geblieben.

* Die Hospitalkirche Zum Heiligen Geist an der Lübschen Straße wurde zusammen mit den anschließenden mittelalterlichen und jüngeren Gebäuden 1964–72 baulich gesichert und restauriert. Im wesentlichen aus dem 14. Jh. stammend, enthält der Saalraum eine spätgotische Balkendecke, die Anfang des 18. Jh. zusammen mit der Ausstattung des Raumes ihre reiche ornamentale und szenische Bemalung erhielt. Aus der Marienkirche wurden der Zyklus spätgotischer Glasscheiben in einem Nordfenster und aus der Georgenkirche die beiden spätgotischen Schnitzaltäre vom Anfang des 16. Jh. eingebracht. Zwei reizvolle Kunstwerke sind die spätgotischen Stableuchter mit dem Bildnis einer Madonna im Strahlenkranz. – Das „Lange Haus" an der Nordseite der Kirche, ein Bau des 15. Jh., wurde nach der Reformation ausgebaut und enthält heute noch die Diele mit den beidseitig angeordneten Einzelkammern für die Bewohner.

Die Neue Marienkirche entstand 1950/51 dicht bei der kriegszerstörten Kirche nach einem Typenentwurf von Otto Bartning. Es handelt sich um einen aus Ziegeln errichteten Saalraum, den ein hohes und innen offenes Brettbinderdach überspannt. Die Belichtung des schlicht-modernen Raumes erfolgt durch das umlaufende Fensterband.

Wittenberg, Lutherstadt
Kr. Wittenberg, Bez. Halle

1180 ist für den Platz an der Elbe, wo heute Wittenberg liegt, ein Burgward verzeichnet. In seinem Schutze entwickelte sich die mittelalterliche Stadt. Die askanischen Herrscher hatten hier einen ihrer Sitze. Nach ihrem Aussterben gelangte 1422 das Land um Wittenberg an die sächsischen Kurfürsten. Unter Friedrich dem Weisen wurde die Stadt nun wettinische Residenz und erfuhr einen entsprechenden Ausbau. Er gründete hier 1502 die Universität. 1508 kam der Augustinermönch Martin Luther nach Wittenberg und wurde 1512 Professor der Theologie. Mit seinen 95 Thesen trat er 1517 öffentlich gegen die damals bestehenden kirchlichen Verhältnisse und den Ablaß auf. Damit wurde Wittenberg zum Ausgangsort der lutherischen Reformationsbewegung und eines der historischen geistigen und kulturellen Zentren in Europa. Persönlichkeiten wie Philipp Melanchthon, Johann Bugenhagen, Justus Jonas und die Cranachs prägten das humanistische Geistesleben der Renaissanceresidenz. Mit Luthers Tod 1546 und der Verlegung des Hofes nach Torgau 1547 verlor die Stadt ihren überregionalen Rang.

** Die Stadtkirche St. Marien war Predigtkirche Martin Luthers. Von dem frügotischen Neubau aus dem endenden 13. Jh. blieb die Turmfront erhalten. Die Bauformen des Chores deuten auf sein Entstehen Anfang des 14. Jh. hin. 1411–39 wurde dann das Langhaus als spätgotische Halle errichtet. Dabei sind auch die Türme erhöht worden, ihre Aufsätze erhielten sie 1558. Das Innere der Kirche prägt heute wesentlich die von Carlo Ignazio Pozzi 1810/11 geschaffene gotisierende Ausstattung mit Empore, Kanzel, Orgel und Gestühl. Zwischen 1955 und 1979 ist die Kirche mit dieser Einrichtung restauriert worden. Das Hauptkunstwerk stellt der Reformationsaltar von Lucas Cranach d. Ä. dar, der eine Allegorie des evangelischen Glaubens zum Inhalt hat: im Haupt- und Abendmahlsbild finden sich die Porträts der Reformatoren und Förderer der Reformation. Das Gemälde entstand möglicherweise vor 1539. Zusammen mit den 1547 von Lucas Cranach d. J. hinzugefügten Malflügeln wurde der Altar mit diesen zeitbezogenen Darstellungen 1547 geweiht. Sandsteinreliefs aus dem frühen 15. Jh. versinnbildlichen den Weltenrichter und die Gethsemane-Szene.

Marktplatz mit Marienkirche, Luther- und Melanchthondenkmal

Die figurengeschmückte Taufe von Hermann Vischer d. Ä. ist ein Messingguß von 1457 aus der Nürnberger Werkstatt. Von den vielen Grabdenkmälern, Bronzetafeln, Steinepitaphien, Epitaphgemälden, Grabplatten, die sämtlich wegen ihres künstlerischen und gleichermaßen historischen Wertes Beachtung verdienen, seien nur genannt: das Epitaphgemälde für Johann Bugenhagen, 1560 von Lucas Cranach d. J.; das große Sandsteinepitaph von der Schulenburg mit dem Marmorsäulenaufbau und den Alabasterreliefs, 1571 von Georg Schröter aus Torgau geschaffen; das Steinepitaph für Lucas Cranach d. J., ein großartiges Bildwerk der Grablegung Christi, mit Wappenkartusche und Schriftbänder, Marmor und Alabaster, 1606 von Sebastian Walther signiert.

* Südlich der Marienkirche steht die Fronleichnamskapelle, wohl um 1368 erbaut. Die schlichte Architektur mit dem 5/8-Schluß und Treppentürmchen an der Giebelseite wurde 1955 restauriert.

* Auf dem Marktplatz ist 1821 das Denkmal Martin Luthers aufgestellt worden. Gottfried Schadow hatte 1805 das Bildwerk des Reformators geschaffen, den gotisierenden Baldachin entwarf Karl Friedrich Schinkel. Westlich davon entstand in enger Anlehnung an das Lutherdenkmal 1858–65 das Standbild Philipp Melanchthons von Friedrich Drake. Der Baldachin wurde nach dem Entwurf von Johann Heinrich Strack gegossen.

** Als Bestandteil des Schlosses der Kurfürsten und dessen Nordflügel entstand seit 1490 die Schloßkirche. Der Schloßbaumeister Conrad Pflüger wölbte bis 1507 den Bau. Seit diesem Jahr diente die Schloßkirche zugleich als Universitätskirche. 1760 wurde sie durch einen Brand zerstört. Anschließend erfolgte mit dem Wiederausbau die barocke Umgestaltung zur Hofkapelle. Um die Mitte des vorigen Jahrhunderts war bereits eine Erneuerung geplant, doch wurde 1858 nur die Thesentür neu geschaffen. Die bronzenen Flügel mit dem Text der 95 Thesen Luthers entstanden nach Entwürfen des preußischen Konservators Ferdinand von Quast und Friedrich Drake. Letzterer arbeitete auch an der Gestaltung der Türumrahmung mit. Erst 1883–92 kam es zu der Rekonstruktion eines gotischen Zustandes, in dem sich die Schloßkirche heute noch im wesentlichen darbietet. Die

Pläne zu diesem Umbau des Inneren und zum Aufbau des Turmes schuf Friedrich Adler. Der Turm symbolisiert mit dem reichen Maßwerkaufbau und der Kuppel die Kaiserkrone und war 1892 vollendet. Das Kircheninnere wurde als neogotisch geprägte Ruhmes- und Gedächtnishalle der Reformation angelegt. Von der ungewöhnlich reichen Ausstattung der Renaissancezeit – das Wittenberger Heiltum war von Friedrich dem Weisen zu einer der größten Reliquiensammlung ausgebaut und in der Kirche untergebracht worden – blieb nur wenig erhalten. Die Bronzeepitaphien für Friedrich den Weisen, Johann den Beständigen und Henning Göden kommen aus der Nürnberger Vischer-

Werkstatt, zwischen 1521 und 1534 geschaffen. Erhalten sind die Gräber Luthers und Melanchthons, am Luthergrab ist dabei ein moderner Abguß der Originalplatte aus der Jenaer Michaelkirche aufgestellt. Aus der zweiten Hälfte des 14. Jh. haben sich die Grabplatten für Kurfürst Rudolf II., seine Gemahlin und deren Tochter erhalten.

Am Nordrand der Altstadt erbaute 1865 Arnold Güldenpfennig die katholische Kirche, einen Backsteinbau in neogotischen Formen.

✳✳ Die Reformations-Gedenkstätten Wittenbergs sind in den letzten 15 Jahren restauriert und zu einem beträchtlichen Teil neu erschlossen worden. Das auf den Baumeister Conrad

Schloßkirche

257

Pflüger zurückgeführte Augusteum war seit 1502 Sitz der Universität, im 18. Jh. wurde es aufgestockt und barock umgebaut. Im Hof des Augusteums befindet sich das Lutherhaus, einst Konvent des Augustiner-Eremiten-Klosters. In diesem 1504 errichteten Bau wohnte seit 1524 der Reformator. 1566 ist es in den Neubau des Augusteums einbezogen worden. 1873–83 erfolgte dann die Umgestaltung des gesamten Gebäudekomplexes durch Friedrich August Stüler in gotisierendem Stil zum reformationsgeschichtlichen Museum mit der „Lutherhalle". Das Refektorium wurde als Vortragssaal erschlossen. In der über einen Wendelstein zu erreichenden oberen Etage befinden sich große Historiendarstellungen sowie im ehem. großen Hörsaal der Universität die bedeutende Sammlung von Dokumenten zur Reformation und den Schriften Luthers. Die Lutherstube, Wohn- und Arbeitsraum des Reformators, birgt noch einen Teil der Einbauten von 1535–38. Das 17., vor allem aber das 19. Jh. brachten zahlreiche Ergänzungen. Der historisch wesentliche Bestand wurde 1967 durch Freilegung der Raumfassungen des 16. Jh. gesichert und mit der Restaurierung 1980/81 neu erschlossen. – Das 1530–40 erbaute Melanchthonhaus war Wohn-, Arbeits- und Sterbestätte des Reformators und ist nach der Restaurierung als Museum erschlossen worden.

Wittenburg
Kr. Hagenow, Bez. Schwerin
Die Stadtkirche St. Bartholomäus ist eine stattliche gotische Backsteinhalle, gegen 1240 begonnen und 1284 geweiht. Die Wölbung entstand im 14. Jh. Bei der Restaurierung des Innenraumes 1956 wurden die Emporeneinbauten des 19. Jh. entfernt. Der Turm ist 1909 vor dem im Mittelalter nicht vollendeten Westbau errichtet worden. Die Schmuckformen am Außenbau sind noch spätromanisch geprägt. Im schmuckarmen Inneren befindet sich ein Schnitzaltar aus dem späten 15. Jh. und eine bemerkenswerte Bronzetaufe mit männlichen

Tragefiguren, entstanden 1342. Weitere Ausstattungsteile stammen aus dem 17. bis 19. Jh.

Wittichenau
Kr. Hoyerswerda, Bez. Cottbus
Die Stadtkirche Maria Himmelfahrt wurde zwischen der Mitte des 15. und der Mitte des 16. Jh. als dreischiffige spätgotische Halle mit Westturm und Netzgewölben im Inneren erbaut. Der Altaraufsatz mit dem Gemälde von Andreas Dreßler aus Kamenz entstand 1597.
Die Kreuzkirche ist ein einschiffiger Barockbau, errichtet 1781. In dem von einer Balkendecke abgeschlossenen Inneren befindet sich ein spätgotischer Flügelaltar aus dem 15. Jh.

Wittstock
Kr. Wittstock, Bez. Potsdam
✳ Die Pfarrkirche St. Marien liegt inmitten der in ihrer Struktur unversehrten mittelalterlichen Altstadt, deren Befestigungswerke aus dem 14. bis 16. Jh. ebenfalls gut erhalten blieben. Der älteste Bauteil der gotischen Backsteinhalle ist der mächtige Turm. Mit den vier westlichen Langhausjochen geht er noch auf die zweite

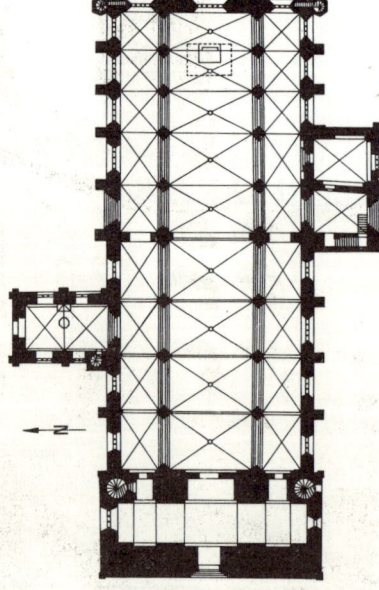

Grundriß der gotischen
Pfarrkirche St. Marien

Wittstock, Altstadt mit Marienkirche

Hälfte des 13. Jh. zurück. Der gerade geschlossene Chor mit dem Blendengiebel wurde nach 1451 neu erbaut. Die giebelgeschmückten zweigeschossigen Kapellenanbauten im Norden und Süden kamen im letzten Viertel des 15. Jh. hinzu. In ihrem Inneren haben sich noch die vom Vorgängerbau umgesetzten Portale erhalten. 1704 wurde die barocke Turmhaube aufgebracht. Aus zwei Flügelaltären ist der spätgotische Hochaltar zusammengesetzt worden. Der untere Teil entstand um 1530 in der Lübecker Werkstatt des Bildschnitzers Claus Berg, der obere ist etwas älter und stammt von 1510−20. Das Bildwerk wurde 1964 restauriert. Die Sandsteinfigur einer Maria mit Kind aus der Zeit um 1400 zeigt Ähnlichkeiten mit dem Figurenschmuck des Lettners im Havelberger Dom. Da die Burg Wittstock Residenz der Havelberger Bischöfe war, ist ein Werkstattzusammenhang denkbar, und das Bildwerk wäre dann Zeugnis des Figurenschmuckes der nicht mehr vorhandenen Burgkapelle. Aus der Spätgotik stammt auch das Sakramentshäuschen aus Eichenholz von 1516. 1608 entstand die Renaissancekanzel, sie wurde aber mehrfach erneuert. Die Schnitzfiguren an der Orgelempore stammen wohl von einem barocken Orgelprospekt.

Die Heiliggeist-Kapelle ist ein verputzter Backsteinbau des 14. Jh. mit einem jüngeren Westturm. 1704 und 1716 umgebaut, wurde sie im vorigen und in unserem Jahrhundert erneuert.

Wolfmannshausen

Kr. Meiningen, Bez. Suhl

1615−18 entstand an Stelle einer spätromanischen Kirche ein neuer Saalbau in spätestgotischen Formen, in den der Chorturm des Vorgängerbaues einbezogen wurde. Die Gesamtrestaurierung der Kirche 1963 erbrachte die historische Polychromie wieder: Chorbogen und Fenster sind von Malereien gerahmt, die reiche Renaissanceformen zeigen. Die Farbfassungen der Felderdecke und der barocken Ausstattung − Hauptaltar, Kanzel, Gestühl und Plastiken − konnten freigelegt und restauriert werden.

Wolgast

Kr. Wolgast, Bez. Rostock

∗ Neben der heute nicht mehr vorhandenen mittelalterlichen Residenz der Pommernherzöge auf einer Insel im Peene-Strom entwickelte sich im 13./14. Jh. die mittelalterliche Stadt.

Gewölbe der Gertrudenkapelle

Ihre Pfarrkirche St. Petri wurde in der zweiten Hälfte des 14. Jh. unter Verwendung von Teilen eines Vorgängerbaues als Backsteinhalle neu errichtet. Die Seitenschiffe sind als Turmnebenräume bis zur Westseite des Turmes vorgezogen. Mittelschiff und Kapellenanbauten im Norden und Süden haben schöne Sterngewölbe. Im Osten sind die Seitenschiffe als Umgang um den Chor geführt. Nach einem Brand wurde die Kirche 1728 wiederhergestellt. Bei einem weiteren Brand 1920 gingen die mit der Erneuerung im 18. Jh. entstandene barocke Ausstattung sowie die barocke Turmhaube zugrunde. Danach erhielt der Turm das Zeltdach, die Kirche ihre heutige schlichte Einrichtung. Das um 1500 geschaffene Kruzifix über dem Altar befand sich ursprünglich in der Rostocker Marienkirche. In den Chorumgangsgewölben haben sich Ausmalungen aus dem Anfang des 15. Jh. erhalten. Bemerkenswert ist das Totentanz-Gemälde, es entstammt der abgebrochenen Empore der Gertrudenkapelle und wurde 1700 von Caspar Sigmund Köppe signiert. Der Prunksarkophag in der Gruft der pommerschen Herzöge unter dem Chor entstand 1625.

∗ Die Gertrudenkapelle auf dem Friedhof westlich der Stadt ist ein spätgotischer Backsteinbau mit zwölfeckigem Grundriß, hohem Zeltdach und Mitteltürmchen. Das Innere überdeckt ein reiches, aus Dreistahlrippen komponiertes Sterngewölbe, abgestützt durch den runden Mittelpfeiler. Die Friedhofskapelle St. Jürgen, ein flachgedeckter Backsteinbau des 15. Jh., zeigt eine blendengeschmückte Westseite mit Giebel und kleinem Türmchen.

Wolkenburg

Kr. Glauchau, Bez. Karl-Marx-Stadt
Der kleine Rechteckbau der alten Dorfkirche aus der Zeit um 1400 steht außerhalb des Ortes auf einer Anhöhe. Seit Anfang des 19. Jh. diente sie als Erbbegräbnis der Grafen Einsiedel. Die gußeiserne Grabplatte für Friedrich von Einsiedel zeigt den 1793 Gefallenen als vollplastische Figur in Galauniform. Der Epitaph-Altar von 1657 ist ein Werk Johann Böhmes.

∗ Die Neue Dorfkirche am Schloßpark schuf 1794–1804 der Krubsacius-Schüler Johann August Giesel. Sie ist ein klassizistisches Bauwerk mit einem Emporensaal. Über der ähnlich wie die Seiten gestalteten Eingangsfront mit einem Säulenportikus erhebt sich der zweigeschossige Turmaufbau. In den Giebeln zeigen gußeiserne Reliefs die Eherne Schlange und die Auferstehung. Weitgehend im Bestand der Erbauungszeit blieb der Innenraum erhalten. Hier befinden sich Gemälde von Adam Friedrich Oeser und Hans Veit Schnorr von Carolsfeld sowie zwei gußeiserne Engelfiguren, die mit den anderen Eisenbildwerken in der Lauchhammer-Hütte gegossen worden sind.

Wolmirstedt

Kr. Wolmirstedt, Bez. Magdeburg
Seit 1480 wurde die Burg der Erzbischöfe von Magdeburg zu einem Schloß ausgebaut. Die davon erhaltene Kapelle entstand als einschiffiger gotischer Backsteinbau. In ihrem feingliedrigen Schmuck zeigen sich verwandte Züge zur Schloßkapelle Ziesar. Im Dreißigjährigen Krieg ist der ursprüngliche Bau stark beschädigt und anschließend erneuert worden.

Worbis

Kr. Worbis, Bez. Erfurt
∗ Die St. Antoniuskirche gehörte ursprünglich zum 1667 gegründeten Franziskaner-Kloster, das 1825 aufge-

hoben worden ist. 1670–77 ist sie nach dem Plan von Antonio Petrini als Saalbau mit einem polygonal geschlossenen Chor errichtet worden. Die Westseite mit der Portalanlage zeigt Figurenschmuck in Nischen. Das Innere erhielt 1765–79 nach umfangreichen Umbauten, die Schmitt nach fränkischen und fuldaischen Vorbildern vornahm, eine sehr reiche Ausstattung. Haupt-, Seiten- und Nebenaltäre, Kanzel sowie Beichtstühle sind in Marmorimitation farblich sowie plastisch vielfältig gestaltet. Die Restaurierung der gesamten Ausstattung und die Wiederherstellung der Raumfarbigkeit nach Befunden erfolgte bis 1980.

* In der barocken Pfarrkirche St. Nikolaus, die 1756 unter Einbeziehung des Unterbaues vom Turm der romanischen Vorgängerkirche erbaut worden ist, befindet sich ein schöner spätgotischer Altarschrein mit einer Darstellung der Passion Christi aus der Zeit um 1500.

Die St. Rochus-Kapelle, ein einfacher Barockbau von 1683, wird als Erinnerungsstätte an die 1682/83 während einer Pestepidemie gestorbenen Bürger der Stadt benutzt.

Gleichfalls ein Barockbau ist die Hardtkapelle von 1749, die im Inneren einen Altaraufsatz von 1772 birgt.

* * Wörlitz
Kr. Gräfenhainichen, Bez. Halle

* Die Stadtkirche St. Peter wurde um 1200 erbaut. Von dieser romanischen Kirche sind die bruchsteinernen Mauern etwa bis zu 5 m Höhe in den Turm- und den Langschiffwänden erhalten. 1805–09 baute Georg Christoph Hesekiel, der auch das Gotische Haus im Schloßpark mit errichtete, diese Kirche in neogotischem Stil um und erweiterte sie beträchtlich. Das große Querschiff, der Chor und der hohe schlanke Turm entstanden völlig neu. Das Langschiff wurde als Tonne, das Querschiff kreuzrippen- und der Chor sterngewölbt. Schmale Doppelemporen auf schlanken Säulen umziehen den Raum. In dessen Ausstattung aus der Erbauungszeit sind eine Sakramentsnische des 15. Jh., Bilder

aus der Cranach-Werkstatt und von Lucas Cranach d. Ä. sowie romantisch-klassizistische Gemälde von Heinrich und Ferdinand Olivier mit der Taufe Christi und dem Abendmahl einbezogen worden.

Wünschendorf-Veitsberg
Kr. Gera, Bez. Gera

* * Die Anlage der Veitskirche erfolgte bereits im 12. Jh. In den anschließenden mittelalterlichen Jahrhunderten ist sie immer wieder umgestaltet und erweitert worden und erhielt das Aussehen einer zweischiffigen Kirche mit einer romanischen Kapelle am Ende des Seitenschiffes. In den Fenstern des dreiseitig geschlossenen Chores sind einige romanische Scheiben erhalten. Fresken aus der Zeit um 1360 blieben an den Pfeilern, am Triumphbogen und in den Gewölben sichtbar. Bei der Gesamtrestaurierung der Kirche wurde die Ausstattung des 19. Jh. durch neue Teile ersetzt. Bemerkenswert ist der spätgotische Flügelaltar von etwa 1480 und der überlebensgroße Kruzifixus aus der Zeit um 1515.

Von der Kirche des ehem. Prämonstratenserklosters Mildenfurth hat sich nur die Grundgestalt in dem Mitte des 16. Jh. zum Schloß umgestalteten Bau erhalten.

Wurzen
Kr. Wurzen, Bez. Leipzig

Das hohe Ostufer der Muldeniederung gehört zu den früh besiedelten und befestigten Plätzen dieser sächsischen Region. Bereits für 961 wird eine Burg vermerkt. 1114 wurde hier ein zum Bistum Meißen gehöriges bischöfliches Stift mit einer Marienkirche geweiht, und seit 1248 übten die Meißner Bischöfe die Vorherrschaft über die bereits entwickelte Marktsiedlung aus. 1489–1518 war Wurzen sogar Bischofssitz. Neben dem Dom entstand damals das neue Schloß, um den bischöflichen Anspruch auf die Stadt an der wichtigen Fernhandelsstraße zu unterstreichen. Im Dreißigjährigen Krieg erlitt Wurzen schwere Schäden und blieb bis zur Eisenbahn- und Industrialisierungsepoche relativ bedeutungslos.

Kanzel im Dom

✱ Am Dom St. Marien sind mit den Untergeschossen der Türme und den drei westlichen Langhausjochen noch Teile der ersten Kirche von 1114 erhalten geblieben. Um 1260–80 wurde der Bau nach Osten hin in der Breite des Mittelschiffes der Basilika verlängert, die Wölbung erfolgte indes erst Mitte des 14. Jh. Der mit 5/8-Schluß und Zellengewölben versehene Westchor kam als Begräbnisstätte des Bischofs Johann VI. von Saalhausen 1503 hinzu, und 1508 wurde diesem Bauteil entsprechend der sterngewölbte Ostchorschluß angefügt. Schon vorher hatte man das basilikale Langhaus in eine Halle umgewandelt, wobei die romanischen Obergadenwände an der Nordseite stehenblieben und die großen Emporenöffnungen erhielten. 1515 entstanden die südlichen Choranbauten unter Wiederverwendung der Maßwerkfenster des 13. Jh. In dem langgestreckten Innenraum befinden sich interessante Kunstwerke. Drei spätgotische Steinplastiken an den Pfeilern stammen von 1503 und stellen Kaiser Otto I., Johannes den Evangelisten und den heiligen Donatus dar. Das Grabdenkmal für Johann VI. von Saalhausen befindet sich jetzt im Ostchor. Im Altarraum ist die Kreuzigungsgruppe von Georg Wrba aufgestellt. Er schuf diese zwischen 1928 und 1932 zusammen mit Kanzel und weiteren Bronzebildwerken im Westchor, wo sich auch die Orgel befindet. In diesen Jahren fand auch die Restaurierung des Domes statt.

Anschließend an den Dom hat sich mit dem Schloßbau und der Kustodie die bauliche Situation des 15. und 16. Jh. erhalten.

Von den weiteren Sakralbauten der Stadt sind die ehem. Dorfkirchen in *Bennewitz* und *Deuben* spätromanische und gotische Gebäude mit Chorturm, im 17./18. Jh. innen neu ausgestaltet und restauriert. – Die Kirche *Grubnitz* ist romanischen Ursprungs und birgt eine Ausstattung des 16./17. Jh. – Die Wenzelskirche, eine spätgotische Halle vom Anfang des 16. Jh., wurde 1874 „bereinigt". Ihre Decke erhielt 1926 die neue Bemalung. – Die Gottesackerkirche steht im befestigten Kirchhof, ist aber verfallen.

Wust

Kr. Havelberg, Bez. Magdeburg

In der Nachfolge der Klosterkirche Jerichow entstand seit etwa 1200 eine Reihe schöner Backstein-Dorfkirchen. Die Kirche im Ortsteil *Melkow* zeigt die dafür typische Baugestalt mit breitem Westturm, flach gedecktem Schiff und quadratischem Chor mit Kreuzgratgewölben und halbkuppelgeschlossener Apsis. Die Fenster darin blieben in der ursprünglichen Gestalt erhalten. Außen umzieht ein Backsteinfries den gesamten Bau. Die Sandsteintaufe im Inneren stammt aus dem 13. Jh. 1960 wurde die Kirche restauriert.

Die Dorfkirche Wust ist ebenfalls um 1200 entstanden, ihr Turm wurde jedoch im Barock verändert und erhielt den Fachwerkaufbau mit der Schweifhaube. An die Apsis ist im späteren 17. Jh. die Gruft für die Familie von Katte angefügt worden, gleichzeitig erfolgte die Neuausstattung der Kirche mit bemalten Emporen, Kassettendecke, Kanzel, Altarwand und Taufe. Der Orgelprospekt stammt aus dem 18. Jh.

Wusterhausen/Dosse
Kr. Kyritz, Bez. Potsdam
* Das mächtige Satteldach der Pfarrkirche St. Peter und Paul überragt,
gleich hoch wie der gedrungene Westturm, alle anderen Häuser der kleinen
Stadt. In der Mitte des 14. Jh. wurde
die erste romanische Kirche zur großen Basilika ausgebaut, im 15. Jh. erneuert und dabei zur Halle umgewandelt. In ihrem Inneren ist das Querschiff der ursprünglichen Basilika
noch erkennbar. 1965—72 wurde die
Kirche restauriert, dabei konnten im
Chor und Mittelschiff spätgotische
Wand- und Gewölbemalereien freigelegt werden. Aus spätgotischer Zeit
blieben das Triumphkreuz und die
zwei Reihen des Chorgestühls erhalten. 1600—1620 entstanden zwei weitere Gestühle, die Nordempore sowie
die Kanzel von Jürgen Fischer, ihre
Fassung besorgte 1694 Moritz Meves.
Der Säulenbau der Altarwand mit
dem Gemälde von Bernhard Rode
entstand 1776. Prospekt und Werk der
Orgel schuf gleichfalls in der zweiten
Hälfte des 18. Jh. Joachim Wagner.
Ein kleiner Backsteinbau aus dem
15. Jh. ist die Stephanuskapelle auf
dem Friedhof.

Wusterhusen
Kr. Wolgast, Bez. Rostock
Von einem um 1271 geweihten ersten
Feldstein-Kirchenbau ist der Chor erhalten. Im 15. Jh. entstand die Backsteinhalle des Langhauses und die
Chorerweiterung mit dem polygonalen Schluß, darin wurde ein reiches
Sterngewölbe eingebaut. Der blendengegliederte Westturm ist gleichzeitig
aufgeführt worden. Eine interessante
Gestalt zeigt der Altaraufsatz, in dessen mittelalterlichen Schrein der Stralsunder Bildschnitzer barocke Figuren
und Ornamente einbaute, die in der
originalen Fassung von 1740 erhalten
sind.

Zarrentin
Kr. Hagenow, Bez. Schwerin
* Die Kirche des ehem. Zisterzienser-Nonnenklosters, das 1250 gegründet worden ist, entstand unter Verwendung einer bereits vorhandenen
Dorfkirche. Etwa 1460 trat an die
Stelle jenes Granitbaues die spätgotische einschiffige Backsteinkirche. Ihr
Fachwerkturm wurde durch das vor-
gezogene Langhausdach abgeschlossen, darüber der Dachreiter errichtet.
Im Chor sind spätgotische Malereien
des 14. Jh. erhalten.
Bemerkenswert ist neben Schnitzfiguren und Grabsteinen des 15. Jh. die
Kanzel von 1668: In deren Brüstung
sind Schnitzreliefs des Lübecker Meisters Jakob Reyge eingefügt, welche
dieser 1534 für die Kanzel der Lübekker Marienkirche angefertigt hatte.
Den großen hölzernen Altaraufsatz
schuf 1733 Bülle, die Gemälde
Maschmann; aus der gleichen Zeit
stammt das Altargehege.

Zeitz
Kr. Zeitz, Bez. Halle
968 wurde am slawischen Siedlungsplatz und Herrschersitz das Bistum
Zeitz gegründet. Es mußte allerdings
aus Sicherheitsgründen 1028 nach
Naumburg zurückverlegt werden, in
Zeitz verblieb seither ein Kollegiatsstift. Die Burg neben dem Dom diente
zeitweise auch als bischöfliche Residenz. Aus dem Burg- und Dombezirk,
der Unterstadt um den Brühl und die
Nikolaikirche sowie der Oberstadt mit
der Michaeliskirche und dem Rathaus
bildete sich die mittelalterliche Han-
dels- und spätere barocke Residenzstadt des Herzogtums Sachsen-Zeitz.
Drei Klöster, zahlreiche Kapellen und
in den früh schon gebildeten Vorstädten eigene Kirchen wies Zeitz bis zum
19. Jh. auf. Mit der Industrialisierung
erfuhr die Stadt einen gründlichen
Wandel.
** Von der Domkirche St. Peter
und Paul aus der ersten Hälfte des
11. Jh. blieb nur die Krypta erhalten:
ein dreischiffiger Hallenraum mit
schlanken Säulen und einfachen Tra-
pezkapitellen unter dem Chor der
heutigen Schloßkirche. Die romanische Basilika wurde 1433—99 spätgotisch umgebaut und mit ihrer Wandlung zur Schloßkirche St. Trinitatis
seit 1664 barock ausgestaltet. Teile
des Westbaues sind in den 1660 begonnenen Barockbau des Schlosses
Moritzburg einbezogen worden. Die

Westseite des ehem. Domes nimmt innen seither die barocke Fürstenloge ein. Von der mittelalterlichen Ausstattung ist wenig erhalten. Bemerkenswert sind die Sandsteintaufe aus dem 13. Jh., an den Langpfeilern Apostelstatuen und am Südwestpfeiler ein kleines Figürchen, ebenfalls um die Mitte des 15. Jh. entstanden, das einen Mann mit Peitsche und Wagendeichsel darstellt und die Aufschrift „Käselieb" trägt. Ende des 17. Jh. erhielt der Chorraum die prachtvolle Altarschauwand von Johann Caspar Sandtmann: ein vorgeschwungener zweigeschossiger Säulenaufbau mit üppiger Palmblätter-, Fruchtgehänge- und Figurendekoration um das Kreuzigungsbild von Christian Schäfer. Ebenso reich mit Akanthusschnitzereien und Engelfiguren sind Kanzel und Schalldecken dekoriert. Im Querhausarm befindet sich auf den geschwungenen Emporen der große geteilte Orgelprospekt. Das Dominnere wurde in den fünfziger Jahren, der anschließende historische Kreuzgangstrakt 1960–63 restauriert.

Die Michaeliskirche zeigt heute eine Baugestalt, die in mehreren historischen Etappen entstanden ist. Von der romanischen Kirche des 12. Jh. verblieb die Turmfront. Sie wurde allerdings im frühen 16. und im 19. Jh. umgestaltet. Zum Neubau der Zeit um 1240 gehört die erhaltene, glatt geschlossene Chorpartie. 1429 wurde die Kirche in den Hussitenkriegen zerstört und anschließend zur spätgotischen Halle umgebaut, wobei die Seitenschiffe verbreitert worden sind. Die Querdächer gehen indes auf die Zeit um 1844 zurück. Damals stellte man auch Kopien der mittelalterlichen Portalfiguren neben dem Südzugang auf. Das Innere wurde 1969 erneuert, wobei man auf die im 19. Jh. rekonstruierten mittelalterlichen Ausmalungsteile verzichtete. Empore, Kanzel und Orgel zeigen spätklassizistische Formen. Neben dem Schnitzaltar von etwa 1510/20 befinden sich jetzt Bildwerke des 16. und 17. Jh. aus der Nikolaikirche.

Die Pfarrkirche der Unterstadt St. Nikolai ist ein Neubau von 1891; etwa gleichzeitig entstand auch die katholische Pfarrkirche St. Peter und Paul.

Als langgestreckter einschiffiger Bau wurde die Klosterkirche der Franziskaner um die Mitte des 13. Jh. begonnen, aber erst im 15. Jh. eingewölbt. Am Ende des 17. Jh. barockisiert, erfuhr sie 1870–74 eine durchgreifende Erneuerung. Kriegsschäden sind bei der Restaurierung 1951–53 beseitigt worden. Der Schnitzaltar mit der figurenreichen Kreuzigung im Mittelschrein entstand 1520. Beachtenswert sind eine Reihe von Grabdenkmälern des 15. bis 18. Jh.

Der Saalbau der Stephanskirche wurde 1741 errichtet. An ihm erhebt sich der in seinen Untergeschossen quadratische, oben achteckige und haubengeschmückte Turm. Die barocke Ausstattung besorgte Johann Wilhelm Rockstroh aus Gera. Daneben blieben ein Flügelaltar vom Anfang des 16. Jh. und ein kleiner Altarschrein aus dem 15. Jh. erhalten.

Auf dem unteren Johannisfriedhof befindet sich der Kapellenbau aus spätgotischer Zeit, im 17. Jh. umgestaltet. Vom Ende jenes Jahrhunderts stammt die schöne geschnitzte Kanzel im Inneren, Fassade und Portale sind 1857 erneuert worden.

Zella

Kr. Mühlhausen, Bez. Erfurt

∗ Das im 12. Jh. gegründete Benediktinerinnen-Kloster – landschaftlich hervorragend gelegen – ist die älteste Klosteranlage im Eichsfeld. Die Kirche, ein im Kern romanischer einschiffiger Bau, wurde restauriert. In den Klosterbauten aus dem 17./18. Jh. befindet sich heute ein evangelisches Pfarrerheim.

Zella

Kr. Bad Salzungen, Bez. Suhl

∗ Die Propsteikirche ist ein einschiffiger Barockbau. Er geht auf die Bautätigkeit der fuldaischen Äbte zurück, für die Andreas Gallasini die stilistisch verwandte Kirche in Dermbach schuf. Die Kirche in Zella zeigt eine reiche Fassade über geschwungenem Grundriß, mit Statuen geschmückt und vom Turm mit Schweifhaube be-

Zella, Propsteikirche

krönt. Die reiche Ausstattung mit Altären, Kanzel, Gestühl und Bildwerken aus der Entstehungszeit wurde restauriert, zugleich ist 1966 die originale Raumfarbigkeit wiederhergestellt worden. Ebenfalls restauriert wurde 1970 das barocke Propsteigebäude neben der Kirche.

Zella-Mehlis
Kr. Suhl, Bez. Suhl
Die Pfarrkirche des Stadtteils *Zella* ist ein barocker Saalbau, der 1768–73 errichtet wurde. Die Haube des Westturms schmückt eine doppelte Laterne, der Turmunterbau und Teile des Chores stammen noch von einem Kirchenbau aus dem 13. Jh. Doppelemporen umziehen den Innenraum, er ist mit einer hölzernen Kuppel abgeschlossen. Zusammen mit der übrigen Ausstattung entstand beim barocken Neubau auch der Kanzelaltar.

Die Magdalenenkirche, Pfarrkirche des Stadtteils *Mehlis,* ist gleichfalls ein Barockbau, 1734 als Saalraum mit übereckgestelltem Westturm errichtet. In dessen noch auf das 13. Jh. zurückgehenden Untergeschoß befindet sich ein gotischer Raum mit Renaissancefresken. Kanzelaltar und Orgelprospekt in dem Emporenraum entstanden am Ende des 18. Jh.

Zerbst
Kr. Zerbst, Bez. Magdeburg
Die 1007 erstmals verzeichnete, 1603 bis 1793 zur Residenz des Fürstentums Anhalt-Zerbst ausgebaute Stadt wurde im letzten Krieg nahezu völlig vernichtet. Seither ist die Stadtkirche St. Nikolai, eine große spätgotische Halle, als ausgebranntes Bauwerk erhalten.
∗ Die 1945 gleichfalls beschädigte Trinitatiskirche konnte 1951–60 wie-

Trinitatiskirche

derhergestellt werden. Ihre ehemals schöne Ausstattung indes ist verloren. 1683−96 hat der am Zerbster Hof arbeitende holländische Meister Cornelis Ryckwaert den Bau nach Vorbildern niederländischer Kirchen errichtet. Über dem Grundriß eines griechischen Kreuzes entstand der Zentralbau mit quadratischen Anbauten in den Ecken. Im Aufbau bilden diese mit dem Mittelquadrat des Kreuzes einen mächtigen Kubus, der von dem hohen Zeltdach überdeckt ist. Die Giebelfassaden wie das gesamte Äußere der Kirche sind durch Gesimse und Pilaster gegliedert, in den Giebelfeldern befindet sich reicher plastischer Schmuck. Eine ursprünglich durch die Emporen gegebene horizontale Teilung des Innenraumes deuten die in zwei Reihen eingebauten Fenster außen noch an, die Emporen wurden beim Wiederaufbau nicht wieder erneuert. Teilerhalten ist die große Altarschauwand, von Giovanni Simonetti 1690 geschaffen. Ihre Plastiken sind 1957−59 restauriert und erneuert worden, die Gemälde sind zerstört. Nebenaltäre, die Kanzel des frühen 17. Jh. und die große Orgel aus dem 18. Jh. auf der erneuerten Westempore wurden aus anderen Kirchen nach Zerbst umgesetzt.

Zeulenroda
Kr. Zeulenroda, Bez. Gera
Die Pfarrkirche Zur heiligen Dreieinigkeit ist ein einschiffiger klassizistischer Bau, 1819/20 vom Bauinspektor Taubert aus Schleiz und von Schop-

per errichtet. Ihr Turm zeigt einen vielgliedrigen Aufbau, das Innere die schlicht gehaltene Ausstattung aus der Entstehungszeit mit dreigeschossigen Emporen.

Ziegelheim
Kr. Altenburg, Bez. Leipzig
∗ Die Dorfkirche wurde ursprünglich als Wallfahrtsstätte auf einer Anhöhe neben dem Ort errichtet. 1508−17 entstand ihr Bau in eigenwilliger Gestalt: An dem viergeschossigen mächtigen Turm steht ein Schiff aus nur zwei Jochen, breiter als es lang ist. Nach Osten schließt der Chor sich schmaler und etwas niedriger und dabei wesentlich länger als das eigentliche Schiff an. Im Inneren − auch in der Turmhalle − findet man Netz- und Sterngewölbe mit durchgesteckten Rippen. Über der Halle im Turm wurde eine gleichfalls sterngewölbte Empore mit steinerner Maßwerkbrüstung eingebaut. Die Holzemporen mit bemalten Brüstungen im Schiff stammen aus der Mitte des 17. Jh. Auf eben diese Zeit geht die Kanzel mit ihrer aufwendigen Schnitzerei zurück. Der zweigeschossige Säulenaufbau des Altars mit dem Figurenschmuck entstand 1670.

Ziesar
Kr. Brandenburg, Bez. Potsdam
∗ In Ziesar befand sich am Ende des 15. Jh. ein Schloß der Bischöfe von Brandenburg, von dem heute noch der Bergfried, der Rundturm der Vorburg und die Schloßkapelle erhalten sind. Diese ist jetzt katholische Pfarrkirche. Ihr 1470 geweihter Backsteinbau entstand als ein vier Joche langer Raum mit Kapellenerweiterungen an der fensterlosen Nordseite. Über diesen sind Emporen eingebaut. Die Außenfront zum Schloßhof zeigt eine fassadenartige Ausbildung mit Maßwerkfriesen sowie dem schmuckumrahmten Kielbogenportal. Den schlank proportionierten Innenraum prägt die Ausmalung aus der Erbauungszeit, die sehr gut erhalten blieb und restauriert wurde. Plastische Maßwerkornamente ähnlich denen der Südfront überziehen die Gewölbekappen und die Quertonnen der Em-

poren. Ein Votivrelief von 1470 mit fünf Heiligen wurde als Altarretabel in die Ostwand eingefügt. Darüber befindet sich ein Triumphkreuz von 1510. Bemerkenswert sind die Madonna im Strahlenkranz in einer Kapelle sowie Grabplatten aus dem 15. und 16. Jh.

Die Pfarrkirche St. Crucis ist ein spätromanischer Feldsteinbau mit querrechteckigem Westturm. Der Chor wurde in der Spätgotik erneuert und gewölbt. Das Innere entstammt im wesentlichen einer umfassenden Restaurierung der Zeit um 1860.

Zimmernsupra
Kr. Erfurt, Bez. Erfurt

Die barocke Dorfkirche wurde 1727 erbaut und erhielt eine Doppelempore sowie hölzerne Tonnenwölbung im Inneren. Brüstungen, Vouten, Wandverkleidungen und der große Kanzelaltar sind ornamental bemalt. Rings um den Altaraufbau schmücken ebenfalls gemalte Draperien die Wand. 1966 ist die originale Raumfassung des 18. Jh. wiederhergestellt worden.

Zittau
Kr. Zittau, Bez. Dresden

Im 13./14. Jh. entwickelte sich Zittau zu einem bedeutenden Handelsplatz mit großen Märkten in der Alt- und der östlich anschließenden Neustadt. Tuchmacherei und Leineweberei brachten im 15. Jh. eine große wirtschaftliche Blüte. Stadtbrände des 16. und 17. Jh. sowie Schäden im Siebenjährigen Krieg führten zur barocken und klassizistisch geprägten Erneuerung der Stadt. Sie blieb jedoch dabei in ihrer mittelalterlichen Struktur erhalten. Nach Abriß der starken Befestigungsanlagen entstanden im 19. Jh. die repräsentative gärtnerische Gestaltung der Ringstraßenanlage und daran große Neubauten. Die noch verbliebenen mittelalterlichen Architekturen wurden einbezogen.

✶✶ Die Hauptpfarrkirche der Stadt, die spätgotische Johanniskirche, brannte 1757 ab. Andreas Hünigen begann 1766 einen Neubau nach dem Vorbild der Dresdner Kreuzkirche. Konstruktive Mängel führten jedoch zur Einstellung des Baues. Der Nordturm der Doppelturmfront war bereits 1709 in gotischen Formen erneuert worden! 1834 übernahm Karl August Schramm die Weiterführung des Baues nach einem Plan von Karl Friedrich Schinkel. Zwischen die beiden Türme wurde ein hoher Mittelbau gestellt, der Nordturm behielt seine gotisierende Gestalt, der Südturm erhielt klassizistische Formen. Das neue große Kirchenschiff ist außen mit Pilastern und breitem Gesims gegliedert. Innen entstand ein großer Saalraum mit schmalen Seitenschiffen und Emporen zwischen den mächtigen Arkadenbögen, deren Form die Altarnische an der Schmalseite aufnimmt. Die halbrunde Freitreppe verbindet Altar und Kirchenraum, in der Nische steht eine Kopie der Christusfigur von Thorvaldsen. Kassettendecke, Gestühl, Kanzel und Ausmalung aus der Erbauungszeit runden das einheitliche Bild des beeindruckenden klassizistischen Kirchenraumes ab.

✶✶ Die Kreuzkirche ist ein kleiner, aber steil ansteigender gotischer Bau über fast quadratischem Grundriß mit schmalerem Chor und Dachreiter. Vom Bautyp her entspricht sie böhmischen Vorbildern, nach vorhandenen Steinmetzzeichen dürften auch böhmische Bauleute tätig gewesen sein. Allgemein wird sie als 1410 erbaut betrachtet, was mit der Form des Sterngewölbes über dem Schiff übereinstimmt. Die schlanke Mittelsäule erweckt den Eindruck, als würde die Wölbung aus ihr herauswachsen. An die Stelle des Chorgewölbes trat im 18. Jh. eine Stuckdecke, nachdem der Bau im Dreißigjährigen Krieg beschädigt worden war. Die Kanonenkugeln sind in die Außenwand eingemauert! Nach 1651 kam die einheitliche Ausstattung mit Gestühl, Altar, Kanzel und Grabdenkmälern in den Raum. Das Schiff umziehen an drei Seiten Emporen mit bemalten Brüstungsfeldern. Die Kreuzigungsgruppe an der Nordwand wurde in der zweiten Hälfte des 15. Jh. geschaffen. Rings um die Kirche zieht sich der umfrie-

dete Kirchhof mit prachtvollen Grab-
kapellen und Grabdenkmälern, vor allem des 17. und 18. Jh.

** Das heutige barocke Bild der
Petri-Pauli-Kirche, Klosterkirche der
Franziskaner, entstand, nachdem der
Bau seit 1662 als zweite Stadtkirche
eingerichtet wurde. Dazu tragen vor
allem die südlich angefügten Betstuben und der überaus schlanke hohe
Turm bei, den 1758 Andreas Hünigen
vollendete. Der älteste Bauteil der
Kirche ist die Sakristei zwischen
Turm und Schiff. Möglicherweise war
diese urprünglich eine Kapelle, die
aus dem dritten Viertel des 13. Jh.
stammt und in den neuen Kirchenbau
einbezogen wurde; ihr Obergeschoß
entstand im 17. Jh. Der flach geschlossene Chor wurde 1293 vollendet, die zweischiffige Halle des Schiffes entstand erst im 15. Jh. Ihr durch
Martin Pötzsch aus Bautzen vorge-
nommener barocker Innenausbau ist
1881 wieder reduziert worden. Erhalten sind der Altar von 1668, die
gleichzeitig geschaffene Kanzel und
die Emporen in Schiff und Chor, die
1660 eingebaut worden waren. Im
ehem. Klosterhof – jetzt Stadtmu-
seum – ist der für die Klosterbibliothek 1662 gleichfalls von Pötzsch errichtete Heffter-Bau mit seinem
prächtigen Nordgiebel die beherrschende Architektur. Der Bibliotheks-
saal im Inneren wurde 1709 ausgestaltet und trägt ein großes Deckengemälde von Nikolaus Prescher. Die
Reihe barocker Gruftkapellen vom
endenden 17. und aus der ersten
Hälfte des 18. Jh. gehört zu den baukünstlerischen Kostbarkeiten Zittaus.

** Nordöstlich des Stadtkernes lag
im Mittelalter die Johanniterkirche.
Nach Blitzschlag wurde sie 1535 bis
auf den Ostteil abgebrochen – dieser
wurde seit 1572 zur heutigen Frauenkirche ausgebaut. Die Architekturformen sind frühgotisch und böhmisch
beeinflußt. Die Johanniterkommende
wurde 1260 gegründet, der noch erhaltene Ostteil der Kirche – die heutige Frauenkirche – ist damit eines
der wenigen Bauwerke jener Zeit in
der Oberlausitz. 1607 und 1707 gab es
Erneuerungen, von letzterer stammt
der Dachreiter, 1897 erhielt die Kirche ihr jetziges Aussehen. Altar und
Kanzel stammen von 1619. Die bemalten Emporen sind wohl Ende des
16. Jh. eingebaut worden.

Die kleine Dreifaltigkeits- oder We-

Klosterkirche

Klosterfriedhof mit Hefftergiebel

berkirche wurde Ende des 15. Jh. an einen Turm des Webertores angebaut. Sie erhielt ihre heutige Gestalt aber erst durch den Umbau 1889, bei dem auch der Treppenturm an der Westseite und die Inneneinrichtung neu entstanden.

Außerhalb der Stadt wurde mit dem beginnenden 14. Jh. das Hospital St. Jacob gegründet. Seine kleine Kapelle zeigt noch frühgotische Bauformen, wurde aber mehrfach umgestaltet. Das Portal entstand in der Spätgotik, das Türmchen 1778. Im Inneren findet man eine malerische Ausstattung mit Teilen aus dem 17./18. Jh.

Zodel
Kr. Görlitz, Bez. Dresden

∗ Die Dorfkirche des 14. Jh. war Hauptteil der mittelalterlichen dörflichen Wehranlage. Ihr hoher Turm ist ohne Tür und nur vom Kircheninneren her zugänglich. Das Schiff überspannen Netzgewölbe, den eingezogenen Chor eine Kreuzwölbung. Die Emporen entstanden im 17. Jh. Bei der Wiederherstellung der Kirche nach Kriegsschäden sind 1950 gotische Wandmalereien aus der zweiten Hälfte des 14. Jh. freigelegt worden, die böhmischen Einfluß verraten. Sie können als die kunstgeschichtlich bedeutendsten mittelalterlichen Fresken in der Oberlausitz bezeichnet werden.

Zollchow
Kr. Rathenow, Bez. Potsdam

Die Dorfkirche ist ein beachtlicher spätromanischer Backsteinbau der ersten Hälfte des 13. Jh. Ihr hoher quadratischer Turm trägt einen barocken Haubenaufbau. Nach der Restaurierung wurden 1964 im Inneren eine Reihe mittelalterliche Schnitzfiguren aus dem frühen 16. Jh. und zwei Altarflügel vom Ende des 15. Jh. aufgestellt. Der Kanzelkorb entstand am Anfang des 17. Jh. Über der barocken Westempore mit bemalten Brüstungsfeldern steht die Orgel aus dem frühen 19. Jh.

Zwickau
Kr. Zwickau, Bez. Karl-Marx-Stadt

Die Handelsstadt entwickelte sich seit dem 12. Jh. und gelangte durch den Silberbergbau und die Tuchmacherei im 15. und 16. Jh. zu einer ersten wirtschaftlichen Blüte. Diese brachte auch einen großen bau- und bildkünstlerischen Reichtum. Die zweite, rein wirtschaftliche Entwicklung Zwickaus begann mit dem Steinkohlebergbau und der Industrialisierung im späten 19. Jh. Gegenwärtig wird der historische Stadtkern in großen Abschnitten umgestaltet und neu bebaut.

∗∗ Die 1206 gegründete Marienkirche – seit 1935 Dom – diente zunächst als Pfarrkirche der Marienvorstadt, wurde bald aber Hauptkirche der Stadt. Die ältesten Teile ihrer heutigen Architektur sind der Turmunterbau und seine beiden Seitenhallen, die nach einem Kirchenbrand 1383 errichtet wurden. 1453 begann der Neubau des Hallenchores, er war 1470 fertiggestellt. Dann folgten bis 1483 als Sicherung des Turmes die weiteren Anbauten im Norden und Süden durch Nickel Eichhorn. 1506–37 schufen zunächst Peter Harlaß und nach seinem Tode Caspar Teicher das breite Hallenlanghaus mit Sakristei und Chorempore sowie die netz- und sternförmigen Rippengewölbe. Die Chorwölbung und Pfeiler erneuerten 1563–65 Nickel und Philipp Hofmann in Anpassung an die des Langhauses und mit nun teilweise freischwebenden Rippen. Schließlich vollendete 1677 Joachim Marquard den barocken Turmaufsatz. Der spätgotische Reichtum des Inneren wurde

Nordportal der Marienkirche

in Zwickau im Gegensatz zu anderen sächsischen Hallenkirchen der späten Gotik auch auf den Außenbau übertragen: Phantastisch ist die Formenfülle des astwerkgeschmückten Kielbogenportals an der Nordseite; die Dekorationen der Strebepfeiler allerdings sind freie Ergänzungen des 19. Jh. In dem weiten Kirchenraum spannen sich zwischen den eingezogenen Strebepfeilern und um sie herum Emporen, die jeweils über eine Wendeltreppe zugänglich sind. Die nördliche ist doppelläufig mit in sich verschlungenen Treppen, ein Meisterwerk spätgotischer Steinmetzkunst. Das bedeutendste Stück der reichen Ausstattung ist der 7 m breite und 2,5 m hohe Altar mit zwei festen und vier beweglichen Flügeln. 1479 wurde er in der Nürnberger Werkstatt des Michael Wohlgemuth geschaffen, wobei der Meister selbst die vier Bilder

der Marienlegende malte. Von den Einzelbildwerken sei die Pieta von etwa 1502 genannt, ein Hauptwerk des Zwickauer Bildschnitzers Peter Breuer. Der turmartige Schrein des Heiligen Grabes entstand 1507. Bemerkenswert sind das Chorgestühl mit den geschnitzten Wangen aus dem Ende des 15. Jh. und der prächtige Ratsstuhl, 1617 in Renaissanceformen von Paul Corbinian geschaffen. Ebenfalls schöne Frührenaissance-Dekorationen zeigt die 1538 gebaute Kanzel von Paul Speck; die Brüstungsmalereien entstanden erst 1591. Paul Speck arbeitete auch den Taufstein. Seit 1951 erfolgten neben baulichen Instandsetzungen an der Architektur Restaurierungen der bedeutenden Ausstattungsstücke, und 1966 wurde eine neue Orgel eingebaut.
✶✶ Die zweite Kirche im historischen Stadtkern Zwickaus ist St. Ka-

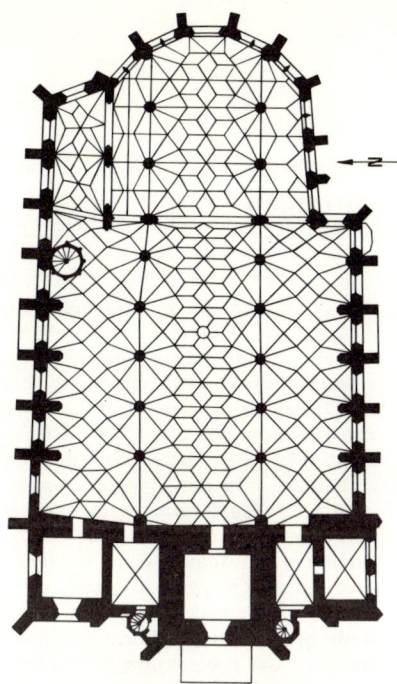

*Grundriß der spätgotischen
Marienkirche*

tharinen, heute eine dreischiffige Hallenkirche. Ihr viergeschossiger Turm und der Chor entstanden wohl um 1400 oder kurz danach; das Hallenhaus mit Netz- und Sterngewölben ist das Ergebnis eines Umbaues in der zweiten Hälfte des 15. Jh. Viele Zierformen am Bau gehen auf die Erneuerung im 19. Jh. zurück. 1954−60 erfolgte die Gesamtrestaurierung dieser Kirche. In dem hellen weiten Innenraum nimmt der große Altar eine dominierende Stellung ein. Er wurde 1517 in der Werkstatt Lucas Cranachs d. Ä. fertiggestellt, im Rahmen der biblischen Szenen sind in den Gemälden Personen der damaligen Zeit dargestellt. Die Figur des Christus mit der Siegesfahne an dem nördlichen Chorpfeiler ist ein Werk Peter Breuers von 1497/98, der große Kruzifixus stammt aus dem Anfang des 16. Jh. Von den Renaissance- und Barockwerken ist die Kanzel zu nennen. Paul Speck schuf sie gleichzeitig mit der Domkanzel. Die Schnitzfiguren von Engeln entstanden etwa 1661. Sie werden der Werkstatt Johann Böhmes zugeschrieben. Bis 1520 war Thomas Müntzer an der Katharinenkirche Prediger. Gemeinsam mit Andreas Bodenstein, genannt Karlstadt, und Nikolaus Storch, dem Führer der Zwickauer Tuchmacher, prangerte er hier die sozialen und die kirchenpolitischen Verhältnisse seiner Zeit an.

Zwönitz
Kr. Aue, Bez. Karl-Marx-Stadt
In der 1460 als Bergort gegründeten Stadt brannte die Trinitatiskirche in den achtziger Jahren des 17. Jh. ab. Zwischen 1688 und 1699 erhielt sie ihre heutige Gestalt mit dem hohen Dach und der reichen Innenausstattung. Der Turm wurde 1724 errichtet. Laubrippen überziehen die hölzernen Gewölbe, die Säulen der Emporen sind in Palmenformen gehalten. Reich figuriert ist auch der Kanzelaltar vom Ende des 17. Jh., und mit dem Bau entstand 1688 das barocke „Bornkinnl".

Sachworterklärungen

Akanthus – im Mittelmeerraum beheimatete Pflanze, deren Blätter als Vorlage für dekorative plastische Kunstformen dienten. In der antiken und dann wieder in der Renaissance- und Barockkunst weitverbreitete Ornamentform.

Altan – mit einer Brüstung versehener, balkonartiger offener Austritt am Obergeschoß eines Gebäudes.

Altar – In der christlichen Kirche besteht der Altar aus der Altarplatte, hat Tisch-, Block- oder Kastenform, in beiden letzteren können Hohlräume für die Aufbewahrung von Reliquien enthalten sein. Zu unterscheiden sind Hochaltar (der Altar des Herrn) und Nebenaltäre (einzelnen Heiligen geweiht). Der → *Hochaltar* steht im Chorraum der Kirche, die Nebenaltäre können ihm beigeordnet sein oder auch an anderen Plätzen innerhalb der Kirche aufgestellt sein. Als thematischer Bildträger dient der Altaraufbau, auch *Altarretabel* (lateinisch – Rückwand) genannt. Im Mittelalter steht das Altarretabel in der Regel auf dem rückwärtigen Teil der Altarplatte, seit der Renaissance und im Barock tritt es häufig auf einen hinter dem Altar errichteten Unterbau. – In der deutschen mittelalterlichen Kunst erlangte der *Flügelaltar* besonders weite Verbreitung. An seinem Mittelteil, dem Altarschrein aus Holz mit Gemälde oder geschnitzten figürlichen Darstellungen sind beidseitig Flügel mit ebensolchen Darstellungen angefügt. Bei mehreren Flügelpaaren kann die Bildfolge des Altars auf bestimmte Festtage abgestimmt werden, man spricht auch vom *Wandelaltar*. Die einzelnen Bildzusammenhänge stellen die Wandlungen dar. – Seit dem 15. Jh. erhielten viele Altäre eine → Predella, auch Altarstaffel genannt, einen Untersatz von einer Höhe, die etwa ein Viertel bis ein Drittel des Schreins ausmacht. Die *Predella* kann wie die Altarbilder gemalte oder geschnitzte Darstellungen enthalten. – In der Spätgotik tragen viele Altäre einen turmartigen, oft filigranen, reich geschnitzten und figurenverzierten Aufbau, das *Gesprenge* – Mit der Reformation entwickelte sich in der deutschen Kunst die spezielle protestantische Form des *Kanzelaltars*, der Kanzel und Altar zu einer oft architektonisch gegliederten Einheit verschmilzt.

Antependium – (lateinisch) Verkleidung des Altars aus Holz, Metall oder Altarvorhang aus Stoff.

Antoniter – Der Antoniterorden wurde im 11. Jh. am Aufbewahrungsort der Gebeine des heiligen Antonius (252–356) in St.-Didier-la-Mothe (Frankreich) begründet und hatte die Aufgabe der Krankenpflege in Hospitälern. Das Zeichen war ein blaues Kreuz auf schwarzem Gewand.

Apsis – (griechisch) ursprünglich halbkreisförmige, seltener eckige Nische, welche den Altarraum einer Kirche nach Osten hin abschließt. Romanische Kirchen haben bisweilen drei und mehr Apsiden nebeneinander. In gotischen Kirchen ist ihre Form zum Kapellenkranz abgewandelt.

Archivolte – der meist bandartig abgesetzte Stirnbogen in der senkrechten Wand vor einer Rundbogenöffnung; an romanischen und gotischen Portalen versteht man unter Archivolten die Fortsetzung der Gewändestufung im Bogenlauf über der Portalöffnung.

Arkade – (lateinisch) Bogen, Bogenreihe oder Bogenhalle, die auf Pfeilern oder Säulen ruht.

Augustiner – Geistliche, die nach der auf den Kirchenvater Augustinus zurückgehenden Regel leben. Augustiner-Eremiten gründeten 1256 den Bettelorden, sie tragen einen schwarzen Mantel mit langer Kappe und Gürtel. Augustiner-Chorherren sind Weltgeistliche; sie schlossen sich im 11. Jh. zu einer einem Mönchsorden ähnlichen Verbindung zusammen und wurden auch Regler – regulierte Chorherren – genannt.

Bandelwerk – Dekorationsmotiv des ausgehenden 17. und 18. Jh. aus Bändern, die in Schwüngen geführt und von Ranken-, Blatt und auch figürlichen Motiven begleitet sind.

Barock – Kultur und Kunststil der feudalabsolutistischen Epoche zwischen etwa 1600 und 1760, gekennzeichnet durch eine große Formenfülle und reiche plastische Dekoration von Bauwerken. Der Schloßbau und mit der Gegenreformation der Kirchenbau erlebten eine große Blüte. In Städten entstanden Palais, auf dem Lande vielfach schloßartige Herrenhäuser.

Basilika – (griechisch) bedeutet so viel wie Königshalle oder königlicher Residenzraum. In der kirchlichen Baukunst bezeichnet der Begriff einen Raum, dessen Mittelschiff die beiden oder auch mehrere Seitenschiffe überragt und über eigene Fenster oberhalb der Seitenschiffsdächer verfügt. Das Mittelschiff der Basilika ist meist breiter als die Seitenschiffe.

Bauhaus – Durch Vereinigung der Kunstakademie und der Kunstgewerbeschule in Weimar schuf 1919 der Architekt Walter Gropius das Bauhaus als Forschungs- und vor allem Ausbildungsstätte für Gestalter von Bauten, Gebrauchs- und Kunstgegenständen. 1925 übersiedelte das Bauhaus nach Dessau, wo das heute wiederhergestellte große Neubau entstand. Die Faschisten lösten 1933 das von progressiven Architekten und Gestaltern getragene Bauhaus auf. Seine moderne zweckentsprechende Baukunst und die Formgebung für Ge-

brauchsgegenstände wurden wegweisend für die Herausbildung auch unserer heutigen Architektur und Formgestaltung.

Benediktiner – Mönche, die nach der Regel des heiligen Benedikt von Nursia leben. Ihre Ordensverbände entstanden seit dem 10. Jh. Sie tragen ein schwarzes gegürtetes Untergewand und darüber einen weiten langärmeligen Mantel mit Kapuze.

Bischof – Träger der höchsten kirchlichen Amtswürde und Amtsgewalt in einem bestimmten kirchlichen Landesgebiet, dem Bistum. Der Erzbischof war ursprünglich der erste und oberste Bischof; im kirchlichen Bereich Leiter des mehrere Bistümer umfassenden Erzbistums.

Byzantinisch – altchristliche Kulturepoche, rechnend etwa seit der Zeit des oströmischen Kaisers Justinian, also von 530 an. Das bedeutendste byzantinische Bauwerk ist die Hagia Sophia in Konstantinopel (Byzanz).

Campanile – (italienisch) Glockenturm italienischer Kirchen, der nicht mit dem Bau verbunden, sondern freistehend daneben errichtet ist.

Camposanto – (italienisch) Bezeichnung für Friedhof.

Chor – (griechisch) der Raum der Kirche, in dem sich der Hauptaltar befindet, im Mittelalter immer nach Osten gerichtet, dem Lande der Geburt Christi zugewandt. Romanische und frühgotische Kirchen, wie z. B. der Naumburger Dom, können außerdem einen weiteren Choranbau im Westen haben.

Chorgestühl – zu beiden Seiten der Chorinnenwände aufgestellte Sitzreihen für die Mitglieder der hohen Geistlichkeit, des *Domkapitels*, häufig mit reichem Schnitzwerk verziert.

Chorschranken – schließen den nur für die hohe Geistlichkeit bestimmten Raum des Chores gegen die den Laien vorbehaltenen Teile der Kirche ab, in Kirchen mit Chorumgängen umschließen sie häufig den gesamten Chor. In altchristlicher Zeit niedrige Brüstungen, wurden sie in der Gotik kunstvoll ausgestaltet (→ Lettner).

Chorturmkirche – in der romanischen

Baukunst herausbildete Baugestalt, bei der über dem Chor der Kirche ein Turm errichtet wurde.

Christogramm – abgekürzte Schreibweise des Namens Christus mit den ersten beiden Buchstaben des griechischen Wortes Christos Chi = X und Rho = P, wobei beide Buchstaben übereinanderstehen, so daß das X das P kreuzt.

Confessio – Grabkammer unter dem Hauptaltar einer Kirche, in der ein Märtyrer oder der Kirchengründer beigesetzt wurden. Ein halbkreisförmiger Umgang soll die Besichtigung des Grabes ermöglichen. Die Confessio ist eine Vorform der → Krypta.

Dachformen – 1 Pultdach – 2 Satteldach – 3 Walmdach – 4 Krüppelwalmdach – 5 Terrassendach – 6 Zeltdach – 7 Mansarddach – 8 Kreuzdach – 9 Sheddach – 10 Flachdach – 11 Vierkanthelm – 12 Kegelhelm – 13 geschweifte Haube – 14 Zwiebelhaube – 15 Welsche Haube – 16 Faltdach – 17 Rhombendach, giebelgeschmückter Helm.

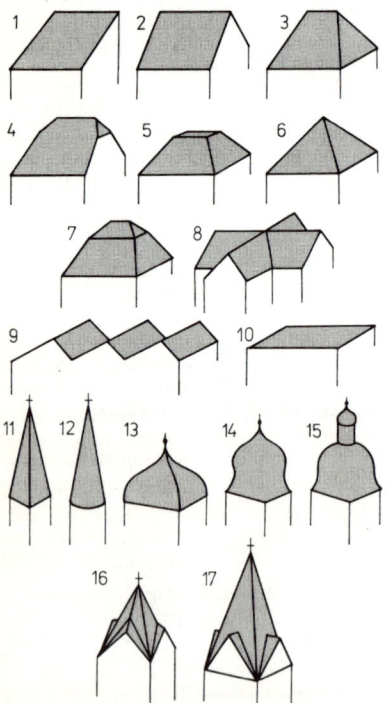

Dachreiter – auf dem Dachfirst errichtetes schlankes Türmchen, häufig am Kreuzpunkt von Langhaus und Querschiff, auch über dem Westgiebel bei kleineren Kirchen zu finden.

Diakon – in der katholischen Kirche ein Geistlicher, der die Diakonatsweihe erhalten hat. Das *Diakonat* ist ein Ausbildungsstadium vor der Weihe zum Priester. In der evangelischen Kirche Bezeichnung für einen kirchlichen Angestellten mit speziellen Aufgaben der Krankenfürsorge oder der Erziehungshilfe.

Diakonie – (griechisch) in der christlichen Kirche Dienst an Armen und Kranken (Diakon, Diakonisse).

Dienst – in der Gotik ausgeprägte Viertel-, Halb- oder Dreiviertelsäule an einem Pfeiler, einer Säule oder an der aufgehenden Wand mit optischer und z. T. auch statischer Tragefunktion für Gurte oder Gewölberippen.

Diözese – im griechisch-römischen Altertum ein Verwaltungsbezirk. Von der christlichen Kirche als Bezeichnung für das Bistum, den Amtsbezirk eines Bischofs übernommen.

Diptychon – (griechisch) zusammenklappbares Paar von Holz- oder aus anderem Material gefertigten Täfelchen. Ursprünglich für die römischen *Konsuln* hergestellte Ziertäfelchen, welche diese beim Amtsantritt verschenkten – Konsulardiptychon. In der mittelalterlichen kirchlichen Kunst wird der zweiflügelige Altaraufsatz als Diptychon bezeichnet.

Dom – Hauptkirche eines Bischofssitzes oder Bistums, im allgemeinen Sprachgebrauch auch als Bezeichnung für einen großen und bedeutenden Kirchenbau angewandt.

Dominikaner – s. S. 284

Donauschule – eine Richtung der deutschen Malerei des ersten Drittels des 16. Jh., die landschaftliche Szenerien mit Menschendarstellungen in dramatisch-stimmungshafter, im Spiel von Licht und Farbe märchenhaft und vielfigurig bewegter Form bevorzugte, einer der Hauptmeister war Albrecht Altdorfer in Regensburg.

Dreißigjähriger Krieg – Kampf der europäischen Fürsten, insbesondere der österreichischen und spanischen Habsburger und des französischen Feudaladels um die politische Vorherrschaft in Europa. Der Krieg begann 1618 mit dem sogenannten Prager Fenstersturz und endete 1648 mit dem Westfälischen Frieden und einer Neuaufteilung der feudalen Machtverhältnisse. Danach waren die deutschen Gebiete in rund 300 Fürstentümer zersplittert, große Landstriche verwüstet, mehr als 18 000 Dörfer und 1600 Städte zerstört.

Ecce homo – (lateinisch: Siehe welch ein Mensch!) Bezeichnung für die Zurschaustellung des gegeißelten Christus mit der Dornenkrone und Spottmantel als Einzelgestalt oder in einer Szene mit den ihn verhöhnenden Juden.

Ecclesia – (griechisch) Figuration der christlichen Kirche. Das Alte und das Neue Testament werden auch als weibliche Gestalten paarweise dargestellt (Ecclesia und Synagoge), zunächst als Begleitfiguren der Kreuzigung, seit dem 12. Jh. als selbständige Bildnisse. Ecclesia bedeutet dabei die Siegerin mit Krone, Kelch und Kreuzesfahne, Synagoge die Besiegte mit Augenbinde, zerbrochenem Stab und der Hand entgleitender Gesetzestafel.

Empire – französische Bezeichnung für die klassizistische Kunsthaltung zur Zeit des ersten Kaiserreichs unter Napoleon I. und der Folgezeit (etwa 1800–1830), gekennzeichnet vor allem in der Möbelkunst durch schwere Formen und Metallbeschläge in antikisierenden Dekorationen.

Empore – galerieartiger Einbau in Kirchenräumen, um die Fläche für die Unterbringung der Teilnehmer am Gottesdienst zu vergrößern. Emporen dienten aber auch zur Unterbringung bestimmter Gruppen von Teilnehmern, so z. B. der Nonnen.

Englischer Gruß – Darstellung des Grußes des Engels Gabriel an Maria bei der Verkündung der Geburt Christi.

Epitaph – (griechisch) an der Innen- oder Außenwand einer Kirche angebrachtes Gedächtnismal für einen Verstorbenen. Aufkommend mit dem 14. Jh., erfuhr das Epitaph in der Renaissance- und Barockkunst prunkvolle Ausprägungen.

Expressionismus – europäische Kunstrichtung vorwiegend des zweiten Jahrzehnts des 20. Jh. in Malerei und Plastik, aber auch in Bauwerken. In der Bildkunst werden abstrakte Formen bevorzugt, dem geistig Inhaltlichen wurde der Vorzug vor der naturnahen Wiedergabe von Dingen gegeben. Das Gegenständliche tritt hinter Linien, Flächen und Farben zurück. In der kirchlichen Bildkunst gewannen expressionistische Formen besonders für die Glasfenstergestaltung, aber auch für andere Bildwerke Bedeutung. Einflüsse zeigen sich bis in das Kunstschaffen der Gegenwart. In der Folge des Expressionismus erlangte für den Kirchenbau seit den zwanziger Jahren das kubische und nicht mehr an Rechtwinkligkeit orientierte Bauen sowie die Betonung konstruktiver Elemente Bedeutung.

Fiale – türmchenartige Bekrönung eines gotischen Strebepfeilers.

Fortifikation – (lateinisch) Befestigung, Festungsanlage, Verteidigungsbauten.

Franziskaner – der nach seinem Gründer Franz von Assisi benannte Orden der Bettelmönche – auch Minoritenorden genannt – wurde eine der im Mittelalter wichtigsten und weitverbreiteten Ordensverbindungen. Sie errichteten ihre Klöster in den Armenvierteln der Städte und übten hier seelsorgerische und soziale Tätigkeiten aus. Bedeutung erlangte auch der Frauenorden. Die Gewandung besteht aus einer langen braunen Kutte und einem weißen Strickgürtel mit drei Knoten, welche Armut, Gehorsam und Keuschheit symbolisieren. Die Franziskaner gingen ursprünglich barfuß, später in Sandalen. Aus einer Ordensreform gingen die *Kapuziner* hervor, charakteristisches Kennzeichen ist die Barttracht der Mönche.

Fresko – (lateinisch und italienisch – al fresco) Wandmalerei, bei der die Farbe unmittelbar auf den frischen Putz (fresco) aufgetragen wird, so daß die Wasserfarben in den Putz einziehen und sich unlösbar mit der Kalkschicht verbinden. Wandmalerei auf trockenem, abgebundenem Putz wird als al-secco-Malerei bezeichnet. Freskomalerei kann also nur abschnittweise unmittelbar nach Auftragen frischen Putzes vollendet werden. Diese Technik wurde seit dem ausgehenden 13. Jh. in Italien entwickelt.

Gebundenes System – in der Romanik und im mittelalterlichen Kirchenbau angewandtes Grund- und Aufrißsystem, das vom Quadrat der → Vierung ausgeht und dieses zum Grundmaß für die Langhaus-, Chor- und Querhausgestalt annimmt. Das Mittelschiff erhielt die Höhe zweier Quadrate und besteht aus mehreren aneinandergereihten Quadraten im Grundriß. Chor und Querhausarme sind aus je einem Quadrat dieses Grundmaßes gebildet. Die Seitenschiffe haben in diesem System die Höhe eines Quadrates und die Breite eines halben, das wiederum unterteilt ist, so daß auf ein → Joch des Mittelschiffes zwei Seitenschiffsjoche, zweimal ein Viertel des Grundriß-Quadrates kommen.

Gesprenge – → Altar

Gewölbe – raumüberdeckende Konstruktionen mit bogenförmigem Querschnitt sind aus den verschiedensten Kulturen bekannt. In hethitischen und assyrischen Bauten, in altamerikanischen sowie klassisch antiken Architekturen wurden Wölbungen gefunden. Besondere Ausprägung erfuhr die Wölbetechnik mit der römischen Kultur und Baukunst. Von ihr aus erfolgte eine Weitervermittlung in die europäisch-mittelalterlichen Kulturen, wo die Wölbung in der späten Gotik ihre dekorativ höchstentwickelte Form erreichte. Sie wurde eines der konstruktiv und ästhetisch wichtigsten Elemente dieses mittelalterlichen Baustils. Seit der Renaissance, dann besonders im Barock, erlangte die bereits in der byzantinischen Kunst ausgeprägte Kuppelwölbung wieder eine vorrangige Bedeutung.

Gewölbeformen: 1. Tonnengewölbe – Es hat einen Querschnitt von Halbkreis- oder Kreissegmentform und

kann durch Gurtbögen in einzelne Joche zerlegt sein. 2. Kreuzgewölbe – Sie setzen sich aus zwei einander rechtwinklig schneidenden Tonnengewölben zusammen; die Schnittstellen werden als Grate (Kreuzgratgewölbe), die einzelnen Abschnitte zwischen den Graten als Kappen bezeichnet. 3. Kreuzrippengewölbe – leiten die Entwicklung der gotischen Wölbekunst ein. In ihnen sind die selbständig gemauerten Rippen die Trageelemente, welche Schub und Druck des Gewölbes aufnehmen und auf die Wände oder Pfeiler ableiten. Die Gewölbekappen werden anschließend aus leichtem Mauerwerk eingefügt. 4. Sterngewölbe – Sie bilden eine dekorative und konstruktive Weiterentwicklung; ihre Rippen sind sternförmig angeordnet. 5. Netzgewölbe – wurden in der spätgotischen Baukunst als dekorative Raumabschlüsse ausgeprägt. Die Rippen überziehen hier die gesamte Decke netzartig, und die bei anderen gotischen Wölbformen übliche Jocheinteilung entfällt. Ein Rippennetz kann auch in eine Tonnenwölbung eingebracht sein. 6. Klostergewölbe – Diese sind aus Stern-, Netz- und Kreuzformen gebildet. Die fast trichterartig eingetieften Kappen stoßen in Graten aneinander, so daß eine reich und unregelmäßig erscheinende

Deckengliederung erreicht wird. 7. Muldengewölbe – bilden konstruktiv eine Tonne, deren Enden durch jeweils ein halbes Kreuzgratgewölbe abgeschlossen sind. 8. Spiegelgewölbe – Sie werden meist als → Spiegeldecke ausgeprägt. Im Prinzip handelt es sich um eine kehlige seitliche Wölbung an den vier Kanten eines flachen Deckenabschnittes. Weitere dekorative Formen stellen das Stalaktitengewölbe, das Fächergewölbe und das Strahlengewölbe dar.

Gloriole – (lateinisch) Gnadenschein, Strahlenkranz um den Kopf von Heiligenfiguren zur Versinnbildlichung ihrer Bedeutung.

Gnadenstuhl – mit dem 12. Jh. üblich gewordene Darstellung der Heiligen Dreifaltigkeit; Gottvater hält thronend vor sich das Kreuz mit Christus oder auch dessen Leichnam, über seinem Haupt schwebt die Taube als Symbolisierung des Heiligen Geistes.

Gotik – mittelalterlicher Kunststil, dessen Frühphase in der Feudalzeit liegt, dessen Spätphase vor allem in den Städten mit der frühbürgerlichen Entwicklung einhergeht, im Deutschen die Zeit von etwa 1250 bis 1500 umfassend. Kennzeichnend sind für die Frühphase langgestreckte und plastisch gegliederte Kunst- und Bauformen, hochaufragende Kirchenräume und Turmbauten, reich verzierte Maßwerkfenster und die um den Außenbau errichtete, statisch notwendige Strebearchitektur. Sie dient als Stützgerüst der oft hohen Kirchenschiffe. Ein Beispiel dafür ist der Halberstädter Dom. Für die Spätgotik ist die Herausbildung der reichen Giebelarchitektur und Dekoration an Kirchen wie Bürgerbauten sowie die Ausprägung weiter Kirchenräume charakteristisch. Die Kunstformen werden zart und feingliedrig, die Gewölbe erhalten dekorative Gestalt, Naturformen wie Baum- und Astwerk sind künstlerisch umgesetzt. Ein Beispiel für spätgotischen Kirchenbau ist die Marktkirche in Halle.

Gurtbogen – durch Putz oder anders verstärkte Bogenführung zwischen Feldern von Tonnen- oder Kreuzgrat-

gewölben. Sie dienen auch der optischen Trennung von Raumabschnitten.

Halle/Hallenkirche – Kirche mit mehreren Schiffen gleicher Höhe, am häufigsten dreischiffig, nicht selten aber auch zwei- und fünfschiffig errichtet. Das Licht liefern die entsprechend großen Fenster in den Seitenschiffswänden.

Hochaltar – Hauptaltar einer Kirche auf erhöhtem → Chor, in der romanischen Kirche über der → Krypta.

Hostie – (lateinisch) Bezeichnung für das bei der Meßfeier, Kommunion und Abendmahl gebrauchte ungesäuerte Brot.

Hussitenkriege – Die Hussiten trugen die revolutionäre Bewegung in Böhmen seit 1419. Ihr Name leitet sich von dem des böhmischen Reformators Jan Hus (1370–1415) ab, der – seit 1409 Rektor der Prager Karls-Universität – gegen die Kirchenpolitik ankämpfte und schließlich als Ketzer verbrannt wurde. Das vor allem leitete die großen Volksaufstände in Böhmen und seit 1427 die Kriegszüge der Hussiten in die deutschen und österreichischen sowie polnischen Lande ein, deren Feudaladel gemeinsam mit der Kirche das religiöse und soziale Reformprogramm der Hussiten und ihrer Heere bekämpfte. 1437 wurde die hussitische Bewegung niedergeschlagen. Ihre Ideen wirkten weiter bis in die revolutionären Bauernerhebungen des 16. Jh. im Fränkischen und Thüringischen.

Ikonostas – (griechisch) in der griechisch-katholischen – Kirche eine Wand, die das Allerheiligste vom Gemeinderaum abschließt und mit Bildern (Ikonen) bedeckt ist. Im Mittelalter, den → Chorschranken vergleichbar, entstanden seit dem 14. Jh. in der russischen Kirche die riesigen Bilderwände.

Inkarnation – Verkörperung von etwas Geistigem, in der christlichen Lehre auch Fleischwerdung bedeutend.

Jesuiten – der Jesuitenorden wurde zwischen 1534 und 1539 durch Ignatius von Loyola und Franz Xaver begründet. Er bekämpfte die Reformation und übernahm später auch die überseeische Missionstätigkeit und die besondere Pflege der katholisch-theologischen Forschung und Lehre.

Joch – Gewölbeabschnitt → Gewölbe

Johanniter – ältester der geistlichen Ritterorden, im 11. Jh. begründet und seit dem 12. Jh. nach ihren Ordensregeln tätig. Ihm oblag neben der militärischen auch die soziale Betreuung der Kreuzfahrer im Mittelalter. Dazu errichtete er ein dichtes Netz von Stützpunkten und auch eigenständigen Ordensstaaten, z. B. auf Malta, daher auch als *Malteser* bezeichnet. Seit dem 19. Jh. widmet sich der Orden hauptsächlich der Krankenpflege – die weitere Bezeichnung *Hospitaliter* nimmt darauf Bezug. Der Orden steht heute unter unmittelbarer vatikanischer Hoheit.

Jugendstil – Stilströmung der Kunst um die Jahrhundertwende (etwa 1890–1910) gegen die Nachahmung und Verwendung historischer Stile; Grundelemente der erstrebten neuen Ornamentik waren Natur- und Pflanzenformen, die bis in die Baukunst hineinwirkten. Angestrebt wurden aber auch zweckentsprechende Formen, vor allem bei Gebrauchsgegenständen. Der Begriff Jugendstil wird auf die deutsche Kunst angewandt und steht im Bezug zu der 1896 in München herausgegebenen Zeitschrift „Jugend". Im Französischen bezeichnet man die Stilhaltung als „Art Nouveau", im Englischen als „Modern Art".

Kalvarienberg – plastische oder gemalte Darstellung des → Kreuzweges und der Kreuzigung Christi. Die Leidensstationen ziehen sich an einem Berg hin, auf dessen Gipfel die Kreuzigung dargestellt wird.

Kämpfer – bei Bogen- oder Gewölbekonstruktionen die Deck- oder Tragplatte zwischen Pfeiler und aufliegender Last der Bögen und Gewölbe.

Kannelierung – (lateinisch) senkrechte Rillen in einem Säulen- oder Pfeilerschaft. Sie können in Graten aneinanderstoßen oder durch Stege getrennt parallel verlaufen.

Kapitel – ursprünglich die tägliche Zusammenkunft der im Kloster oder in anderer Gemeinschaft lebenden Geistlichen in einem dafür bestimmten Raum, dem *Kapitelsaal*. Hier wurden ein Kapitel aus der Heiligen Schrift verlesen sowie klösterliche Arbeiten abgesprochen. Unter Kapitel versteht man dann weiter die Gesamtheit der Geistlichen an Dom- oder anderen bedeutenden Kirchen – *Domkapitel, Kollegiatskapitel*. Der Begriff wurde von der ursprünglichen Zusammenkunft übernommen.

Kapitelsaal → Kapitel.

Kapitell – (lateinisch) der obere, meist plastisch verstärkte und verzierte Abschluß oder Kopf einer Säule oder eines Pfeilers.

1 – dorisches Kapitell, 2 – romanisches Würfelkapitell, 3 – korinthisches Kapitell, 4 – ionisches Kapitell, 5 – gotisches Knospenkapitell, 6 – gotisches Blattkapitell.

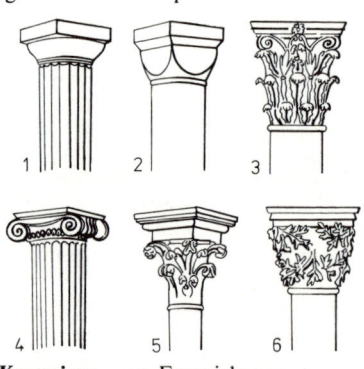

Kapuziner – → Franziskaner.

Kasel – liturgisches Obergewand für Bischöfe und Priester, während der Messe getragen.

Kassettendecke – durch sich kreuzende Balkenlagen in Felder eingeteilte Decke, seit der Antike bekannt. In der Renaissance vielfach in Anwendung gebracht, wurden Kassettendecken dann auch in Putz nachgebildet.

Kathedrale – → Dom.

Kavaten – Bezeichnung für die → Substruktionen aus hohen Bogenstellungen, die Stützarchitektur für den Erfurter Domchor.

Kenotaph – (griechisch) Grabdenkmal, welches nicht die Gebeine des Verstorbenen birgt, sondern allein zu seinem Gedächtnis bzw. zu seiner Erinnerung errichtet ist.

Klassizismus – wird der Kunststil genannt, der seit der Mitte des 19. Jh. als Gegenbewegung zum aufwendigen Barock und Rokoko entstand. Er strebte nach einfachen, aber edlen, an den antiken Kunst- und Bauwerken geschulten Formen und verwendete vielfältig klassisch-griechische und römische Vorbilder vor allem für Architekturen und Plastiken.

Kluniazenser – Mönchsorden reformierter → Benediktiner. Sie tragen ihren Namen nach dem 910 gegründeten Kloster Cluny in Burgund und strebten die Eigenständigkeit der Klöster und Orden gegenüber dem weltlichen Herrschertum an. Ein für die Kulturentwicklung im Deutschen wichtiges Tochterkloster von Cluny war Hirsau. Die Kluniazenser spielten eine entscheidende Rolle auf seiten der Päpste in deren Auseinandersetzung mit dem Kaisertum um die politische Vorrangstellung. Sie trugen einen weiten faltenreichen schwarzen Mantel.

Knorpelwerk – Ornamentform des 17. Jh. aus sich knorpelartig verdickenden Gebilden, mit welchen Figuren und auch Naturformen in phantastischer Weise dargestellt werden.

Kolonisierung – oder Kolonisation (lateinisch) Besiedelung eines Landes, ursprünglich auch dessen landwirtschaftliche Urbarmachung. Im Altertum und frühen Mittelalter bezeichnete Kolonisierung zugleich die mit der Landnahme einhergehende Eingliederung oder Unterordnung der ansässigen Bevölkerung durch die Kolonisten. In unserem Gebiet übertrugen im frühen Mittelalter die christlichen Kolonisten ihre Religion auf die slawischen Stämme, deren Land sie besiedelten und damit christianisierten.

Kommende oder Komturei – Verwaltungsgebiet und Verwaltungsgebäude eines geistlichen Ritterordens, genannt nach dem Komtur (italienisch – Kommendatore), den leitenden Ritter des Ordens → Johanniter.

Krabbe – auch Kriechblume, blattartiges plastisches Ornament an gotischen Bauteilen → Wimperg.

Kreuzblume – als Blattwerk gebildete kreuzförmige Spitze auf gotischen Turmhelmen, → Fialen oder → Wimpergen.

Kreuzweg – in der katholischen Kirche Andachtstrecke, welche den Weg des leidenden Jesus Christus vom Hause des Pilatus bis Golgatha, die Kreuzigung und das Begräbnis nachvollzieht. Der Kreuzweg ist in 14 Abschnitte eingeteilt, die Kreuzwegstationen. In Kirchenräumen werden diese bildlich, im Freien – bevorzugt an Bergen – durch symbolisierende kleine Bau- und durch Bildwerke dargestellt. Der Kreuzweg entstand aus den Wallfahrten des Mittelalters, im 17./18. Jh. baulich ausgeprägt.

Krypta – Grabraum eines Heiligen in den frühchristlichen Kirchen. Im Mittelalter unterirdischer Raum unter dem Chor für Grabanlagen und Aufbewahrung von → Reliquien. Mit der Ausprägung der Gotik entfiel der Bau von Krypten.

Kubismus – Richtung der Kunsthaltung des → Expressionismus, welche die dargestellten Dinge und Menschen in geometrischen Grundformen wiedergibt und die Naturformen auf eckige, kubische Elemente zurückführt. In der Baukunst kommt es zur Ausprägung kantiger und an geometrischen Körpern orientierter Bauteile und Dekorationselemente.

Kurie – (lateinisch) Sitz der päpstlichen und bischöflichen Verwaltungseinrichtungen.

Kustodie – Wohn- und Aufenthaltsgebäude des mit der Beaufsichtigung der Kirchenschätze betrauten Küsters oder des Domherren.

Lapidarium – (lateinisch) Sammlung von Steindenkmälern oder Steinteilen eines Bauwerkes, auch Steinsammlung.

Laterne – ein von Fenstern oder einfachen Öffnungen durchbrochener schlankzylindrischer Baukörper über der oberen Öffnung, dem Auge, einer Kuppel, abgeschlossen durch eine kleine Haube.

Lettner – (lateinisch lectorium) bezeichnete ursprünglich ein Lesepult. Im christlichen Kirchenbau Querwand aus Stein, Holz, Bogenstellungen, oft mit reichen plastischen und dekorativen Verzierungen, welche den für die hohe Geistlichkeit vorbehaltenen Raum des Chores von dem für die Gemeinde bestimmten trennt (→ Chorschranken).

Lisene – flacher, senkrechter Mauerstreifen ohne Basis und Kapitell, als dekorative Gliederung an Mauerflächen angebracht.

Manierismus – (italienisch) vom Wort Maniera abgeleitet, welches dem deutschen Begriff Manier nahekommt. Kunstgeschichtlich bezeichnet der Begriff eine späte Stilstufe der Renaissance am Übergang zum Barock. Manierismus bedeutet zugleich eine Kunsthaltung, die sich an Formenübersteigerungen – etwa besonders langgestreckten Gestalten in der Bildkunst und fast unnatürlichen Bewegungen – in übertriebener Dekoration, aber ebenso in einer Virtuosität der Kunstformen auslebt.

Märtyrer – (griechisch) bedeutet Zeuge. In der Geschichte der christlichen Kirche werden die trotz Verfolgung, Folterung und Tötung am christlichen Glauben Festhaltenden als Märtyrer, Blutzeugen, bezeichnet.

Martyrologium – (griechisch) Sammlung von Nachrichten über Märtyrer und Heilige der katholischen Kirche.

Nazarener – Gruppe deutscher Maler, die 1809 den religiös gestimmten Lukasbund gründeten, um dann im Kloster Sant'Isidorio in Rom abgesondert von der Welt in romantisch-historisierendem Stil zu leben und zu schaffen. Overbeck, Pforr, Cornelius, Schadow, Schnorr von Carolsfeld sind die Hauptmeister. Ihr Ziel war die Erneuerung der religiösen deutschen Malerei, ihr Malstil wurde dann aber vermarktet.

Oktogon – (griechisch) Achteck, in der Architektur Achteckbau.

Orden – Bezeichnung für die in einer Klostergemeinschaft lebenden Mönche und Nonnen. Die Orden waren im Abendland über Jahrhunderte Träger der christlichen Kultur und Weltanschauung. Besondere Bedeutung gewannen die Bettelorden, in denen nicht nur die einzelnen Mitglieder, sondern auch die Klöster zur Besitzlosigkeit verpflichtet sind. Bettelmönche traten als Gelehrte an Universitäten, aber auch durch soziale und seelsorgerische Tätigkeit für breiteste Volksschichten hervor.

Ottonik – **Ottonische Kunst** – Bezeichnung für die Bau- und Bildkunst unmittelbar vor der → Romanik, zeitlich das spätere 10. und etwa die erste Hälfte des 11. Jh. umfassend, eigentlich die Geschichtsepoche der Ottonen und Salier 936–1125 begleitend.

Palmette – (französisch) Ornament in Form von Palmblättern. In der klassisch antiken Kunst ausgebildet, von der Renaissancekunst wiederaufgenommen, auch im Spätbarock verwendet.

Paradies oder **Atrium** – Vorhof der altchristlichen → Basilika, ursprünglich für die rituellen Waschungen angelegt und an den frühmittelalterlichen Kirchen noch beibehalten.

Parament – (lateinisch) liturgisches Gewand der Geistlichen und künstlerisch gestalteter Stoff zur Umkleidung kirchlicher Geräte, Altäre und Kanzeln.

Parochie – (lateinisch/griechisch) ursprünglich den Wohnplatz eines Fremden an einem Ort bedeutend, dann Amtsbezirk, auch Sprengel, eines Geistlichen.

Passion – (lateinisch) bedeutet in der Kirchensprache das Leiden Jesu Christi. In der kirchlichen Bildkunst wird die Leidensgeschichte meist im Zusammenhang dargestellt, beginnend mit dem Einzug in Jerusalem und dem Abendmahl und endend mit der Auferstehung und Himmelfahrt. Dazwischen werden vielfach Gefangennahme und Geißelung, Dornenkrönung und → Ecce homo, Kreuztragung, Kreuzigung, Kreuzabnahme, Beweinung und Grablegung Christi figürlich gestaltet.

Patronat – Schutzherrschaft, Ehrenamt für eine Kirche, auch Unterschutzstellung dieser unter den Namen eines oder mehrerer Heiligen.

Pfalz – Verwaltungs- und Aufenthaltsplatz der im frühen Mittelalter noch nicht an einem festen Ort ansässigen Kaiser und Könige. Pfalzen waren in der Epoche vor der Herausbildung der Städte über das jeweilige Reichsgebiet verstreut angelegt, die Herrscher residierten den Erfordernissen entsprechend in ihnen. Im Unterschied zur Burg bildete die Pfalz oft eine weiträumige Anlage, in der große Fürstenversammlungen und Heerlager abgehalten werden konnten.

Pfeiler – senkrechte Stütze von eckigem Querschnitt; als *Rundpfeiler* werden Säulen ohne Kapitell bezeichnet. In der Gotik kommt es zur Verbindung von Pfeiler- und Säulenformen; die als *Bündelpfeiler* bezeichneten Stützen können mit und ohne Kapitellformen ausgebildet sein.

Pieta – (italienisch) Darstellung der Maria mit dem Leichnam Christi, auch als Vesperbild bezeichnet. Die Handlung am Abend der Kreuzabnahme wird in den Figuren symbolisiert. In der deutschen Kunst seit dem 14. Jh. üblich.

Pilaster – aus der Wandfläche vortretender Pfeiler, der wie eine Säule in Basis, Schaft und Kapitell gegliedert ist. Er kann dekorativ, aber auch statisch verwandt werden, in letzterer Funktion als Trage- oder Wandverstärkungselement.

Polychromie – (griechisch) eigentlich Vielfarbigkeit. Unter dem Begriff wird heute die mittelalterliche und spätere Farbigkeit von Bauwerken, Innenräumen und Plastiken sowie Dekorationen verstanden, die sich aus mehreren Farben zusammensetzt.

Polygon – polygonal (griechisch) Vieleck – vieleckig.

Pontifikalgewand – (lateinisch) Priestergewand, das zu den Messen getragen wird.

Prämonstratenser – um 1121 gegründeter Orden, benannt nach dem ersten Kloster Prémontré nahe Laon. Die Ordensregel ähnelt der der Augustiner, die klösterliche Organisation ist zisterziensisch geprägt. Sie strebten

eine Reform der Weltgeistlichkeit an und unterstützten die Verfolgung von Geistlichen und Laien, deren Lehrmeinung vom kirchlichen Dogma abwich. Sie trugen ein schwarzes Untergewand mit weißem Obergewand und achteckigem Stern auf der Brust, darüber den Kapuzenmantel.

Präzeptorei – (lateinisch) Lehranstalt oder Gebäude, in denen klösterliche oder Ordensunterweisungen vorgenommen wurden.

Predella – Altaruntersatz, meist mit figürlicher oder bemalter Bilddarstellung → Altar.

Propst – **Propstei** – Kloster- oder Stiftsvorsteher oder geistlicher Leiter eines Bezirkes der evangelischen Kirche und dessen Amtssitz.

Prozession – feierlicher Umzug auf Straßen und Plätzen, aber auch innerhalb von Kirchenräumen, im Rahmen einer kirchlichen Handlung in der katholischen und orthodoxen Kirche.

purifizieren – (lateinisch) reinigen, säubern. In der kunstgeschichtlichen Sprachregelung für das Entfernen einer reichen barocken Ausstattung aus einer Kirche und deren Ersatz durch eine schlichte Einrichtung angewandt.

Refektorium → Remter.

Relief – (französisch) plastische Bilddarstellung, bei der Teile aus der Fläche hervortreten, aber nicht voll gerundet sind.

Reliquie – (lateinisch) Überreste eines Körpers oder eines Körperteils eines Heiligen oder ein ihm persönlich gehörender übernommener Gegenstand.

Remter – Speisesaal des Klosters, auch Refektorium genannt.

Renaissance – seit dem vorigen Jahrhundert gebräuchlicher Stilbegriff für Kultur und Kunst der frühbürgerlichen Epoche. In der deutschen Kunst zwischen etwa 1500 und 1600 vorherrschend. Kultur und Kunstformen der damals gesellschaftlich weit entwickelten italienischen Stadtstaaten und der dort wiederentdeckten Antike strahlten über ganz Europa aus und wurden besonders in den wirtschaftlich weit entwickelten Niederlanden sowie in Frankreich zu reichen Kunstformen ausgeprägt. Die Schloß- und Bürgerhausarchitektur, ebenso Rathaus- und andere städtische Bauten, erlebten nach der spätgotischen eine erneute Blüte.

Residenz – Wohnsitz oder Wohnort eines weltlichen oder geistlichen Herrschers, Königs-, Fürsten- oder Bischofssitz.

Rocaille – (französisch) Ornament des Rokoko in Form von Muschelschalen, Pflanzenstielen und reich geschwungenen Stegen.

Rokoko – der verspielt erscheinende Spätstil des Barock umfaßt im wesentlichen die Zeit von etwa 1725 bis 1780. Oft wurden die Barockformen verkleinert und mit der Natur entlehnten Kunstformen zu reichen Dekorationen zusammengestellt. Das Kunsthandwerk erlebte einen großen Aufschwung, wie z. B. die Metallschmiedekunst und die Porzellanherstellung.

Rollwerk – Bezeichnung für Ornamente, gemalte und plastische Schmuckmotive, die sich an ihren Enden band-, holz- und metallspanartig aufrollen, am gebräuchlichsten in der niederländischen und deutschen Kunst der Renaissance und bis hin zum Rokoko.

Romanik – der an die Zeit der Karolinger und Ottonen anschließende frühmittelalterliche Kunststil umfaßt im Deutschen etwa die Zeit von 950 bis 1250. Kennzeichnend sind kubische Formen und Baukörper, große Wandflächen mit kleinen rundbogig geschlossenen Fenstern und Türöffnungen. Auch die Bildwerke wirken massiv und sind an ihrer Oberfläche linienartig gegliedert.

Sanktuarium – Platz um den Hochaltar katholischer Kirchen, auch Ort zur Aufbewahrung von Heiligtümern und → Reliquien.

Säule – ein meist freistehendes, senkrechtes und im Schnitt kreisförmiges Architekturelement aus Stein, Backstein, Holz, Metall oder Beton. In der antiken Kunst wurde die Säule künstlerisch ausgeprägt. Die dorische Säule besteht aus einem → kannelierten Schaft, wulstförmig abgeschrägtem → Kapitell und quadratischer Deck-

platte. Sie bleibt ohne Basis. Die ionische Säule besitzt eine Basis sowie ein Kapitell aus zwei beidseitig ausladenden und nach unten einrollenden → Voluten. Die korinthische Säule zeichnet sich durch ein Kapitell aus, das aus meist zwei Reihen von → Akanthusblättern besteht. In der Kompositsäule bzw. dem Kompositkapitell sind ionische Elemente (Voluten) und korinthische (Akanthusblätter) zu gemeinsamer Form verbunden. Die toskanische Säule entstand mit der römischen Kunst und unterscheidet sich von der dorischen durch die vorhandene Basis.

Seigerhütte – unter seigern – nach einem mittelhochdeutschen Wort – versteht man in der Gießereitechnik den Entmischungsvorgang, bei dem unterschiedliche Metalle bei Erhitzen und Abkühlen voneinander getrennt werden. Man erhält nach dem Seigern also von Fremdstoffen oder anderen metallischen Beimischungen freie Metalle. Die Seigerhütte ist die entsprechende Produktionsstätte.

Schlingrippen – in der spätgotischen Baukunst ausgeprägte gewundene Gewölberippen, die sich teilweise freischwebend vor der eigentlichen Wölbung ineinanderschlingen, gegenseitig durchsteckt sind, an ihren Enden einen freischwebenden Schlußstein tragen oder wie glatt abgeschnitten enden.

Schlußstein – der in den Scheitelpunkten der einzelnen Joche einer Rippenwölbung angebrachte Stein, mit dem die Bogenkonstruktion geschlossen wird. Die Gestaltung reicht von der einfachen Platte bis zu dekorativer Vielgliedrigkeit mit Naturformen- und Wappenzier.

Schweifhaube – → Dachformen.

Siebenjähriger Krieg – der dritte Schlesische Krieg Friedrich II. von Preußen im Bündnis mit Großbritannien-Hannover und einigen deutschen Landesfürsten gegen eine österreichisch-französisch-russisch-schwedische Allianz und die große Zahl der deutschen Reichsstände, 1756–63 parallel mit der Auseinandersetzung zwischen England und Frankreich um die Kolonialvorherrschaft über Nordamerika.

Spiegeldecke – Spiegel- oder Muldendecken sind flache Decken mit glatt geputzter Untersicht. Die Ausmalung dieser glatten (Spiegel-)Fläche erfolgte besonders im Barock. Den Übergang zu den Wänden stellen die Mulden oder Kehlen, auch → Vouten genannt, her.

Spolien – (lateinisch) eigentlich Beutestücke bedeutend. Teile von Bau- und Bildwerken, die – durch Kunstraub oder Abbruch – abtransportiert und in anderen Bau- und Bildwerken wiederverwendet worden sind. In der antiken und frühchristlichen Zeit können sich dabei Geltungsanspruch und Materialwiederverwendung überlappen. In der frühmittelalterlichen Kirchenbaukunst dienten die Spolien als Bedeutungsträger.

Stigmatisation – (griechisch) Kennzeichnung und Darstellung der fünf Wundmale, die Christus bei der Kreuzigung zugefügt wurden, auch an anderen Heiligenfiguren dargestellt.

Stützenwechsel – der Begriff bezeichnet den Wechsel von Pfeilern und Säulen im Schiff einer romanischen → Basilika.

Substruktion – (lateinisch) Unterbau, Fundamentierung eines Bauwerkes.

Synagoge – (griechisch) jüdischer Versammlungs-, Bet- und Lehrort (s. a. Ecclesia).

Tabernakel – auch Ciborium oder Baldachin; auf Säulen oder ähnlichen Trageteilen ruhender Überbau von oft hoher dachartiger Konstruktion. In der Gotik ein aus durchbrochenen Zierformen bestehender turmartiger Dekorationsbau über Architekturteilen, Figuren, Weihgefäßen.

Tambour – Bauteil in zylindrischer Form, auf dem die Konstruktion einer Kuppel aufsitzt.

Terrakotta – (italienisch) gebrannter Ton bzw. aus gebranntem Ton bestehende künstlerische Arbeiten. Die Technik und das Material kommen vor allem bei kleineren Plastiken und für die Herstellung von Gefäßen in Anwendung. Die Farben von Terrakotten können von weiß über gelb und rot bis tiefbraun gehen. Die Technik ist eine der ältesten zur Herstellung von Gebrauchs- aber auch Kunstgegenständen.

Toskanische Säule – → Säule.

Traufgesims – vorgekragter Wandteil in Simsform unmittelbar unter der Traufe, der unteren Kante eines geneigten Daches.

Triangel – in der Baukunst Bezeichnung für einen Baukörper in Form oder über dem Grundriß eines gleichseitigen Dreiecks.

Triptychon – (griechisch) ein aus drei zusammenhängenden Tafelbildern bestehendes Gemälde; als Altarbild aus dem Mittel- und zwei Seitenflügeln bestehend.

Tuff – poröses Kalk- und vulkanisches Gestein, in bruchfeuchtem Zustand leicht bearbeitbar, dann aushärtend. Seit der Antike für Bildwerke, aber auch in der Baukunst in Anwendung gebracht.

Tumba – (lateinisch) sargartiges Grabdenkmal.

Tympanon – (griechisch) Giebelfeld über der Tür oder über dem Fenster, dessen Fläche häufig durch Reliefs geschmückt ist.

vegetabil – (lateinisch) pflanzlich; die Form von Pflanzen in die künstlerische Gestaltung aufnehmend.

Vesperbild – → Pieta.

Vierung – Mittelraum der Kirche, gebildet durch die Kreuzung von Langhaus und Querschiff.

Volute – architektonisches Verbindungsglied zwischen vertikalen und horizontalen Bauflächen mit spiralförmigen Einrollungen, meist schwächer am oberen und stärker am unteren Ende. Die in der Grundform dreieckige Fläche der Volute zwischen horizontaler, vertikaler und geschwungen gerollter Schräge wird vielfach ornamentiert. Nach der Antike besonders in der Renaissance- und Barockbaukunst verwandt.

Votivbild – auf Grund eines Gelübdes gestiftetes Bild oder auch kleineres Bauwerk (Votivkapelle), einem Heiligen geweiht.

Voute – Hohlkehle zwischen Decke und Wand → Spiegeldecke.

Wange – einschließender Seitenteil einer Treppe oder des Kirchengestühls.

Wimperg – gotischer dreieckiger Ziergiebel über Portalen und Fenstern, von Blendmaßwerk gegliedert, die Schenkel mit Kriechblumen (s. a. Krabbe), die Spitze mit einer Kreuzblume geschmückt, häufig auch von → Fialen gerahmt.

Wirtel – steinerner Ring um den Schaft einer Säule, besonders gebräuchlich in der spätromanischen Baukunst.

Zisterzienser – Sie waren neben den → Kluniazensern der bedeutendste, aus den → Benediktinern hervorgangene Reformorden, benannt nach dem ersten Kloster Citeaux in Burgund. Seit 1133 prägte Bernhard von Clairvaux die Ordensregel, welche die strenge Enthaltsamkeit und harte körperliche Arbeit der Mönche und Nonnen zur Voraussetzung hatte. Damit wurden die Zisterzienser, vor allem in der kultivatorischen Arbeit, bei der Urbarmachung und agrarischen Entwicklung der von ihnen christianisierten Landstriche überaus wirkungsvoll. Sie entwickelten ebenso strenge Bauregeln und eine ausgeprägte eigene Architektur. Ihre Kleidung bestand aus einem weißen Unter- und dem ärmellosen schwarzen Obergewand.

Zwerggalerie – an der Mauer ausgesparte Arkadenreihe, meist unterhalb des Traufbereichs von Gebäuden. In der Romanik als reine Dekorationsform angewandt, wurde sie von der Neoromanik des 19. Jh. wieder aufgegriffen.

Ergänzung

Dominikaner – nach dem Gründer von 1216 Dominicus benannter Orden, vorwiegend auf Bekämpfung der Ketzer ausgerichtet, Träger der Inquisition in Deutschland, der Scholastik und der Mystik im 14. Jh. Die Gewandung bestand aus weißem Rock und schwarzem Mantel. Die bedeutendsten Scholastiker waren Albertus Magnus und Thomas von Aquine. Seit dem 16. Jh. wurde der Orden durch die Jesuiten verdrängt.

Weiterführende Literatur

(Auswahl aus in der DDR erschienener Literatur zum Thema in kunstgeschichtlicher und denkmalpflegerischer Richtung)

Überblicke

Der Wiederaufbau der Kirchen in der Deutschen Demokratischen Republik, Berlin 1964

Zehn Jahre Denkmalpflege in der Deutschen Demokratischen Republik, Leipzig 1959

Denkmale der Geschichte und Kultur, Berlin 1969, 1974 und 1976

Schicksale deutscher Baudenkmale im zweiten Weltkrieg, Berlin 1978

Christliche Kunst im Kulturerbe der DDR, Berlin 1982

Handbücher

Dehio – Handbuch der deutschen Kunstdenkmäler, die Bezirke Dresden, Karl-Marx-Stadt, Leipzig; Berlin 1966

desgl., die Bezirke Neubrandenburg, Rostock, Schwerin; Berlin 1968

desgl., der Bezirk Magdeburg; Berlin 1974

desgl., der Bezirk Halle; Berlin 1976

desgl., die Bezirke Berlin/DDR und Potsdam; Berlin 1983

Kunstdenkmäler der Bezirke Dresden, Karl-Marx-Stadt, Leipzig, Bildband; Berlin 1968

Kunstdenkmäler der Bezirke Neubrandenburg, Rostock, Schwerin, Bildband; Berlin 1975

Deutsche Kunstdenkmäler, Bildhandbuch; Bezirke Dresden, Leipzig, Karl-Marx-Stadt; Leipzig 1969

desgl., Bezirke Erfurt, Gera, Suhl; Leipzig 1967

desgl., Bezirke Halle, Magdeburg; Leipzig 1968

desgl., Bezirke Neubrandenburg, Rostock, Schwerin; Leipzig 1970

desgl. Bezirke Cottbus, Frankfurt (O.), Potsdam und Berlin; Leipzig 1971

Georg Piltz, Kunstführer durch die DDR; Leipzig 1970/1982

Gerd Baier, Elmar Faber, Eckhard Hollmann, Kunst-Reiseführer Deutsche Demokratische Republik; Leipzig 1977

Inventare/Regional-Denkmalpflege

Die Bau- und Kunstdenkmale des Kreises Rügen; Leipzig 1963

Die Bau- und Kunstdenkmale des Kreises Haldensleben; Leipzig 1961.

Die Denkmale des Kreises Greifswald; Leipzig 1973

Die Denkmale der Stadt Torgau; Leipzig 1976

Die Denkmale der Stadt Wittenberg; Weimar 1979

Denkmale in Thüringen; Weimar 1974

Denkmale in Mecklenburg; Weimar 1976

Denkmale in Sachsen; Weimar 1978, 1979

Die Bau- und Kunstdenkmale in der DDR, Bezirk Potsdam; Berlin 1979

Die Bau- und Kunstdenkmale in der DDR, Bezirk Frankfurt (O.); Berlin 1980

Die Bau- und Kunstdenkmale in der DDR, Bezirk Neubrandenburg; Berlin 1982

Restaurierte Kunstwerke in der Deutschen Demokratischen Republik, Ausstellung im Alten Museum, Staatliche Museen zu Berlin, Berlin 1980

Kirchenbau

Kirchbau heute; Leipzig 1969

Fritz Löffler, Die Stadtkirchen in Sachsen; Berlin 1973

Walter May, Stadtkirchen in Sachsen-Anhalt; Berlin 1979

Ernst Badstübner, Stadtkirchen der Mark Brandenburg; Berlin 1982

Wolfgang Gericke, Heinrich-Volker Schleiff, Winfried Wendland, Brandenburgische Dorfkirchen; Berlin 1975

Christian Rietschel, Bernd Lanhof, Dorfkirchen in Sachsen; Berlin 1969

Horst Ende, Dorfkirchen in Mecklenburg; Berlin 1975

Das christliche Denkmal, Hrsg. Fritz Löffler; Heftereihe des Union-Verlages Berlin zu Kirchen in der DDR

Architektur-Führer und Stadtführer

Architekturführer DDR, Berlin, Hauptstadt der Deutschen Demokratischen Republik; Berlin 1974

desgl., Bezirk Dresden; Berlin 1979

desgl., Bezirk Erfurt; Berlin 1979

desgl., Bezirk Halle; Berlin 1977

desgl., Bezirk Leipzig; Berlin 1976

desgl., Bezirk Potsdam; Berlin 1981

desgl., Bezirk Rostock; Berlin 1978

desgl., Bezirk Gera; Berlin 1982

Tourist-Stadtführer; Reihe Stadtführer sowie Stadtführer-Atlanten des VEB Tourist-Verlages Berlin/Leipzig

Personenregister
(Auswahl der im Text genannten Personen)

Beckett, Thomas *243*
(engl. Geistlicher; 1172 heilig
gesprochen) um 1118–29. 12. 1170
Begas d. Ä., Carl Joseph *40*
(Maler, Historienmaler; Schüler
von Gros) 30. 9. 1794–23. 11. 1854
Berg, Claus *11, 108, 206, 259*
(Bildschnitzer aus Lübeck)
um 1475–nach 1532
Berg, Otto *120*
(Maler des 20. Jh.)
Berger, Georg Christoph *148*
(Architekt) tätig um 1751
Berlischky, Georg Wilhelm *222*
(Architekt) geb. 1741
Bernard von Weimar *248*
(Herzog von Sachsen-Weimar; Heer-
führer im Dreißigjährigen Krieg)
16. 8. 1604–18. 7. 1639
Berninger, Bernd *107, 108*
(Bildhauer) tätig um 1596
Berson *117*
(Architekt) tätig um 1800
Bertini, Joseph *159*
(Maler aus Berlin)
nachweisbar 1820–1839
Beseler d. J., Peter *91*
(Freiberger Bildhauer; Sohn und
Schüler von Beseler d. Ä., 1498–
1579) gest. 13. 5. 1601
Beyer, Michael *32*
(Oberlandbaumeister in Dresden)
tätig 1668–1702
Binder, Bastian *115, 153*
(Architekt) tätig um 1515
Bitzan, Rudolf *98*
(Architekt in Dresden) geb. 1872
Block, Benjamin *254*
(Portraitmaler und -stecher)
1631–1690
Blome, Andreas *229*
(Maler) tätig um 1570
Bodenstein, Andreas *271*
gen. Nikolaus Storch, auch Karl-
stadt (protestant. Theologe)
um 1480–24. 12. 1541
Bodt, Jean de *167*
(Architekt, Festungsarchitekt)
Okt. 1670–3. 1. 1745
Böeckler, Hans *157*
(Bildhauer) tätig um 1570
Bogenkranz, Zacharias *116*
(Bildhauer in Halle) tätig um 1600
Böhme, Johann *70, 260, 271*
(Bildhauer) tätig bis 1667

Böhme d. Ä., Johann Heinrich *87, 220*
(Bildhauer)
6. 7. 1636–um 1679
Böhme d. J., Johann Heinrich *49, 250*
(Bildhauer)
tätig in d. 2. H. d. 17. Jh.
Bonifatius *7, 75, 79*
(angelsächs. Missionar)
um 672–5. 6. 754
Bonstede, Harmen *189, 250*
(Glockengießer) nachweisbar
1475–1494
Bora, Katharina von *238*
(Ehefrau Martin Luthers)
29. 1. 1499–20. 12. 1552
Börer, Blasius *95, 98*
(Werkmeister aus Leipzig)
tätig um 1483–1503
Bormann, Jan *105, 108*
(fläm. Bildhauer und -schnitzer)
nachweisbar 1479–1520
Bornemann, Hinrik *107*
(Maler in Hamburg)
um 1450–um 1500
Börner, Emil Paul *163*
(Maler, Porzellanmodelleur)
geb. 12. 2. 1888
Boselli, Pietro *87*
(Erzgießer aus Venedig)
tätig in d. 2. H. d. 17. Jh.
Boumann d. Ä., Johann *13, 38, 89,
192, 193*
(holl. Architekt) 1706–1776
Brandin, Philipp *58, 107, 203*
(holl. Bildhauer und Architekt)
um 1550–1594
Bremen, Heinrich von *253*
(Ratsmaurermeister in Wismar)
nachweisbar 1381–1403
Breuer, Peter
10, 25, 52, 94, 140, 238, 270, 271
(bedeutender spätgotischer Bild-
schnitzer in Sachsen)
um 1472/73–12. 9. 1541
Broder, Hans *243*
(Holzschnitzer) tätig um 1722
Bruder Wichmann *178*
(Bildhauer) tätig Ende d. 14. Jh.
Brumme, Alfred *146*
(Bildhauer d. 20. Jh.)
Brunsberg, Heinrich *46, 101*
(Baumeister aus Stettin)
tätig um 1400
Buchardy, Gottfried *225*
(Maler) tätig um 1689

Dihm, Ludwig *177*
(Architekt) tätig um 1915
Ditterich, Bernhard *87, 148*
(Bildhauer und -schnitzer in
Sachsen) um 1585–nach 1640
Ditterich d. Ä., Franz *234*
(Bildhauer und Maler in Sachsen)
28. 12. 1557–1607
Donat, Johann Jacob *72*
(Orgelbauer) 1663–1732
Donndorf, Adolf von *71*
(Bildhauer) 16. 2. 1835–1916
Dopmeyer, Carl *252*
(Bildhauer) 1824–9. 11. 1899
Döteber, Franz Julius *60*
(Stein- und Holzbildhauer)
gest. 1650
Drake, Friedrich Johann
Heinrich *256*
(Bildhauer)
23. 6. 1805–6. 4. 1882
Dreßler, Andreas *129, 258*
(Maler) 1530–8. 10. 1604
Düren, Statius von *225*
(Ziegelbildhauer und -brenner)
nachweisbar 1550–1566
Dürer, Albrecht *47, 201*
(Maler, Grafiker)
21. 5. 1471–6. 4. 1528
Dyck, Anthonis van *136*
(fläm. Maler u. Radierer)
22. 3. 1599–9. 12. 1641

Eichhorn, Nickel *269*
(Baumeister) tätig um 1480
Eisenberg, Benedikt *145*
(Baumeister) tätig um 1520
Elisabeth *70, 88, 99*
(Landgräfin von Thüringen;
1235 heilig gesprochen)
1207–17. 11. 1231
Emmerich, Georg *98*
(Kaufmann, Bauherr) nachweisbar
1481–1505
Enderlein, Johann Georg *87*
(Baumeister) tätig um 1730
Engel, Johann Carl Ludwig *177*
(Architekt, Maler) 1778–1840
Enger, Hans *132*
(Architekt) tätig um 1890
Eosander, Nils *233*
(schwed. Festungsbaumeister)
tätig um 1640
Erhardt van der Meer *29*
(Architekt) nachweisbar 1557–1573

Ernst Friedrich I. *123*
(Herzog) lebte um 1720
Ernst von Sachsen *155*
(Erzbischof) 1464–13. 8. 1513
Ertle, Sebastian *155*
(Bildhauer, Steinmetz)
geb. um 1570,
bis 1616 nachweisbar
Exner, Christian Friedrich *65*
(Architekt) 13. 5. 1718–2. 9. 1798

Falkenwalt, Johann und Bartolo-
mäus *86*
(Architekten in Sachsen)
nachweisbar bis 1512
Feige d. Ä., Johann Christian *87*
(Bildhauer in Dresden)
4. 2. 1689–11. 2. 1751
Felixmüller, Conrad *235*
(Maler, Grafiker)
21. 5. 1897–24. 3. 1977
Finck, Johann *167*
(Porträt- und Geschichtsmaler)
20. 4. 1628–10. 12. 1675
Findorff, Dietrich *150*
(Maler, Radierer, Bildhauer)
23. 3. 1722–3. 5. 1772
Fischer, Jürgen *263*
(Holzbildhauer) tätig um 1610
Flötner, Peter *132*
(dt.-schweiz. Bildhauer, Stein-
schneider, Medailleur, Zeichner)
um 1490/95–23. 10. 1546
Förner, Christian *250*
(Orgelbauer) 1610–1678
Frenzel, Hans *97*
(Kaufmann, Bauherr) tätig um 1510
Fridemann d. Ä., Hans *75, 79*
(Architekt, Bildhauer)
gest. vor 1605
Fridemann d. J. Hans *75, 79*
(Architekt, Bildhauer)
gest. um 1628
Fridemann, Paul *79*
(Architekt, Bildhauer)
gest. 1632
Friedrich *150*
(Großherzog von Mecklenburg-
Schwerin) 10. 12. 1756–1. 2. 1837
Friedrich Christian von Branden-
burg *247*
(Markgraf) 24. 1. 1792–6. 11. 1850
Friedrich I. Barbarossa *20, 43*
(dt. König und Kaiser)
um 1125–10. 6. 1190

Heinrich I. *7, 44, 159, 163, 197, 198*
(dt. König) um 876–2. 7. 936
Heinrich II. *163, 164, 198, 243*
(dt. König) 6. 5. 973–13. 7. 1024
Heinrich der Löwe *223*
(Herzog von Bayern und Sachsen)
um 1129–6. 8. 1195
Heinrich der Mittlere *218*
lebte um 1500
Heinrich von Braunschweig *117*
(Bildhauer) tätig um 1430
Heinrich von Bremen *253*
(Baumeister) tätig um 1380
Hempel, Oswin *67*
(Architekt) 13. 2. 1876–1965
Hennevogel, Johann Wilhelm *180*
(Marmorierer) gest. 17. 1. 1754
Henriette Katharina von Anhalt-
Dessau *183*
(Fürstin aus dem Hause Oranien)
lebte Ende d. 17.Jh
Herbst d. Ä., Heinrich *30*
(Orgelbauer) um 1600–22. 6. 1687
Herder, Johann Gottfried *248*
(Geschichts- u. Religionsphilo-
soph, Schriftsteller)
25. 8. 1744–18. 12. 1803
Hermann I. *53*
(Landgraf von Thüringen)
um 1155–1217
Hermann, Georg *96*
(Baumeister in Dresden)
tätig um 1700
Hermann von Münster *253, 255*
(Baumeister in Wismar)
nachweisbar 1437–1449
Hermsdorf, Stephan *54, 191*
(Bildhauer und Schnitzer)
nachweisbar 1516–1543
Herrgott, Leonhard; *53*
eigentl. Leonhard Beyer
(Maler, Schnitzer)
nachweisbar 1505–1540
Hesekiel, Georg Christoph *56, 261*
(Anhalt-Dessauischer Oberbau-
inspektor) 1732–12. 7. 1818
Hesse, Hans *25, 53, 132*
(Maler in Zwickau und Annaberg)
nachweisbar 1497–1521
Hesse, Ludwig Ferdinand *194*
(Baumeister und Maler in Berlin)
23. 1. 1795–8. 5. 1876
Hildebrand, Zacharias *175, 216*
(Orgelbauer) 1688–11. 10. 1757
Hillebrand, Eberhard *82*

(Architekt in Hannover)
tätig Ende d. 19. Jh.
Hoffmann, Balthasar *241*
(Maler) tätig um 1630
Hoffmann, Ernst Theodor Amadeus
(E.T.A.) *58*
(Schriftsteller, Komponist,
Dirigent, Zeichner, Maler)
24. 1. 1776–25. 6. 1822
Hoffmann, Johann Heinrich *200*
(Baumeister in Sachsen/Anhalt)
nachweisbar 1533–1547
Hoffmann, Zacharias *176, 216*
(Baumeister) tätig um 1740
Hofmann, Nickel *117, 269*
(Ratsbaumeister und Steinmetz in
Halle) nachweisbar 1550–1589
Hofmann, Philipp *269*
(Baumeister in Zwickau)
nachweisbar 1563–1590
Hölzer, Gottlob August *65*
(Architekt) 1744–18. 2. 1814
Hopf, Johannis *192*
(Bildhauer) tätig um 1689
Hoppenhaupt, Johann Michael *109,
166*
(Bildhauer, Dekorateur)
nachweisbar 1709–1755
Horn, Paul *73*
(Bildhauer, Innenarchitekt)
geb. 22. 7. 1876
Hornung, Lorenz *140*
(thür. Bildhauer) gest. 1624
Hudler, August *67*
(Bildhauer) 12. 12. 1868–21. 11. 1905
Hüningen, Andreas *134, 196, 247, 267,
268*
(Baumeister) 1712–14. 1. 1781

Jakob, Hans *117*
(Bildhauer) tätig um 1540
Jacob von Leipzig *78*
(Bildschnitzer) tätig um 1450
Jäger, Abraham *149*
(Architekt in Innsbruck)
tätig um 1670
Joachim I. *84, 192*
(Kurfürst von Brandenburg)
21. 2. 1484–11. 7. 1535
Johann der Beständige *257*
(Kurfürst von Sachsen)
30. 6. 1468–16. 8. 1532
Johann von Wöpelitz *118, 253*
(Bischof von Magdeburg)
tätig um 1400

(Bildhauer)
get. 13. 8. 1651–20. 9. 1732
Perre, Johann de *196, 211*
(holl. Maler)
begr. 11. 6. 1621
Perri, Antonio *105*
(Baumeister, Stukkateur)
tätig um 1700
Persius, Ludwig
14, 119, 192, 193, 194, 195
(Architekt)
15. 12. 1803–12. 7. 1845
Pesne, Antoine *137*
(Historien- und Bildnismaler)
23. 5. 1683–5. 8. 1757
Peter von Pirna; *24, 148, 191*
eigent. Peter Ulrich
(Steinmetz) lebte – 1513/14
Petersen *113*
(Künstler d. 20. Jh.)
Petrini, Antonio *26, 42, 261*
(Architekt) 1624 (1625?)–8. 4. 1701
Petzold, Andreas *128*
(Bildhauer)
get. 8. 8. 1628–begr. 13. 2. 1703
Pfannschmidt, Gottfried *30, 225*
(Landschafts- und Historien-
maler, Bildhauer, Illustrator,
Kunstschriftsteller)
15. 9. 1819–5. 7. 1887
Pfeffer, Assmann *53*
(Baumeister) tätig um 1515
Pflüger, Conrad
24, 95, 98, 143, 238, 256, 258
(Baumeister in Sachsen)
tätig 1477–1515
Pfretzschner, Hans *143*
(Baumeister, Ratsmaurer in
Leipzig) nachweisbar 1530–1555
Platzer, Ignaz *187*
(Bildhauer) 6. 7. 1717–27. 9. 1787
Pleydenwurff, Hans *145*
(Maler in Nürnberg)
begr. 9. 1. 1472
Plobsheim, Zorn von *244*
(Baumeister) tätig um 1720
Pokrowski, Wladimir Alexandro-
witsch *146*
(russ. Architekt) geb. 1871
Pöppelmann, Matthäus Daniel
13, 63, 66, 67, 87, 167
(Architekt) 3. 5. 1662–17. 1. 1736
Pötzsch, Martin *30, 268*
(Baumeister in Bautzen)
nachweisbar 1658–1666

Pozzi, Carlo Ignazio
56, 68, 201, 255
(Architekt, Maler)
29. (30.) 7. 1766–26. 6. 1842
Prescher, Nikolaus *124, 268*
(Maler aus Zittau)
nachweisbar 1703–1726
Press, Friedrich *38, 65, 147, 234*
(Bildhauer)
Preußer, Georg *91*
(Baumeister) tätig um 1700/20
Prüfer, Gustav Emil *193*
(Baumeister) tätig um 1850

Quadri, Bartolomeo *250*
(Stukkateur) tätig um 1679
Quadro, Bernhardt *72*
(Stukkateur)
nachweisbar 1682– vor 1721
Quast, Alexander Ferdinand von
94, 119, 135, 256
(Architekt, Fachschriftsteller,
Denkmalpfleger)
23. 6. 1807–11. 3. 1877
Quellinus, Artus *36*
(Hauptmeister der fläm. Barock-
plastik) 30. 8. 1609–23. 8. 1668
Quellinus, Thomas *108*
(Bildhauer) 17. 3. 1661–1709
Quesney, Abraham *37*
(franz. Architekt) gest. 1726

Raschdorff, Julius *15, 39*
(Architekt, Fachschriftsteller)
2. 7. 1823–13. 8. 1914
Rauch, Christian Daniel *149*
(Bildhauer)
2. 1. 1777–3. 12. 1857
Reichel, Georg *117*
(Orgelbauer) um 1628–15. 2. 1684
Renkewitz, Georg *29*
(Orgelbauer) 1687–1758
Reutz, Jacob *225*
(Architekt) gest. Okt. 1710
Reyge, Jakob *263*
(Bildschnitzer in Lübeck)
1534/60 urkundlich genannt
Rhode, Bernhard *252, 263*
(Maler) tätig um 1750
Richter, Adrian Ludwig
(Maler, Radierer, Zeichner)
28. 9. 1803–19. 6. 1884
Richter, Balthasar *46*
(Architekt) tätig um 1590
Richter, Christian *213*

Silbermann, Valentin *116*
(Bildhauer in Leipzig)
tätig um 1584–1615
Silvestre d. J., Louis *251*
(Schüler von Le Brun)
23. 6. 1675–11. 4. 1760
Simon, Johann Christian *87*
(Architekt) 1686–8. 1. 1760
Simonetti, Giovanni *37, 238, 266*
(Baumeister, Stukkateur)
1652–1716
Snethlage *194*
(Militärbaumeister)
tätig um 1830
Soller, A. *39*
(Architekt in Berlin)
tätig um 1850
Sommer *200*
(Steinmetz) tätig um 1720
Sophie Charlotte *40*
(Königin von Preußen)
30. 10. 1668–12. 2. 1705
Speck, Paul *270, 271*
(Baumeister, Bildhauer)
gest. März 1551
Spies, Michael *251*
(Bildhauer aus Meißen)
nachweisbar 1597–1611
Spitta, Max *40*
(Architekt) 13. 7. 1842–11. 12. 1902
Stark, August *190*
(Baumeister) tätig um 1860
Statz, Vincenz *56*
(Architekt, Landschafts- und
Architekturmaler)
9. 4. 1819–21. 8. 1898
Stecher, Johann Christoph *87*
(Architekt) tätig um 1730
Stecher, Johann Gottfried *87*
(Bildhauer in Chemnitz)
nachweisbar um 1740–1777
Steinberg, Curt *85*
(Baumeister) tätig um 1925
Steinmeyer, Johann Gottfried *196*
(Architekt) tätig um 1850
Stellwagen, Friedrich *232*
(Orgelbauer in Lübeck)
um 1600–1659
Steudtke, Paul *148*
(Tischler) tätig um 1619
Steudtner, Fritz *159*
(Architekt d. 20. Jh.)
Stieglitzer, Albrecht *97*
(Steinmetz, Stadtbaumeister von
Görlitz) gest. 4. 2. 1514

Stockhammer, Balthasar *250*
(Hofmaler in Weißenfels)
tätig um 1680
Stockmann, Rudolf *108, 209*
(Bildhauer) gest. 1622
Stolp, Peter *253*
(Werkmeister in Haldensleben)
gest. 1456
Storch, Nikolaus *271*
(Führer der Zwickauer Tuchmacher)
um 1520
Strack, Johann Heinrich *256*
(Architekt)
6. 7. 1805–13. 6. 1880
Straßburger, Johann Erhard *22*
(Baumeister) um 1619–13. 1. 1754
Strebel, Conrad *53*
(Maler aus Rotenburg)
tätig um 1523
Stüler, Friedrich August *30, 37,*
39, 54, 83, 120, 133, 181, 183, 187,
192,
195, 196, 213, 225, 251, 258
(Architekt) 28. 1. 1800–18. 3. 1865
Sturm, Leonhard Christoph *225*
(Architekt, Architekturtheore-
tiker, Theologe)
5. 11. 1669–6. 6. 1719
Suhrland, Johann Heinrich *150*
(Maler)
30. 3. 1762–1. 1. 1827

Tattenpach, Odo *146*
(Glasgestalter d. 20. Jh.)
Tatze, Melchior *234*
(Keramiker, Bildschnitzer) geb. 1541
Taubert *226*
(Bauinspektor in Schleiz)
tätig um 1820
Tavilli, Christoforo *72*
(Stukkateur) tätig um 1689
Teicher, Caspar *269*
(Baumeister) tätig um 1530
Thiel, Benedikt *65*
(Maler) tätig um 1787
Thietmar von Merseburg *30, 164, 166*
(Bischof, Chronist)
25. 6. 975–1. 12. 1018
Thola, Benedetto und Gabriele de *87*
(Maler) tätig Mitte d. 16. Jh.
Thomae, Johann Benjamin *31, 220*
(Bildhauer)
23. 1. 1682–8. 3. 1751
Thormeyer, Gottlieb Friedrich *42*
(Architekt)

23. 10. 1775–11. 2. 1842
Thorvaldsen, Bertel *267*
(dän. Bildhauer)
13. 11. 1768–24. 3. 1844
Torelli, Stefano *65, 252*
(Maler, Grafiker) 1712–1784
Trampeli, Gottlieb *234*
(Orgelbauer)
22. 11. 1742–18. 3. 1812
Tropher, Hans *222*
(Maler, Bildhauer) tätig um 1510
Trost, Gottfried Heinrich *22, 245*
(Orgelbauer) 1673–1759
Trotha, Thilo von *166*
(Bischof von Merseburg)
gest. 5. 3. 1516
Tschammer, Richard *146*
(Archtekt) 6. 1. 1860–11. 12. 1929

Unger, Georg Christian *192*
(Baumeister d. 18. Jh.)
Unger, Gottfried *106*
(Maler) nachweisbar um 1674
Ursula *203*
(Äbtissin) 1413–20. 1. 1498
Uttendrup, Hans Thon *73*
(Bildhauer) tätig um 1585

Vanetti, Johannes *179*
(ital. Maler) tätig um 1660
Vernukken, Wilhelm *220*
(Baumeister, Bildhauer)
gest. 26. 12. 1602
Verpoorten *179*
(Hofmedicus u. Baumeister)
tätig im 18. Jh.
Vischer, Hans *166*
(Maler, Grafiker; Geselle Dürers)
um 1489–8. 9. 1550
Vischer d. Ä., Hermann *256*
(Bildhauer, Maler, Grafiker)
begr. 13. 1. 1488
Vischer d. Ä., Peter *155, 166, 206*
(Bildhauer, Maler, Grafiker)
um 1460–7. 1. 1529
Vogel von Vogelstein, Carl
Christian *67*
(Maler) 26. 6. 1788–4. 3. 1868
Völker, Karl *82, 117, 125, 223*
(Maler, Grafiker, Architekt,
Bühnenbildner)
17. 10. 1889–28. 12. 1962
Vulpius, Christiane *248*
(Goethes Lebensgefährtin)
1. 6. 1765–6. 6. 1816

Wagner, Joachim *101, 129, 241, 263*
(Orgelbauer in Berlin)
1690 (91)–23. 5. 1749
Waldemar I. *33*
(König von Dänemark)
14. 1. 1131–12. 5. 1182
Wallenstein, Albrecht Wenzel
Eusepius von *106*
(Herzog von Friedland, Feldherr
im Dreißigjährigen Krieg)
24. 9. 1583–25. 2. 1634
Wallot, Paul *67*
(Architekt)
26. 6. 1841–10. 8. 1912
Walther, Hans *83*
(Architekt)
tätig Ende d. 17./Anfang d. 18. Jh.
Walther, Sebastian *256*
(Maler) tätig um 1600
Walther I, Christoph *24, 25, 216*
(Bildhauer; Vater von Hans W. II)
gest. 1546
Walter II, Christoph *189, 190, 244*
(Bildhauer) 1534–27. 11. 1584
Walther II, Hans *87, 216*
(Bildhauer, Architekt; Sohn von
Christoph W. I) 1526–1600
Weger, Gerard *46*
(Bildhauer, Schnitzer)
tätig um 1470
Wegner, Karl-Heinz *234*
(Architekt des 20. Jh.)
Weidenbach, Georg *146*
(Architekt)
1. 10. 1853–30. 9. 1928
Weidner, Paul *66*
(Architekt) 11. 4. 1843–1899
Weise, Christian *59*
(Maler) 1642–1708
Welsch, Maximilian von *80, 81*
(Architekt) 23. 2. 1671–15. 10. 1745
Wendelmuth, Jacob *189, 196*
(Maler)
nachweisbar in d. 1. H. d. 17. Jh.
Wendt, Johannes *106*
(Bildhauer in Stralsund)
tätig um 1700
Wenzel II., König von Böhmen *185*
lebte im 13. Jh.
Werkmeister Heinrich *59*
(Architekt, Zisterziensermönch)
nachweisbar 1291–1336
Werner, Daniel *60*
(Bildhauer aus Leipzig)
tätig um 1630

Bezirkliche Zuordnung der Orte

305

Bezirkliche Zuordnung der Orte

Bildautorennachweis:
K. G. Beyer, Weimar (2);
K. König, Berlin (100)
P. Neubert, Berlin (16);
S. Schütze-Rodemann, Halle (Titelbild, 39);
P. Woelck, Leipzig (3)
Die Grundrißdarstellungen
wurden uns freundlicherweise von Edition
Leipzig, Verlag für Kunst und Wissenschaft,
zur Verfügung gestellt.
Titelbild: Schloßkirche
Wittenberg

Inhalt

Das reichhaltige Sortiment des Verlages enthält:

Stadtpläne	**Reisehandbücher**
Stadtführer	**Touristenatlanten**
Stadtführeratlanten	**Verkehrskarten**
Wanderkarten	**Verwaltungskarten**
Wanderhefte	**Verkehrsatlanten**
Wanderatlanten	**Reiseführer**
Touristenkarten	

In unseren Karten und Büchern für den Tourismus finden Sie vielseitige Informationen über unsere Republik, ihre Städte und Landschaften, Touristenzentren und Urlaubsgebiete. Durch unsere Literatur möchten wir Sie mit dem kulturellen Erbe, den Schönheiten unserer Heimat und den Errungenschaften unserer sozialistischen Entwicklung bekanntmachen.

Die Karten, Atlanten, Bücher und Broschüren sollen für jedermann unentbehrliche Begleiter auf Reisen und Wanderungen sein und zu sinnvoller Freizeitgestaltung und sportlicher Betätigung anregen.

Auch im Beruf sind unsere Stadtpläne, Verwaltungskarten, Verkehrskarten und Verkehrsatlanten bewährte Arbeitsmittel.

Die Titel unserer Verlagsproduktion können im In- und Ausland nur über den einschlägigen Handel bezogen werden. Bei Bezugsschwierigkeiten in den nichtsozialistischen Staaten wenden Sie sich bitte an:

Buchexport

Volkseigener Außenhandelsbetrieb
der Deutschen Demokratischen Republik
DDR-7010 Leipzig
Leninstraße 16

Auf Wunsch übersenden wir Ihnen ein Verzeichnis unserer Verlagserzeugnisse.

VEB Tourist Verlag
DDR-1020 Berlin
Neue Grünstr. 17

Sehenswürdigkeiten an Ihrem Reiseweg

Zeichenerklärung

▼   Nationale Mahn- und Gedenkstätte

▲   Historisches Ortsbild

♠   Mittelalterliche Stadtbefestigung

♨   Schloß, Burg

✛   Kirche, Kloster

♪   Ruine

♨   Bedeutendes Denkmal und Mahnmal

🏛   Museum

●   Gedenkstätte zu Persönlichkeiten der Politik, Kunst und Wissenschaften

♥   Theater

⌒   Freilichttheater

✿   Technisches Denkmal

⚒   Schaubergwerk

∩   Höhle

♨   Park

🐘   Zoo

🦅   Tiergarten, Wildgehege

●   Botanischer Garten

♁   Fernsehturm

◯   Natursehenswürdigkeit

▨▨▨   Staatsgrenze

▨▨▨   Staatsgrenze im Wasserlauf

▭   Autobahn mit Anschlußstelle

⋯⋯   Fernverkehrsstraße

  Landstraße

――――   Eisenbahn

-―-―-   Schiffsverbindung

◉   Grenzübergang

⬗ A   Autofähre

✈   Flughafen

⚓   Hafen

· 280   Höhenangabe

▧   Wald

Maßstab 1 : 600 000

5   0   5   10   15   20   25
km

Blattschnittübersicht

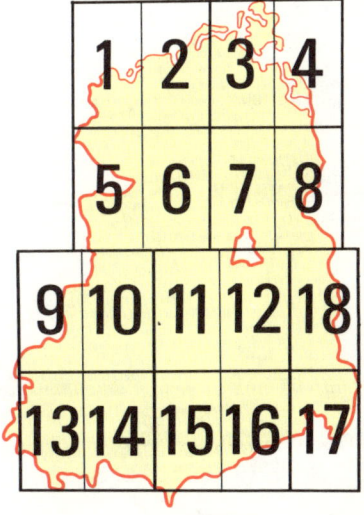

4

Eisenbahnfähre
Saßnitz-Trelleborg

ssstuhl

O S T S E E

Ostseebad
Sellin

Ostseebad
e · Ostseebad
Göhren

Mönchgut
Thiessow

Greifswalder Oie

Ruden

Peenemünde
est
Karlshagen

U Zinnowitz

Koserow

Wolgast
+ Achter-
wasser
Ückeritz

e
Lassan
d Neppermin 111
54 · Seebad Bansin
Seebad Heringsdorf
Mellenthin
Seebad Ahlbeck
Międzyzdroje
m
Świnoujście
Zirchow
Warszów Lubiewo
O T16
110 W
Usedom l
O d e r b u c h t
Dziwnow
i
n
VR Polen

Anklam

O d e r h a f f
Zalew Szczeciński

Ducherow

Mönkebude
Ueckermünde
Nowe
Warpno

U e c k e r m ü n d e r

109
Eggesin
Wolin
Ferdinandshof
H e i d e

Torgelow

Marienthal
Trzebież

Polen

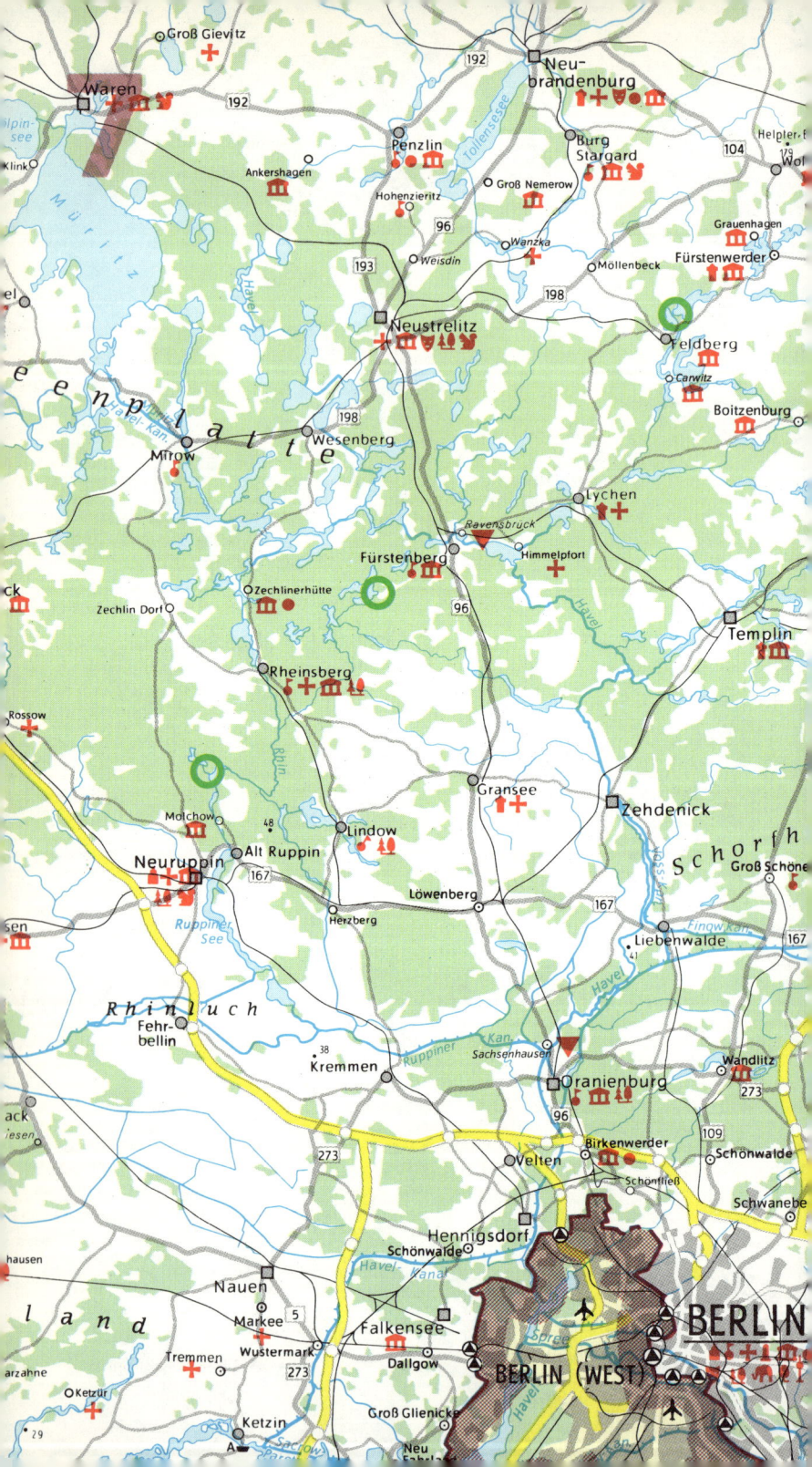

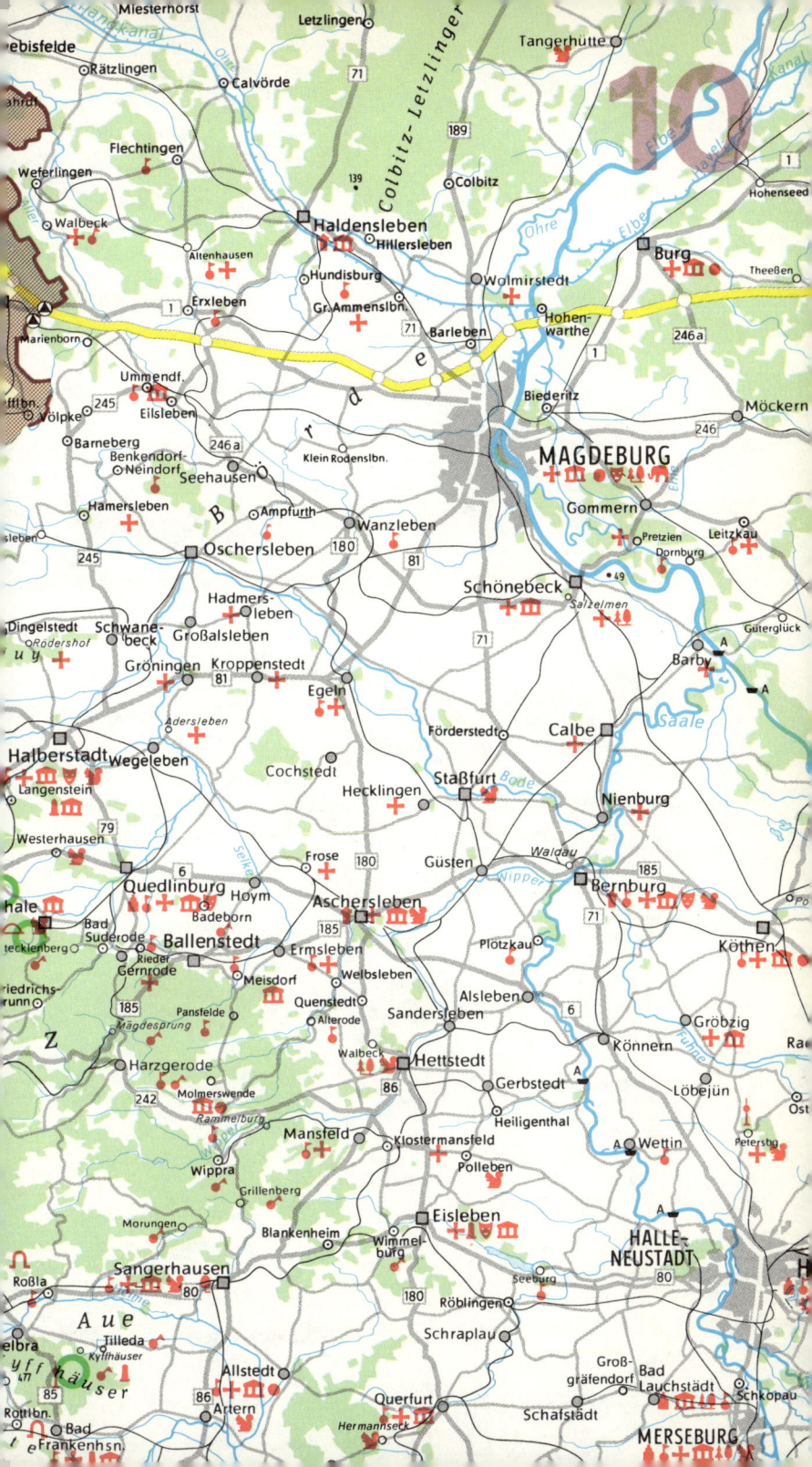

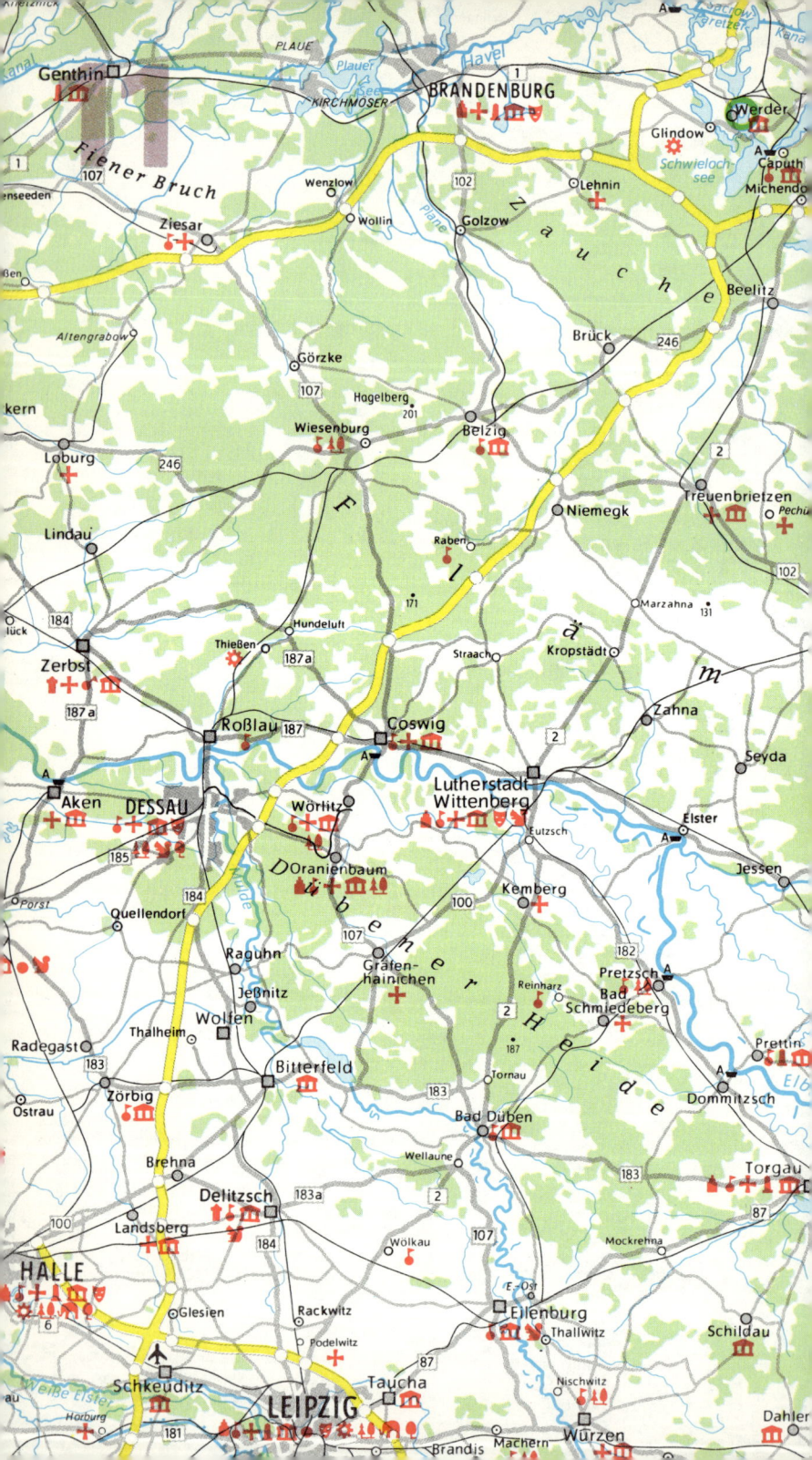

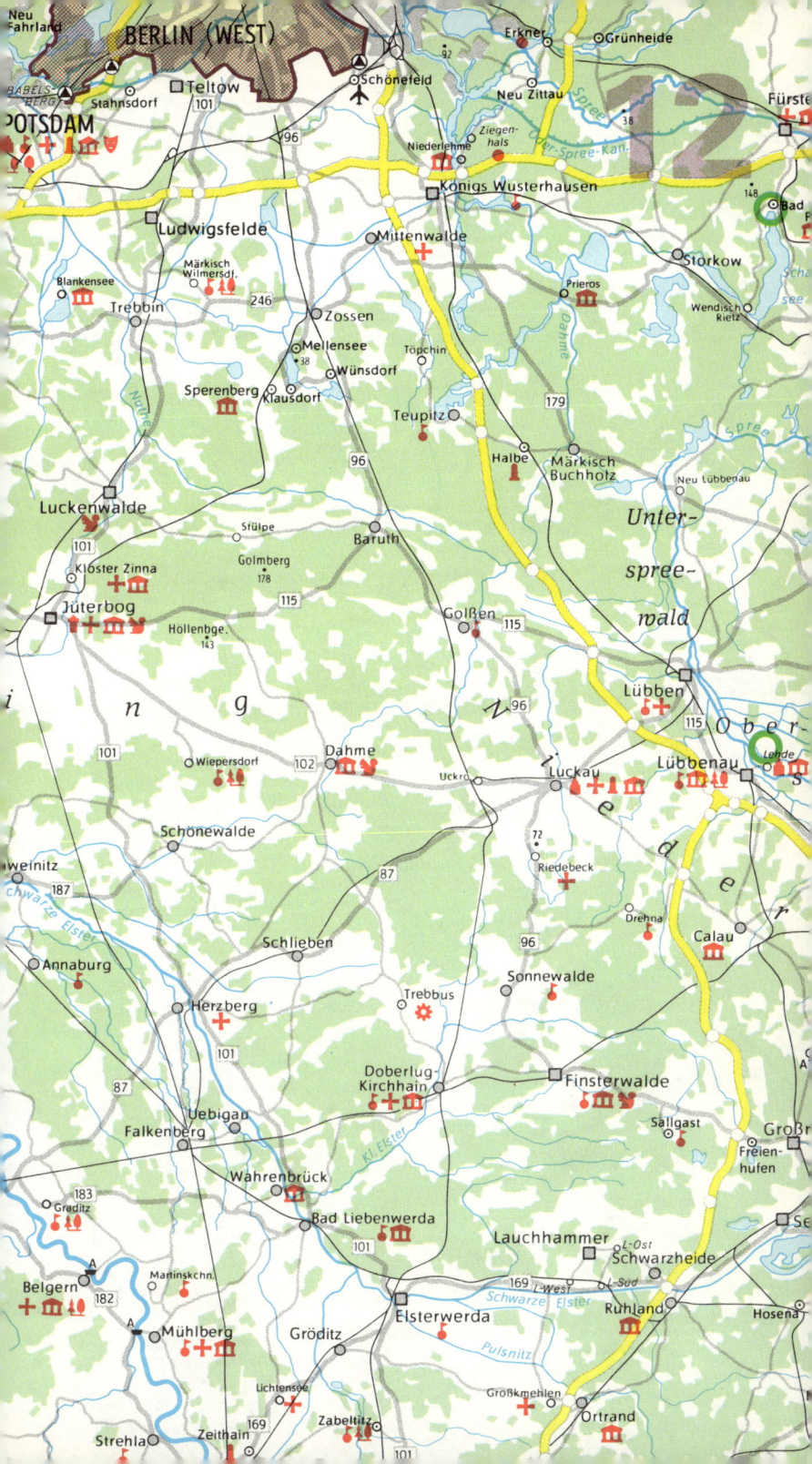

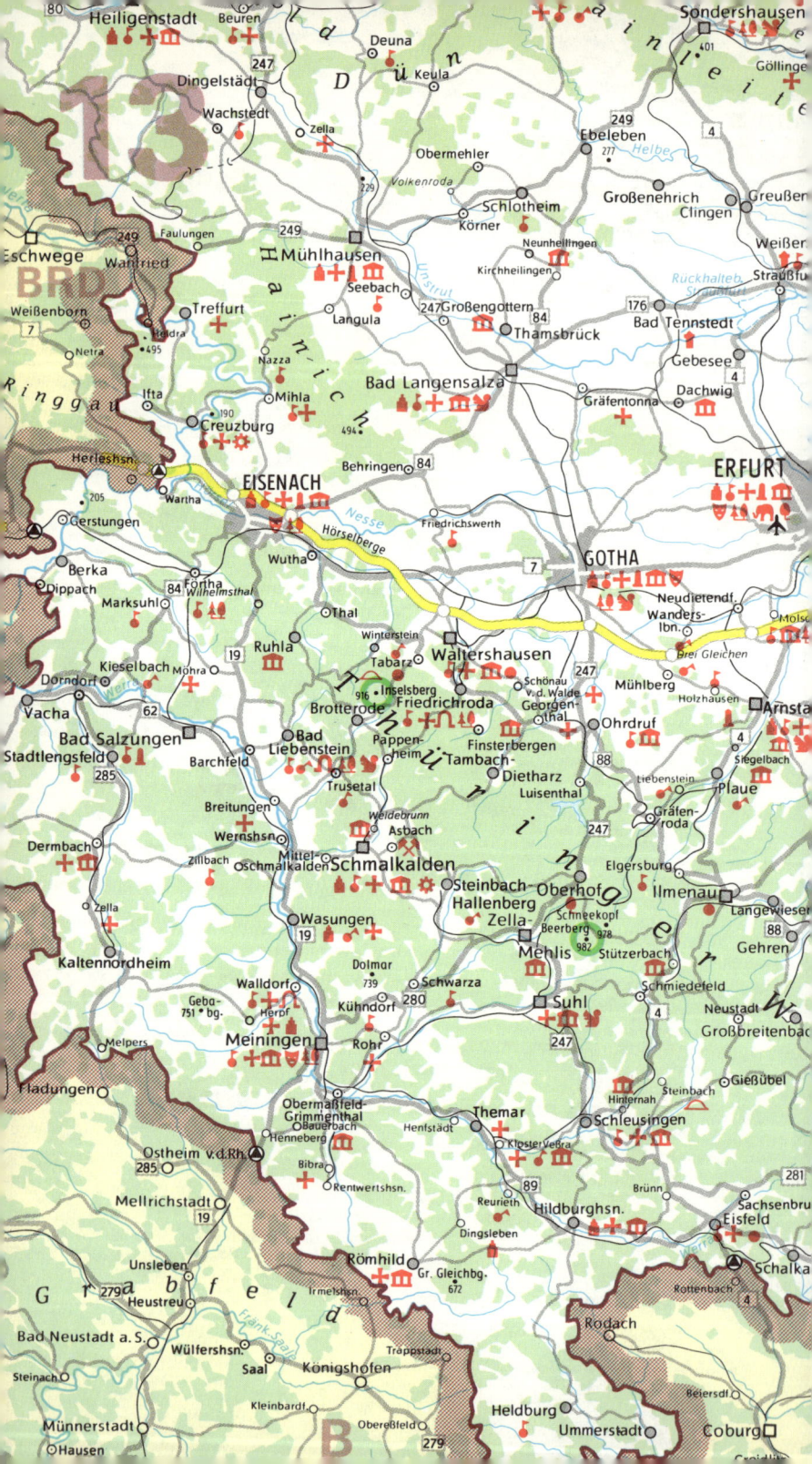

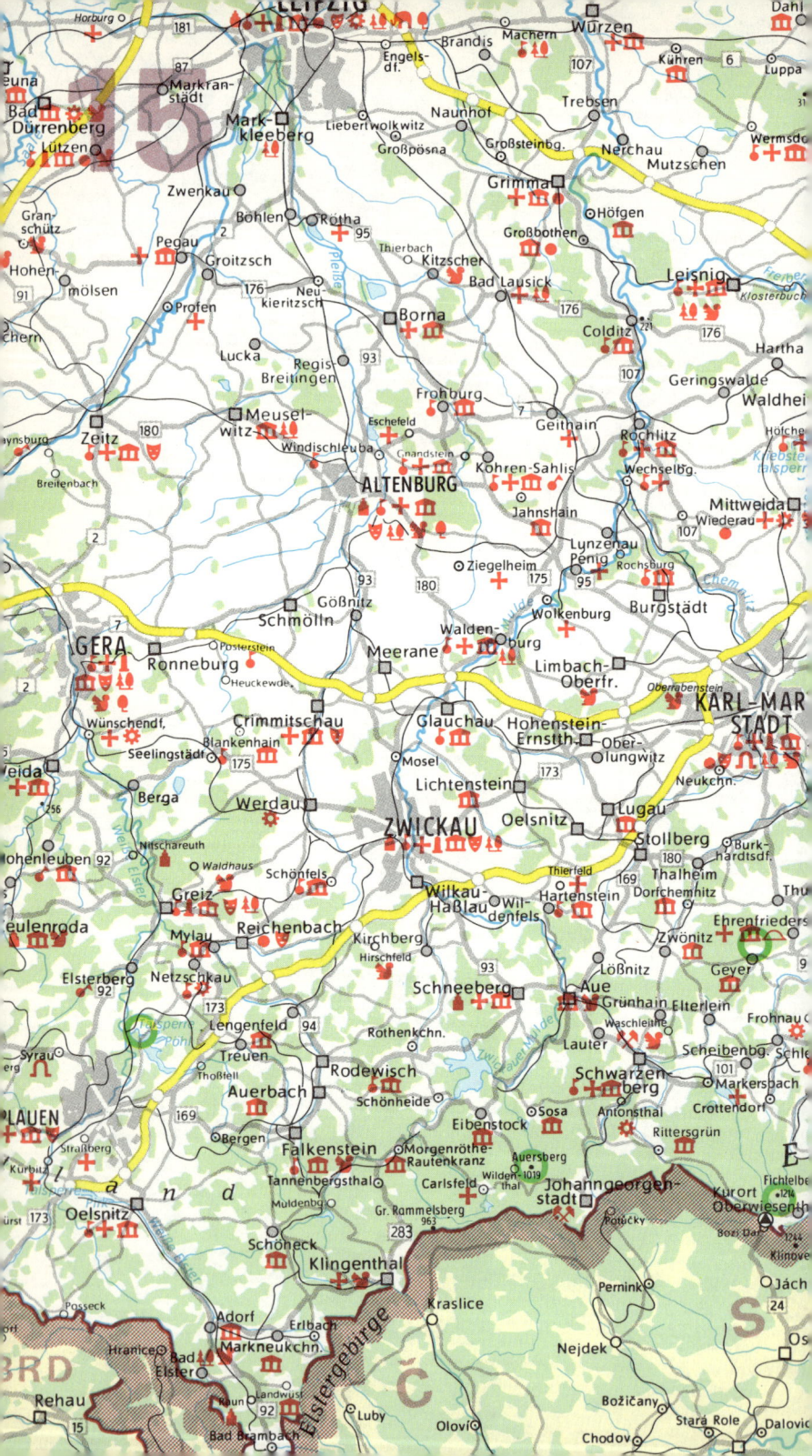

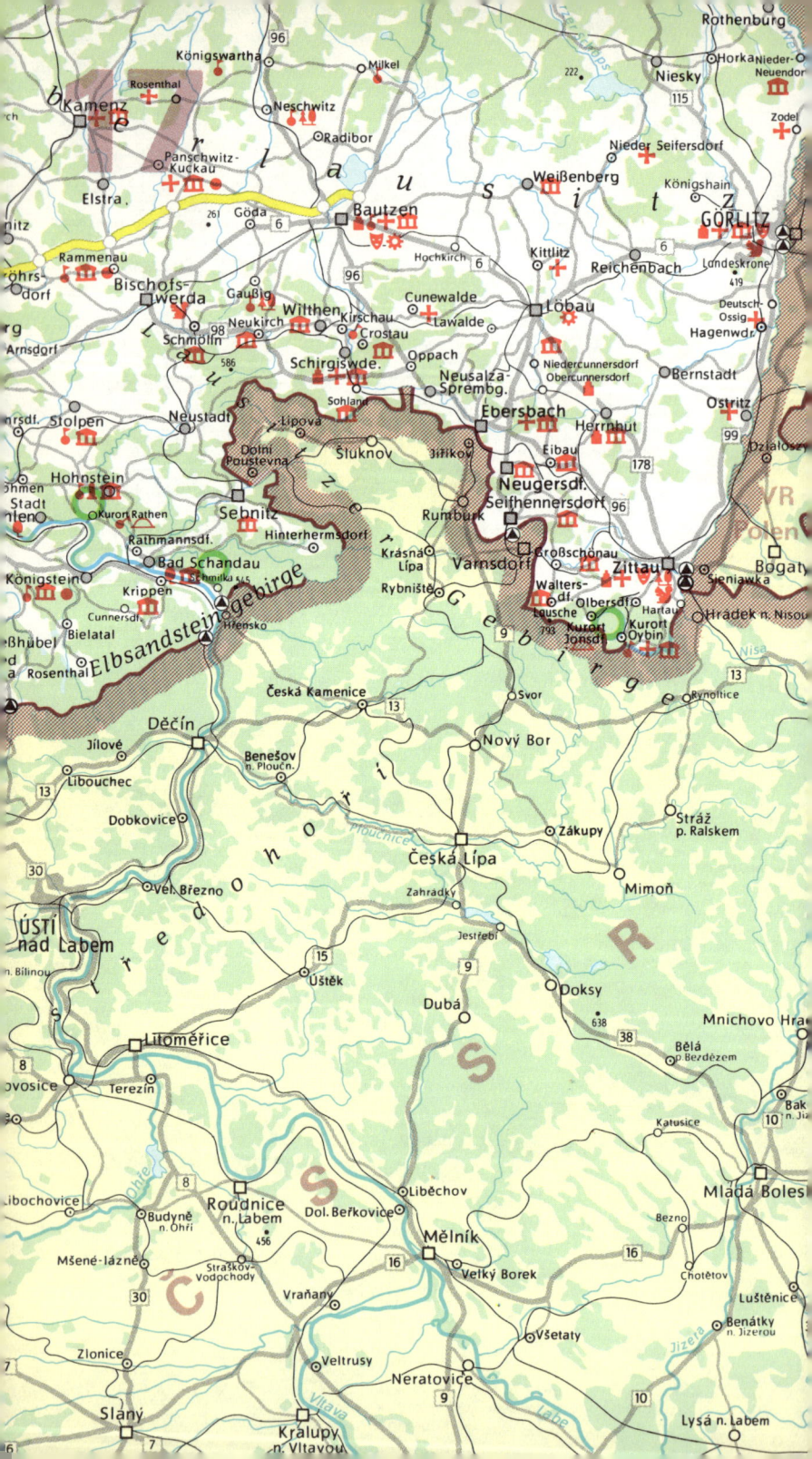

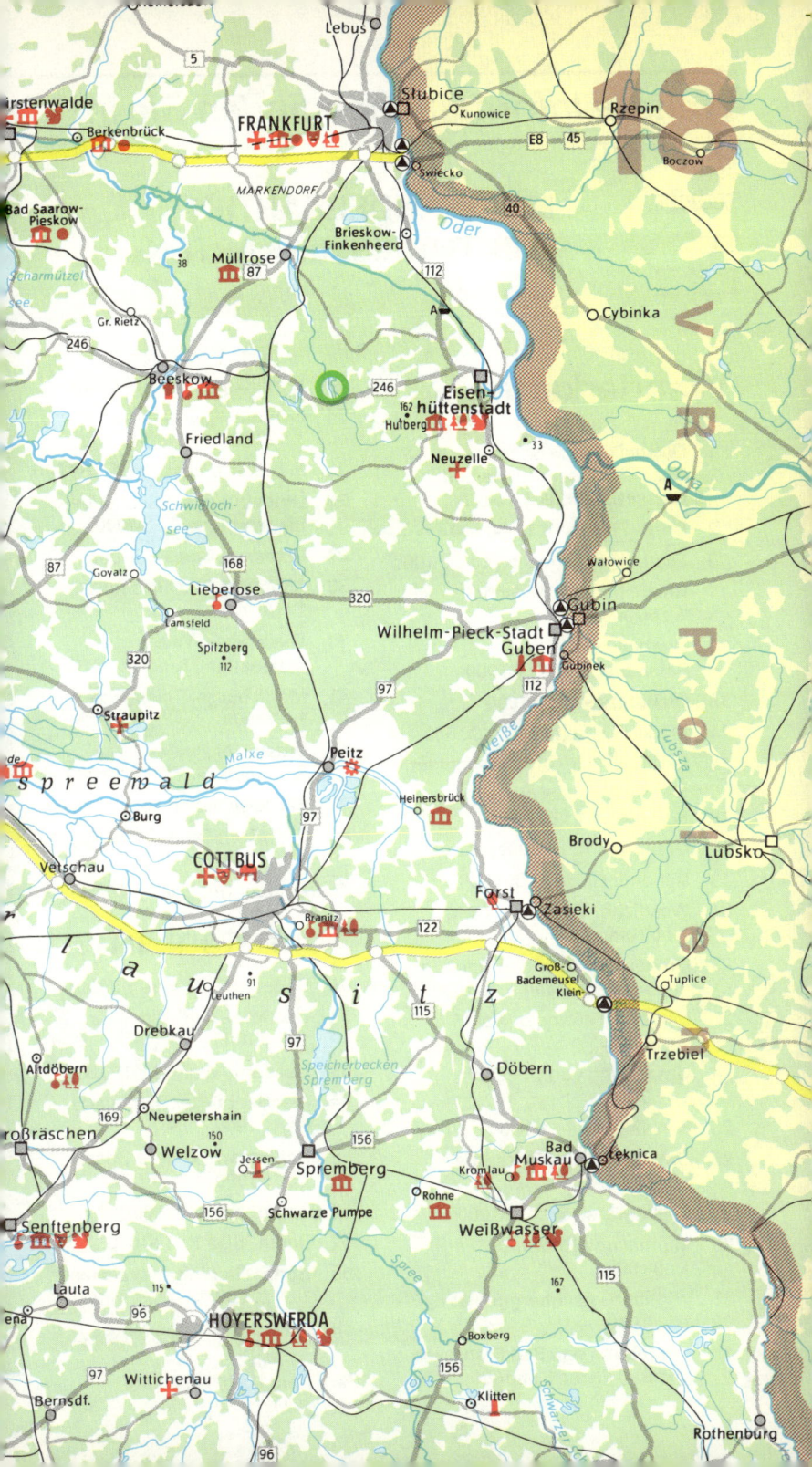

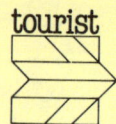

Weitere Informationen finden Sie in unseren

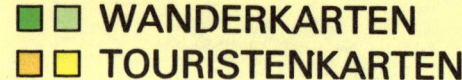

tourist ■ □ **WANDERKARTEN**
□ □ **TOURISTENKARTEN**

Wanderkarten

Touristenkarten

61 Thüringer Wald 1 : 100 000   64 Erzgebirge 1 : 100 000
62 Gera - Plauen 1 : 120 000   65 Dresden 1 : 100 000
63 Mulde - Zschopau 1 : 120 000 66 Oberlausitz 1 : 100 000

1:30 000
1:50 000
1:100 000
1:120 000   1:150 000

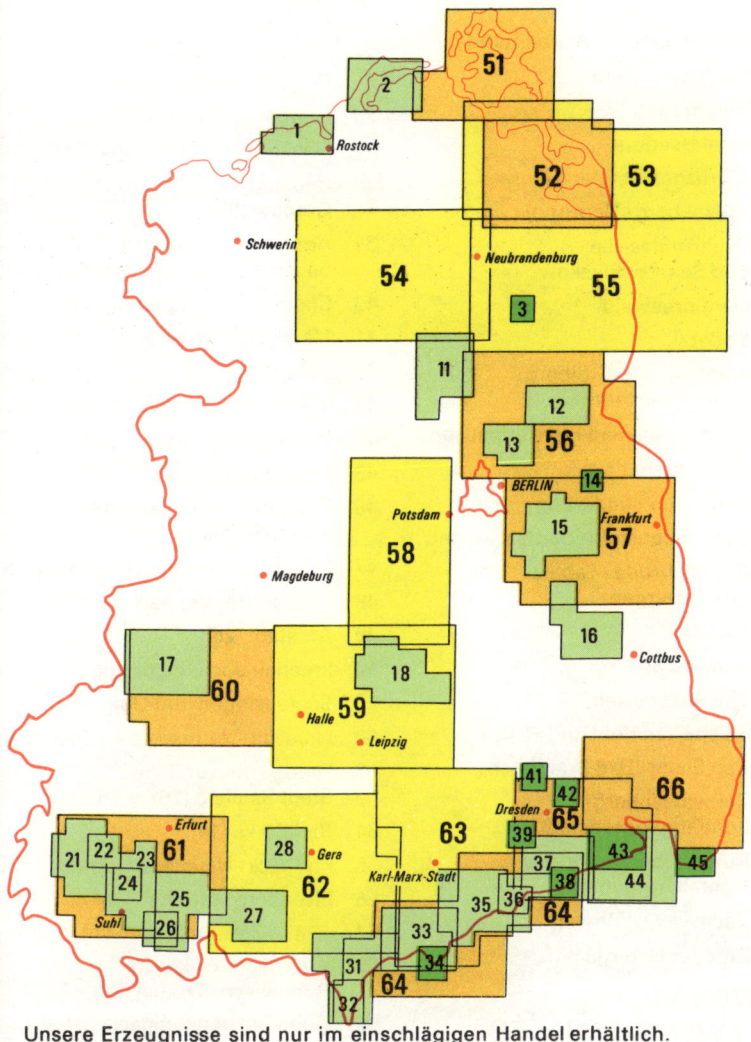

Unsere Erzeugnisse sind nur im einschlägigen Handel erhältlich.
Ab Verlag kein Verkauf

Weitere Informationen finden Sie in unseren

tourist

🟡 **WANDERATLANTEN**
🔵 **WANDERHEFTEN**

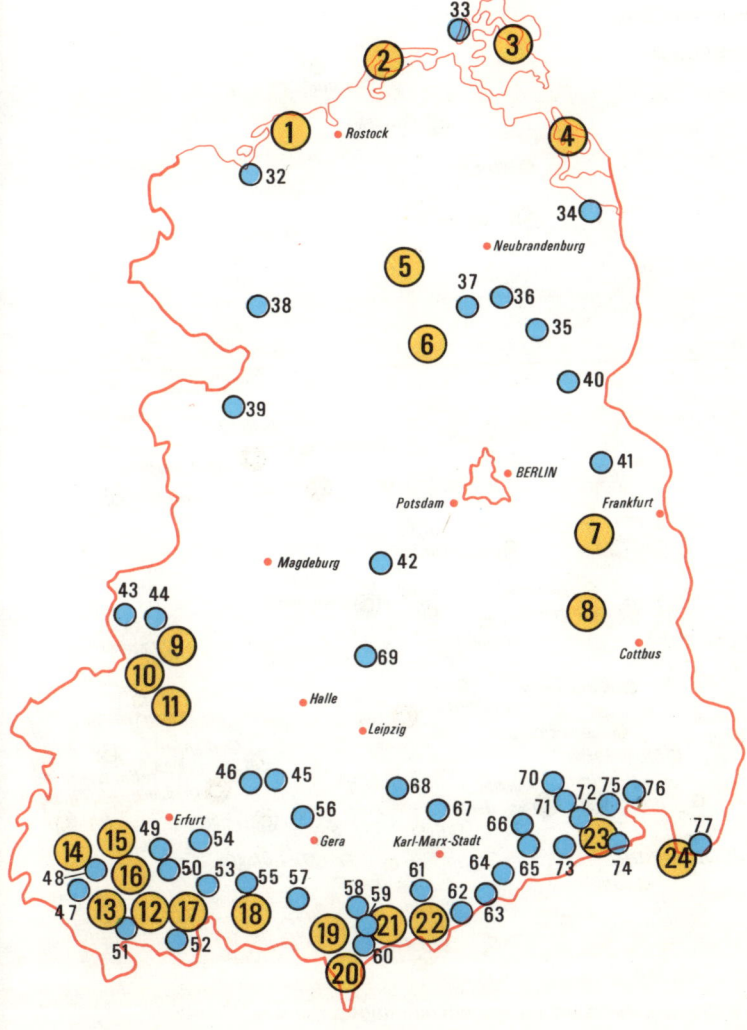

Unsere Erzeugnisse sind nur im einschlägigen Handel erhältlich
Ab Verlag kein Verkauf

Weitere Informationen finden Sie in unseren

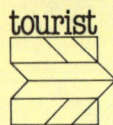
tourist

○ **STADTPLÄNEN**
● **STADTFÜHRERATLANTEN**
○ **STADTFÜHRERN**

○ Stadtplan
● Touristischer Plan
◎ Stadtführeratlas
◎ Stadtführer

Stralsund

Rostock

Wismar

Schwerin

Neubrandenburg

Schwedt

Eberswalde-Finow

BERLIN

Falkensee

Brandenburg

Strausberg

Frankfurt

Potsdam

Magdeburg

Halberstadt
Wernigerode

Dessau

Lutherstadt
Wittenberg

Bernburg

Cottbus

Nordhausen

Halle u.
Halle-Neust.

Leipzig

Hoyerswerda

Sondershausen

Mühlhausen

Meißen
Radebeul

Görlitz

Bautzen

Gotha   Erfurt   Weimar

Altenburg

Dresden

Zittau

Eisenach

Jena

Gera

Freiberg

Bad Liebenstein

Karl-Marx-Stadt

Suhl

Zwickau

Plauen

Bad Elster

Unsere Erzeugnisse sind nur im einschlägigen Handel erhältlich.
Ab Verlag kein Verkauf